U0137334

方尖碑
OBELISK

探知新视界

盎格鲁－撒克逊人

英格兰的形成，400—1066

[英国] 马克·莫里斯　著

付满　王军舰　译

译林出版社

图书在版编目（CIP）数据

　　盎格鲁-撒克逊人：英格兰的形成，400—1066／
（英）马克·莫里斯（Marc Morris）著；付满，王军舰
译 . —南京：译林出版社，2024.5
　　书名原文：The Anglo-Saxons: A History of the Beginnings of England
　　ISBN 978-7-5753-0081-0

　　Ⅰ.①盎…　Ⅱ.①马…　②付…　③王…　Ⅲ.①盎格鲁
－撒克逊人－王国－中世纪史－英国　Ⅳ.①K561.31

　　中国国家版本馆 CIP 数据核字（2024）第 045909 号

The Anglo-Saxons: A History of the Beginnings of England　by Marc Morris
Copyright © 2021 by Marc Morris
This edition arranged with The Soho Agency through Big Apple Agency, Inc., Labuan, Malaysia
Simplified Chinese edition copyright © 2024 by Yilin Press, Ltd
All rights reserved.

著作权合同登记号　图字：10-2021-334 号

盎格鲁-撒克逊人：英格兰的形成，400—1066　　[英国] 马克·莫里斯／著　付　满　王军舰／译

责任编辑　　王　蕾
装帧设计　　iggy
校　　对　　戴小娥
责任印制　　董　虎

原文出版　　Hutchinson, 2021
出版发行　　译林出版社
地　　址　　南京市湖南路 1 号 A 楼
邮　　箱　　yilin@yilin.com
网　　址　　www.yilin.com
市场热线　　025-86633278
排　　版　　南京展望文化发展有限公司
印　　刷　　南京爱德印刷有限公司
开　　本　　652 毫米 ×960 毫米 1/16
印　　张　　27.75
插　　页　　12
版　　次　　2024 年 5 月第 1 版
印　　次　　2024 年 5 月第 1 次印刷
书　　号　　ISBN 978-7-5753-0081-0
定　　价　　109.00 元

版权所有 · 侵权必究

译林版图书若有印装错误可向出版社调换.　质量热线: 025-83658316

献给我的父亲——汤姆·莫里斯

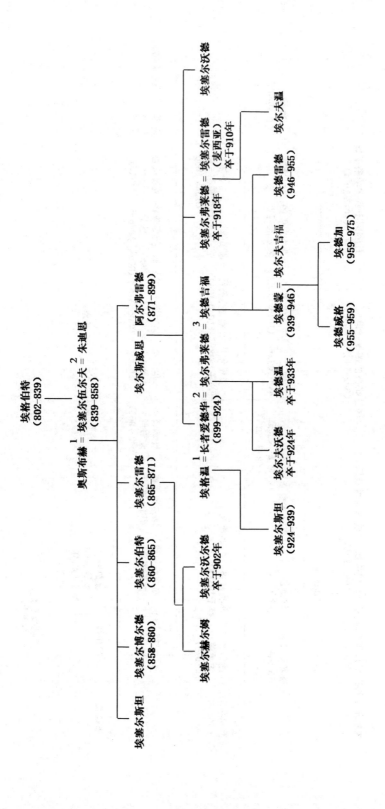

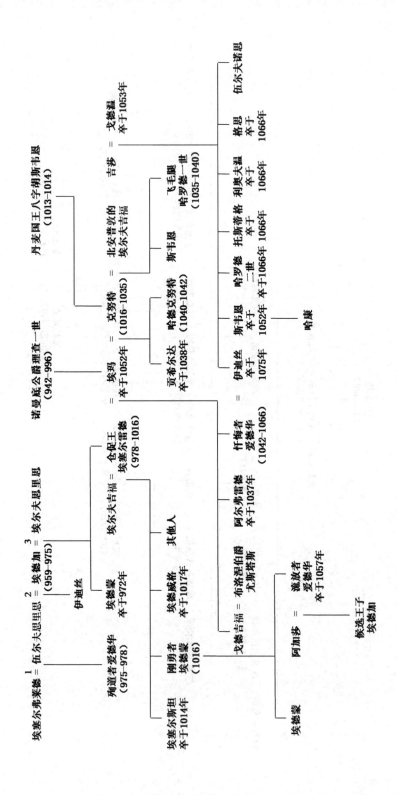

目 录

致 谢

我要感谢所有对我写作本书给予帮助的人。感谢索菲·安布勒、马克·爱德华兹、海伦·吉托斯、莱恩·肯普和梅勒妮·马歇尔为我提供建议、查找文章和提供译文。感谢罗里·奈史密斯在探究钱币图案方面给予的专业帮助。特别感谢理查德·埃布尔斯、盖伊·哈尔索尔、查尔斯·英斯利、约翰·马迪奥特和霍华德·威廉姆斯，他们热心地阅读了本书初稿多个章节，提出了宝贵的批评意见。尤其要感谢利瓦伊·洛奇，他阅读了整本书的近一半内容，并且在我写作这本书的这些年里耐心地回复了我许多电子邮件。

在哈钦森出版社，我很高兴与安娜·埃格尼奥和大卫·米尔纳合作。埃格尼奥在校订本书时严谨细致，无处不体现着她的智慧和幽默。米尔纳以其一贯敏锐的专业素养对终稿进行了文字编辑。感谢乔什·爱尔兰校对了全文，感谢马丁·卢比科夫斯基绘制了地图，感谢罗斯·瓦迪洛夫精心准备了所有图片。非常感谢莎拉·里格比和乔卡斯塔·汉密尔顿在2016年将这本书的写作托付于我，也感谢我的经纪人朱利安·亚历山大近二十年来的指导和友谊。

最后，感谢塞伊、彼得和威廉的爱与支持！

序　言

在写作本书的过程中，我问过很多人，让他们说出在提到盎格鲁-撒克逊人时最先出现在脑海的东西。答案自然多种多样，但其中两个被反复提及。第一个是萨顿胡宝藏，发现于1939年，现今保存在大英博物馆。第二个是哈罗德国王之死，他在1066年著名的黑斯廷斯战役中战死。

这两个答案并不令人意外：公元七世纪初，萨顿胡宝藏与其原主人一起被安置于一艘船上，然后隐藏在一座巨大的土丘下，仍然是迄今为止出土的最令人印象深刻的盎格鲁-撒克逊藏品。即使你对它的名字不熟悉，你也几乎肯定会认出其中最有名的物品。这顶带有独特面罩的头盔，曾经出现在无数书籍和杂志的封面上。与此同时，哈罗德国王在黑斯廷斯战死众所周知，原因是它直接导致了诺曼征服，并且被描绘在了世界上另一件著名的艺术遗迹——贝叶挂毯——上。

但这两个最普遍引人联想的"盎格鲁-撒克逊"事物有着什么共同点呢？它们之间相隔将近五个世纪，这期间沧海桑田。哈罗德是一位独立王国的统治者，同时代人将这个王国称为英格兰，其边界与今时非常接近。这个王国和平繁荣，经济不断发展，银币充足，拥有数十座城镇、都市和港口。它同时还是一个信奉基督教的国家，拥有

萨顿胡头盔

十六座主教座堂、约六十座修道院和数千座地方教堂。

在萨顿胡安葬时期，情况则大不相同。如今的英格兰在当时只是一群较小的王国，它们都为了获得暂时的优势而相互竞争。这些王国都没有超过几百人的聚居地，没有银币，也没有太多贸易往来。它们也没有多少有组织的基督教，一代人之前这一宗教才刚刚传到这里，到那时为止进展甚微：几乎每个人还仍然是异教徒，崇拜像图诺、弗丽格和沃坦*这样的神。与四个世纪前将其领主埋葬在船上的人相比，生活在由主教、自治市镇、郡和郡长组成的社会中的哈罗德国王，在与中世纪后期的英格兰人打交道时可能会感到更加自在。这种根本性

---

*译注：日耳曼神话中的主神，等同于北欧神话中的奥丁。

贝叶挂毯：哈罗德国王之死

的转变就发生在这期间的几个世纪当中。

因此，对"盎格鲁-撒克逊人"一概而论非常困难。除非在最简单的层面上对其进行概括，否则会显得相当多余。例如，谈论"盎格鲁-撒克逊战争"与概括十四世纪和十九世纪之间的军事战术一样有意义。因此，我在本书中很大程度上避免了广泛的讨论，并试图按照实际发生的情况跟踪主要的社会和政治进展。每一章都试图探索特定时代的首要主题。例如，第三章聚焦七世纪下半叶，见证了基督教的蓬勃发展以及修道院和主教辖区的创建。当然，在此期间不列颠还发生了其他重大事件，这些在第三章中也有讨论，但只是作为次要问题。这种（写作）方法意味着很多材料不可避免地会在最终版本中删除掉，但如果不加选择，就无法书写一段从"罗马不列颠"到"诺曼征服"的跨越七个多世纪的历史。通过给每一章限定一个主题，我希望能够创造一个更清晰的故事。

对于大多数章节，我还专注于一个特定的历史人物。其中四章关注某个国王，两章关注某个主教，一章关注某个家族（戈德温家族）。这同样主要是为了叙述清晰，因为传记是一种以相关联的、人性化的术语来描述事件的方式。与此同时，我希望这本书不仅仅是一系列不相关的人物描述，所以每一章都包含大量的非传记材料，用于探索更广泛的主题并与下一章关联起来。本书并不是要写成一部简史集，而是要描述英格兰的产生和发展。

遗憾的是，由于缺乏足够的证据来维持这种长篇叙述，没有一章专注于女性。就某些国王和主教而言，我们很幸运能找到同时代人对他们生活的描述，但对于王后或女修道院长，没有这样的原始材料留存于世。尊者比德在其撰写于八世纪初的鸿篇巨制《教会史》中提供了一些关于特定宗教女性的简短章节。在那之后，直到十一世纪中叶，才有关于女性的描述，当时两位王后埃玛和伊迪丝委托他人制作了简单描述她们生平各个方面的政治小册子。然而，尽管有这些宝贵的晚期资料来源，其所包含的材料也不足以支撑整个章节。这令人感到沮丧，因为在一些时期，我们可以看出特定女性发挥了关键的政治作用。在十世纪时，有几位年轻的国王接连换位，而他们的母亲却一直待在宫廷，历经几位统治者，似乎是王家特许状的主要见证人。虽然这些女性权势很大，但她们的活动却没有被记录下来，也就无法获知她们的性格和生平了。

考虑到盎格鲁-撒克逊时代通常被认为是女性的黄金时代，如此缺乏证据似乎令人惊讶。自十八世纪后期以来，人们已经普遍认为，英格兰女性在诺曼征服之前享有比之后更好的权利，并受到社会更高的尊重。二十世纪中叶一位著名的历史学家称，在1066年之前，男性和女性之间保持着一种"勉强过得去的伙伴关系"。[1]然而，与黄金时代一样，这种情况基于对非常有限且有争议的证据的选择性解读。其主要支柱之一是古罗马历史学家塔西佗在公元一世纪末撰写的关于日耳曼妇女的记述。塔西佗称，这些妇女贤惠、节俭和贞洁，并通过鼓励儿子和丈夫勇敢行动来支持他们。但这只是一位古罗马人为了批评自己所处的社会而赞美"蛮族"社会的一己之言。日耳曼女性之所以被描述成值得称赞的形象，是因为她们与罗马女性不同，她们不会通奸或把时间浪费在浴室和剧院里。很遗憾，真实情况似乎是，在公元一世纪，日耳曼和盎格鲁-撒克逊英格兰的女性地位并不比后来几个世纪高。[2]

盎格鲁-撒克逊男性的情况在很大程度上也是如此。关于诺曼征服前的时期对所有人而言都是黄金时代的争论有着更悠久的历史。在十六世纪英格兰与罗马决裂时，学者们试图证明盎格鲁-撒克逊教会最初是一个原始的本土机构，没有受到教宗的影响。在十七世纪内战期间，议员们争辩道，他们所争取的曾经属于他们的盎格鲁-撒克逊祖先的自由和代表权在1066年就消失不见了。这种说法几乎完全是虚构的，但它经久不衰且无处不在。在十九世纪后期，当人们开始颂扬盎格鲁-撒克逊人所谓的种族优越性时，它却呈现出险恶的一面，致使如今一些学者建议应该放弃使用"盎格鲁-撒克逊人"一词。[3]

考虑到本书标题，我自然不同意该建议。诚然，"盎格鲁-撒克逊人"这个词并没有被我们用这个名字所指的人们经常使用，他们往往认为自己要么是"盎格鲁人"，要么是"撒克逊人"。但在九世纪后期，它被经常自称为"盎格鲁-撒克逊之王"的阿尔弗雷德大王使用，也被他在十世纪的几位继任者使用。此外，在描述罗马人离开之后到诺曼人到来之前生活在不列颠低地的各种英语民族时，使用"盎格鲁-撒克逊"一词非常方便，而且这种说法有着悠久的历史，至少可以追溯到五百年前。

重要的是，我们试图以这些人的本来面目看待事件，并试图摆脱在后来的几个世纪中形成的对他们的误解。这并不容易，因为他们背负着不断积累的历史包袱。十九世纪盎格鲁-撒克逊人名的大举复兴，让人很难不认为本书中的各种阿尔弗雷德、伊迪丝和哈罗德是维多利亚时代的名人。真实情况当然是他们之间差异很大，不仅对我们来说是这样，对我们的直系祖先来说也是这样。回顾他们的生活，我们会看到许多让我们钦佩的地方：他们的勇气、他们的虔诚、他们的足智多谋、他们的艺术才能以及他们公开声明的对自由的热爱。但我们也会发现很多令人不安的地方：他们的残暴、他们的褊狭、他们对女性的厌恶以及他们对奴隶劳动的依赖。他们所处的社会催生出了依然灿烂绚丽的艺术作品和时至今日仍然存在的机构，但那个社会高度不平等，充满迫害，崇尚神权，而且男性占统治地位。尽管他们具有某些相似之处，但他们的不同之处才是让我们着迷的地方。我们需要理解他们，但不需要崇拜他们。

我们对盎格鲁-撒克逊人的理解最终必须建立在历史资料上，但在大部分时间里，这些资料极其缺乏。在罗马统治结束后的头两个世纪里，我们基本上没有任何形式的书面记录，几乎完全依赖考古学。随着时代的发展，情况有所改善，有了更丰富的材料，但我们对其的了解仍然远远不足。有时我们之所以知道一些重大事件，只是因为某个特许状或一枚出土的钱币提供了间接资料。但由于根本没有直接证据，因此通常我们只能推测发生了这些事件。

证据越少，争论就越多。有这么多值得商榷的地方就意味着学术争论永无止境。参与学术争论就像在一条巨大而湍急的河流中航行，被万千细流的学识所滋养，但试图对其进行总结就像试图冻结瀑布一样莽撞。这一时期不可能有最完整可靠的历史。接下来便是解读对我而言看起来最可信的证据，以及我认为最有说服力的论点。这个故事本应非同凡响，所以我试图在不影响故事发展的情况下尽可能地展示我的推理。就像一位年老的、受到国王召唤来讲述早期事件的故事讲述者，我希望我的读者能够喜欢这个故事。

注　释

1　D. M. Stenton, *The English Woman in History* (1956), 348.

2　P. Stafford, 'Women and the Norman Conquest', *Transactions of the Royal Historical Society*, 6th ser., 4 (1994), 221–249. 斯塔福德还驳斥了盎格鲁-撒克逊女性同地主一样拥有更多权利的主张。根据《末日审判书》中的记载，（盎格鲁-撒克逊）女性只拥有5%的土地，而除了王后和伯爵夫人之外，其他女性只拥有1%的土地。

3　Higham and M. J. Ryan, *The Anglo-Saxon World* (2013), 13–15.

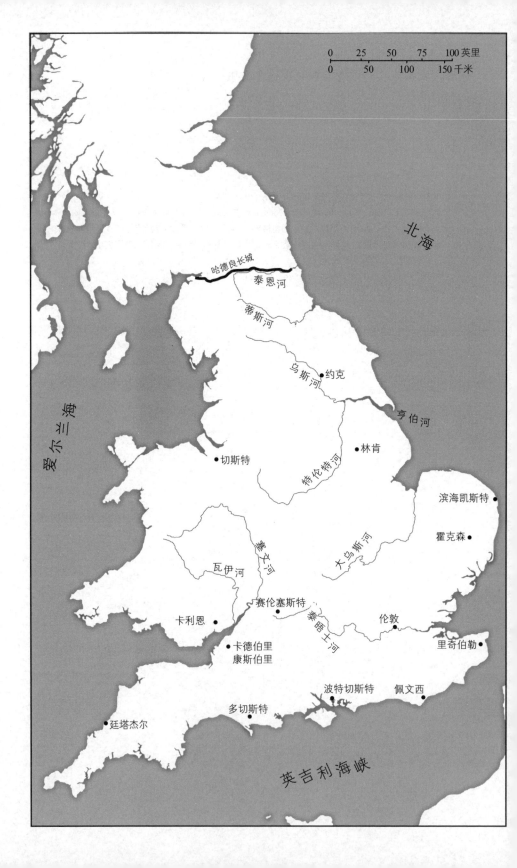

北海

哈德良长城
泰恩河

蒂斯河

乌斯河 约克

亨伯河

切斯特

特伦特河

林肯

滨海凯斯特

霍克森

瓦伊河

塞文河

大乌斯河

卡利恩

赛伦塞斯特

泰晤士河

伦敦

里奇伯勒

卡德伯里
康斯伯里

波特切斯特

佩文西

廷塔杰尔

多切斯特

英吉利海峡

爱尔兰海

第一章
不列颠的毁灭：
罗马的垮台与撒克逊人的到来

　　1992年11月，一个名叫彼得·沃特林的农民在萨福克郡霍克森村附近的一块田地里丢了锤子。他不愿接受锤子永远消失的事实，于是向朋友埃里克·劳斯寻求帮助。劳斯借助此前得到的作为退休礼物的一件金属探测器，探测到了强烈信号，于是他开始挖掘，随后便取得了惊人的发现。他立即联系了警方和地方当局。第二天，来自萨福克郡考古队的一组人员抵达现场，并在相当保密的情况下完成了挖掘工作。

　　结果证明，劳斯先生的发现是不列颠出土的最壮观的罗马宝藏之一。它包括二十九件黄金首饰——手镯、戒指、项链和一条极其罕见的装饰有宝石的身体链。这批宝藏中还有大量银餐具——碗和盘子，装饰华丽的兽形和人形胡椒瓶，以及近百只汤匙和长柄勺。最重要的是，其中含有大量的钱币——五百八十四枚金币和一万四千多枚银币。仅凭这一点，它就可称为真正了不起的发现，一下子就让罗马不列颠晚期留给我们的钱币数目翻了倍。此外，他们还找到了沃特林先生的锤子。

　　像霍克森宝藏（见彩图1）这样的发现——现在与那把著名的锤子一起保存在大英博物馆——立即引发了各种各样的问题。谁是它的所有者？谁把它埋了起来？什么时候埋起来的，为什么埋起来？这些问题通常无法得到任何肯定的回答，但在这种特殊情况下，我们能够找到一些有用的线索。一些汤匙上刻有名字，迄今为止最常出现的名字是奥勒里乌斯·乌尔西奇努斯。遗憾的是，由于罗马不列颠的任何书面资料中都没有提到他，我们不知道他是谁，但据推测他是这些汤匙的所有者，因此可能是整个宝藏的所有者。我们不能肯定的是，这些宝藏被埋葬时他是否还活着。但若要确定埋葬的时间，由于这些钱币的存在，我们就有了较为可信的依据。它们所处的时期可以根据钱币上皇帝的图像确定，宝藏中最新的一批钱币铸造于公元407年至408年。宝藏是在该日期之后多久被埋葬的，就是另一回事了。[1]

这留下了最关键的问题：为什么这些丰富的珍贵物品和大量金钱会藏在地下？现在的专家在对此类问题做出明确声明时普遍持谨慎态度，并会指出各种可能的动机。有时这些宝物与它们的前主人一起被埋葬，因此构成陪葬品。有时人们根据场地判断这可能是一次献祭——比如宝藏被扔进井里，或埋在神庙附近。虽然这种仪式性的解释一直都是可能的，但有一个因素最为重要。这个因素促使各个时期的人们将贵重物品藏在地下，这便是恐惧——害怕那些贵重物品可能会被强行夺走。如果将几个世纪以来不列颠诸岛上已知的宝藏数量绘制在图表上就可以看到，最大的一次数量增长出现在十七世纪四十年代的内战期间，但在诺曼征服和维京入侵之时，也有非常明显的增长。1667年，日记作家塞缪尔·佩皮斯被荷兰人袭击泰晤士河吓坏了，他匆忙取走他在伦敦的所有金币，并派他的妻子将它们埋藏在剑桥郡的乡村庄园里。

恐惧总是与希望保持平衡。那些在遭遇威胁时将贵重物品藏在地下的人显然是希望在威胁过去后将其收回，这可能是埋藏霍克森宝藏的人的意图。这些宝物被小心地装进一个橡木箱子里，箱子的铰链和扣锁都已经腐烂了，箱子里的一些物品被妥善保存在较小的木盒里或用织物包裹起来。显然这不是强盗的赃物。保存这些宝藏的人在埋藏时小心翼翼，几乎可以肯定，他们打算在他们认为情况更安全时返回并把它挖出来，就像塞缪尔·佩皮斯在1667年秋天处理他的金币时所做的那样。与佩皮斯不同的是，霍克森宝藏的所有者再也没能回去。

用历史学家约翰·麦迪科特的话来说，秘藏是"可靠的动乱晴雨表"。而相较于从罗马不列颠各地出土的一千多件其他秘藏，对于专家以外的人来说，霍克森宝藏最令人惊讶的地方可能是，它远远不止独一无二。除了在东盎格利亚的米尔登霍尔、艾伊和塞特福德等相同地区发现了几处类似质量的秘藏之外，几乎没有哪处秘藏像霍克森宝藏这样拥有如此丰富的宝物。这些秘藏中的大部分宝物都可以追溯到公元四世纪，随着那个世纪不断向前推进，秘藏的数量显著增加。到公元400年，仅是基于现代发现和记录的那些秘藏，就可以看出罗马不列颠的富裕精英们平均每年埋藏十件宝物。[2]

他们这样做的原因不难理解，因为罗马帝国到那时已经处于极度动荡的状态，没有哪个角落比其最北端的不列颠尼亚省更加动荡了。

到霍克森宝藏被埋藏时，罗马人与不列颠之间的交往已近五个世纪。公元前55年，恺撒大帝领导了第一次军事入侵，但未能吞并任何领土。直到将近一个世纪之后的公元43年，罗马皇帝克劳狄一世发起了一场全面战争，才征服了该岛。当时他率领着一支可以运送战象渡过英吉利海峡的强大军队，这让该岛南部的统治者们钦佩不已，纷纷臣服。为了征服剩余的低地地区，罗马人又进行了四十年的征战，尽管在公元60年被著名的布狄卡起义中断过，但到一世纪末，罗马不列颠地区的权力轮廓已经确立。

在同一时期以及进入二世纪之后，罗马文明所有熟悉的特征都被引入。集镇和城市首次出现在不列颠，并且严格按照网格规划布局，其中包括浴场、剧院、寺庙、纪念碑和长方形廊柱大厅式神殿，全部都是花重金用石头建造的，有一些表面还用了大理石。最伟大的城市是克劳狄入侵后不久建立起来的伦敦，它是新占领省份的行政中心。伦敦城墙长约两英里，占地三百三十英亩，人口约五万人，拥有阿尔卑斯山以北面积最大的城市广场。

为了连接三十座城市和约七十个集镇所进行的基础设施建设如此广泛和令人印象深刻，以至于一千多年来在不列颠都无法复制。道路将新的城市中心相互连接起来，并与它们的内地农村相连；主要河流上架起了桥梁，修建起的运河将河流连接起来。这些工程壮举的设计初衷主要是为了军队的利益，但它们同时也促进了与帝国其他地区之间的贸易。许多载着来自整个欧洲及其他地区农产品和商品的船只来到英国，其规模直到中世纪末期才可匹敌。[3]

因此，在罗马不列颠，一些人的生活非常好。无论在农村还是集镇，富人们都住在拥有几十个房间、湿壁画墙壁、马赛克地板、室内管道和地暖的别墅里。他们喝着进口酒，用进口的橄榄油做饭，享受着十八世纪之前任何英国伯爵都羡慕的奢华。但对于其他许多人来说，生活不可能如此惬意。因其公认的富贵生活和先进技术，罗马帝国历来令人钦佩，但后来一些专家强调，精英阶层的极度富裕源自对大多数人口的大肆剥削，而这些人在考古和书面记录中都无法找到。二十世纪六十年代，人们在多塞特郡的庞德伯里发现了一处墓地。这处墓地就在罗马集镇多切斯特外面，其中有一千二百多具四世纪时普通布立吞人的遗骸。大多数骨骼显示出与多年艰苦劳动和长期营养不良相关的磨损迹象。据历史学家大卫·马丁利估计，"在罗马统治下，每一个胜利者的背后都有一百个失败者"。[4]

尽管如此，对于那些处于社会底层的人来说，由于奴隶制在凯尔特社会中同样普遍，因此在罗马人到来之前他们在不列颠的生活并不一定更好。此外，其他历史学家会争辩说，虽然带来好处的量不同，但罗马经济的极端先进性和复杂性给每个人都带来了好处。在罗马遗址考古发掘中发现的大量陶瓷表明，它是工业规模生产的，在陶轮上转动并在高温窑中烧制，这意味着每个人都可以获得优质的盘子、碗和罐子，甚至像谷仓和牛棚这样不起眼的建筑都有瓷砖屋顶。一个合理的假设是，更易腐烂的物品——铁器、皮革制品和纺织品——也在大量生产。罗马人还引入了一种重犁来翻土，取代了仅仅翻开表面土壤的劣等犁，从而提高了农业生产力。他们抽干了低地沼泽，清除了森林。其人口增长到两百万到六百万之间，即使用最低限度估计，直到诺曼征服时期也不会再次达到这个人口密度了。罗马的集镇和城市都经过精心设计，设有排水沟和下水道，比中世纪的继承者拥有更好的卫生条件。在罗马人到来之前，布立吞人就已经知道钱币，但没有像后来流通的数量那样多。要达到这种高度的文化修养，需要具备读写能力。曾几何时，罗马军队要求每一名士兵都能够阅读。这一要求最终被取消，但为了国际贸易的繁荣和政府的运作，很多人都必须具备读写能力。[5]

　　罗马人——从三世纪初开始，不论血统如何，生活在该帝国的每个人都被视为罗马公民——认为帝国会永恒存在，所以这一切也将永恒存在。然而，在一个人的有生之年，这一切就都消失了。集镇和城市开始瓦解并沦为废墟，钱币停止铸造，最基本的商品消失了，人们只能靠拾荒或者坑害更加弱势的人谋生。[6]

　　因此，哪里出了问题？

　　罗马帝国的繁荣依赖于和平，而这种和平是由它的军队提供的——一支训练有素、报酬丰厚、装备精良、拥有大量武器和精巧战争机器的军队。在不列颠，在克劳狄一世入侵的几十年间镇压了低地民众之后，这支军队发现自己永久驻扎在对抗岛上高地地区的地方，这些地区更难征服，经济上也得不偿失。能够容纳数千人的军团要塞在卡利恩、切斯特和约克建立起来，从这些主要基地向外延伸，一个规模庞大的驻军堡垒网络遍布山丘和山谷，以制服或阻挡居住在北部和西部的民族——居住在如今被称为苏格兰、威尔士和爱尔兰地区的凯尔特居民。公元122年，哈德良皇帝访问了不列颠，决定建造他著名的城墙来标记帝国的北部边界。这座城墙长七十英里，堡垒星罗棋布，从爱尔兰海延伸至北海（见彩图2）。根据与哈德良皇帝同时代的传记作家的说法，它的目的是"将罗马人与蛮族分开"。

公元二世纪时，驻扎在这片广阔边疆地区的士兵人数达到最多——大约有五万人，占整个帝国军队的10%以上。在接下来的一个世纪里，士兵数量急剧减少，到公元300年前减至峰值时的三分之一左右。削减军费开支使整个不列颠的经济产生了连锁反应。在全省范围内，城镇规模缩小，公共建筑和纪念碑年久失修，衰败不堪。伦敦尤其受到重创——人口锐减，许多建筑物被拆除。[7]

与此同时，到三世纪中叶，新的威胁出现了，来自海洋对岸的掠夺者开始袭击和抢劫南部与东部海岸地区。他们来自日耳曼尼亚，这是罗马人对罗马帝国以外，位于莱茵河和多瑙河以北、维斯瓦河以西的欧洲地区的统称。袭击不列颠的特定日耳曼人被称为撒克逊人。

但是，尽管面临军费削减和威胁，不列颠的和平还是得以维持。虽然军队人数已经大幅减少，但在有形防御工事方面还是投入了大量资金。城墙建设花费的资金比以往任何时候都多，一系列新的要塞在南部和东部海岸沿线建立起来。例如，在肯特郡的里奇伯勒，这座自罗马人入侵以来逐渐发展起来的繁华港口很可能遭遇了撒克逊人的袭击，因为在三世纪中叶，它的面积急剧缩小，其中心区域被强行穿过商店和仓库的三道沟渠所环绕。到三世纪末，整座城镇已经变成了一个固若金汤的要塞，石墙高二十六英尺，厚十多英尺。波特切斯特、佩文西和滨海凯斯特这些地方也建造了类似的建筑，被统称为"撒克逊海岸"要塞。与此同时，集镇和城市里的生活以某种方式继续着。人们建起了新的别墅，将原来的工业区改造成了花园和果园。到四世纪初，人们在农村建起了一些极为宏伟的别墅。[8]

有一个因素起到了推动作用，即匈人的出现。匈人是起源于中亚广阔草原的游牧民族，用当时罗马作家的话来说，匈人是一个"野蛮的民族，迁徙时没有任何累赘，充满着掠夺其他民族财产的野蛮热情"。到376年，受到匈人劫掠的民族也包括了哥特人，哥特人是一个更习惯于居住在东部帝国边境的民族。那一年，由于匈人的袭击，成千上万的哥特人寻求并获得了跨越多瑙河并在帝国领土上定居的许可。但是难民与其罗马东道主之间的关系很快恶化，导致叛乱，并最终在哈德良堡（今土耳其境内的埃迪尔内省）发生全面战斗。这对罗马来说是一场巨大的灾难：东部帝国三分之二的军队——约一万人——被歼灭，东部帝国皇帝瓦伦斯也在这些遇难者当中。[11]

东部帝国的灾难对西部帝国产生了直接的影响。西部帝国的一些军队可能被派往了东部帝国，用于弥补在哈德良堡的损失，但影响更为深远的仍然是西部帝国迁都的决定。在这之前的一个世纪里，西部帝国的统治中心位于特里尔，如今在德国境内，当时属于罗马高卢省管辖。但在381年，可能是因为巴尔干地区持续的危机，皇帝格拉提安离开了特里尔前往意大利，并将他的宫廷迁往米兰。皇帝的存在给当地精英带来了好处，又是地区经济的重要支柱，因此这对高卢来说是个坏消息。[12]

这对不列颠来说也是个坏消息，原因是该岛同样卷入了帝国的政治和经济体系。几位罗马作家指出，谷物是从不列颠运往莱茵河地区的帝国军队的，因此我们可以合理地认为，其他不列颠商品也出口到了特里尔。因此，当宫廷迁往别处时，不列颠很可能遭到了重创。仅仅两年之后，即383年，不列颠军队发动叛乱，并宣布其领导人马格努斯·马克西姆斯为新的西部帝国皇帝。他迅速入侵高卢，击败并杀死了格拉提安，并将宫廷迁回特里尔。[13]

然而，这种改变发展趋势的尝试是短暂的。五年后，马克西姆斯本人在战斗中被新的东部帝国皇帝狄奥多西击败并阵亡，西部帝国宫廷再次迁往意大利。让不列颠蒙受了更严重打击的是，马克西姆斯为了实现他的篡位，从该省撤走了军队，这些军队要么和他一起灭亡，要么留在了欧洲大陆。当时一项名为《要职录》（要员目录）的调查表明，四世纪九十年代，早前驻扎在威尔士北部卡那封的士兵开始在巴尔干地区服役，而原先驻扎在威尔士南部卡利恩的军团已经迁到了里奇伯勒一个只有他们之前兵营十分之一大小的要塞。这些地点的考古实证也表明，不列颠的军事存在迅速减少。[14]

与此同时，在帝国的中心地带，危机继续不断升级。自392年以来一直统治着东西部两个帝国的狄奥多西于三年后去世，将整个帝国划分给了他的两个儿子。两人都很年轻，缺乏经验。统治东罗马帝国的阿卡狄乌斯年仅十七岁，而统治西罗马帝国的霍诺里乌斯年仅十岁。竞争派系之间的争斗和内战接踵而至，而蛮族的威胁愈演愈烈：在401年和402年，意大利自身被哥特人入侵。[15]

这些动荡的事件一定对英国产生了影响，但具体影响是什么，我们无法说清楚。我们所知道的是，402年是罗马钱币大量出现在英国考古记录中的最后一年。388年马格努斯·马克西姆斯去世后，伦敦停止了铸造钱币，此后该省一直依赖大陆的新（钱币）供应，主要来自米兰。但在402年，人们认为米兰离阿尔卑斯山另一边的战斗太近了，于是将产地转移到了拉文纳。这次迁移之后，不列颠突然不再大量进口钱币了。[16]

这可能是压垮不列颠军队的最后一根稻草：没有什么比不发军饷更能引起士兵们的不满了。当然，仍然会有一种现行货币在流通，但如果没有来自欧洲大陆的定期输入，这肯定不够。不列颠当局显然已竭力应对。从罗马帝国后期不列颠出土的绝大多数钱币都显示出"剪裁"的迹象——也就是说，钱币边缘有一些银被剪掉了。在霍克森宝藏的总计一万四千五百枚银币中，98.5%的银币都遭受了这种方式的毁坏，其中一些几乎损失了原本重量的三分之一。这很可能是一种官

霍克森宝藏中的三枚钱币，由于边缘被剪，钱币越来越小

方行为，目的是让现行货币流通得更久：在402年后，我们发现了不列颠铸造的钱币，这些钱币是帝国发行的真正货币的仿制品，这表明至少有一些从旧钱币上剪下来的银被回收用于制造新钱币了。霍克森宝藏中有四百二十八枚这样的钱币仿制品，所有仿制品的边缘都被剪掉了。[17]

因此，到了五世纪初，不列颠人民用钱币结算报酬，但年复一年，这种情况明显减少，在许多情况下可能根本没有得到报酬。到406年，军队显然已经受够了。那年夏天，他们发动叛乱，宣布一个名叫马库斯的人作为他们的新皇帝。到了秋天，马库斯被废黜，取而代之的是某个格拉提安。仅仅四个月后，格拉提安被谋杀，取而代之的是一个名叫君士坦丁的普通士兵。领导人快速更替，表明这不是领导人的个性问题，而是敌对派系之间正在为追求不同的政策而斗争，尤其是在不列颠与帝国其他地区之间的关系方面。这些争论在406年结束后变得更加紧迫，当时很多蛮族部落——汪达尔人、阿兰人和苏维汇人——越过莱茵河边境入侵了高卢，据说在布立吞人中引起了恐慌，让他们以为自己可能会是下一个。

此后不久，君士坦丁取代了格拉提安，这表明那些认为最好的防御就是进攻的人取得了胜利。晋级之后，这个想成为篡位者的人立即启程前往高卢，意图废黜现任皇帝。我们知道，他的名字给了人们希望，大概是因为它唤起了人们对君士坦丁大帝的记忆。几乎刚好一个世纪之前，君士坦丁大帝在不列颠被宣布为皇帝，并把一个四分五裂的帝国重新统一起来。但这位新的君士坦丁，唉，比不上那位杰出的同名人物。在取得一些初步成功后，他处决了他的一些亲戚，招致了他的对手霍诺里乌斯难以平息的敌意，这使他反过来被忠诚的罗马帝国军队俘虏并斩首。

事实证明，君士坦丁个人遭遇的这场灾祸，对他所抛下的地区来说是一场更大的灾难。为了在欧洲大陆取得胜利，他一定随身带走了许多驻扎在不列颠的军队，这进一步削弱了本已枯竭的防御力量。如果有人告诫过他不要采取不成功便成仁的策略，那么很快就可以证明他们是正确的。在他离开后不久，大概是408年，该行省就在撒克逊人的一场入侵行动中被摧毁。[18]

现在轮到其他人揭竿而起了。希腊历史学家佐西姆斯在六世纪初写道，蛮族的袭击促使布立吞人"反抗罗马统治，开始独立生活，不再遵守罗马法律"。这是一个了不起的进步，其推动因素是，最近几十年的事件使他们陷入了极其糟糕的境地。这一罗马行省存在的全部意义，在于用一支训练有素的军队保证其公民享有和平。如果那支军队不在了，或者力量严重不足，无法阻止海上袭击者的猛烈入侵，那么纳税或遵守禁止平民携带武器的法律又有什么意义呢？于是自卫成了自治的同义词。佐西姆斯说，布立吞人"武装自己，冒着许多风险来确保自身的安全，并使他们的城市免于蛮族攻击……驱逐罗马地方治安官并建立起他们想要的政府"。[19]

这使得409年的起义听起来像是取得了巨大成功——勇敢而弱小的不列颠尼亚不仅摆脱了罗马的统治，而且打败了蛮族。事实上，正是这一事件使该行省摆脱了险境。一旦它与罗马帝国的经济和政治联系被切断，不列颠就不受任何控制了。此前如此丰富的考古记录变得稀少，几乎快找不到了。优质的陶器消失了，钉子等日常五金用品也不见了。它们的突然消失不仅表明这些行业在410年后不久就倒闭了，而且在一代人的时间里，罗马不列颠的乡间别墅和城镇几乎完全被废弃了。这些数据背后的含义不难理解：社会已经崩溃。用一位现代历史学家的话来说，"这可能是英国历史上社会和经济崩溃最剧烈的时期"。[20]

这种局势带来的附加影响令人震惊。城镇和乡间别墅遭到废弃，意味着一定有大量的人在寻找住所和食物。正常贸易和配送网络难以为继，表明食物已经供不应求。缺乏军队会导致抢劫、掠夺和盗窃大行其道。富人可以利用他们现有的财富雇用武装保护，但显然无法留在他们豪华但没有设防的住所。其他所有人都必须自生自灭。不管怎样，就像现代国家失败和公民社会解体时发生的那样，一定会有大量的人因饥荒、疾病和暴力而死亡。[21]

这也是霍克森宝藏被埋藏起来的时期。宝藏中最新的钱币只有八枚，上面印着407年的不列颠篡位者君士坦丁的头像，其铸造时期是在408年君士坦丁的对手东罗马帝国皇帝阿卡狄乌斯去世之前。所有八枚钱币都被剪切过并且有磨损迹象，这表明，它们在发行后一定已经流通了一段时间，这意味着该宝藏可能是在十年或者二十年后才被埋藏起来的。在这几十年间，人们不再有机会使用豪华的银质盐瓶用餐或者穿戴镶满宝石的首饰，而且此类物品被盗或者被暴力夺取的可能性越来越大。想必因此人们才决定把它们藏到地下。[22]

人们一定抱着这样的希望，即像过去一样，糟糕的时代最终会结束，罗马的统治也将恢复。

在这些年里，更可能的情况是，不列颠也在不断遭受着蛮族的反复袭击。由于袭击者不像定居者，几乎没有留下任何考古实证，而且在有记录明确显示遭大火摧毁的城镇和乡间别墅也没有留下任何痕迹，因此尚且缺乏确凿的证据，最近的趋势是，假设造成这种情况的原因是偶然的而非有意的。但是，考虑到沿海堡垒缺乏士兵把守，协调和通信渠道遭到破坏，几十年来一直想在不列颠碰碰运气的蛮族现在面对的是一个更加容易得手的目标。起义后引发的社会混乱、成群结队的流离失所者和弱势民众，使该行省成为入侵者寻找宝藏、牲畜或奴隶的完美猎场。后来的传说导致了这样一种假设，即造成最严重威胁的是皮克特人和苏格兰人，毫无疑问，越往北走的人就越是这样认为。但在不列颠南部和东部，主要威胁是撒克逊人。

虽然没有来自不列颠的对同一时期的描述，但在五世纪英吉利海峡对岸高卢的一些资料中有对撒克逊侵略者的描述。例如，在455年，一位名叫西多尼乌斯·阿波利纳留斯的高卢罗马贵族和诗人曾提到"撒克逊海盗，身披兽皮，把在不列颠水域上游荡视作体育运动，乘着缝合艇在蓝色海洋上破浪前行"。[23] 几年后，还是这位作家，在给他一位朋友的信件中提供了更全面的描述，他的这位朋友负责击退大西洋沿岸蛮族的入侵。他写道："撒克逊人在所有敌人中最为凶猛。他毫无预兆地来到你的面前，当你预计他会攻击时，他却溜走了。抵抗只会让他蔑视；鲁莽的对手很快就会被打败……对他来说沉船并不可怕，只会增加他们所受的训练。他不只是熟悉大海的危险，他了解大海的危险就像了解自己一样。"[24]

使其对手感到焦虑的不只是撒克逊人的凶猛和无畏，还有他们的异教信仰。罗马人曾经崇拜多个不同的神，但在四世纪，他们不再崇拜它们，转而信奉了基督教。在君士坦丁大帝统治期间（306年至337年），基督徒不再受迫害，他们的信仰成为帝国的官方宗教。新的教堂在每个行省如雨后春笋般涌现，并出现了以主教为首的新的教士等级制度。西多尼乌斯以外交官的身份开始了他的职业生涯，最终成为克莱蒙费朗的主教。[25] 因此，他对撒克逊海盗的异教信仰感到震惊。撒克逊海盗与帝国北部边境以外的大多数民族一样，没有经历过皈依，并且顽固地坚守着他们的异教信仰。

"当撒克逊人从欧洲大陆起航时，"他解释说，"他们在回家的路上有这样一种习惯，会把十分之一的俘虏投入水中。"他继续说，由于这种习俗是被虔诚的信仰所驱动的，因此更加令人感到震惊。"这些人受到必须在受害者身上兑现的誓言的约束；他们认为进行这种可怕的屠杀是一种宗教行为，并以俘虏的痛苦代替赎金。"[26]

诸如此类的异教海盗在五世纪初期一定袭击了不列颠，肆虐了遥远的内陆地区，推动了社会的崩溃并从中获利。429年，另一位高卢罗马主教，欧塞尔的日耳曼努斯，被要求跨越英吉利海峡以对抗异端邪说的爆发，并最终帮助被围困的布立吞人社区抵御了一群皮克特人和撒克逊人。通过向防御者施行洗礼并指挥他们高喊哈利路亚作为战斗口号，他赢得了这场斗争。这个故事来自半个世纪后为确立他的神圣性而写成的《日耳曼努斯生平》，因此不太可能在各个方面都完全真实，但它确立了两个重要的基本观点。第一，在429年，不列颠仍有一些人试图维护公共权威，对异端邪说的传播感到十分焦虑，以至于向海外求助。第二，这些不列颠权威正在与蛮族入侵者进行一场生存斗争，尽管有日耳曼努斯的坚定援助，但他们发现越来越难以应对。用这位主教后来的传记作者的话来说，他们"完全不具备赢得这场斗争的能力"。[27]

这将我们带到了故事中最广为人知的部分。这部分内容之所以众所周知，原因在于它是由尊者比德所讲述的，其《英吉利教会史》无疑是整个盎格鲁-撒克逊时期最重要也最具影响力的著作。根据比德的说法，"对战争实践一无所知"的布立吞人在皮克特人和苏格兰人的袭击中沦落到如此悲惨的境地，以至于他们召开了一次会议，会议上他们决定雇用外国人替他们打仗。应他们的国王沃蒂格恩的邀请，一支撒克逊勇士乘坐三艘船来到不列颠，并获准在该岛东部的一个地方定居。一开始，这些雇佣兵表现出色，赢得了对布立吞人的北边敌人的胜利。

但是，正如比德继续讲述的那样，撒克逊人秘密地打算征服整个国家为自己所有。取得初步成功后，他们将消息传回他们的祖国，声称不列颠土地肥沃，布立吞人都是懦夫。很快，一支规模更大的撒克逊人舰队抵达并与原来的队伍会合，组成了一支战无不胜的军队。不久之后，不可避免的结局到来了。撒克逊人突然与他们本应与之作战的北方民族和解，掉过头来把兵器指向他们的布立吞东道主，要求为他们的服务提供更多的报酬，并威胁说如果他们的要求得不到满足，就会摧毁整个岛屿。当没有更多的补给到来时，撒克逊人开始沿着海岸线烧杀劫掠整个不列颠。"公共和私人建筑都变成了废墟，"比德说，"到处都有神父在祭坛上被杀，高级教士和平民百姓不分等级，一律死于刀剑和大火，没有任何人剩下，以至于之前死得很惨的人都无法得到埋葬。"[28]

虽然比德的故事很有名，但不能太过当真。主要的问题是，作为一种来源，它已经很晚了：比德的写作年代是八世纪早期，在他声称要描述的事件之后整整三百年，在这段时间里，关于撒克逊人到来的叙述已经变成了一个传说。例如，关于最初那支雇佣兵乘坐三艘船抵达不列颠的断言，除了本质上不太可能以外，还是其他北欧民族起源故事中常用的修辞。同样，比德提到了名为"沃蒂格恩"的布立吞人首领，这一点也值得怀疑，因为这个名字本身的意思类似于布立吞语中的"地位显赫的统治者"。比德还将撒克逊人的首领命名为亨吉斯特和霍萨，并说他们是兄弟。这显然是肯特郡的当地传统，更不可能有任何史实依据：他们的名字翻译过来就是"阉马"和"马"，给两兄弟起押头韵的名字是欧洲基础神话中另一个常见的特征。从存在的可能性上讲，亨吉斯特和霍萨并不比罗慕路斯和雷穆斯更高。[29]

虽然比德的一小部分叙述显然来自民间传说，但其主要的来源是书面文献。撒克逊人到来的故事最初是由一位名叫吉尔达斯的布立吞作家写的，他写了一本被后人称为《不列颠的毁灭》的小册子。这个小册子疑问重重，特别是我们对吉尔达斯本人几乎一无所知。历史学家们花费了大量笔墨，就其可能生活的年代展开了争论，争论的基础就是其作品中几个有争议的词。总的来说，他似乎最有可能生活在六世纪初，并且可能在六世纪第二个二十五年的某个时候写下了他这本著名的小册子。[30]

《不列颠的毁灭》的主要问题在于，它并不是一部真正的历史作品——它是一封写给作者那个时代的不列颠统治者的公开信，目的是批评不列颠统治者多方面的失败和罪恶，并规劝他们改过自新。吉尔达斯的小册子中确实包含了一段历史介绍，以解释他那个时代的社会如何陷入如此糟糕的境地，但他苦于缺乏可靠的原始资料。正如他一开始解释的那样，关于不列颠历史的早期书籍要么被蛮族袭击者烧毁，要么流落到国外，迫使他依赖外国作家的作品，而这些作品只能给他一个非常不完整的画面。因此，他没有提供任何日期，并且犯了一些非常严重的错误。举一个最为糟糕的例子，他断言哈德良长城是在五世纪初为抵御皮克特人袭击而建造的，与实际建造时间相差了近三百年。[31]

然而，当所有这些注意事项都提出来之后，《不列颠的毁灭》仍然是对该岛五世纪历史的最有价值的描述，也是唯一可以被视为几乎同时代的作品。其叙述的主要事件，亦即不列颠随后所有苦难的最终原因，根据吉尔达斯的说法，就是撒克逊人的到来。他的故事或多或少与比德后来重申的内容相同：由于不断受到皮克特人和苏格兰人的袭击，布立吞人召集了一次会议，决定雇用一支撒克逊人作为雇佣军。这些战士最初乘坐三艘船抵达并定居在不列颠东部，但很快就加入了第二支更大规模的分遣队。吉尔达斯与比德不同，他没有提到撒克逊人与苏格兰人和皮克特人交战——在他看来，撒克逊人不过是对布立吞东道主变得越来越苛刻和咄咄逼人，直至最终发动叛乱并劫掠了整个国家，吉尔达斯使用类似世界末日的术语来描述这一事件，比德后来借用了这种说法。[32]

这个故事可信吗？吉尔达斯生活的时代比比德更接近这些所谓的事件，但他的写作时间依然是在这些事件发生近一个世纪后，而且他也提到撒克逊人是乘坐三艘船抵达不列颠的，这表明这个故事已经受到了传说的影响。此外，考虑到直接和间接的证据表明，几十年来撒克逊人自己同苏格兰人、皮克特人一样一直带着愤怒袭击并劫掠着不列颠，布立吞人竟然会寻求雇用撒克逊人作为雇佣兵，这真的可信吗？吉尔达斯显然不这么认为，原因是在这一段历史之前他丝毫没有提到撒克逊人的袭击。在他的描述中，撒克逊人仅仅是在布立吞人做出邀请他们这一重大决定之后才出现的——吉尔达斯愤怒地谴责这一决定愚蠢至极。[33]

也许令人惊讶的是，这些问题的答案是肯定的：完全有理由相信布立吞人会决定雇用蛮族替他们作战，因为这是确立已久的罗马做法。在整个四世纪，这些战士经常被招募到帝国军队中，其中一些还晋升到了最高级别。例如，弗拉维乌斯·斯提里科是西部帝国最高级别的将领，也是霍诺里乌斯未成年时期西部帝国的实际统治者，而他就是汪达尔人的后裔。当新兵融入正规军并且真正罗马化之后，这种做法运作良好。完全不奏效的是一项新政策，这项政策在四世纪末推出，导致被雇用的整支蛮族军队都处于他们自己领导人的指挥下。事实证明，这些"联盟"军队往往不那么可靠，而且很可能突然改变立场，造成灾难性后果。但事态到了孤注一掷的时候，也可以考虑进行这种铤而走险的试验。[34]

这就是布立吞人在与罗马决裂后最终发现的自己面临的处境。这个国家处于混乱之中，并不断受到皮克特人、苏格兰人和撒克逊人的袭击。罗马军团早已不复存在，但此前被禁止携带武器的平民无法在一夜之间学会战争艺术。在这种情况下，很容易理解当权者为何寻求通过招募一群蛮族对抗其他蛮族来解决问题。

这些事件是什么时候发生的？比德比吉尔达斯更关心年代顺序，他将它们置于马尔西安皇帝的统治时期。比德把他的登基日期定为449年，后来的作家最终采纳了这个日期并的确把这个日期作为撒克逊人抵达（不列颠）的正式年份进行庆祝。但是比德被他的主要参考文献《不列颠的毁灭》中的一个错误误导了——有一封信几乎可以肯定是在撒克逊人叛乱**之后**写的，但吉尔达斯在撒克逊人还没有到达**之前**不小心把它放在了他的故事中。比德能够从这封信的内容中推断出它不可能写于446年之前，因此相信撒克逊人一定是在那个日期之后抵达不列颠的。[35]

还有一些其他比德没有掌握的证据表明，他把时间往后推了大概二十年，事实上，早在一代人之前的430年，第一批撒克逊人就来到了。大约在那个时期，我们发现了有关撒克逊人定居的最早期的考古实证：墓葬、手工艺品和建筑物，这些在罗马不列颠后期完全不常见的东西在德国北部和斯堪的纳维亚半岛南部却司空见惯。除了吉尔达斯之外，我们还有另一个书面资料——《公元452年高卢编年史》，正如其平淡无奇的现代标题所暗示的那样，这是五世纪中叶在高卢撰写的一套编年史。它没有提到撒克逊人的到来，但它表明他们的叛乱发生在441年左右。那一年的条目这样写道："迄今为止不列颠人［原文如此］之所以饱受各种灾难和坎坷，其原因很大程度上可以归结为撒克逊人的统治。"[36]

人们自然希望这位仅在十年后就撰写出编年史的匿名作家能够多说几句。例如，他所说的"很大程度上"是什么意思？我们至多可以得出这样一个结论：他知道撒克逊人已经控制了不列颠的大部分地区，但显然不是全部。这与吉尔达斯对撒克逊人叛乱后布立吞人所经历事情的描述相符。吉尔达斯像一个先知那样责备他的人民，强调了灾难性的后果。他说，他们中有一些人被抓获并被杀害，一些人投降并被奴役，而另一些人则逃往外国背井离乡或者躲藏在山丘和森林中。但吉尔达斯接着描述了一次显然很重要且著名的布立吞人反击战。他说，过了一段时间，撒克逊人回家了——大概是指他们最初在不列颠的定居点，而非他们在欧洲大陆上的家园——上帝赐予了布立吞人力量。吉尔达斯将他们的首领命名为安布罗修斯·奥勒利安努斯，他暗示这是一位出身高贵的罗马人。据说在这个人的指挥下，布立吞人民重拾信心，在战斗中击败了撒克逊人。因此，在撒克逊人叛乱之后，不列颠明显被分裂了，新来者控制了一些地区，而原有人口则控制了其他地区。[37]

它是如何被分裂的？这个问题值得更详细地展开研究。吉尔达斯直截了当地将这次分裂描述为二元斗争的结果，自那之后历史学家们也都倾向于这样描述：撒克逊人占据东部，布立吞人占据西部，只要这两个水火不容的民族相遇，就会发生血腥的战斗。公平地说，吉尔达斯在六世纪初期以他在不列颠西部的角度看可能就是这样。但有多个迹象表明，就在撒克逊人发动叛乱之后，在五世纪剩余的大部分时间里，局势远比他看到的要复杂得多。

正如我们已经提到的，自大概430年以来，我们就开始在不列颠找到来自欧洲大陆的新定居者的考古实证。死者火葬是最明显也最容易理解的例子。自三世纪以来，布立吞人就没有这样做过，但这在撒克逊人中很常见。这种习俗就是在火葬柴堆上焚烧死者的尸体，有时与动物的尸体一起焚烧，然后将骨灰放在骨灰盒中埋葬。在撒克逊人的家乡——德国北部易北河和威悉河之间的地区——我们发现了非常大的火葬墓地，里面有数千个骨灰盒，其历史可以追溯到430年之前的几个世纪。在这个日期之后，我们在英国也开始能找到这样的墓地了。其中规模最大、发掘最为彻底的一块墓地就位于诺福克的斯邦山。[38]

大概在这一时期突然出现的另一种新做法是在墓穴中放入陪葬品——诸如珠宝、梳子或武器等个人物品，这些物品在生前属于死者，死后与他们一起埋葬。这些陪葬品有时可以在火葬墓地中找到，它们与骨灰盒里的骨灰一起埋于地下，但有时它们却与未火化的尸体一起简单地埋在地下——考古学家将这种习俗称为"带陪葬品的土葬"。这种做法也曾在萨克森实行过，但仅在几十年前才被引入那里，大约在400年左右。它出现在大约一代人之后的不列颠，显然与撒克逊人的到来有关。这类墓葬中的许多陪葬品与在他们家乡发现的物品有很多相似之处。

从五世纪第二个二十五年开始，不列颠东部就出现了这两种新的丧葬习俗，它们的分布似乎呈现出一种明显的区域性特点。火葬墓地几乎完全集中在该地区的北部——由流入沃什湾或亨伯湾的河流界定的区域（见示意图1.1）。相比之下，带陪葬品的土葬随处可见，但其中的一些陪葬品呈现出类似的区域性特点。在北部，我们会发现以独特方式装饰的胸针和其他金属制品（被艺术史学家们称为"撒克逊浮雕风格"），这显然来自撒克逊人的家乡。与此同时，在南部泰晤士河界定的区域，我们发现了以不同方式加工的金属制品——所谓的"圆环胸针风格"——似乎起源于罗马不列颠时期（见示意图1.2）。

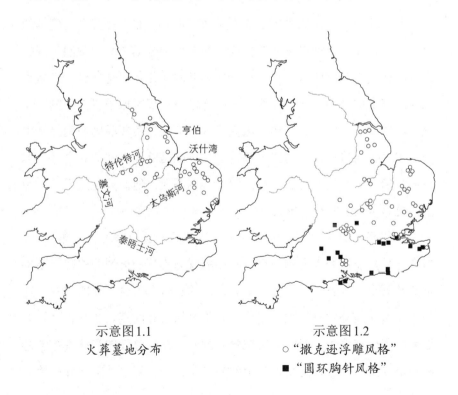

示意图1.1
火葬墓地分布

示意图1.2
○"撒克逊浮雕风格"
■"圆环胸针风格"

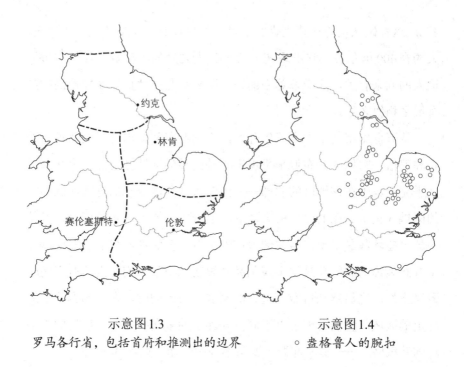

示意图1.3
罗马各行省，包括首府和推测出的边界

示意图1.4
○ 盎格鲁人的腕扣

因此，考古实证似乎揭示的不是撒克逊人和布立吞人之间简单的双向分裂，而是一种更复杂的情况，即东部划分成了两个截然不同的区域。在更靠北的区域，有一种墓葬和艺术文化，清楚地显示出撒克逊人对家乡的持续依恋。然而，在南部区域，情况似乎更加模糊。在该区域发现的一些陪葬品属于撒克逊人，但其他陪葬品则明确显示出与帝国过去的接续性。这些坟墓的主人可能是欧洲大陆的新来者，但在某些情况下，他们看起来像是罗马不列颠人，他们只是采用了一种新的更具示范性的葬礼形式。[39]

这些明显的文化差异能否反映政治差异？这总体上更具推测性，但有一种可能性令人充满好奇。晚期的罗马不列颠被划分成四个（也可能是五个）行省，每个行省都有自己的总督和首府。众所周知，这些首府所在地分别是伦敦、林肯、赛伦塞斯特和约克。各行省之间的边界就需要推测了，但一些历史学家倾向于在伦敦行省和林肯行省之间划定界限，其位置与考古学中明显可见的五世纪中叶文化分水岭大致相同（见示意图1.3）。[40]

因此，虽然极具推测性，但在不列颠与罗马决裂后，这些行省可能还在继续发挥着某种作用。[41]就像吉尔达斯所说的那样，也许这些行省的总督甚至召开了一次会议，并同意雇用撒克逊雇佣兵。此后，这些雇佣兵在东部的不同位置定居了下来，并最终自己统治了该岛的某些地方。基于考古实证，我们很可能将那片区域定位在英格兰东部撒克逊文化证据最多的地区——林肯行省管辖范围。伦敦行省肯定也接收了大量新定居者，但在该行省撒克逊人大规模接管的证据并不那么明显。在这个地区，至少有一些罗马不列颠血统的人仍然具有很高的社会影响力。他们满足于采用一种新的葬礼方式来宣扬这种影响力，并穿着表明他们与帝国之间联系的服装配饰。或许他们仍然希望有朝一日帝国能够回归。

对考古记录的解读把我们引向一个棘手但至关重要的问题——撒克逊移民的规模。传统上认为，无论新移民在不列颠定居何处，他们都会取代之前居住在那里的原住民。正如我们所见，根据吉尔达斯的描述，布立吞人要么被杀，要么被奴役，要么逃亡到国外，这是进入二十世纪以来的主流观点。考古学进一步证实了这一点：否则如何解释撒克逊人拥有充足的物质财富，却几乎无法找到罗马不列颠的遗迹？人们普遍认为，一定有大量的撒克逊人迁移到了不列颠，占领了几乎被战争、饥荒和社会崩溃所清空的土地，并用刀刃驱逐或消灭了任何剩余的布立吞人。[42]

从二十世纪六十年代开始，这种观点受到了彻底的重新评估。人们普遍对四世纪和五世纪欧洲的蛮族迁徙规模表示怀疑，并认为所涉及的人数肯定比当时作家所提供的人数少得多。尤其是对于不列颠来说，历史学家们指出，用当时可用的简陋船只运送大量人员跨越大海非常困难。学者们想到这样一个观点，即撒克逊人并没有大规模移民，而不列颠只是遭到了实力出奇强悍的少数撒克逊人的入侵。布立吞人并没有被这一少数群体集体屠杀或驱逐，而是留在了原地，并最终接纳了新移民的语言、宗教和文化。历史学家们称这种现象为"精英移民"模式。当然，这种模式会混淆考古学的传统解释，原因在于它提出了这样一种可能性：使用撒克逊陪葬品的人可能根本不是移民，甚至可能不是移民的后代，而是已经欣然接受撒克逊文化的布立吞人。[43]

后来，人们的看法又恢复到另一个方向，现在人们再次普遍认为迁移的规模相当大。这种修正与DNA关系不大。对五世纪和六世纪墓葬中的骨骼尤其是牙齿进行科学分析，有时可以表明其主人是在哪里长大的。在有些情况下，我们发现埋葬在不列颠的人其实是在德国北部长大的。虽然这在个案中很有帮助，但它并没有告诉我们人口流动的总体规模。另一种方法需要收集现代人的DNA，并在此基础上对他们的祖先做出全面的推论。这种方法会面临更多问题，历史学家们对此普遍持怀疑态度。[44]

支持五世纪和六世纪有大批移民跨越北海的论据更多地依赖于对传统证据的重新审视。例如，有一个基于语言的强有力论据。如果没有大量来自日耳曼尼亚的移民，大多数不列颠人最终不太可能会说英语——一种日耳曼语。[45]历史学家们也反驳了大规模移民在技术上不可行的观点。有时人们还提出相反的观点，认为撒克逊人的船缺少帆，因此不可能大批量横跨大海，但证据表明情况并非如此。[46]正如我们所知，同时代的目击者西多尼乌斯·阿波利纳留斯描述了撒克逊海盗在返回家乡的航程中如何把在高卢俘获的十分之一的俘虏献祭的情况，这意味着每艘船至少可以搭载十个俘虏。据推测，如果乘客愿意，船长可以搭载更多的人。运送大规模移民，并不需要在萨克森和不列颠之间穿越多次。如果一艘船一年只能运送十名乘客并穿越五次的话，那就意味着会有五十名新来者。一百艘船做同样的事情意味着会有五千名新来者。一百艘船在五十年内做同样的事情将使新来者的总数达到二十五万。[47]

然而，尽管这个假定的数字很大，但要设想撒克逊人可能比布立吞人多的话，却又需要极多的船只，进行极多次横渡。即使我们对晚期罗马不列颠的人口做最低估计——两百万——并且想象五世纪遭受到巨大灾难以至于一半人口死亡，我们仍然会面临这样一种情况，即布立吞人口数量超过撒克逊人口数量，比值为四比一。因此，这种数量推测仍然让人不禁疑问：为什么布立吞文化没有取得胜利？欧洲的其他地区——高卢、西班牙和意大利——也遭到了蛮族入侵，但在这些行省，罗马文化终获成功：新来者学会了说基于民间拉丁语的语言，并迅速皈依了基督教。然而，在撒克逊人定居的不列颠地区，情况却完全相反。留在这些地区的布立吞人接受了一种新的日耳曼语，并开始崇拜异教神。法语中表示一周中几天的词汇——周二、周三、周四和周五是以玛尔斯、墨丘利、朱庇特和维纳斯等罗马诸神的名字命名的，而在英语中，周二、周三、周四和周五是以提尔、沃坦、图诺和弗丽格等日耳曼诸神的名字命名的。[48]

最可能的答案是，当撒克逊人来到不列颠定居时，他们几乎没有发现值得保留的东西。在英吉利海峡对面的高卢，集镇和城市遭到入侵蛮族的蹂躏，导致其规模缩小，但其中大多数最终幸存了下来。城市生活得以维持意味着有组织的基督教活动得以延续，像之前一样基于大教堂和主教辖区开展。但在不列颠，正如我们所知，在最早一批撒克逊定居者到来之前的五世纪初期，市民生活已经完全崩溃。至于不列颠地区有组织的基督教活动，有证据表明从一开始它就没有非常牢固地建立起来。几座晚期罗马别墅中带有基督教符号的马赛克地板表明，一些贵族在四世纪已经改变了信仰，但几乎没有证据证实有我们在欧洲大陆上看到的那种城市教堂。[49]撒克逊人可能采纳了罗马社会组织中一些非常基本的元素，比如现有田地的边界，这可能在社会崩溃中幸存了下来，而且若要改变的话会耗时费力。但城市、工业、商业和文化——所有这些都已经消失，或者已经毁坏得无法修复。撒克逊人最终发现，支离破碎的不列颠没有吸引力，他们在不列颠文化中看不到任何他们想效仿的东西。

这并不是说每一批撒克逊定居者都与布立吞人无关。单一的迁移经验不可能适用于整个国家，而且肯定存在很多地区性差异。在亨伯河以北，撒克逊人的定居点比较稀少，可能有一种类似"精英移民"的模式，定居者接管了一个正常运转的社会。与此同时，在中部地区，某些墓地表明我们研究的可能是一批迁移到不列颠的、与不列颠当地女性通婚的男性勇士。而在南部和东南部地区，正如我们所知，可能存在某个族群屠杀或者奴役另一个族群的情况。[50] 然而，总体而言，尤其是在东部，撒克逊人似乎更愿意闭门不出。他们在新的地点建立了自己的社区，建造了国外风格的建筑物，并保持了他们传统的丧葬习俗。人们普遍认为古英语中只有大约三十个单词是从布立吞语中借来的，这一不同寻常的事实表明，撒克逊人与布立吞人之间几乎没有交流。如此低的数字让人可以肯定，来到不列颠的不仅仅是撒克逊勇士，还有整个社区的男女老幼，他们没有与当地人交往和通婚。[51]

到目前为止，我们只讲到了撒克逊人，这是吉尔达斯和其他人用于描述来到不列颠的移民的统称。但在大约两个世纪后比德复述吉尔达斯的故事时，他觉得有必要补充更多细节。他说，"他们来自三个非常强大的部落——撒克逊人、盎格鲁人和朱特人"，然后他还解释了这三个部落中每一个部落是如何在不列颠定居下来，并且在他那个时代建立起了不同的王国的。因此，肯特王国的居民是朱特人，东盎格利亚王国、麦西亚王国和诺森布里亚王国的居民是盎格鲁人，威塞克斯王国、萨塞克斯王国和埃塞克斯王国的居民是撒克逊人。很长一段时间以来，历史学家都认为比德是正确的，而且就像他所称呼的那样，这些部落是以分散族群的方式从他们的家乡迁移到不列颠的：朱特人来自日德兰，撒克逊人来自萨克森，而盎格鲁人来自中部地区安格尔恩。[52]

事实上，比德只说对了一半。的确，你可以找到很多实物证据——陶瓷制品、珠宝等——来支持他的假设。例如，在东盎格利亚出土的一些文物与在安格尔恩发掘出的文物相似，这一点毋庸置疑，比德提到的其他地区也是这种情况。但是——这就是比德说错的地方——你在这些地区也会发现很多不符合他假设的实物证据。例如，在不列颠，只要是有蛮族定居的地方，从约克郡一直到南部海岸，都可以发现撒克逊胸针。定居不列颠的不是在迁移过程中谨慎保持着身份认同的三个独立"部落"，而是稳定地迁入的不同民族，他们来自北欧沿岸和斯堪的纳维亚半岛南部各地。撒克逊人、盎格鲁人和朱特人当然是他们当中的成员，但弗里西亚人、瑞典人和法兰克人也是如此，这些民族相互交往，建立社区，并融合他们的艺术文化创造出新的艺术文化。后来，比德本人在一段不太出名的文章中承认了这一点，他说："现在居住在不列颠的盎格鲁人和撒克逊人，其出身可以追溯到日耳曼的许多民族。"[53]

因此，这种特定地区内的**每个人**都是"盎格鲁人"、"撒克逊人"或"朱特人"的观念一定是在他们抵达后的某个时间点发展起来的，很可能是在五世纪的最后二十五年。在那段时间里，不列颠目睹了来自斯堪的纳维亚半岛的新一波移民潮。这一点可以从源自挪威西部和南部的一种独特形式的女性配饰——腕扣——看出来。不列颠的最早例子是在亨伯河和沃什河附近发现的，这些地方一定是腕扣佩戴者的入境点，自此这种时尚迅速蔓延到整个盎格鲁地区——但没有进一步扩展到更大的范围。在早先被确定为不列颠东部更野蛮地区和更罗马化地区之间的文化边界线处，腕扣的分布突然停止（见示意图1.4）。因此，这一盎格鲁地区的人们似乎在五世纪末就已经形成了共同的群体认同，而表达这种群体认同的一种方式就是女性服饰。在南部地区，我们也看到了类似的发展态势。较早期的"圆环胸针风格"消失了，随之而来的也许是佩戴者希望将自己展现为罗马人的愿望。它被一种大量使用几何动物图形的新风格所取代，这种风格源自帝国北部边境以外的地方。这表明，在这一地区的人们，无论其出身如何，现在都被看作"撒克逊人"。他们中的更多人肯定开始说一种日耳曼语言，并开始崇拜异教神灵。[54]

那些仍然希望保留罗马遗迹，特别是坚持信仰基督教的人，将不得不向西迁移。在这里，即现在称为威尔士和康沃尔的地方，就是吉尔达斯所说的为布立吞人提供避难所的山丘和森林。吉尔达斯本人就是最好的证据，证明在这些西部地区仍然存在一种受过良好教育的基督教文化，而且那些处在社会最上层的人仍在努力过上罗马式的生活。在偏远西南部的廷塔杰尔，考古学家发现了曾经盛放葡萄酒或橄榄油的双耳细颈瓶的残迹，以及五世纪末六世纪初从地中海东部地区进口的优质餐具碎片。在威尔士和西南部地区的其他显赫遗址上也有类似的发现。

但是，与以前不列颠还是帝国领地时期利用船舶运往不列颠的大量材料相比，以这种方式进口的材料数量微乎其微。只有少数人还沉溺于自己仍是罗马社会精英的假象中。对于绝大多数人来说，即使生活必需品也极难获得。在康斯伯里的卡德伯里，有一处靠近塞文河河口的铁器时代山地堡垒，这个堡垒在五世纪末被布立吞人重新占领，其中唯一的优质陶瓷或玻璃制品是在一个世纪前制造的。一些用于烹饪的陶罐是从古罗马墓地里挖出来的清空了人体遗骸的骨灰瓮。无论从哪个角度讲，这都代表着一个退化的社会，绝大多数人不得不在早期文明的废墟中挣扎度日，生活严酷得几乎无法想象。这些布立吞人可能一直生活在铁器时代的山地堡垒中，但在技术和物质方面，他们已经退回到了青铜器时代。[55]

卡德伯里是这个时期重新占领和加固的几个山地堡垒之一，这提醒人们，布立吞人以前享有的那种基本的安全也已成为遥远的过去。除了他们内部存在抢劫者和盗贼之外，不列颠西部的人民还面临着来自爱尔兰入侵者的连续不断的攻击（事实上，正如在威尔士发现的铭文所证明的那样，一些地区还成了殖民地）。[56]然而，主要的安全威胁就是不列颠东部的撒克逊人。吉尔达斯说，在安布罗修斯·奥勒利安努斯领导下成功抵抗了撒克逊人之后，布立吞人和撒克逊人进行了一场长期的消耗战——据说持续了四十三年——双方互有胜负。直到布立吞人在一个叫作巴顿山的地方击败了撒克逊人之后，这种情况才结束。[57]

巴顿山之战非常有名，原因在于据说它是亚瑟王领导的一场战斗。大多数人都知道，"国王"亚瑟还有他位于卡米洛特的王宫以及

位于萨默塞特郡的卡德伯里堡，是五世纪下半叶布立吞人重新占领的众多铁器时代山地堡垒之一

圆桌骑士们，是数百年后说书人效法蒙茅斯的杰弗里编造出来的奇幻故事，后者是十二世纪一位喜欢恶作剧的修道士。他们会告诉你，真正的亚瑟实际上远不是一位地位显赫的人物，而是一个在五、六世纪之交带领布立吞人对抗撒克逊人并为他们赢得短暂喘息机会的勇士。然而，关于亚瑟（无论其身份是国王或是其他）的任何类型的证据都极其缺乏。能够确定年代的对他的第一次提及是在九世纪初的一篇文章中。这篇文章将亚瑟描述为"战役首领"并列举了据说他曾参与的十几场战斗，其中巴顿山之战是最后一场战斗。由于这些战斗都无法确定位置，因此人们怀疑整篇文章是一种文学虚构。当然，要证明亚瑟不存在是不可能的，那些希望想象他与撒克逊人作战的人当然可以这样做而不必担心自相矛盾。但是，若要凭借我们拥有的证据来相信他的存在，就像坚持说由于三块幸存的方块之一似乎显示有一股烟雾，那么丢失的一千块拼图拼起来就一定是一张蒸汽火车的图片。[58]

无论亚瑟存不存在，巴顿山之战都标志着布立吞人和撒克逊人之间持续不断的战争时期的结束。吉尔达斯说，这"几乎是反派最后的失败"。这也把我们带到了吉尔达斯自己所处的时代，因为他随口提到，这场战斗就发生在他出生的那年——当然，不必麻烦说明这是哪一年。根据他的文本中的一些线索粗略猜测，我们可能会假设是在公元500年左右。因为吉尔达斯告诉我们，他花了十年时间考虑文本创作，所以他很可能是在六世纪第二个二十五年开始写作的。[59]

那显然是一段相对和平的时期——他曾称之为"当前的平静"。但在同一段落中，他又对不列颠沦落至此的状态感到遗憾。"我们这片土地上的城市，即使到现在也不再像从前那样人口稠密；直到现在，它们都空无一人，一片废墟，破败不堪。"考古学揭示了这种说法的真实性。无论专家们在何处窥探后罗马时代的不列颠，他们都发现了相同的证据，显示不列颠已经衰败不堪。伦敦、林肯和约克现在成了鬼城，城墙摇摇欲坠，街道上的草长得很高，大片地区被洪水淹没并重新变成沼泽。[60]

在完成了他难以捉摸的历史评论之后，吉尔达斯开始转向他的主要任务，即痛斥布立吞人当时的首领，包括世俗首领和宗教首领。他说，外部战争已经结束，大概说的是与撒克逊人之间的敌对行动结束了，但内战仍在继续。这里他所说的内战一定是指自从与罗马决裂以来，在不列颠西部地区出现的各种统治者之间的冲突。吉尔达斯解释说，他们自称为国王，但实际上他们是暴君。他们掠夺，他们恐吓，他们妻妾成群，他们喜爱并奖励与他们一同用餐的强盗。他补充说："他们鄙视没有恶意和社会地位低下的人，却尽其所能地推崇他们的军事伙伴，以及血腥、骄横和凶残的人。"[61]

对于不列颠东部的一些人来说，这听起来是个绝好的主意。

注　释

1 'Eric Lawes: Obituary', *Guardian* (23 July 2015); C. Johns and R. Bland, 'The Hoxne Late Roman Treasure', *Britannia*, 25 (1994), 165–173; R. Bland, 'Hoarding in the Iron Age and Roman Britain: The Puzzle of the Late Roman Period', *British Numismatic Journal*, 84 (2014), 30–36.

2 R. Bland, *Coins Hoards and Hoarding in Roman Britain ad 43–c.498* (2018), 12–14, 113–116; Johns and Bland, 'Hoxne Late Roman Treasure', 165; J. R. Maddicott, 'Prosperity and Power in the Age of Bede and Beowulf', *Proceedings of the British Academy*, 117 (2003), 58.

3 P. Salway and J. Blair, *Roman and Anglo-Saxon Britain* (new edn, Oxford, 1992), 1–24; R. Fleming, *Britain After Rome: The Fall and Rise, 400 to 1070* (2010), 1–6; *The Anglo-Saxons*, ed. J. Campbell (2nd edn, 1991), 10; Higham and M. J. Ryan, *The Anglo-Saxon World*, 26.

4 Fleming, *Britain After Rome*, 17–20; D. Mattingly, *An Imperial Possession: Britain in the Roman Empire, 54 BC–AD 409* (2006), 20.

5 B. Ward-Perkins, *The Fall of Rome and the End of Civilization* (Oxford, 2005), 88–100; Fleming, *Britain After Rome*, 6–7, 16–17; H. Härke, 'Anglo-Saxon Immigration and Ethnogenesis', *Medieval Archaeology*, 55 (2011), 8; Salway and Blair, Roman and Anglo-Saxon Britain, 2.

6 G. Halsall, *Worlds of Arthur: Facts & Fictions of the Dark Ages* (Oxford, 2013), 92; P. J. Casey, 'The Fourth Century and Beyond', *The Roman Era*, ed. P. Salway (Oxford, 2002), 76–77.

7 Higham and M. J. Ryan, *The Anglo-Saxon World*, 22–25; D. J. Breeze and B. Dobson, *Hadrian's Wall* (4th edn, 2000), 1; Fleming, *Britain After Rome*, 3–5; Mattingly, *Imperial Possession*, 239.

8 N. Faulkner and R. Reece, 'The Debate About the End: A Review of Evidence and Methods', *Archaeological Journal*, 159 (2002), 68; T. Wilmott, *Richborough and Reculver* (2012), 32–41; A.

Pearson, *The Roman Shore Forts: Coastal Defences of Southern Britain* (Stroud, 2002), *passim*; Fleming, *Britain After Rome*, 5–6.

9 A. R. Birley, *The Roman Government of Britain* (Oxford, 2005), 415–416, 428–429, 430–440.

10 Faulkner and Reece, 'Debate About the End', 59–76.

11 P. Heather, 'The Huns and the End of the Roman Empire in Western Europe', *English Historical Review*, 110 (1995), 4–41; C. Freeman, *Egypt, Greece and Rome: Civilizations of the Ancient Mediterranean* (3rd edn, Oxford, 2014), 611.

12 G. Halsall, *Worlds of Arthur*, 177–178; M. A. McEvoy, *Child Emperor Rule in the Late Roman West*, ad 367–455 (Oxford, 2013), 85.

13 Birley, *Roman Government*, 423–424, 449.

14 Ibid., 449; Casey, 'Fourth Century and Beyond', 93.

15 G. Halsall, *Barbarian Migrations and the Roman West, 376–568* (Cambridge, 2007), 187–188, 201–202.

16 Bland, 'Hoarding in the Iron Age', 28–30; Higham and M. J. Ryan, *The Anglo-Saxon World*, 41.

17 P. Guest, 'The Hoarding of Roman Metal Objects in Fifth-Century Britain', *ad 410: The History and Archaeology of Late and Post-Roman Britain*, ed. F. K. Haarer et al. (Soc. for the Promotion of Roman Studies, 2014), 122–124.

18 G. Halsall, *Worlds of Arthur*, 12–13; Birley, *Roman Government*, 456–460.

19 Ibid., 460; Ward-Perkins, *Fall of Rome*, 48–49; Zosimus, *New History*, ed. R. T. Ridley (Canberra, 1982), 128–129.

20 Fleming, *Britain After Rome*, 27; G. Halsall, *Worlds of Arthur*, 97, 174–177.

21 For further discussion, see S. Esmonde-Cleary, 'Introduction: the Roman Society and the Study of AD 410', *ad 410: The History and Archaeology of Late and Post-Roman Britain*, ed. Haarer et al., 1–10; idem, 'The Ending(s) of Roman Britain', *The Oxford Handbook to Anglo-Saxon Archaeology*, ed. H. Hamerow, D. A. Hinton and S. Crawford (Oxford, 2011), 13–29.

22 Guest, 'Hoarding of Roman Metal Objects', 119; Higham and M. J. Ryan, *The Anglo-Saxon World*, 50.

23 Sidonius, *Poems and Letters*, trans. W. B. Anderson, vol. 1 (1963), 150–151.

24 Sidonius Apollinaris, *Letters*, trans. O. M. Dalton, vol. 2 (1915), 149.

25 P. Salway, *The Oxford Illustrated History of Roman Britain* (Oxford, 1993), 236–239. For a short summary of Sidonius' career, see M. P. Hanaghan, *Reading Sidonius' Epistles* (Cambridge, 2019), 2–8.

26 Sidonius Apollinaris, *Letters*, 149–150.

27 'The Life of St Germanus of Auxerre', *Soldiers of Christ: Saints and Saints' Lives from Late Antiquity and the Early Middle Ages*, ed. T. F. X. Noble and T. Head (Pennsylvania University Press, 1995), 85–91.

28 Bede's *Ecclesiastical History of the English People*, ed. B. Colgrave and R. A. B. Mynors (Oxford, 1969), 40–41, 48–53.

29 G. Halsall, *Worlds of Arthur*, 15, 60; P. Heather, *Empires and Barbarians* (2009), 124, 282; B. Yorke, 'Anglo-Saxon Origin Legends', *Myth, Rulership, Church and Charters: Essays in Honour of Nicholas Brooks*, ed. J. Barrow and A. Wareham (Aldershot, 2008), 15–18.

30 The key passage is Gildas, *The Ruin of Britain and Other Works*, ed. and trans. M. Winterbottom (1978), 28, but the translation given is debatable. For a different interpretation–the one understood by Bede–see H. Wiseman, 'The Derivation of the Date of the Badon Entry in the *Annales Cambriae* from Bede and Gildas', *Parergon*, 17 (2000), 1–10. See below, n. 59.

31 Gildas,*The Ruin of Britain and Other Works*, 17, 22.

32 Ibid., 26–27.

33 Yorke, 'Anglo-Saxon Origin Legends', 19–20; Gildas,*The Ruin of Britain and Other Works*, 25–26.

34 Mattingly, *Imperial Possession*, 230; M. Welch, *Anglo-Saxon England* (1993), 100–101; P. Salway, 'Conclusion', *The Roman Era*, ed. Salway, 231–232.

35 Bede's *Ecclesiastical History of the English People*, 49; Gildas,*The Ruin of Britain and Other Works*, 23–24, 149. 马尔西安作为皇帝的统治实际上始于450年。

36 Higham and M. J. Ryan, *The Anglo-Saxon World*, 76–78; G. Halsall, *Worlds of Arthur*, 104. 关于公元430年之前有撒克逊人定居点的证据，人们已经不再采信。See e.g. Welch, *Anglo-Saxon England*, 101–102. For the Gallic Chronicle, see Birley, *Roman Government*, 464. I have not used his translation.

37 Gildas, *The Ruin of Britain and Other Works*, 27–28. 吉尔达斯没有说明在撒克逊人叛乱和安布罗修斯起义之间过了多久的时间。但他的确暗示了在他所处的那个年代里安布罗修斯的孙辈们还活着，并且说他们属于下级，暗指他们是成年统治者。因此，安布罗修斯生活的那个年代至少比吉尔达斯早半个世纪，可能还更久远。比德把他的起义时间定在芝诺统治期间（474—491），但很明显这只是个猜测。Wiseman, 'Derivation of the Date', 7, 9.

38 Fleming, *Britain After Rome*, 45, 142–144; G. Halsall, *Worlds of Arthur*, 26–30, 104, 223–234; Higham and M. J. Ryan, *The Anglo-Saxon World*, 112–119.

39 H. Williams, 'Cemeteries as Central Places–Place and Identity in Migration Period Eastern England', *Central Places in the Migration and Merovingian Periods*, ed. L. Larsson and B. Hårdh (Stockholm, 2002), 341–362; G. Halsall, *Worlds of Arthur*, 260–265.

40 J. C. Mann, 'The Creation of Four Provinces in Britain by Diocletian', *Britannia*, 29 (1998), 339–341.

41 B. Yorke, 'Anglo-Saxon Gentes and Regna', *Regna and Gentes*, ed. H.–W. Goetz, J. Jarnut and W. Pohl (Leiden, 2003), 395–397.

42 B. Ward-Perkins, 'Why Did the Anglo-Saxons Not Become More British?', *English Historical Review*, 115 (2000), 518–521.

43 G. Halsall, *Worlds of Arthur*, 103–113.

44 Ibid., 112–113, 242–245; Higham and M. J. Ryan, *The Anglo-Saxon World*, 87–91.

45 G. Halsall, *Worlds of Arthur*, 111–112.

46 Cf. M. E. Jones, *The End of Roman Britain* (Cornell, 1996), 73–99.

47 See similar calculations in Härke, 'Anglo-Saxon Immigration', 9.

48 Ward-Perkins, 'Why Did the Anglo-Saxons Not Become More British?', 521–523; Higham and M. J. Ryan, *The Anglo-Saxon World*, 70; F. M. Stenton, *Anglo-Saxon England* (3rd edn, Oxford, 1971), 98–101.

49 Ward-Perkins, 'Why Did the Anglo-Saxons Not Become More British?', 517, 528–529; Salway, *Oxford Illustrated History of Roman Britain*, 513–529. For the persistence of Roman field boundaries, see S. Rippon, C. Smart and B. Pears, *The Fields of Britannia* (Oxford, 2015).

50 Härke, 'Anglo-Saxon Immigration', 13–14.

51 Ward-Perkins, 'Why Did the Anglo-Saxons Not Become More British?', 514; Heather, *Empires and Barbarians*, 283–285.

52 Bede's *Ecclesiastical History of the English People*, 50–51.

53 J. Hines, 'The Becoming of the English: Identity, Material Culture and Language in Early Anglo-Saxon England', *Anglo-Saxon Studies in Archaeology and History*, 7 (1994), 50–52; Bede's

Ecclesiastical History of the English People, 476-477.

54 Hines, 'Becoming of the English', 52-53; G. Halsall, *Worlds of Arthur*, 267-269.

55 Fleming, *Britain After Rome*, 32-35; Ward-Perkins, *Fall of Rome*, 117-120.

56 G. Halsall, *Worlds of Arthur*, 41-42.

57 Gildas,*The Ruin of Britain and Other Works*, 28, but cf. Wiseman, 'Derivation of the Date', 6.

58 For a dissection of the Arthur legend, see N. J. Higham, *King Arthur: Myth-Making and History* (2002).

59 Gildas,*The Ruin of Britain and Other Works*, 13, 28; Wiseman, 'Derivation of the Date', 6.吉尔达斯说他出生在安布罗修斯·奥勒利安努斯获胜四十三年后，那次胜利发生在撒克逊人叛乱之后的某个时间，而那场叛乱的时间可以确定是440年。

60 Gildas,*The Ruin of Britain and Other Works*, 28; Fleming, *Britain After Rome*, 28; R. Naismith, *Citadel of the Saxons: The Rise of Early London* (2019), 43; K. Leahy, *The Anglo-Saxon Kingdom of Lindsey* (Stroud, 2007), 25-26.

61 Gildas,*The Ruin of Britain and Other Works*, 28-29.

福斯湾

爱丁堡

戈多丁

耶弗林 · · 班堡

伯尼西亚

诺森布里亚

泰恩河

德尼斯伯恩

蒂斯河

布立吞人

北海

马恩岛

德伊勒

乌斯河 · 约克

爱尔兰海

安格尔西岛

利兹 ·

哈特菲尔德

亨伯河

切斯特 ·

艾德尔河

林齐

特伦特河

马瑟费尔斯 ·

利奇菲尔德 · · 塔姆沃思

中盎格鲁

东盎格利亚

麦西亚

大乌斯河

伦德尔沙姆

萨顿胡

布立吞人

瓦伊河

塞文河

德本河

泰晤士河

普里特韦尔

埃塞克斯

塔普洛 · · 伦敦

芬格尔舍姆

罗切斯特

考德利镇 ·

肯特

坎特伯雷

威塞克斯

萨塞克斯

布立吞人

朴次茅斯 ·

怀特岛

英吉利海峡

0   25   50   75   100 英里

0   50   100   150 千米

第二章
"战狼"和"赐指环者"：
国王和王国的兴起

　　要了解最早期的盎格鲁-撒克逊国王，最好从斯堪的纳维亚半岛有关他们同时代人的故事讲起。大约在六世纪初，有一位名叫赫罗斯加的丹麦人的王，他统治了多年并取得了巨大成功，但被一个反复袭击他的宴会大厅并屠杀他所有手下的怪物所拖累。经历了十二年的绝望和毁灭之后，他和他的人民终于被来自相邻部落耶阿特的一位年轻英雄所救。这位年轻英雄赤手空拳击败并杀死了怪物，并且应人民的要求继续迅速了结了这个怪物的图谋复仇的母亲，当时她正潜伏在湖底的巢穴中。正是由于这位英雄具有惊人的高超技艺，他后来成为耶阿特人的王，统治了五十年，并在年老时为保卫他的人民对抗恶龙而死。

　　作为一份史料而言，这个故事的缺点是，它是完全虚构的——那些怪物和那条龙是"赠品"。上述内容是对一首长诗的简单总结，这首长诗至少从十八世纪起就以其英雄主人公贝奥武夫的名字而闻名。虽然故事发生在斯堪的纳维亚半岛，但它是由一位匿名作者用古英语写成的。它仅有一份手稿留存于世，还在1731年的一场大火中遭到严重损坏。从其文本风格我们可以看出，它写于公元1000年前后，但大多数历史学家认为这首诗本身的创作时间要早得多。根据其内容，它不可能在七世纪中叶之前写成。尽管近几十年来学术界争论不休，但大多数人仍然认为它可能是八世纪的作品。鉴于当时平信徒的识字率受到很大限制，这首诗很可能出自神父或僧侣之手。[1]

早期研究《贝奥武夫》的学者们对它感到失望，认为它在一门心思地讲述怪物，而几乎没有提及真实的历史事件或人物。唯一能体现出它与现实存在明显联系的地方是，它提到了贝奥武夫的叔叔，国王海格拉克，人们暂时认为他就是那个在523年前后入侵弗里西亚的人，而这也是我们推断这首诗可能以六世纪发生的事件为写作背景的原因。[2]但这些早期的学者却见树不见林，原因是虽然《贝奥武夫》对于重现六世纪斯堪的纳维亚半岛的政治局势几乎毫无用处，但它在阐释最早期的盎格鲁-撒克逊国王及其臣民的社会生活方面却是无与伦比的。它生动地再现了这样一个世界：国王们住在巨大的木制房屋里，与他们的追随者一起举行盛宴，喝着蜂蜜酒，倾听诗人反复吟诵古代的英雄；描述了这样一个时代：不断进取的勇士们积极探险，王室流放者们四处流浪，希望有一天能赢回他们祖先的宝座。他们携带着用贵金属精制而成的剑，为其命名并认为其具有神秘的保护能力。他们为荣耀而战，但更为黄金而战，他们把黄金看得比一切都重要。像赫罗斯加这样的伟大领主会用黄金挂毯装饰他的大厅内部，并用黄金屋顶装饰大厅外部。他会用黄金战袍和黄金项圈奖励他的忠实追随者。他将成为金戒指的赠予者。

通过约翰·罗纳德·瑞尔·托尔金的小说以及彼得·杰克逊导演的改编自这些小说的电影，我们中的许多人已经熟悉了上述这个世界中的大部分场景。托尔金是牛津大学研究盎格鲁-撒克逊人的教授，他在二十世纪二十年代初就出版了他自己的《贝奥武夫》译本。因此，当他后来撰写他的名著时，他从这首诗中广泛汲取灵感，改造其中的一些场景，借用思想、主题和情节元素。例如，《魔戒》中的洛汗人基本上是托尔金想象中的盎格鲁-撒克逊人。他们的国王希优顿住在一个金色大厅里，他接待甘道夫、阿拉贡、吉姆利和莱戈拉斯的场景与《贝奥武夫》中的类似场景非常相近。此外，在《霍比特人》中，比尔博在从恶龙史矛革的宝库中偷盗金杯的时候惊醒了它，而在《贝奥武夫》中，一个小偷也是在做同样事情的时候惊醒了恶龙。[3]

但是，尽管托尔金从《贝奥武夫》那里借鉴了很多，他也从其他素材中获得灵感，尤其是他自己的天主教信仰。因此，他小说中的人物表现出基督教的美德，比如仁慈和宽恕。这些内容在《贝奥武夫》中完全没有体现。尽管这首诗表面上在描述基督教——它讲述了唯一的上帝，成功的人物偶尔会向其表示感谢——但它所颂扬的几乎全部是过往异教徒信奉的东西。这首诗赞美勇士们对其领主的忠诚，他们忠诚到甚至愿意为领主而死。诗中的英雄们无比关心他们在尘世的名声。例如，在贝奥武夫与他面对的第二个怪物作战时，支撑他的不是信仰，而是对自己声誉的坚定信心，以及对赢得永恒名声的渴望。当赫罗斯加的大厅遭到袭击时，贝奥武夫说与其陷于哀悼，还不如为死者报仇。当一个兄弟杀死另一个兄弟时，他们的父亲很伤心，但承认这种行为"符合族斗规则"。简而言之，这是一个高度不稳定的世界，其中充满了背叛、复仇和暴力——不仅因为怪物潜伏在寒冷、当风的外围地带，还因为内部纷争只能通过杀戮来解决。国王和勇士们渴望成功，但他们知道成功总是转瞬即逝的，死亡和毁灭才是他们最终的命运。[4]

与一些看似更严肃和真实的原始资料相比，《贝奥武夫》是了解最早期盎格鲁-撒克逊国王们的更好指南。以亨廷登的亨利为例，他在十二世纪初撰写了《英吉利人民史》。"现在，当撒克逊人将这片土地置于自己的统治之下时，"亨利告诉我们，"他们建立了七个王国，并用他们自己选择的名字命名这些王国。"他还按照他所认为的这些王国的创建顺序列出了这些王国的名字：肯特、萨塞克斯、威塞克斯、埃塞克斯、东盎格利亚、麦西亚和诺森布里亚。[5]

这一陈述所带来的持久影响再怎么说都不为过。亨利自信地宣称最初有七个盎格鲁-撒克逊王国，这很快成为既定事实，并在十六世纪催生出一个词语——"七国联盟"。尽管在过去的半个世纪中，学术界曾提议这个词语应该寿终正寝了，但直到今日你依然可以在学校教材中找到它。之所以他们这样提议，是因为亨利的断言不具有任何权威性——他只是列出了他在早期资料中发现的比较著名的王国。例如，比德提到了亨利列出的所有七个王国，但他还提到了其他几个王国，这使他自己提到的王国总数达到了十二个左右。此外，正如我们将要看到的，比德所提到的这些王国还远不是全部。[6]

亨廷登的亨利大量借鉴的另一个原始资料是《盎格鲁-撒克逊编年史》——或者叫《编年史》，一些历史学家更喜欢这样称这部书。这部书最初是在九世纪末由在阿尔弗雷德大王宫廷工作的学者们编纂而成的，讲述了阿尔弗雷德王国——威塞克斯及其邻国——从最早期开始的历史。编者们记录的一些信息显然是真实的，因此可以推测他们借鉴了更早期的年鉴和史料，但这些年鉴和史料现在已经遗失。例如，在五世纪的条目中，我们发现皇帝的登基日期以及教宗、主教的就职日期还算比较准确。因此，《编年史》给人留下了这样一种印象：即使对于最早期历史来说，它也是一个可靠的资料来源。几个世纪以来，历史学家都倾向于这样看待它。

问题是，关于最早期盎格鲁-撒克逊国王的条目看起来不太可信。例如，在449年条目下，《编年史》重复了比德讲述的故事，讲述了撒克逊人是如何在亨吉斯特和霍萨兄弟的带领下，应沃蒂格恩国王的邀请乘坐三艘船来到不列颠的。然而，《编年史》为这个故事增添了更多内容，描述了霍萨后来如何在与沃蒂格恩的战斗中被杀，以及亨吉斯特如何成为肯特国王。它还讲述了比德没有提到过的关于其他王国建立的类似故事。我们知道，萨塞克斯创立于477年，当时埃尔带着他的三个儿子乘坐三艘船登陆，杀死了许多布立吞人，并将幸存者赶进树林。与此同时，威塞克斯显然是由彻迪克和金里克这对父子创立的，由他们组成的队伍也是乘坐三艘船（也可能是五艘船）登陆的，并且击败了布立吞人——《编年史》在这一点上有些混淆，认为他们登陆了两次，分别是在495年和514年。[7]

因此，《编年史》所要告诉我们的关于盎格鲁–撒克逊王国起源的内容显然是传说。在每种情况下，开国元勋们都是乘坐三艘船来到不列颠的。有两种情况，他们的名字头韵成对（亨吉斯特和霍萨[Hengist and Horsa]、彻迪克和金里克[Cerdic and Cynric]）。有时，开国元勋们还会用他们自己的名字命名被他们征服的地方。据说彻迪克的登陆地点是彻迪克索拉，而埃尔的登陆地点是希门索拉，以他儿子的名字希门命名。《编年史》坚称朴次茅斯是以一位名叫波特的撒克逊勇士的名字命名的，而怀特岛是以彻迪克的亲属威特加的名字命名的。既然我们知道朴次茅斯和怀特都是罗马时期流行的地名（当时称波特斯和维克塔），我们可以肯定地说，这种组合实际上是反过来的：人名是根据地名编造的，而不是反过来。[8]

除了本质上令人难以置信之外，那些暗示盎格鲁–撒克逊王国是从五世纪中叶开始创立的传说与考古记录完全矛盾。正如我们所见，到五世纪末，定居者已经形成了不同的地区身份认同，比如盎格鲁人、撒克逊人和朱特人，这些地区性民族可能代表着某种政治团体。但是，我们若要在这些地区找寻任何有关精英的证据，只会白费力气。例如，在查看早期定居点的遗迹时，我们发现所有的住房相对而言都比较普通。这些建筑物要么是看起来像住宅一样的相当简陋的房屋，要么是一种更简单的类型，建在浅坑上，因此也被考古学家们称为"下凹式建筑物"；这些建筑物可能被用作车间或商店。因此，典型的定居点可能类似于萨福克郡西斯托的定居点，在那里这类建筑已经被挖掘和重建。这类遗址上没有任何东西可以表明有太多社会分化的迹象。[9]

似乎最早期的盎格鲁-撒克逊定居者已将自己定位为自由、独立的农民。他们占有——或者被管理者授予——足够的土地来养家糊口，他们将这部分土地称为"海得"（hide）。比德将"海得"描述为"一个家庭的土地"，它的日耳曼语词根 *hiwisc* 暗示这个家庭由一对已婚夫妇构成。这个家庭将有许多不自由的受抚养人来帮助耕种土地——这些人就是奴隶，在许多情况下，可能是留在原地或被新主人围捕的布立吞人。这种地位划分似乎在最早期的墓地中有所反映，在这些墓地中有大约一半的成年男性是和某种形式的武器一起埋葬的。由于在蛮族社会中携带武器等同于拥有自由，因此这些似乎是"自由民"或者叫"切奥尔人"的坟墓。言外之意，那些没有和武器一起埋葬的男性可能是他们的奴隶。[10]

然而，一些变化在六世纪下半叶同时发生了。从大约570年开始，带陪葬品的男性和女性墓葬数量突然急剧减少——足以推测这种做法已经受到了有意限制。与此同时，我们发现少数人是以极其铺张的方式埋葬的，巨大的土丘下埋藏着大量昂贵的物品。这种大坟冢埋葬方式在青铜器时代的不列颠已经很普遍，但在其间的一千五百年里很少出现。它们在六世纪后期重新出现，标志着一个决心宣扬其优越性的精英阶层的兴起。同样，当我们查看建筑物记录时，有些人突然希望建造更加宏伟气派的建筑，其所建造的住宅使其他人的简陋房屋相形见绌。[11]

考古记录中的这些变化与地名证据十分吻合。盎格鲁-撒克逊地名中最常见的类型是以 -ing 或 -ingham 结尾的地名，这些词缀的意思是"哪里的人民"和"哪里人民的定居地"。例如，像"雷丁"（Reading）这个地名，其在古英语中的意思是"雷达（Reada）的人民"。与此类似，"沃金厄姆"（Wokingham）的意思是"沃卡（Wocca）人民的定居地"。在十九世纪，以及二十世纪的很长一段时间里，学者们乐于相信这些名字是由最早的撒克逊定居者引入的，而且像雷达和沃卡这样的人一定是最早下船登陆的人。然而，后来证明这是一个毫无根据的臆断，原因是这些地名与最早的定居点考古实证不相吻合。现在看来，第一批以 -ing 和 -ingham 结尾的地名很可能可以追溯到六世纪后期——在这同一时期，我们看到了精英阶层迅速崛起的迹象。[12]

这个特定时期可能会改变我们对这些名字的看法。人们倾向于把以 -ing 结尾的地方描绘成相当舒适的社区，住在这里的人因为有亲属关系而生活在一起——只比大家庭的范围宽一点。《贝奥武夫》开篇讲述了有关国王赫罗斯加的人民的简短历史，这些人被称为"斯基尔德人"，是以他们的创始人"斯基尔德"命名的。它使我们确信他们非常爱戴他们过去以及现在的首领。但这也说明这些首领都是领主，他们取得统治地位的方式绝非仁慈。我们知道，斯基尔德最初是一名弃婴，但他通过抢劫他人的房屋并恐吓他们，迫使他们进贡而创立伟业。[13]

我们可能怀疑，类似的事情也发生在了六世纪后期的不列颠，像雷达和沃卡这样的人不一定是仁慈的父亲形象，而是右臂强壮、偏好暴力和无限贪婪的人，他们主张控制他人，并要求他们以商品和服务的方式向其进贡。此前独立耕种他们唯一的土地并作为自己家庭和奴隶小群体领主的"切奥尔人"，现在发现自己必须维护对其他人发号施令的某个特定个体或家庭成员。

要了解这在实际当中意味着什么，我们必须把时间往前调一个世纪左右，回到威塞克斯国王伊尼的时代。他从 688 年开始统治，制定了臣民应向他进贡的法律。在他的统治下，每十户家庭土地为一组，伊尼希望他们向其每年进贡十大桶蜂蜜、三百条面包、十二桶"红琥珀色"威尔士麦芽啤酒、三十桶清淡啤酒、两头成年母牛或十只山羊、十只鹅、十只母鸡、十块奶酪、一块黄油、五条鲑鱼、二十磅饲料和一百条鳗鱼。国王会让这些年度贡品送到他的领地中有他住宅的几处中心区之一，大概是送到储存这些贡品的场所，在他和他的追随者准备好享用之前，这些贡品将一直储存在那里。我们可以想象，在六世纪后期，随着雄心勃勃的新领主不断强迫比他们弱小的邻国在经济和政治上屈从于他们，或多或少带来了类似的负担。最早期的王国就是从这些最成功的领主那里逐渐发展起来的。[14]

如果真的是这种情况，那就意味着原本王位对任何有足够野心和权力的人都是开放的——即使像斯基尔德这样的弃婴，也能很快建立一个覆盖大片领土的领地。这暗示最初可能有相当多的王国——比由于十二世纪亨廷登的亨利而名垂千古的七个王国要多得多。当时的一份文献显示，盎格鲁-撒克逊时代早期有许多个大国，该文献所属年代可能是七世纪后期。它是一个不同民族或部落的列表，每个民族或部落后面都列出了大量需征税的家庭土地面积：今天的历史学家将其称为《部落土地税》。它的创作目的不明确，但人们普遍认为是为了计算每个部落应向某位上级领主进献贡品的数量。由于它包括"七国联盟"中除诺森布里亚王国之外的所有其他王国，因此一些学者认为它一定是由一位要求所有其他王国进贡的诺森布里亚国王起草的——这种情况暗示它出自七世纪后期的某个年代。

无论它的创作目的是什么，也无论是谁编写的，《部落土地税》都揭示了激烈竞争时期结束时的领土状况，而盎格鲁-撒克逊诸王国正是在这一时期形成的。在其中我们看到了一些明显规模庞大且地位稳固的部落：威塞克斯，估计有十万户家庭需缴纳土地税；麦西亚和东盎格利亚，估计各有三万户；肯特，估计总是稍低于一万五千户。这些部落之后是另外六个部落，每个部落估计都有七千户：在这组部落中发现了熟悉的名字——萨塞克斯和埃塞克斯，还发现了如今已被遗忘的几个民族——"罗森塞特纳"、"韦斯特纳"、"林德斯法罗纳"和"赫威赛"。[15]继续浏览列表，我们发现另外六个部落中的每个都有超过一千户拥有土地的家庭，但更多的部落——总共三十五个部落中有十七个——估计只有几百户拥有土地的家庭。

最常见的假设是，所有王国可能都是从这种小规模的土地开始发展起来的，有些王国通过胁迫其他王国成为其附庸而拥有更多的土地。在实现邻国臣服之后，雄心勃勃的军阀可以号召他们加入其队伍中为其作战，使其能够与实力更强的竞争者较量，直到最终他在一片广大地区建立起霸权。这样的人在什么阶段开始自称"国王"肯定会因情况而异。King这个现代词源自古英语 cyning，意思大概是"亲属之子"。[16]

无法确定为何那么多国王会在六世纪的后几十年间突然出现，但六世纪中叶的几十年显然灾难重重。灾难肇始于536年，当时许多作家指出天气出了问题。拜占庭帝国历史学家普罗科匹厄斯说："一整年，太阳的光都不明亮……它看起来非常像日食中的太阳，射出的光束不明亮。"另一位地中海地区的作家谈到了一年之久的日食，并评论说这导致了"没有暴风雪的冬天、没有暖意的春天和没有热度的夏天"。甚至连人们普遍认为其所记述的六世纪历史不可靠的《盎格鲁-撒克逊编年史》，也指出在这一时期出现了两次日食。[17]

这些作家所描述的都是一次由火山喷发引起的"尘幕"事件。二十世纪八十年代，人们首次在原始资料中发现这次"尘幕"事件，但科学家们直到最近才将罪魁祸首确定为冰岛的一处火山，该火山在536年喷发过一次，后来又在540年和547年再次喷发。每次喷发，它都向天空喷出足够多的火山灰，遮挡了太阳，导致整个北半球陷入昏暗，气温急剧下降；最近的分析已经确定，536年到545年是过去两千年中最冷的十年。[18]

其后果显然是灾难性的：到处都是庄稼歉收，饥荒迅速接踵而至。"缺乏面包"，一位爱尔兰编年史作家在536年写道，后来在539年又如是写道。饥荒之后又出现了黑死病。黑死病始于东部，在541

年彻底摧毁了君士坦丁堡，在542年蔓延至地中海西部地区，并最终于544年扩散至爱尔兰，它一定让爱尔兰已经因饥饿而虚弱的人民遭受到了重创。正如一些人所推测的那样，这场瘟疫极有可能也传播到了不列颠。正如我们所见，不列颠西南部的社区在六世纪早期与地中海地区有贸易联系——同样的联系可能将瘟疫带到了爱尔兰——但是有地中海手工艺品的社会上层人士的府邸在六世纪中叶突然被遗弃。由此，尽管没有文献证据，但我们可以合理地推断，不列颠东部的盎格鲁-撒克逊社区也一定受到了影响。即使凭借某种不太可能的侥幸，他们设法避免了这种疾病的最严重破坏，但是在这可怕的几十年间，他们仍然会面临同样的气候恶化和饥荒：你无法躲避"尘幕"事件。[19]

六世纪中叶，不列颠诸岛、欧洲大陆及其他地区的人民一定遭受了巨大灾难。在爱尔兰，这些灾难一直持续到六世纪七十年代中期，较早期的瘟疫过后是一波更严重的包括天花在内的流行病。不为人知的是，这些社会从一位编年史作家所称的这场"大死亡"中恢复的速度有多快。不列颠西南部似乎受到了非常严重的打击，几十年来，甚至可能几个世纪以来，人口一直在减少。从考古记录来看，不列颠其他地区，比如西北部地区，似乎恢复得相当快。东部地区的盎格鲁-撒克逊社区究竟是如何受到影响的，可能永远不得而知，但可想而知的是，六世纪中叶的这些冲击可能导致社会严重动荡并彻底重塑。食物严重短缺，一定会导致暴力事件增加，因绝望而铤而走险的社区相互袭击。伤心欲绝的幸存者们可能愿意放弃自由并服从于他人的统治，原因在于这是确保他们生计的唯一方法。（"领主"一词源自古英语 hlaford，意思是"面包守卫者"或"面包提供者"。）在经历了所有的死亡、暴力和混乱之后，一定有少数人成为赢家，并且能够将他人的绝望转化为自身的优势。[20]

谁是最早的国王？在《盎格鲁-撒克逊编年史》的早期部分，有什么办法可以区分清楚神话和现实吗？关于这一点，我们最好的向导还是尊者比德，他的相关论述写于731年，比《编年史》的创作日期还早一个半世纪，因此没有受到《编年史》失真的影响。在一段著名的文章中，比德提供了一份最有权势的早期盎格鲁－撒克逊国王的名单——他们不仅对自己的人民行使权力，而且对邻近的统治者行使权力。他首先讲了三位国王，声称他们统治着不列颠南部的王国，最远一直到亨伯河。

比德名单上的第一位国王是埃尔，他是南撒克逊或萨塞克斯的国王——与《编年史》中477年登陆萨塞克斯的为同一人。正如我们所知，《编年史》中的故事具有传说的所有特征，但比德提到了埃尔，可能表明他确实是一个真实的人物。由于我们没有考古实证可以支持萨塞克斯在如此早的时候就有国王的观点，因此埃尔的实际统治时间可能在六世纪中叶前后，也就是国王开始出现的时代初期。除此之外，人们对他一无所知。[21]

比德名单上的第二位不列颠南部国王是查乌林，他是西撒克逊或威塞克斯的国王，我们对这一点稍微确定一些。在《编年史》中，查乌林出现在560年至593年，虽然威塞克斯的国王列表显示他的实际统治时间可能更短一些，但这些日期可能还算准确地表明了他的巅峰年代。根据《编年史》的记述，他是彻迪克的孙子，半个世纪之前彻迪克作为首领率领着满载三艘船的追随者抵达了汉普郡沿岸。由于彻迪克不是一个日耳曼名字，所以这最后一部分内容又是传说，西撒克逊人可能比大多数人更有理由希望混淆他们的过去。"彻迪克"似乎源自布立吞名字"卡拉多克"，暗示威塞克斯家族可能具有撒克逊和布立吞的混合血统。根据比德的说法，西撒克逊人最初被称为"格威斯人"，他们不但没有在汉普郡沿岸登陆，相反他们似乎起初在泰晤士河上游流域定居了下来，那里有大量早期撒克逊人定居的考古实证。根据《编年史》的记载，那里肯定是查乌林在六世纪七八十年代耀武扬威的地方，"他占领了许多村庄并获得了无数战利品"。如果这些编年史有任何真实依据的话，那么他是在592年被驱逐出他的王国，并于次年去世的。[22]

假如不是在此之前的话，那么到这个时候，不列颠南部的霸权已经转移到了肯特国王埃塞尔伯特手中。我们对埃塞尔伯特了解得更多，原因在于他是第一位皈依基督教的盎格鲁-撒克逊统治者，这显然使他深受《教会史》作者的喜爱。"他是统治所有南部王国的第三位国王，"比德说，"但他是第一个进入天国的国王。"然而，与他的南撒克逊和西撒克逊的前辈们一样，埃塞尔伯特的出身鲜有记载。比德告诉我们，这位皈依的国王是厄门里克之子，厄门里克又是奥克塔之子，奥克塔又是奥伊斯克之子，并补充说这个王朝被称为奥伊斯克王朝。不太可信的是，他还告诉我们说奥伊斯克是亨吉斯特的儿子，这可能就是现实与传说融合的地方。[23]

因此，关于肯特国王的真实出身仍然只是猜测。正如我们所知，比德断言一个来自斯堪的纳维亚半岛南部被称为朱特人的民族定居在了这个地区，他的说法在考古记录中得到了一些支持。在现代肯特郡东部出土的陪葬品与在不列颠南部其他地区发现的"撒克逊"物品大不相同。在靠近罗马海岸里奇伯勒堡的芬格勒夏姆村，人们发现一些盎格鲁-撒克逊时期最早的古墓葬中藏有斯堪的纳维亚风格的金吊坠，其中有许多带有沃坦的图像。"芬格勒夏姆"这个名字来源于古英语 *Pengelsham*，意思是"王子的定居点"，所以也许肯特最早的统治者确实来自日德兰半岛。[24]

但是与高卢或者众所周知的法兰克王国的坟墓中陪葬品的数量相比，这些坟墓中斯堪的纳维亚风格陪葬品的数量微不足道。[25] 法兰克人是406年越过莱茵河边境的蛮族之一，到了五世纪末，他们已经征服了这一古罗马行省的四分之三，并且建立起一个强大的王国。在墓室上方建造坟冢的做法之所以能够传入不列颠，可能是为了模仿他们爱讲排场的先例。481年前后法兰克国王希尔德里克去世时，他被葬在图尔奈，陪葬品是八十多公斤的宝藏，其中包括金币、黄金和石榴石首饰，以及一枚刻有非常重要的铭文"希尔德里克之印"的图章戒指。[26] 新兴的肯特王国显然受到了英吉利海峡对岸强大邻国非常大的影响。埃塞尔伯特国王的父亲厄门里克有一个法兰克名字，对此最可能的解释是他有一个法兰克母亲。长期以来的王朝关系同样可以解释，为何在六世纪七十年代后期，埃塞尔伯特自己与一位名叫伯莎的法兰克公主结了婚。[27]

这次婚姻的一个重要条件是允许新娘信奉她自己的宗教。在征服高卢的过程中，法兰克人吸收了大部分罗马文化，学会了说一种民间拉丁语（这种拉丁语最终演变成了法语），并放弃了他们的异教神，皈依了基督教。为了满足伯莎的精神需求，埃塞尔伯特给她提供了一座古老的教堂，这座教堂就矗立在他的王国中央一座荒废的罗马城市外。这座废弃的罗马城市最初被称为"杜罗韦纳姆"，现在被称为坎特伯雷（Cantwara-burh——"肯特人的大本营"）。两个世纪疏于看管之后，其最初的大部分街道都被厚厚的土壤和瓦砾所覆盖，但随后人们在废墟中开辟出新的道路，汇聚在旧剧院的遗址上，这是一座高高耸立的能够容纳七千人就座的石头建筑。对于埃塞尔伯特来说，这可能是坎特伯雷的主要景点——一个可用于举行王家仪式的古老舞台。[28]

埃塞尔伯特如何皈依了基督教是一个著名的故事。根据比德的说法，这要从罗马讲起，一些来自不列颠的男孩被带到市场上作为奴隶贩卖。有一位名叫格雷戈里的修道士路过此处，被他们白皙的肤色和美丽的头发所吸引，于是就问他们是什么种族，并得知他们是盎格鲁人。"很好，"他说道，"他们长着天使的脸，这样的人应该成为天堂里天使的继承人。"这位修道士后来成为教宗伟大的格雷戈里，他曾派遣布道团前往不列颠，目的是改变其异教居民的宗教信仰。

正如比德本人所承认的一样，这只是一个故事，可能其内容通过反复讲述得到了很大改进。除了Angli/*angeli*之外，这个故事中还包括了其他矫揉造作的拉丁语双关语，由于其已经被悠久的传统神圣化，因此比德事后想起把这些双关语插入到了他的历史记录中。这个故事可能来自格雷戈里自己写于595年的一封信，信中他要求高卢的一位教廷官员购买一些盎格鲁奴隶男孩，以便他们可以在罗马受洗并培训成修道士。但是，不论格雷戈里对异教信仰的盎格鲁人的兴趣是如何被激发起来的，第二年他组织起了一个布道团，由一位名叫奥古斯丁的罗马修道士领导。[29]

经过一番推诿之后，大概是在597年春天，奥古斯丁和组成传教团的其他四十名修道士抵达了肯特，登陆了萨尼特岛。正如比德所说，他们的到来让埃塞尔伯特感到惊讶。埃塞尔伯特为他们提供了食物等必需品，但命令他们留在原地。几天后，国王和他的主要陪同人员前往接见这些新来者，特别注意把接见安排在室外进行，以防这些新来者用任何魔法欺骗他们。听了他们的讲道之后，埃塞尔伯特承认他们的宗教信仰似乎合情合理，但解释说他不能轻易放弃他现有的信仰。然而，他确实在坎特伯雷给他们安排了住所，并允许他们在他的王国里传教。为了做礼拜，奥古斯丁和他的传教士们使用了之前献给伯莎王后但现在赠予了圣马丁的教堂。（它至今仍然屹立，后来虽经过重建，但使用了早期的罗马材料。）很快他们就取得了令人瞩目的成果。次年，教宗格雷戈里就为奥古斯丁的信件而深感欣喜，信中说奥古斯丁已经为超过一万名埃塞尔伯特的臣民施洗。[30]

即使考虑到教宗会在很大程度上夸大，但传教团取得一定程度上的成功这一事实也预示着国王本人一定是最先皈依的那批信众，尽管他最初会犹豫不决。谁能怪他呢？教宗在写于601年的一封信中向他保证："全能的上帝培养某些人成为国家的统治者，以便他们可以通过自己的方式将公道的礼物赐给他们所管辖的所有人。"基督教不仅为这位国王提供了未来天堂和永生的前景，而且可以让他马上感受到超越盎格鲁-撒克逊同人的优越感。由于埃塞尔伯特与法兰克人的关系，罗马在他已经拥有了文化和经济影响力之后为其提供了意识形态权威。埃塞尔伯特不仅拥有了一位基督教王后，而且有了一座经过翻新的罗马城市作为他的首都。在他皈依后不久，他还颁布了成文法典。在后来成为他的随从一部分的有文化的教士的帮助下，他建立了一座全新的教堂（圣奥古斯丁修道院，位于坎特伯雷城墙外），而他和伯莎也最终葬在那里。[31]

埃塞尔伯特也因其巨大的财富而超过了其他的盎格鲁-撒克逊国王。自西罗马帝国灭亡以来，黄金在欧洲一直供不应求，但在六世纪的最后几十年中，大量黄金从拜占庭（东罗马帝国后期的名称，该帝国后来又存在了一千年）流入了法兰克。一些人显然找到了横跨英吉利海峡的途径，这使肯特国王成为一名非凡的"赐指环者"。作为一种比银更具延展性的金属，黄金促进了一种新的艺术风格的发展。古老的、被学者们称为I类风格的不完整、无实体的动物形式消失了，出现了由蜿蜒交错的蛇形生物组成的新的设计形式，被称为II类风格——我们倾向于认为这种风格具有盎格鲁-撒克逊特色。在坎特伯雷附近金斯顿一个非常富有的女性的坟墓中发现的镶嵌有玻璃和石榴石的金制胸针（见彩图4）是这种类型的一个特别好的例子，它展示了埃塞尔伯特同时代人所能负担得起的那种富丽与奢华（在这个例子中，那位女性也许是他的一位亲戚）。[32]

在某种程度上，此类发现的分布情况可用于绘制肯特王权的势力范围。在六世纪的最后几年里，王国东部腹地风格的考古实物向西传播，表明埃塞尔伯特可能吞并了梅德韦河以外的地区。他的势力范围可能进一步扩大。十九世纪在白金汉郡塔普洛的王侯墓葬中出土的物品与在肯特发现的物品风格非常相似，以至于有人提出这些物品的男性拥有者是某位"肯特傀儡国王"。比德将埃塞尔伯特描述成一位"非常强大的君主",其势力范围一直延伸到亨伯河。在他的统治结束时,肯特时尚确实已经传遍了不列颠南部的绝大部分地区。[33]

但其他证据表明,埃塞尔伯特的权力实际上受到了更多限制。601年,在奥古斯丁布道团取得成功的鼓舞下,格雷戈里制订了一项计划,意图让其余的盎格鲁-撒克逊王国都皈依基督教。该计划包括设立两个大主教区,一个在伦敦,另一个在约克,每个大主教区负责管理十二个主教辖区。埃塞尔伯特试图将这一计划付诸实施,但显然只在一定程度上取得了成功。他在肯特西部的罗切斯特建立了一个主教辖区,强化了他将该地区置于其直接控制之下的影响力。他还在伦敦建立了另一个主教辖区。这座破败不堪的罗马首府位于邻近的埃塞克斯王国,显然肯特国王在那里行使了某种程度上的政治影响力,可能相当于霸权:埃塞克斯国王萨伯特是他的侄子,埃塞尔伯特劝说他皈依了基督教。然而,就当时而言,教宗雄心勃勃的计划能够再设立另外两个主教辖区,但他让伦敦成为大主教区所在地的命令却从未实现。埃塞尔伯特自己的首都坎特伯雷保留了这一殊荣,奥古斯丁担任其首任大主教。[34]

如果你想见到一位在七世纪初真正扩展势力范围的国王,就需要冒险前往亨伯河以北。比德解释说:"埃塞尔弗里思是一位非常勇敢、最渴望荣耀的国王,此时他统治着诺森布里亚王国。"事实上,在比德这样描述的那个时代,诺森布里亚王国还没有形成——这个术语直到七世纪末才开始流行起来,这可能是比德本人的发明。但埃塞尔弗里思对权力的渴望确实几乎永无止境,这实际上为诺森布里亚王国的建立奠定了基础。[35]

起初,他的统治范围仅限于一个名为伯尼西亚的王国——592年前后,他在那里取得了成功。该地区最早的盎格鲁-撒克逊人定居点似乎在泰恩河周围,但埃塞尔弗里思的祖先很快就将他们的势力范围扩展到了东北部海岸，控制着现在被称为诺森伯兰郡和达勒姆郡的地区。《盎格鲁-撒克逊编年史》认为，埃塞尔弗里思鲜为人知的祖父伊达在班堡的巨大岩石上建造了一座堡垒，班堡城堡现在就坐落在该遗址上。比德提供了一个不太可能的故事，即它是以埃塞尔弗里思的第一任妻子贝巴王后的名字命名的。[36]

埃塞尔弗里思从班堡出发，朝四面八方发起进攻并取得了成功。首先，与他自己王国接壤的布立吞人王国沦陷。"他比任何其他盎格鲁统治者都更广泛地蹂躏布立吞人，"比德说。紧邻伯尼西亚北部的布立吞人被称为高多汀人，一定成了他的第一个目标。那首哀叹他们败于盎格鲁-撒克逊人之手的古诗《高多汀》，可能与埃塞尔弗里思统治下的一场真实事件有关。根据比德的说法，伯尼西亚人对布立吞人的征服如此彻底，甚至在遥远的盖尔人王国达尔里亚达（位于今苏格兰西部）引起了恐慌，促使其统治者埃丹"率领一支极其强大的军队"向埃塞尔弗里思进军。双方于603年在德萨斯坦的一处不明地点列阵，埃塞尔弗里思再次获胜。他击溃了埃丹的军队，迫使埃丹只带着少数幸存者逃跑了。[37]

显然，在德萨斯坦的血腥战争中取得胜利之后不久，埃塞尔弗里思就将注意力转向南方并控制了邻近的盎格鲁-撒克逊王国德伊勒。在此之前人们对德伊勒统治者几乎一无所知，因此埃塞尔弗里思究竟是如何控制德伊勒的，这仍然是个谜。有些人认为他是通过惯常的野蛮行径获得德伊勒控制权的，理由是德伊勒的前任统治者埃塞尔里克似乎在同一时间去世。但伯尼西亚人可能是通过一种更加和平的方式取得政权的，原因在于埃塞尔弗里思的第二任妻子阿查是更早期的德伊勒国王埃尔的女儿。然而，总的来说，埃塞尔弗里思似乎有可能实施某种形式的胁迫或侵略，原因是他与埃尔的儿子（即阿查的兄弟）埃德温发生了激烈的争吵，埃德温因害怕自己被杀而被迫逃亡。[38]

在十年左右的流浪期间，他躲过了一次又一次的暗杀企图。此后埃德温最终来到了东盎格利亚国王雷德沃尔德的宫廷。很快，来自埃塞尔弗里思的多名信使开始抵达东盎格利亚王国，提出向这位东盎格利亚国王提供大笔金钱，以换取由他来结束他家客人的性命，并最终威胁称，如果提议遭到拒绝就要发动战争。比德说，雷德沃尔德一度几乎抵挡不住压力，但被他的王后劝说不要做出这种不光彩的行为。最终雷德沃尔德没有屈服，而是选择主动进攻。他组建了一支庞大的军队，并在战斗中让埃塞尔弗里思措手不及，在他准备好召集整个军队之前就抓住了这位北方国王。他们在特伦特河（位于边境地区，是如今约克郡和诺丁汉郡的分界线）支流艾德尔河的东岸战斗，在那里埃塞尔弗里思被杀。[39]

这场战斗的后果影响深远。随着埃塞尔弗里思被杀，诺森布里亚的朝代表发生了逆转：埃德温回到家乡统治了德伊勒和伯尼西亚，这让昔日折磨他的人的儿子们东躲西藏。与此同时，战胜了如此强大的对手之后，埃德温的保护者雷德沃尔德在南方的地位得到了提升。根据比德的说法，即使在极其富有的肯特国王埃塞尔伯特统治期间，雷德沃尔德也被视为不列颠南部的下一个霸主。巧合的是，埃塞尔伯特于616年去世，同年雷德沃尔德在艾德尔河赢得了那场著名战斗的胜利，使这位东盎格利亚国王成为卓越的南方统治者——在比德的霸主名单上排名第四。[40]

我们拥有的书面资料几乎没有告诉我们关于东盎格利亚及其最早期统治者的信息。根据比德的说法，雷德沃尔德是泰蒂尔之子，泰蒂尔是乌法之子，他们的王朝被称为乌法王朝。如果后来的帝王表信息可靠，那么乌法死于578年，泰蒂尔死于599年，此时雷德沃尔德的统治一定已经开始。他们在当时的东盎格利亚地区统治了多少领土更是一个谜。"诺福克"和"萨福克"这两个郡名相当明显的词源引发了人们的猜测，即它们可能反映了从某个早期阶段就已存在的北部和南部部落之间的原始划分，但在十一世纪之前这两个郡名都没有记录。比德提到了萨福克东南部伦德尔沙姆的一处王家住所，考古表明这很可能是乌法家族最初的活动区域——一个蜿蜒的潮汐入口区，事实证明，第一批从海上来的定居者很容易进入这个区域。[41]

同肯特的早期国王一样，乌法家族似乎被夹在两种文化潮流之间。从历史上看，他们隔着北海眺望斯堪的纳维亚半岛，但后来他们感受到了法兰克强国的不可抗拒的吸引力，以及随之而来的基督教。比德解释说，雷德沃尔德是在访问肯特期间开始接受新信仰的——大概是国王埃塞尔伯特作为霸主插手了他的皈依。然而，雷德沃尔德一回到家，他的信仰就被他的王后和其他幕僚冲淡了。让比德非常厌恶的是，这位国王在宗教信仰上两面下注，最终在他的庙宇中安放了两座祭坛：一座用于主持基督教典礼，另一座用于继续向异教神供奉祭品。[42]

但是当谈到如何埋葬时，雷德沃尔德——或者也许是他更为保守的妻子和家人——果断地支持传统。这位国王大概是在625年左右去世的，那时候王室葬礼的时尚达到了顶峰。例如，在邻近的埃塞克斯王国，普里特韦尔（如今是滨海小镇绍森德的郊区）的一座坟墓大约建造于七世纪初。人们在2003年重新找到了这座坟墓，它的墓室有四平方米，上面曾覆盖着一个直径十米的土丘（早已消失）。坟墓里面没有发现尸体——由于倒塌的古坟土壤呈酸性，经过数个世纪之后尸体已经完全分解——但有一系列光彩夺目的随葬品，其中包括两个小的金十字架，暗示它的主人已经接受了基督教。墓葬的位置提供了相当有力的证据，可以推测他是埃塞克斯王室的一名成员，其去世时间在公元600年前后。[43]

在很大程度上，埃塞克斯也是一个失败的王国——即使是亨廷登的亨利（他把埃塞克斯包括在他著名的七国联盟中）也承认这一点。但它是东盎格利亚的南部邻国，举办如此铺张浪费的葬礼就是为了炫

埃塞克斯王国普里特韦尔的古坟墓复原图

耀并与其他国家竞争。几年后，当乌法家族埋葬他们自己的国王时，他们决定举办一场更加宏伟壮观的葬礼。从伦德尔沙姆他们的王家住所往下游走几英里，在靠近德本河河岸的地方，他们有一处现成的墓地，早期的王朝成员火化之后保存骨灰的青铜钵就埋在那里。对于雷德沃尔德，他们决定挖一条巨大的壕沟，并将一艘二十七米长的船拖入其中。在这艘船的正中央，有一个专门建造的舱室，他们把逝去的国王放置其中，周围环绕着他所有华丽的服饰。然后，他们用土壤覆盖整个墓穴，堆出了一个三十米宽、五米高的土丘。[44]

萨顿胡的船葬墓在十三个世纪后的1939年被人们发现，其名气很大，以至于人们可能会忘记它所包含的宝藏的真正特殊意义。但是，挖掘它的考古学家们离开时手心出汗，需要一杯烈酒镇定一下，这是有原因的。这是第一次出现一个似乎直接来自《贝奥武夫》世界的宝藏，里面装满了如此丰富的物品，尽管他们很熟悉，但依然会感觉眼花缭乱。那顶带有令人难以忘怀的空洞眼孔的头盔通常最引人注目，但一些较小的物品甚至更加吸引人：腰带扣可能是现存最好的II类风格的金属制品，这是一件用金丝（见彩图5）编织而成的杰作。在这个坟墓中发现的其他物品不计其数，其中有各种战争装备，包括一件邮差衬衫、一把带有金柄的剑和一个带有金顶的盾牌；还有各种各样的餐具，包括牛角杯、大锅和碗，以及来自君士坦丁堡的银盘子；以及一些更为私人的物品，包括多件刀具、梳子、瓶子和一件斗篷。[45]

诚然，我们不能绝对肯定地说这就是雷德沃尔德的宝藏——他的尸体像普里特韦尔古墓中的主人一样被酸性土壤分解而消失不见，并且令人遗憾的是，墓中没有带有"雷德沃尔德之印"字样的戒指。因此，一些历史学家会敦促采取谨慎态度并最终让人们心怀疑虑。但这仍然是迄今为止在不列颠发现的最富有、最宏伟的王室墓葬，这意味着它埋葬的不仅是一位国王，而且是一位非常伟大的国王。鉴于它所

1939年发掘萨顿胡船葬

处的位置，我们可以有把握地推断墓主人是一位东盎格利亚的国王，并且，考虑到其中有可以追溯到七世纪二十年代中期的钱币，我们可以相当肯定地说，它就是雷德沃尔德之墓。有时考古学和历史学结合得很好，以至于最诱人的结论也恰好是正确的结论。[46]

正如国王的尸体随着时间的流逝而消失一样，他的船也一样消失了——船的轮廓只能从将木材固定在一起的铆钉中辨识出来。它是欧洲有史以来挖掘出的最大船只，其所处年代可以追溯到维京时代之前，但它并不是在萨顿胡发现的唯一一艘。该遗址上还有另一个土丘，遗憾的是其宝藏已全部被盗。该土丘在1998年被确定为一个更传统的墓葬，通过在其顶部放置一艘船把整个墓室进行了密封。这艘船稍小一些，长约二十米。如果这个墓葬早于那个规模更大也更著名的墓葬的话，那它可能是雷德沃尔德的儿子雷京希亚的坟墓，他在艾德尔河之战中与他的父亲并肩作战时战死。无论哪种方式，使用船只埋葬死者的做法在不列颠几乎绝无仅有，但在瑞典却相当普遍，这表明乌法家族与他们热衷于宣传的那个地区有着祖传联系。[47]如果基于这些联系就认为他们是贝奥武夫的后裔并且负责传播贝奥武夫传奇故事的话，那可能未免有些过火了。但萨顿胡和这部著名史诗之间的相似之处肯定会引起人们的联想。虽然贝奥武夫本人在一个葬礼柴堆上火化了，但他的遗体被埋在一个"水手可以从远处看到"的土丘下，萨顿胡德本河沿岸立起的土丘肯定也是如此。让人们感受更强烈的仍然是这首诗开头部分的回响，当时丹麦王室的开国元勋、垂死的国王斯基尔德坚持要跨海前往下一个世界。

> 他们在船里伸直他们心爱领主的身体，
> 靠着船中央的桅杆，
> 让这位伟大的"赐指环者"平躺着。令人难以置信的宝物，
> 堆在他身上，还有珍贵的战袍。

我以前从未听说过一艘船竟可以布置得如此精美，

不仅有战车、锋利的兵器，

还有链甲的外衣。聚在一起的宝藏，

堆在他的身上：它会漂得很远，

摇晃着漂向海洋的深处。[48]

在雷德沃尔德慢慢漂向他祖先的殿堂时，他的权势在他曾经的门客诺森布里亚国王埃德温面前已经黯然失色。在埃德温于616年即位后的十年里，这位前流亡者已经确立了他作为迄今为止最强大的盎格鲁-撒克逊统治者的地位。他不仅统治着亨伯河以北的土地，还统治着亨伯河以南的土地。"他与之前的任何一个盎格鲁国王都不相同，"比德说，"他掌控着整个不列颠，不仅包括盎格鲁人的王国，还包括布立吞人的王国。"[49]

在这种夸张手法的鼓励下，后来的作家更加过分。《盎格鲁-撒克逊编年史》一位九世纪的撰稿人抄袭了比德的霸主名单，并称他们为bretwaldas，意思明显是"不列颠的统治者"（另一种手稿称他们为brytenwaldas，意思是"大范围的统治者"）。这导致最近的历史学家们认为bretwaldas可能享有某种正式地位，甚至可能享有一定程度的制度权力。比德进一步鼓励了这种猜测，他描述了埃德温如何总是把他的战旗打在面前，即使在和平时期，当他与随行人员一起骑马路过城镇和乡村时也是如此。"甚至当他步行穿过街道时，"比德补充说，"那面罗马人称为tufa、盎格鲁人称为tuf的战旗也一直出现在他前面。"人们发现萨顿胡船葬中不仅有这样的战旗，也有权杖，这表明埃德温并不是唯一以这种方式表现自己的人。[50]

然而，如今很少有历史学家会争辩说bretwaldaship有任何制度基础。埃德温和雷德沃尔德带着罗马式的旗帜四处游荡时可能会很高兴，但他们只是在模仿古老的传统，而不是保留古老的传统。现实情况是，这场权力的游戏没有规则，国王也不会出于对某些公认的高级职位的尊重而服从其他国王。一切都是以武力强迫的，而屈从的表现形式就是进贡。[51]

贡品可以有多种形式——例如黄金——但最常见的可能是牛。母牛和公牛的优势在于，它们可以被直接赶到王家收集中心，并在杀死它们的时刻到来之前一直活着。宰杀的黄金时间是 11 月，因此整个冬天需要喂养的动物较少。正如比德在他的著作《计时法》中所解释的那样，盎格鲁-撒克逊人用"祭祀月"代表 11 月，"因为正是在这个月，待屠宰的牛会被奉献给众神"。国王希望亲自参与这种仪式，以强化他们统治的神圣地位。在萨顿胡的王家陵墓中发现的斧锤最近被重新解释为一种工具，用于在祭祀公牛或母牛时一击致命。[52]

对于盎格鲁-撒克逊统治者而言，牛是至关重要的商品，不仅因为他们特别喜爱食用肉类，还因为他们对皮革和毛皮的需求量很大。特别是皮革，可用于制造大量必需品：鞋子和靴子、背包和钱包、水瓶和酒瓶，以及各种马具和战争装备——马鞍、挽具、皮带、刀鞘、盔甲和帐篷。几乎没有什么东西是用皮革无法造成的，而没有皮革大量东西就无法制造出来。一位历史学家曾经说过一个令人难忘的短语，称它是"中世纪的塑料"。[53]

要是因为他们只需要皮革的副产品就好了，但盎格鲁-撒克逊的国王们还要举行史诗般规模的盛宴。《贝奥武夫》开篇刚给我们介绍完赫罗斯加国王，就接着给我们讲述了他的豪华宫殿"鹿宫"，这座宫殿就是一个世界奇迹：不仅有一座金銮殿，供国王在其中发放金属项圈和戒指，还有一个供吃喝玩乐的场所。这座宫殿象征着国王的权力，当它被怪物格伦德尔攻击而受到破坏时，这种权力会明显减弱。[54]

埃德温在一个叫作伊夫林的地方恰好有一座如此宏大规模的宫殿。它矗立在他王国的北部边境，距离内陆的班堡要塞二十英里，坐落在切维厄特山的山脚下。比德告诉我们，埃德温国王在那里有一座王家住所，巧合的是，这是历史和考古之间的另一次契合，原因在于该遗址于1949年被一次空中勘测发现，随后被发掘。[55]

由于其长期以来在政治和典礼上的重要意义，该地点显然已被伯尼西亚国王占领。它就坐落在诺森布里亚最大的铁器时代岩堡下方，在史前时代曾被用作墓地。强大的盎格鲁-撒克逊人经常以这种方式利用古老的地形特征，私自占用受特定群体欢迎的遗址和古坟，希望能够继承它们的神秘力量。最近，统治者已经将伊夫林用作收集贡品的中心：该遗址最引人注目的特征之一是凸起的土建工程，它形成了一个巨大的围栏，合理的解释为，这可能是一处圈养牛群的地方——在那里发现的所有动物骨头中超过94%都来自母牛或公牛。据推测，在与高多汀人进行大规模战争期间，埃德温的前任，同时也是他眼中钉的埃塞尔弗里思国王接管了这个地方，理由是该遗址上最早的建筑物似乎可以追溯到公元600年前后。这些建筑物中包括一个没有任何居住迹象的建筑物，其旁边是一个装满公牛头骨的深坑，表明这是一个用于实施上述那种祭祀的异教神庙。挖掘人员还发现了一个形状类似于罗马圆形露天竞技场一部分的奇特建筑物，似乎是为了容纳几百人的观众与国王一起户外娱乐而建造的。[56]

至于宫殿本身，原来这个遗址上出现过几座不同的宫殿，当其中一座被大火烧毁或者被人为破坏后，另一座便又建起来。最大的一座宫殿显然可以追溯到埃德温统治时期，长八十英尺，宽四十英尺，其柱孔的统一尺寸表明它的建造非常精确。这座宫殿一定矗立在很高的地方，原因是支撑它的木材已经陷入两米多深的洞中。根据在萨顿胡发现的大锅，人们可以推测出这座宫殿的高度。这口锅连接着一条3.75米长的链子——大概是雷德沃尔德宫殿地板上的火盆与其屋顶上最低椽子之间的距离。这种规模的建筑表明，埃德温和赫罗斯加一样，旨在让旁观者们心生敬畏。[57]

虽然令人印象深刻，但伊夫林的宫殿建筑群远非独一无二。埃德温本人单单在伯尼西亚就还有其他几处宫殿，分布在斯普鲁斯顿、杜恩山，据推测在班堡也有，他在德伊勒肯定还有几处。埃德温有的情况，其他盎格鲁-撒克逊国王肯定也有：人们已经在肯特郡的利明奇和汉普郡的考德利镇发掘出了类似规模的宫殿，在伦德尔沙姆又发现了另一座宫殿。只有少数这样的宫殿被重新发掘出来，原因在于它们都是木制建筑，几乎没有留下什么可辨识的痕迹。它们本身就是转瞬即逝的建筑物，很可能是被手持火炬的敌人意外烧毁的。盎格鲁-撒克逊人明白他们的世界如昙花一现。即使《贝奥武夫》的作者首先描述了"鹿宫"宏伟壮观的景象，他也提醒我们它最终注定要化为灰烬。比德在结束他对伊夫林的描述时指出，它被埃德温的继任者们抛弃了，他们在附近的米尔菲尔德建造了一座新的宫殿。

不仅仅是个别宫殿持续的时间不长，（国王们）建造如此规模宫殿的热情也是转瞬即逝的。由于他们在《贝奥武夫》和托尔金的小说中占据重要地位，人们倾向于认为这些建筑物是整个盎格鲁-撒克逊时期王家住宅的典型样式。但从我们目前的视角来看，它们似乎只是一种昙花一现的时尚，开始于公元600年前后，仅仅持续了半个多世纪。这当然意味着它们与豪华王室墓葬的时尚密切相关。两者都折射出了同一个潜在的现象，即国王的崛起以及他们之间激烈甚至孤注一掷的竞争。[58]

比德《教会史》中的一个著名段落唤起了人们对宫殿重要性、宫殿维护和舒适条件的想象。根据段落中的描述，埃德温的一位大臣邀请国王想象自己在隆冬时与他的追随者一起享用盛宴。"大殿中央的火炉上生着火，屋里暖暖的，而外面则风雪肆虐。"突然一只麻雀飞过宫殿，从一个门飞进，从另一个门飞出。"它在里面的片刻，"国王的这位大臣说，"暴风雨无法触及它，但在最短暂的平静之后，它从视线中消失，消失在它最初的寒冷世界中。"把这幅景象描述给埃

汉普郡考德利镇宏伟宫殿的复原图

德温，是为了隐喻他们理解力的局限性。作为异教徒，他们只知道人类在地球上拥有短暂的生命——至于之前发生了什么，之后发生了什么，完全是个谜。或许说话人最后会说，如果他们信奉基督教，他们就能获得关于这些问题的更可靠的知识。[59]

在埃德温统治的头十年里，派往不列颠的基督教布道团几乎完全被扼杀了。616年，肯特国王埃塞尔伯特一死，被他说服皈依基督教的其他统治者就又恢复了异教信仰。（或者，就像比德借用的《圣经》短语所说的，"转过来吃它所吐的"。）正如我们所见，在东盎格利亚，雷德沃尔德被他的妻子和大臣说服放弃了基督教。埃塞克斯国王萨伯特的异教徒儿子们继承了他的王位后，由于伦敦主教要求他们必须先受洗才能吃圣餐面包，他们对伦敦主教越来越不满，最后将他驱逐出境。即使在肯特王国境内，这一新信仰也止步不前，几乎要失败了。埃塞尔伯特自己的儿子埃德博尔德不仅拒绝接受基督教，而且令比德厌恶的是，他遵循了与他父亲的遗孀（即他的继母）结婚的异教习俗。罗切斯特主教和伦敦主教一样，弃职逃往法兰克王国，就连奥古斯丁的继任者坎特伯雷大主教劳伦斯也准备这样做，直到圣彼得在神示中出现并且愤怒地劝诫他留在原地。[60]

因此，当那时最强大的盎格鲁-撒克逊国王埃德温与埃德博尔德的妹妹埃塞尔伯结婚时，这是一个微小但意义重大的进展，原因是埃塞尔伯与她的哥哥不同，仍然是一名基督徒。在624年之前的某个时间，就像半个世纪前她的法兰克母亲一样，这位肯特公主在一位基督教神父的陪同下向北旅行，进入一个异教王国，她认为她将被允许奉行她的信仰。婚礼刚一结束，在教宗的劝勉下，她和她的神父就开始致力于让埃德温皈依基督教。教宗卜尼法斯五世在写给她的一封信中说："杰出的女儿，用尽你的全部力量，坚持不懈地软化他刚硬的心。"卜尼法斯五世还随信附上了一面银镜和一把镀金的象牙梳子，作为送给新王后的礼物。卜尼法斯五世也给她丈夫写了一封类似的信件，还随信附上了一件绣金长袍。卜尼法斯五世在信中敦促国王摧毁他和他的人民目前正在崇拜的神像。这种不妥协的立场似乎不太可能取得多大成功，但格雷戈里布道团的一个显著特点是其具备务实的意愿来适应现有的仪式。伟大的格雷戈里本人在601年的一封信中已经指出，盎格鲁-撒克逊人"习惯于宰杀大量的牛祭祀恶魔"，并建议说虽然恶魔崇拜显然必须消失，但应该允许那些皈依的人继续宰牛和举行宴会。只要他们这样做是为了赞扬上帝，就让他们吃牛排吧。[61]

不论他是被他妻子的话、教宗的礼物还是菜单上仍然可以有牛肉的保证所打动，到了627年，埃德温已经准备好做出决定。在那一年的复活节那天，他在约克的一座木制教堂里受洗，教堂是在这座罗马城市的废墟中专门为此建造的。受洗仪式由王后的神父保利努斯主持，后来他成为约克的第一任主教。在这之后其他王室成员很快也受洗了，许多普通的诺森布里亚人也受洗了。根据比德的说法，有一次保利努斯在伊夫林花了一个多月的时间,每天从日出到日落都让周围乡村的人们沉浸在格伦河中接受洗礼。与此同时,埃德温委托他人在约克建造了一座新的石制教堂献给圣彼得,以取代用于他自己洗礼的临时教堂。然而,比德遗憾地指出,在国王"被残忍地杀害"之前,这座教堂的墙壁还没有完全立起来。[62]

埃德温的广泛统治意味着他有很多潜在的敌人。根据比德的说法,在他受洗的前一年,他差点被威塞克斯国王派来的刺客杀死,这名刺客带着毒剑冲向他,刺伤了他并杀死了他的两名侍从。刚刚康复,埃德温就进行了报复,他带领军队进入威塞克斯并将其变成一片废墟。这次行动本可以满足同时代人对荣誉和复仇的期望,但对降低未来相互采取暴力的可能性而言没有起到任何作用。[63]

在这一方面,埃德温国王的对手是布立吞人所建的格温内斯王国的统治者卡德瓦龙。就像他之前的埃塞尔弗里思一样,埃德温显然也对他西部的凯尔特人发动了战争,因为比德告诉我们,埃德温已经将他的统治范围扩展到了马恩岛和安格尔西岛,这两座岛屿"位于不列颠和爱尔兰之间,属于布立吞人"。安格尔西岛实际上是多山的格温内斯王国的近海粮仓,失去它对卡德瓦龙来说肯定是一个极具破坏性的打击。633年,卡德瓦龙寻求报复,入侵了诺森布里亚并与诺森布里亚的国王交战。两支军队在一个叫作哈斯菲尔斯(通常被认为是唐克斯特附近的哈特菲尔德切斯)的地方相遇,埃德温于10月12日在那里被杀,终年四十七岁。许多其他诺森布里亚人,其中包括他自己的一个儿子,也与他一同战死。他被砍下的头颅被带到约克,放置在未完工的圣彼得教堂中。[64]

比德痛心疾首地回忆道,这只是诺森布里亚苦难的开始。卡德瓦龙获胜后,蹂躏了整个战败的王国,"打算从布立吞人的土地上清除盎格鲁人"。寡居的埃塞尔伯王后和她的两个年幼的孩子设法乘船逃到了肯特的家人身边,还有她先前的神父保利努斯主教,但很少有人这么幸运，原因是入侵者"既没有放过妇女，也没有放过无辜的婴儿"。比德将此归咎于卡德瓦龙的凶残和野蛮，但事实上，这位布立吞人的国王的行为可能与七世纪任何暴君的行为没有什么不同：就在几年前，埃德温本人在不停攻击威塞克斯时一定也做了同样的事情。在《贝奥武夫》描述的世界里，这就是当时人们在他们的领主和保护者死后能预见的命运。在这首古诗的结尾，当贝奥武夫的尸体在葬礼的柴堆上燃烧时，一名耶阿特妇女绝望地如此唱道：

> 这是最让她恐惧的事情，疯狂的一连串
>
> 噩梦和悲叹：她的国家被入侵，
>
> 敌人们横冲直撞，到处成堆的尸体，
>
> 奴役和屈辱。[65]

作为征服者，卡德瓦龙可以在他认为适当的时候随心所欲地重新安排诺森布里亚。他的第一步是将其一分为二，打破德伊勒和伯尼西亚之间长达三十年的联盟。为此，他允许埃德温的前任埃塞尔弗里思的儿子们结束长期流放返回故国，并任命他们中的长子恩弗里思作为伯尼西亚的新统治者。与此同时，在埃德温家族垮台后，德伊勒缺乏领导者，因此王权交给了他的堂兄奥斯里克。然而这种情况只持续了不到一年。鉴于卡德瓦龙的军事优势，他肯定希望这两个人都充当他的傀儡。第一个抵抗的是奥斯里克，他在634年夏天围攻了住在设防城镇的布立吞国王——在比德看来，这有些轻率，因为他的新霸主突然带着他的军队冲了出去，屠杀了包括奥斯里克在内的所有围攻者。在此之后，比德说，卡德瓦龙直接占领了这两个王国，并像暴君一样推行他的统治。当恩弗里思离开伯尼西亚前往讲和时，这位布立吞国王将他处死。

诺森布里亚王国迫切需要一个救世主，而这个角色由恩弗里思的弟弟奥斯瓦尔德担任。作为埃塞尔弗里思的次子，奥斯瓦尔德在流亡中度过了大半生，在前一年与其他家人一起回到了伯尼西亚。他现在大约三十岁，肩负起了领导者的重任并决心要报杀兄之仇。比德将他与卡德瓦龙之间的冲突描述为"大卫和歌利亚"式的斗争：奥斯瓦尔德在黎明时分带领着"一支人数不多的军队"迎战"可恶的布立吞人首领以及被他吹嘘为所向无敌的强大军队"。他们在哈德良长城附近一个距离赫克瑟姆不远的名叫德尼斯伯恩的地方相遇，奥斯瓦尔德勇敢强悍的小部队在那里克服了重重困难，杀死了卡德瓦龙并彻底击败了他的军队。他们的胜利如此神奇，以至于那个战斗场地后来成了朝圣之地，被称为"天堂之地"。[66]

于是，奥斯瓦尔德成为诺森布里亚的新统治者，他重新统一了伯尼西亚和德伊勒这两个王国。（他的母亲阿查曾经是德伊勒王朝的成员，这一定有所帮助。）他抹去了败于卡德瓦龙并遭其破坏所带来的耻辱，并使北方王国恢复了昔日的辉煌和至高无上的地位。这本身可能就足以让他受到比德的青睐，但这位历史学家尤为感到高兴的是，奥斯瓦尔德是一名基督徒，他在流亡期间皈依了基督教。（他的哥哥恩弗里思也皈依了基督教，但后来又"卑鄙地"恢复了异教信仰。）比德在其霸主名单中将奥斯瓦尔德列在第六位，并兴奋地说："尽管他对整个岛屿拥有至高无上的权力，但他对待穷人和陌生人总是非常谦虚、善良和慷慨。"[67]

这纯粹是比德的圣徒传记：实际上，奥斯瓦尔德的残酷无情和嗜杀成性一定不亚于其他任何不列颠统治者。例如，在讲到与王后埃塞尔伯一起流亡的年幼孩子（埃塞尔伯自己的儿子乌斯克里亚和埃德温的孙子伊费）的命运时，比德透露，由于"畏惧奥斯瓦尔德国王"，王后随后横跨英吉利海峡将他们送到了她在法兰克王国的家人那里——这显然暗示诺森布里亚国王会毫不犹豫地杀死这些孩子。作为征服者，奥斯瓦尔德和他的前任一样残暴。尽管比德没有提及这些方面，但我们从爱尔兰编年史中得知，这位国王将他的势力范围向北扩展，最远到福斯湾，摧毁了高多汀人并夺取了他们在爱丁堡的堡垒。他还向他的南部邻国开战，入侵了盎格鲁-撒克逊人的林齐王国（林肯郡），正如比德不得不承认的那样，他长期以来一直受到当地人的诟病。奥斯瓦尔德和他之前残暴的父亲一样，给四面八方带去战争和毁灭，而且在追杀敌人时毫无怜悯之心。因此，最终他与麦西亚国王彭达发生冲突也就不足为奇了。[68]

在主要的盎格鲁-撒克逊王国中，麦西亚最后一个建立。它的名字来自古英语 *mierce*，等同于后来的"march"一词，这表明麦西亚人最初是一个边境民族，居住在边疆地带，其东部是盎格鲁人的王国，西部是布立吞人的王国。比德告诉我们，他们的王国被特伦特河一分为二，考古学家在特伦特河谷中部发现了许多早期的异教徒墓地，但其在年代上晚于其他地方发现的墓地，墓主人也更穷。从塔姆沃思和利奇菲尔德随后作为王家中心的重要程度上判断，麦西亚王国的中心地带可能就在这些地方附近。[69]

至于彭达国王，我们所知道的关于他的祖先的所有信息都来自八世纪一份可信度存疑的家谱。据说他是皮巴的儿子，他们的王朝显然是更久远的伊切尔的后裔。彭达本人是他们家族中第一个在历史上留下印记的人，显然是他将麦西亚人从一支边缘民族转变成为长期以来最强大的盎格鲁-撒克逊王国。他的统治期可能早在626年就已经开始：《盎格鲁-撒克逊编年史》记录了那年他的到来，并且记录了两年后麦西亚与威塞克斯之间的一场战斗，之后他们的统治者"达成协议"——几乎可以肯定地说，这是一种描述彭达取胜的委婉方式。五年后，作为布立吞征服者卡德瓦龙的实力弱小的搭档，他在哈斯菲尔斯战役中与卡德瓦龙并肩作战，并参与了随后对诺森布里亚的毁灭，因此他给全体诺森布里亚人留下了深刻的印象。比德把他的大部分刻薄话都留给了卡德瓦龙，尽管他认为麦西亚人是无知的偶像崇拜者，但仍然指出彭达"作为一名勇士具有非凡的天赋"。[70]

次年卡德瓦龙被奥斯瓦尔德消灭后，彭达后来的遭遇还不能确定。他的盟友的垮台和诺森布里亚政权的恢复一定阻止了这位麦西亚统治者的崛起，甚至可能暂时逆转了它。因此，除了长期存在的相互敌意之外，我们无法解释为什么奥斯瓦尔德和彭达随后会卷入矛盾冲突。比德说，他们在一个叫马瑟费尔思的地方发生了冲突，传统上讲这个地方应当在现今什罗普郡的奥斯沃斯特里。如果情况属实，这将表明奥斯瓦尔德的行动远远超出了自己的国界，并表明他是侵略者，也许是希望报复一位虚弱的麦西亚国王。但是直到十二世纪马瑟费尔思才被确定为奥斯沃斯特里，这让人们有充足的空间提出疑问。可能是彭达已经恢复了他以前的权力范围，并在离家更近的某个地方威胁到了奥斯瓦尔德。不管发生在哪里，他们之间的这场大战都起到了决定性作用。奥斯瓦尔德被杀，并且之后根据彭达的命令，按照宗教仪式进行了肢解。正如贝奥武夫在打败怪物后自豪地展示格伦德尔的断臂一样，这位异教信仰的麦西亚国王也通过砍下其对手的头和手并将它们挂在木桩上来庆祝他的胜利。[71]

彭达通过血腥的战争取得了胜利，这一定使他成为不列颠最令人恐惧也最强大的统治者。八十年后著书立说的比德可以侥幸逃过因拒绝承认这种优势所带来的惩罚，但当时那些这样做的人很快就后悔了。例如，在马瑟费尔思时期成为威塞克斯国王的琴瓦尔最初与彭达的妹妹结婚，但后来和她离婚了，以便可以娶其他人。那位麦西亚国王通过入侵威塞克斯和废黜琴瓦尔来报复他对家族荣誉的侮辱，琴瓦尔被迫逃往东盎格利亚。麦西亚人和他们的东盎格利亚邻居之间几乎水火不容：彭达已经入侵过这个东部王国一次，并且杀死了两个国王。在琴瓦尔逃离几年后，他又这样做了，杀死了第三位东盎格利亚统治者。尽管比德决心不将他列入他的霸主名单，但彭达无疑是他那个时代最残暴和最成功的暴君。[72]

相比之下，他与诺森布里亚国王的关系可能比预期的要好一些。的确，比德还描述了这位麦西亚统治者摧毁北方王国的另外两次情况，第一次很可能发生在马瑟费尔思大战之后。当时他一直前进到班堡，如果不是天降大风把火焰吹向了相反方向，他本可以用巨大的篝火将班堡烧成灰烬。彭达也充分利用了他的胜利，就像在他之前的卡德瓦龙一样，将诺森布里亚一分为二：伯尼西亚传给了奥斯瓦尔德的弟弟奥斯威，而德伊勒则传给了已故国王埃德温的一名男性亲属。然而，值得注意的是，在根据自己的喜好重新安排诺森布里亚之后，彭达试图通过策划两场王室婚礼来改善其与新统治者之间的关系：他的儿子娶了奥斯威的一个女儿，而他的一个女儿则嫁给了奥斯威的儿子。第二场婚礼发生在653年，这表明麦西亚和诺森布里亚可能在长达十年的时间里一直谨慎地保持着友好的关系。[73]

我们不知道是什么导致他们之间的关系在接下来的两年里如此迅速地恶化，但在655年，彭达再次踏上征途，准备第三次摧毁诺森布里亚。他这次率领的军队确实庞大，显示出他在不列颠南部强大的实力。比德说，这支军队还包含了其他三十位首领的军团，这个数字让人联想到《部落土地税》中列出的三十四个族群。其中一些首领是其他王国的国王：一位是东盎格利亚的新国王，毫无疑问，他意识到违背彭达的意志已经让他的三位前任丧生。如果九世纪的史料可以信赖，这位麦西亚国王也会让不列颠诸王在他的旗帜后面行军。[74]

这支庞大的军队似乎一路蹂躏诺森布里亚直至靠近福斯湾的北部边境，最终，受到围攻的诺森布里亚国王来到彭达这里寻求讲和。比德说："奥斯威最终被迫答应送给他不可估量的、令人难以置信的王家宝藏和礼物作为讲和的代价，条件是彭达回国并停止破坏。"尽管比德极力否认这一点，但看起来彭达一定接受了这个提议，因为在11月

15日奥斯威突袭他的军队时，他已经沿原路返回了利兹附近的某个地方。双方在一条被比德命名为温韦德的河岸边展开了战斗，因此这场战斗以该河为名。与一代人之前的"天堂之地"一样，比德强调诺森布里亚军队在与他们强大的联军敌人相比时力量是多么渺小，从而使他们最终的胜利显得更加是英勇壮举，更加不可思议。"那些异教徒要么逃跑，要么被消灭"，他高兴地说，并指出这条河因大雨而决堤，因此逃跑时淹死的人多于战斗中实际战死的人。彭达军队中的许多南方国王都被杀了，包括这位伟大的麦西亚首领本人。比德将这场战斗描述为基督徒取得的辉煌胜利，但仍然透露奥斯威通过砍下彭达的首级来庆祝，想必是为了报复彭达，原因在于后者早先肢解了他的哥哥奥斯瓦尔德。至于最终彭达的首级是否以类似的方式钉在了一根木桩上，我们不得而知。[75]

彭达的离去标志着一个时代的终结。用一位现代历史学家的话来说，他是"盎格鲁-撒克逊时代英格兰最后一位伟大的信仰异教的国王"。到他去世时，肯特、威塞克斯、东盎格利亚和诺森布里亚的王室已经果断地皈依了基督教，只有萨塞克斯和埃塞克斯这些王国的幼小国王又在异教和基督教之间摇摆了一代人的时间。比德认识到，彭达的毁灭是一个分水岭，不仅因为它使诺森布里亚从他的掠夺中解放出来，而且还因为它使麦西亚人成为基督徒。七世纪下半叶，基督教的迅速发展恰逢王公贵族的墓葬和宴会大厅的急剧衰落，原因是教会为统治者提供了新的彰显其权力的方式。[76]

然而，在我们结束彭达的故事之前，还有一个问题。奥斯威提供给彭达的"不可估量的、令人难以置信的"宝藏后来怎么样了？比德说，由于这位麦西亚国王想彻底摧毁诺森布里亚，因此他拒绝接受这些宝藏，之前比德并没有在适当的时候改变事实，但这里人们怀疑他这样做了，目的是不给奥斯威留下一个攻击他刚刚讲和的人的罪名。

根据九世纪的《布立吞史》，彭达**确实**接受了宝藏，并将其分发给了他的布立吞盟友。[77]

2009年，一个名叫特里·赫伯特的金属探测器操作者在斯塔福德郡哈莫维奇村的一块田地里获得了惊人的发现——这是一批盎格鲁-撒克逊时代的宝藏，里面有超过五千克重的黄金物品和大约这一重量三分之一的白银，使其成为迄今为止发现的此类最大规模的宝藏（见彩图6）。不同寻常的是，里面没有任何女性用的珠宝——几乎完全是战争装备，或者更确切地说，是由贵金属制成的战争装备的残片。宝藏中包括一顶支离破碎的金头盔，以及近一百把剑的金质、银质和石榴石配件。每一件都质量上乘，上面装饰有II类风格设计的交错动物图案，展现出只有精英阶层中最高级别成员才能获得的工艺。宝藏中为数不多的非军事物品是基督徒敬拜的物品：一些皱巴巴的金十字架、神殿残片以及刻有《圣经》铭文的一张金条，上面写道："起来吧，主啊，愿你的敌人被驱散，愿那些恨你的人逃离你的身边。"

斯塔福德郡宝藏很快便广为人知，那它是不是655年转交给彭达的表示和解的礼物的一部分呢？从风格和时代上讲，这一宝藏与和解的礼物当然契合，原因是其所处的年代可以追溯到650年至675年，并且与早期信奉基督教的诺森布里亚的其他贵重金属制品有明显的相似之处。如果这不是奥斯威和他的战士们的战争装备，那这正是他们那时候战争装备的样子。发现宝藏的地点也非常容易引起人们的联想，原因是哈莫维奇村位于麦西亚王国正中心，距离利奇菲尔德仅有几英里。[78]

当然，令人感到遗憾的是，相对于这批宝藏所呈现的所有诱人的可能性，我们永远无法确定它来自哪里。我们也永远不会知道为什么把它埋起来。它是由少数有幸逃脱的麦西亚暴君从温韦德的战场上带走的吗？它是不是因为后来的某些威胁而被藏匿起来，藏匿者希望将来能再找回？或者，也许是在与《贝奥武夫》中描述的相同情况下，一个无名之辈——一个被征服种族的最后幸存者，一边埋他们的宝藏一边念叨着绝望的话，认为它应该被人们遗忘？

> 大地，现在拥有伯爵曾经拥有的东西吧
>
> 英雄不在；它最初由高尚的人采自于你
>
> 我自己的民族，
>
> 在战争中毁于一旦；
>
> 他们最后一次看着大厅里甜蜜的生活，
>
> 一个个归于尘土。[79]

注 释

1 *The Wiley Blackwell Encyclopedia of Anglo-Saxon England*, ed. M. Lapidge, J. Blair, S. Keynes, and D. Scragg (2nd edn, Oxford, 2014), 65–66. For a recent summary of the debate, see *The Dating of Beowulf: A Reassessment*, ed. L. Neidorf (Cambridge, 2014).

2 S. Newton, *The Origins of Beowulf and the Pre-Viking Kingdom of East Anglia* (Woodbridge, 1993), 27–28.

3 J. R. R. Tolkien, *Beowulf: A Translation and Commentary*, ed. C. Tolkien (2015); C. Tolley, 'Old English Influence on The Lord of the Rings', *Beowulf and Other Stories: A New Introduction to Old English, Old Icelandic and Anglo-Norman Literatures*, ed. R. North and J. Allard (2nd edn, 2012), 38–62.

4 *Beowulf*, trans. S. Heaney (1999), 46, 50, 78.

5 Henry, Archdeacon of Huntingdon, *Historia Anglorum: The History of the English People*, ed. D. Greenway (Oxford, 1996), 16–17.

6 D. P. Kirby, *The Earliest English Kings* (revised edn, 2000), 4–7.

7 *English Historical Documents*, i, 152–155.

8 B. Yorke, 'The Jutes of Hampshire and Wight and the Origins of Wessex', *The Origins of Anglo-Saxon Kingdoms* (Leicester, 1989), 85–87.

9 Above, 37–39; Higham and M. J. Ryan, *The Anglo-Saxon World*, 91–95.

10 T. M. Charles-Edwards, 'Kinship, Status and the Origins of the Hide', *Past & Present*, 56 (1972), 6–7; Härke, 'Anglo-Saxon Immigration', 6–7.

11 J. Hines, 'A New Chronology and New Agenda: The Problematic Sixth Century', *Transformation in Anglo-Saxon Culture: Toller Lectures on Art, Archaeology and Text*, ed. C. Insley and G. R. Owen-Crocker (Oxford, 2017), 1–22; Higham and M. J. Ryan, *The Anglo-Saxon World*, 128–133; Fleming, *Britain After Rome*, 89–90, 93–97; J. Blair, *Building Anglo-Saxon England* (Princeton and

Oxford, 2018), 114-125.

12 J. M. Dodgson, 'The Significance of the Distribution of the English Place-Name in-ingas, -inga-, in South-East England', *Medieval Archaeology*, 10 (1966), 1-29; *The Wiley Blackwell Encyclopedia of Anglo-Saxon England*, 257.

13 *Beowulf*, trans. Heaney, 3-5.

14 Fleming, *Britain After Rome*, 102-109; *English Historical Documents*, i, 406; S. Bassett, 'In Search of the Origins of Anglo-Saxon Kingdoms', *Origins of Anglo-Saxon Kingdoms*, ed. Bassett, 3-27.

15 B. Yorke, *Kings and Kingdoms of Early Anglo-Saxon England* (1990).

16 Bassett, 'In Search of the Origins', 24.

17 T. P. Newfield, 'The Climate Downturn of 536-550', *The Palgrave Handbook of Climate History*, ed. S. White, C. Pfister, and F. Mauelshagen (2018), 450; *English Historical Documents*, i, 155-156.

18 A. Gibbons, 'Why 536 was "the Worst Year to Be Alive"', *Science*, 362 (Nov. 2018), 733-734; cf. Newfield, 'Climate Downturn', 448.

19 Ibid., 469, 471; above, 39; J. R. Maddicott, 'Two Frontier States: Northumbria and Wessex, c.650-750', *The Medieval State*, ed. J. R. Maddicott and D. M. Palliser (2000), 42-43; J. Morris, *The Age of Arthur* (1973), 222-223, suggests the plague did not affect the Anglo-Saxons.

20 J. R. Maddicott, 'Plague in Seventh-Century England', *Past & Present*, 156 (1997), 10-11; idem, 'Two Frontier States', 43-45.

21 Bede's *Ecclesiastical History of the English People*, 148-149.

22 Ibid., 148-149, 232-233; *English Historical Documents*, i, 157-158; Yorke, 'Anglo-Saxon Origin Legends', 17-18; B. Yorke, 'Ceawlin', *The Oxford Dictionary of National Biography*, ed. H. C. G. Matthews and B. Harrison (60 vols., Oxford, 2004).

23 Bede's *Ecclesiastical History of the English People*, 148-151.

24 Above, 37; M. Welch, 'Anglo-Saxon Kent to AD 800', *The Archaeology of Kent to AD 800* (Woodbridge, 2007), 209-220; cf. C. Behr, 'The Origins of Kingship in Early Medieval Kent', *Early Medieval Europe*, 9 (2000), 25-52, and idem, 'New Bracteate Finds from Early Anglo-Saxon England', *Medieval Archaeology*, 54 (2010), 34-88.

25 Welch, 'Anglo-Saxon Kent', 191-192, 220-223; *Anglo-Saxons*, ed. Campbell, 24-25; Behr, 'Origins of Kingship', 48.

26 Higham and M. J. Ryan, *The Anglo-Saxon World*, 131; Heather, *Empires and Barbarians*, 306-310. 1653年，希尔德里克的墓地被重新发掘出来，但其中的大多数珍宝于1831年被盗并熔毁，因此仅有几件保存至今。

27 Welch, 'Anglo-Saxon Kent', 190-191.

28 N. Brooks, *The Early History of the Church of Canterbury* (Leicester, 1984), 5-6, 21-25.

29 Ibid., 3-4; *English Historical Documents*, i, 790; Bede's *Ecclesiastical History of the English People*, 132-135.

30 Ibid., 72-79; Brooks, *Early History*, 4-8.

31 Bede's *Ecclesiastical History of the English People*, 110-111, 114-115, 150-151. For Æthelberht's law-code, see *English Historical Documents*, i, 391-394.

32 L. Webster, *Anglo-Saxon Art* (2012), 55-67.

33 Ibid., 61-67; Welch, 'Anglo-Saxon Kent', 190, 193, 209, 244; Bede's *Ecclesiastical History of the English People*, 72-73.

34 Ibid., 104-107, 142-143; Brooks, *Early History*, 9-11.

35 Bede's *Ecclesiastical History of the English People*, 116–117; Yorke, *Kings and Kingdoms*, 74.

36 Ibid., 74–77; Kirby, *Earliest English Kings*, 57; Bede's *Ecclesiastical History of the English People*, 116–117, 230–231, 262–263, 562–563; *English Historical Documents*, i, 156.

37 Bede's *Ecclesiastical History of the English People*, 116–117; Kirby, *Earliest English Kings*, 59.

38 Ibid., 60; Yorke, *Kings and Kingdoms*, 77.

39 Bede's *Ecclesiastical History of the English People*, 174–181.

40 Ibid., 148–151, 179–180, 212–213.

41 Ibid., 190–191, 284–285; Yorke, *Kings and Kingdoms*, 61; M. Carver, *The Sutton Hoo Story: Encounters with Early England* (Woodbridge, 2017), 38–39, 191; C. Scull, F. Minter and J. Plouviez, 'Social and Economic Complexity in Early Medieval England: A Central Place Complex of the East Anglian Kingdom at Rendlesham, Suffolk', *Antiquity*, 90 (2016), 1594–1612.

42 Bede's *Ecclesiastical History of the English People*, 188–191.

43 L. Blackmore, I. Blair, S. Hirst and C. Scull, *The Prittlewell Princely Burial: Excavations at Priory Crescent, Southend-on-Sea, Essex, 2003* (2019).

44 Henry, Archdeacon of Huntingdon, *Historia Anglorum*, ed. Greenway, 17; Carver, *Sutton Hoo Story*, 120–151.

45 Ibid., 2–28, tells the story of the original excavation, and describes the treasure at 29–55.

46 Ibid., 38–39, 195–196; G. Halsall, *Worlds of Arthur*, 36–37.

47 Carver, *Sutton Hoo Story*, 8–14, 129–134, 191, 195. Another boat burial was found at nearby Snape in 1862: Higham and M. J. Ryan, *The Anglo-Saxon World*, 133.

48 Cf. Newton, *Origins of Beowulf*, passim; *Beowulf*, trans. Heaney, 4, 99 (lines 34–42, 3158).

49 Bede's *Ecclesiastical History of the English People*, 162–163.

50 Ibid., 192–193; Carver, *Sutton Hoo Story*, 31–32; *English Historical Documents*, i, 186.

51 P. Wormald, 'Bede, the Bretwaldas and the Origin of the Gens Anglorum', *Ideal and Reality in Frankish and Anglo-Saxon Society*, ed. P. Wormald et al. (Oxford, 1983), 99–129; B. Yorke, 'The Bretwaldas and the Origins of Overlordship in Anglo-Saxon England', *Early Medieval Studies in Memory of Patrick Wormald*, ed. S. Baxter, C. Karkov, J. L. Nelson and D. Pelteret (Farnham, 2009), 81–95.

52 Bedae, *Opera de Temporibus*, ed. C. W. Jones (Cambridge, Mass., 1943), 213; A. S. Dobat, 'The King and his Cult: The Axe-Hammer from Sutton Hoo and its Implications for the Concept of Sacral Leadership in Early Medieval Europe', *Antiquity*, 80 (2006), 880–893.

53 Maddicott, 'Two Frontier States', 32–33.

54 *Beowulf*, trans. Heaney, 5–7.

55 Bede's *Ecclesiastical History of the English People*, 188–189; B. Hope-Taylor, *Yeavering: An Anglo-British Centre of Early Northumbria* (revised edn, 2009).

56 Maddicott, 'Two Frontier States', 32; Higham and M. J. Ryan, *The Anglo-Saxon World*, 136. See also *Yeavering: People, Power & Place*, ed. P. Frodsham and C. O'Brien (2005).

57 *Anglo-Saxons*, ed. Campbell, 57; Carver, *Sutton Hoo Story*, 187.

58 *Beowulf*, ed. Heaney, 5 (lines 82–85); Bede's *Ecclesiastical History of the English People*, 188–189. For a general discussion of great halls, see Blair, *Building Anglo-Saxon England*, 114–131.

59 Bede's *Ecclesiastical History of the English People*, 182–185.

60 Ibid., 150–157.

61 Ibid., 106–109, 162–175.

62 Ibid., 186–189.

63 Ibid., 164–167.

64 Ibid., 148–149, 162–163, 202–205.

65 Ibid., 202–205; *Beowulf*, trans. Heaney, 98 (lines 3152–3155).

66 Bede's *Ecclesiastical History of the English People*, 212–217.

67 Ibid., 150–151, 212–213, 230–231.

68 Ibid., 204–205, 246–247; Kirby, *Earliest English Kings*, 75–76.

69 Bede's *Ecclesiastical History of the English People*, 294–295; N. Brooks, 'The Formation of the Mercian Kingdom', *Origins of Anglo-Saxon Kingdoms*, ed. Bassett, 159–170; Yorke, *Kings and Kingdoms*, 101–102.

70 Ibid.; *English Historical Documents*, i, 161–162; Bede's *Ecclesiastical History of the English People*, 202–203; J. M. Wallace-Hadrill, Bede's *Ecclesiastical History of the English People: A Historical Commentary* (Oxford, 1988), 84.

71 Bede's *Ecclesiastical History of the English People*, 240–243, 250–253; D. J. Craig, 'Oswald, King of Northumbria', *The Oxford Dictionary of National Biography*.

72 Bede's *Ecclesiastical History of the English People*, 148–151, 232–235, 268–269.

73 Ibid., 254–257; 262–263; 278–281; S. E. Kelly, 'Penda', *The Oxford Dictionary of National Biography*.

74 Bede's *Ecclesiastical History of the English People*, 288–291; Kirby, *Earliest English Kings*, 80.

75 Bede's *Ecclesiastical History of the English People*, 288–293; Wallace-Hadrill, *Historical Commentary*, 122–123.

76 Kelly, 'Penda' (see also Brooks, 'Formation of the Mercian Kingdom', 169: 'Penda of Mercia bestrode the political stage like a Colossus'); Bede's *Ecclesiastical History of the English People*, 292–293; Blair, *Building Anglo-Saxon England*, 94–95.

77 J. Campbell, 'Bede I', *Essays in Anglo-Saxon History* (1986), 13.

78 *The Staffordshire Hoard: An Anglo-Saxon Treasure*, ed. C. Fern, T. Dickinson and L. Webster (2019), passim; Carver, *Sutton Hoo Story*, 194–195.

79 *Beowulf*, ed. Heaney, 71–72 (lines 2248–2253).

皮克特人

阿伯康

福斯湾

林迪斯法恩

梅尔罗斯

班堡

法尔恩

伯尼西亚

北海

哈德良长城

比无卡斯尔

贾罗

赫克瑟姆

韦尔茅斯

卡莱尔

泰恩河

诺森布里亚

蒂斯河

惠特比

拉斯廷厄姆

乌斯河

里彭

约克

德伊勒

亨伯河

奥斯特菲尔德

林肯

林齐

切斯特

特伦特河

埃尔门

东盎格利亚

利奇菲尔德

莱斯特

昂德尔

伊利

邓尼奇

塔姆沃思

麦西亚

布里克斯沃思

伊普斯维奇

塞文河

瓦伊河

伍斯特

大乌斯河

赫特福德

埃塞克斯

布立吞人

赫里福德

赫威赛

巴金

布拉德韦尔

多切斯特

塔普洛

伦敦

罗切斯特

泰晤士河

坎特伯雷

威塞克斯

温切斯特

肯特

舍伯恩

哈姆维克

萨塞克斯

布立吞人

塞尔西

怀特岛

英吉利海峡

爱尔兰海

0 25 50 75 100 英里

0   50   100   150 千米

第三章

上帝选择的工具：
圣徒威尔弗里德与基督教的确立

　　在不列颠，几乎没有哪个地方的房屋自七世纪以来就基本上保持不变。仅仅出于这个原因，诺森伯兰郡的赫克瑟姆镇就非常值得一游。赫克瑟姆镇大约位于卡莱尔和纽卡斯尔的中间，就在泰恩河以南，距离河流入海的地方大约三十英里。对于现代游客而言，他们已经习惯了伦敦扭曲的吸引力，而这可能会让赫克瑟姆镇看起来相当偏远，但对于生活在七世纪的诺森布里亚人来说，它位于一个强大且不断扩张的王国的中心。

　　当时，赫克瑟姆在建筑上引以为荣的是它的修道院，今天仍然如此。在其间的一千三百年间，赫克瑟姆已经多次重建——最近一次是在二十世纪初，当时它的中世纪晚期的教堂中殿在很大程度上得到了修复。然而，在中殿中央的一扇现代木门后面，地板上有一个开口，从开口往下有十几级台阶。在这段狭窄楼梯井的底端是一个小厅，还有一个无窗户的小房间，只有十三英尺长，八英尺宽。虽然现在由电灯照亮，光照均匀，但当初提供光亮的应该是放置在两侧墙壁上两个壁龛中不停闪烁的油灯。这是盎格鲁-撒克逊教堂的地下室（见彩图8）。它建造于七世纪七十年代，让我们在实物上尽可能地接近其创造者威尔弗里德所处的世界。

即便说威尔弗里德在整个盎格鲁-撒克逊时期算不上一位杰出人物的话，他也是他那个时代的杰出人物之一。他出身于一个广结达官显贵的诺森布里亚家庭，其教会职务等级一路攀升，一度成为不列颠最有权势的主教。在某些时候，他的权势不仅在诺森布里亚本身，而且扩展到北部的皮克特地区和南部的其他盎格鲁-撒克逊王国。他是一位饱受争议的人物，他的行为在很多情况下都与人们通常认为的圣徒相去甚远。他创立了数十座教堂，使成千上万的人皈依，却很高兴看到通过血腥征服的方式把基督教信仰强加于人。当其他传教士努力保持谦逊时，威尔弗里德表现得像个国王，陶醉于自己的地位与铺张的宴饮，周围簇拥着一大群年轻的勇士。因此，他与其他主教起了争执，其他主教在主教应该如何行事上与他有不同看法，他还与世俗国王不和，这些国王认为他是对自己权势的威胁。他与诺森布里亚王国连续几任国王之间的争吵，导致他被长期流放，他还多次前往罗马，在此期间他与愤怒的异教暴徒斗争并逃过了基督徒同人的暗杀。从某些方面来讲，他的一生类似于另一位命途多舛的神父托马斯·贝克特，但贝克特的故事以殉教而著称，而威尔弗里德却比他所有的敌人都活得长，他在年老时去世，身边还环绕着崇拜他的追随者。因此，他现在的名气远不如过去，这是件遗憾的事，原因是他漫长而戏剧化的一生揭示了盎格鲁-撒克逊人皈依基督教的关键时期中的所有主题、思想、个性和冲突。这是一个值得从头讲到尾的故事。

之所以会留下关于威尔弗里德的生平的记载，是因为一份同时代对他生活的记录得以幸存。威尔弗里德死后，他的一名支持者里彭的斯蒂芬撰写了《威尔弗里德生平》，这是一部与书中主人公同样具有争议的作品，目的显然是为了反驳或者掩饰这位主教的许多批评者对其不当行为的指控。因此，它更像是一本政治宣传册，而不是传统的圣徒传记作品，阅读时会让人觉得不合情理。尽管如此，它提供了一种宝贵的替代性叙述，与比德的描述相辅相成，有助于给人们呈现关于七世纪不列颠的更全面、更真实的画面。

像威尔弗里德这样杰出的人物，必然需要雄伟的建筑与之匹配。赫克瑟姆教堂的地下室可能不大，但它只是作为一个内部圣所，用于展示和崇拜圣物。矗立在它上面的教堂更为宏伟，可能有一百多英尺长，足以与任何一位七世纪国王的大厅相媲美。虽然世俗的大厅是用易腐烂的木材建造的，但威尔弗里德的教堂是用耐久的石头建造的，意图永远存在。对于赫克瑟姆镇的这座教堂，石头来自泰恩河谷沿岸的各个罗马遗址：总的来说，他那些从大陆来的泥瓦匠回收了大约七千吨的石头用于建造教堂。这位主教的传记作者认为，这座教堂在阿尔卑斯山以北是独一无二的，并将其描述为一座"巨大的建筑物"，拥有"非常高的墙壁"、非常深的地基和"装饰精美的石头地下室"。[1]

威尔弗里德出生于634年，出生时正处于一场大火之中。根据里彭的斯蒂芬的说法，生产这位未来主教的房子在那一刻起火了，传记作者回顾性地将这场火灾解释为圣灵的火热访问。不管怎样，对于一个新出生的诺森布里亚人来说，这是一段特别危险的时期，原因是这个王国当时正被布立吞统治者卡德瓦龙入侵，比德指责他屠杀了众多母亲和婴儿。正如我们所见，卡德瓦龙还杀死了诺森布里亚的第一位基督教国王埃德温，并导致他的遗孀和孩子们逃往肯特，一起逃亡肯特的还有约克的第一任主教保利努斯。只有在埃德温前任之子奥斯瓦尔德于同年在天堂之地的战斗中杀死了卡德瓦龙，并成为诺森布里亚的新国王之后，这一颓势才得以逆转。由于奥斯瓦尔德是一名基督徒，他在战场上竖立了一个十字架，后来还被尊崇为圣徒，因此比德认为这是天意的胜利。然而，奥斯瓦尔德并没有在保利努斯等罗马传教士的影响下皈依，后者早在将近四十年前就与奥古斯丁一起来到了肯特。他是在爱尔兰度过的漫长的流放岁月中接受洗礼的。[2]

基督教是在五世纪由不列颠西部罗马帝国残余的传教士传入爱尔兰的——其中最著名的是圣徒帕特里克。基督教成功传入爱尔兰首先受到爱尔兰社会性质的限制。在欧洲的其他地方，新宗教利用罗马的国家机构传播开来，主教在城市和集镇中确立自己的位置，但爱尔兰从未成为帝国的一部分，也没有这样的城市中心，所以它的主教在城市和集镇中没有固定的位置作为他们活动的大本营。

然而，到了五世纪末，特别是在六世纪，一种新的有组织的基督教形式开始在不列颠诸岛西部蓬勃发展。我们习惯于认为修道院非常古老、摇摇欲坠，而且覆满了常春藤，很难想象它们会成为一种新现象，但在六世纪的不列颠和爱尔兰，它们正是一种新现象，并且修道院生活是一种充满诱惑力的生活方式。这种趋势——甚至可以说是时尚——始于三世纪的埃及，那里的一些基督徒自愿退居沙漠，以逃避迫害、诱惑或者现实，打算过一种沉思的生活，并希望这种生活能让他们更接近神。最早期的开拓者们以隐士的身份生活，因此被称为僧侣（monks，来自希腊语*monos*）。然而，他们中的许多人很快认为，在父亲一样的人物或者叫方丈（abbot，来自*abba*，亚拉姆语，意为父亲）的管理下，群体居住更为方便。

这种习俗从埃及向西逐渐传播至整个帝国，到四世纪后期传至高卢，到五世纪末扩展至不列颠诸岛的基督教地区。到了六世纪中叶，它已经非常流行了。尤其是在爱尔兰，与最早期的基督教传教士引入的主教制传统相比，修道院生活方式更适合非城市地区的社会。为了寻求幽静之处，爱尔兰僧侣经常在距离大陆不远的岛屿上安家。斯凯利格·迈克尔岛上建有一座可能早在六世纪就已存在的修道院，这座岛屿距离凯里七英里，现在以卢克·天行者退休的地方而闻名。其幸存下来的石屋很好地说明了早期爱尔兰僧侣们简朴的生活条件。[3]

修道院生活方式在爱尔兰取得巨大进展的同时，爱尔兰人开始在今苏格兰西部海岸地区进行殖民活动，并且建立起一个名为达尔里亚达的新王国——一个横跨北海海峡的海上帝国，拥有数百个小岛和连绵起伏的群岛。563年，有一个名叫高隆巴的出身名门的爱尔兰人，在达尔里亚达统治者的支持下，就在这样一个犹如沧海之一粟的名叫艾奥纳的岛上建立了一个新的修道院社区。很快，它就成为王国中重要的基督教中心，是建立其他修道院的大本营，也是朝圣者和忏悔者的目的地。[4]

奥斯瓦尔德的家人在他十几岁的时候就逃到了达尔里亚达。在这个王国逗留的十七年期间，他学会了讲爱尔兰语并皈依了基督教，可能是在艾奥纳岛上接受了洗礼。因此，当他于634年返回诺森布里亚并发现他需要替换前一年逃离的神父时，他将目光投向了自己的精神母校，而不是遥远的坎特伯雷，这并不出人意料。即位之后，他立即派人前往艾奥纳岛为他的人民请求一位新神父，并接回了一位名叫艾丹的僧侣，他后来成为诺森布里亚的新主教。在爱尔兰传统中长大的艾丹不想像他的前任一样住在古罗马城市约克，因此保利努斯已经开始在那里建造的新石头教堂被废弃了。这位新主教转而寻求一座岛屿（他可能在这座岛屿上建立了修道院），并在林迪斯法恩定居下来，这个地方紧邻着诺森布里亚海岸，但离奥斯瓦尔德在班堡的王宫很近。在这里，他以朴素的爱尔兰方式建造了一座教堂，教堂的墙壁是木制的，屋顶是芦苇。[5]

随着林迪斯法恩新兴的社区不断壮大，年轻的威尔弗里德也在成长。他的传记作者说，作为一个男孩，他英俊潇洒、体形匀称、温文尔雅、谦逊有礼、自制力强而且通情达理。我们几乎没有听说过他的父母，但他父亲的地位足以与诺森布里亚的贵族交往，威尔弗里德则在他们来访时服侍他们。这些关系足以让这个男孩在奥斯瓦尔德的继任者奥斯威国王的宫廷中获得一个空缺，于是他在十四岁时便被介绍

林迪斯法恩的鸟瞰图。修道院坐落于岛屿西南角，位于建筑群的左侧

给奥斯威的王后恩弗莱德。他的传记作者想让我们相信，此时威尔弗里德已经决定在教会工作，这很可能是真的，但我们也被告知他离开家是因为他的继母很残忍，而且他出发去宫廷时不仅穿着得体，还骑着马，携带有武器，所以这让人有怀疑的余地。也许是恩弗莱德——一个虔诚的基督徒——为他指明了一条更加隐忍的道路。不管怎样，是她指派了威尔弗里德去协助国王的一位近臣库达。库达不知何故瘫痪，并打算在林迪斯法恩作为修道士度过余生。

于是，在七世纪四十年代后期，十几岁的威尔弗里德就住在北海的一座小岛上，照顾着残疾人库达的需求。毫无疑问，他认为那里的生活可能会更令人兴奋。在此期间，他还学习了基督教的基本教义，阅读和背诵了一些经文，这些经文可能激发了他前往其他地方的热情。在林迪斯法恩待了一两年后，他表达了想去罗马的愿望。650年前后，在他主人的许可以及恩弗莱德王后的赞助下，他出发了。恩弗莱德首先将他送到她的表弟肯特国王的宫廷，并吩咐他在找到合适的旅伴之前可以一直留在那里。最终，经过一年"乏味的等待"，威尔弗里德与另一个虔诚的诺森布里亚年轻人比斯科普·巴都星结伴上路。威尔弗里德和他一起跨越了英吉利海峡，一起继续旅程。[6]

当他们抵达法兰克王国南部的里昂时，两人分手了，比斯科普继续前往罗马，而威尔弗里德则在原地停留了一段时间。里昂是一座极具吸引力的罗马城市，比从不列颠来的首次旅行者之前所经历的任何地方都要大得多，其大主教安尼蒙德渴望威尔弗里德无限期地延长他的逗留时间。据里彭的斯蒂芬说，大主教一眼就看上了来家小住的客人，他主动提出要给他一个大省来管理，并且提出将他的侄女许配给他。这样的提议意味着威尔弗里德一定会在安尼蒙德的陪伴下度过相当长的一段时间，以证明他的价值，并且会凸显这样一个事实，即尽管他在林迪斯法恩度过了一段时间，但他还没有剃发成为修道士——他仍然有从事世俗职业的可能性。威尔弗里德决定拒绝大主教的慷慨提议，继续他的朝圣之旅。他最终抵达罗马的时间可能是在653年前后。[7]

很难想象到访罗马会对一个直到最近才只知道诺森布里亚的易受影响的年轻人产生什么样的影响。这座"永恒之城"的规模远不及二世纪这个词首次被创造出来时的鼎盛时期那么大，当时或许有一百万市民推搡着走在拥挤的街道和广场上。自从帝国瓦解以来，其人口急剧减少，在威尔弗里德游览时可能不超过十万人。但是对于一个来自不列颠的男孩来说，不列颠没有哪座集镇或城市在帝国垮台后幸存下来，即使最大的社区估计也只有数百人，因此罗马看起来一定是一个熙熙攘攘的大都市。尽管居民数量减少了，但建筑物仍然存在。这座城市被二十二英里长的城墙包围着，城墙内仍然矗立着帝国鼎盛时期的纪念碑，有的地方破败不堪，有的地方却完好无损，每一处都令人敬畏。七世纪的游客们仍然可以看到凯旋门、浴场、宫殿、剧院、桥梁、渡槽和喷泉，其中许多现已消失，还有那些今天仍然存在的纪念碑，比如图拉真纪功柱或哈德良陵墓。在肯特逗留期间，威尔弗里德肯定会看到坎特伯雷可以容纳七千人的罗马式剧院。在罗马期间，他应该会看到能容纳比剧院多十倍观众的罗马斗兽场。[8]

尽管这些帝国遗迹令人印象深刻，但威尔弗里德来到罗马是因为它最近成了基督教的大本营。这座城市充满了数不清的大教堂和小教堂，他每天都花时间去神殿里祈祷。最大也最重要的是圣彼得大教堂，这座大教堂由君士坦丁大帝于四世纪初建造，长三百五十英尺，可容纳约三千名信徒。彼得是第一位圣徒，也有人说他是罗马的第一位主教，因此他的继任者们总是声称自己具有某种卓越地位，但直到四世纪后期他们才开始将自己称为"教宗"。伟大的格雷戈里在六世纪末改变盎格鲁-撒克逊人异教信仰的计划巩固了这种主张并提高了教宗的威望，但即便如此，罗马主教在东方的亚历山大港、安条克和耶路撒冷仍有同样享有盛誉的古老对手。然而，仅在威尔弗里德抵达罗马前十五年左右，这些拜占庭城市就已经被伊斯兰教国家的军队征服了，只剩下罗马在西部基督教地区的权威没有受到挑战。[9]

经过几个月的耐心等待，威尔弗里德终于成了教宗的听众。在他每天前往教堂和圣殿朝拜期间，他结识了一位名叫卜尼法斯的执事长。卜尼法斯后来成了他的导师，让他背诵福音书，并在法律和教义方面指导他。最终，卜尼法斯才得以将他这位年轻的门徒介绍给圣彼得的继任者，地点可能是在拉特朗宫，这是君士坦丁捐赠给教宗的另一个建筑奇迹。教宗马丁一世把手放在威尔弗里德的头上，祈祷并祝福他，在基督赐予的平安里派遣他上路。威尔弗里德收拾好他在逗留期间收集的圣物，然后回到里昂。[10]

在罗马的游历对威尔弗里德产生了深远而持久的影响，使他接触到了一种与他在林迪斯法恩所经历的那种基督教截然不同的基督教形式。茅草屋顶的木制教堂和高耸的石头教堂之间的鲜明对比体现出了这种不同，但宗教实践甚至教义要点也不相同。例如，爱尔兰修道士有一种剃发形式，似乎包括剃光后脑勺，而在罗马，则是剃光头顶，留下一圈呈基督荆棘冠冕形状的头发。回到里昂后，威尔弗里德请求安尼蒙德大主教用罗马人的方式给他剃发。他现在坚信了自己的修道院使命，并投身于罗马正统信仰。[11]

威尔弗里德也深受大陆主教的行为和举止的影响。爱尔兰主教几乎到处走动，以宣扬他们的谦逊。比德告诉我们，当国王把一匹漂亮的马赠予诺森布里亚的艾丹主教时，艾丹几乎立即把它送给了一个乞丐。在欧洲大陆，主教们并不拒绝这种物质享受，并将排场视为其公共角色的必要前提。在高卢，很多情况下正是主教填补了罗马政治权威崩溃所造成的政治真空。他们不单单是世俗统治者的宗教顾问，甚至不单单是管理者。通常他们自己就是统治者，在围城期间保卫他们的城市，有时还被号召起来领导军队。因此，他们认为昂贵的马匹以及宫殿、大批武士、广阔的庄园和储藏丰富的酒窖都是他们应得的东西。像安尼蒙德这样的主教显然有权让诺森布里亚的年轻朝圣者管理自己的省份，而且据说他承诺在威尔弗里德从罗马返回后让其成为自己的继任者。威尔弗里德显然认为这是一个诱人的提议，原因是他在接下来的三年里一直留在里昂。[12]

对于拥有与安尼蒙德同样多政治权力的主教来说，不利的一面是这偶尔会让他们陷入困境。在七世纪五十年代后期，这位大主教是与国王克洛维二世的王后巴蒂尔德发生冲突并最终被处决的几位高级教职人员之一。根据里彭的斯蒂芬的说法，威尔弗里德陪同安尼蒙德参加了对他的审判，显然准备和他一起加入殉教行列，但由于自己的外国血统而幸免于难。随着在里昂的辉煌前景一去不复返，威尔弗里德打点好他从罗马带回的圣物，回到了不列颠的家中。[13]

威尔弗里德不在的时候，发生了很多变化。首先，在653年，圣奥古斯丁的最后一位同伴霍诺里乌斯去世，导致圣奥古斯丁的罗马布道团活动以非正式的方式结束。霍诺里乌斯曾担任坎特伯雷大主教二十六年，历时十八个月才找到一位合适的替代人选。其次，部分由于坎特伯雷重要性的丧失，林迪斯法恩的影响力已经远远超出了诺森布里亚的边界。艾丹主教的继任者菲南很快发现自己被要求为邻国的统治者施洗。在655年之前的某个时间，埃塞克斯国王西吉伯特向北游历，在哈德良长城附近的一场仪式上接受了洗礼。麦西亚的彭达之子、中盎格利亚国王皮达也是如此。不久之后，控制了不列颠大部分地区的异教霸主彭达本人在温韦德之战中阵亡，这让麦西亚的皈依得以真正开始。来自林迪斯法恩的传教士们迅速进入全部三个王国。根据比德的描述，他们中的一个成员塞德被任命为埃塞克斯的新主教，并开始传教、施洗和建造教堂，其中最重要的是他在滨海布拉德韦尔一座废弃的罗马沿海堡垒中建立的教堂。值得注意的是，如今它完好无损，仍然被用作礼拜场所（见彩图9）。[14]

威尔弗里德重新找到了对罗马所有事物的热情，现在看到林迪斯法恩的基督教形式有很多错误，只能以轻蔑的态度看待这些新发展。可能正是由于这个原因，在他回到不列颠时，他似乎首先去了威塞克斯，那里的教会既有强大的罗马传统，也与法兰克王国有着密切的联系。它的第一位主教比里努斯是法兰克人，他在七世纪三十年代作为一名罗马传教士抵达了威塞克斯，并在多切斯特建立了他的主教席位。他的继任者阿吉尔伯特也是法兰克人，现在将威尔弗里德置于他的羽翼之下。在阿吉尔伯特的支持下，威尔弗里德的意图显然是返回诺森布里亚并根除爱尔兰习俗，转而支持罗马习俗。问题是如何在奥斯威国王统治诺森布里亚期间实现这一目标，奥斯威国王和他已故的兄长奥斯瓦尔德一样热爱爱尔兰传统。解决方案是将威尔弗里德介绍给威塞克斯国王琴瓦尔，然后再由琴瓦尔将他推荐给他的朋友埃尔科弗里思。[15]

埃尔科弗里思是奥斯威国王的长子，本身就是一位国王——奥斯威让他成为诺森布里亚南部前德伊勒王国的统治者。像历史上许多明显的继承人一样，他并不总是与他的父亲意见一致，他们之间的不稳定关系为威尔弗里德提供了他所需的入场券。在琴瓦尔的推荐下，埃尔科弗里思将这位游历四方的修道士召到面前，并询问他有关罗马教会的奥秘。威尔弗里德非常有口才，以至于这位年轻的国王立刻就被争取了过来，他们两人很快成为知交。

埃尔科弗里思对威尔弗里德的事业充满了热情，最明显的体现是他将里彭修道院赠送给他，还慷慨捐赠了四十海得的土地。《威尔弗里德生平》中对国王馈赠的规模津津乐道，并且热情洋溢地讲述了威尔弗里德由此能够开展的所有出色的慈善事业，但没有提到里彭修道院之前已经被送给了林迪斯法恩的一些修道士，威尔弗里德到来之后他们被毫不客气地驱逐了出来，并被乐意遵守罗马规范的这位新人取代。在修道院生活方式出现的早期，不存在普遍认可的规则，各个修道院长可以自由地制定自己的制度，导致制度种类繁多。但在罗马圈子中最受欢迎的一个规则是意大利修道院长圣本笃在六世纪制定的，正是这条本笃的规则被威尔弗里德引入了里彭。[16]

随着威尔弗里德在诺森布里亚正式就职，以及埃尔科弗里思对他的好感不断提升，他与林迪斯法恩之间的冲突变得不可避免。罗马人和凯尔特人的传统在风格和行为上存在着许多差异，从他们的剃发样式到他们对使用马匹的感受，但在教义方面也存在着重大差异。在这些教义差异中，最重要的一个就是复活节的庆祝方式。

令人惊讶的或许是，这种争论与使用"复活节"这个词本身来指代基督复活的这个节日无关。在这个日期当天，基督教世界的所有地方都使用了这个词的变体"Pascha"，这是逾越节的亚拉姆语形式，在这个犹太人节日那天，基督被处决。但是，正如比德在他的《计时法》一书中所解释的那样，盎格鲁-撒克逊人一直以一位名叫厄俄斯特的异教女神的名字命名一年中的第四个月，将其称为"厄俄斯特之月"，并坚持用这个名字来指代新的基督教仪式。[17]

在七世纪，围绕复活节的争论转向了何时应该庆祝的问题。逾越节从犹太教尼散月的第十四天开始，这意味着它可以在一周中的任何一天庆祝。然而，在四世纪，基督教神学家就已经决定复活节应该总是在星期日庆祝，并规定它应该是在逾越节之后的星期日那天庆祝。任何继续遵循这个旧规则的人都将被指责为异教徒。

然而，这项规定留下了一个悬而未决的问题：如果逾越节在星期日庆祝怎么办？一些基督教神学家急于避免与那个犹太教节日有任何联系，随后决定复活节必须始终在（逾越节）之后的星期日庆祝。这就是罗马的思想。但其他地方的基督徒却不会因为逾越节和复活节是否同时庆祝这个问题而感到烦恼，只要复活节是在星期日庆祝就可以了。这是不列颠西部的态度，这种态度被艾奥纳岛的修道士们所采纳，因此他们在林迪斯法恩的伙伴也采纳了这种做法。[18]

在现代人听来，尤其是对于不信奉宗教的人来说，这很神秘、很复杂，事实上这也确实神秘且复杂，但对当时的基督徒来说，这绝对是至关重要的。在他们的日历中，复活节是最神圣的日子，所以如果他们不能就应该在哪一天庆祝达成一致，这似乎很荒谬。根据比德的说法，在七世纪五十年代，这个问题曾在林迪斯法恩的修道士中引起过激烈争论，而在七世纪六十年代初期，他们之间的争论变得更加激烈。这也导致诺森布里亚宫廷中出现了一种荒谬的局面，即奥斯威国王坚持林迪斯法恩的教义，而他的王后，来自肯特的恩弗莱德，则遵循她从小就奉行的罗马传统。这意味着在某些年份，当奥斯威在星期日庆祝复活节并与他的朝臣一起举行盛宴的时候，他的妻子和她的圈子仍在欢度大斋节。这可能并没有让奥斯威非常困扰，因为尽管他与恩弗莱德结婚已二十年，但他显然没有采取任何措施来改善这种情况，然而，当他的儿子埃尔科弗里思在其新顾问威尔弗里德的怂恿下，开始要求过罗马式的复活节时，修道士之间的教义争论就变成了一个政治问题。[19]

终于，在664年，奥斯威组织了一场会议，意图解决这种冲突。会议地点在惠特比，一座位于现在约克郡北部海岸的修道院，埃斯克河在那里奔腾入海。这座修道院是六年前希尔德（后人称其为圣徒希尔达）创立的，她是埃德温国王的侄孙女，在她还是个女孩的时候就和他一起受过洗礼。大约二十年后，希尔德养成了修女的习惯，成为诺森布里亚最重要的圣女。比德说，作为惠特比修道院的院长，每个人都称她为"母亲"，原因在于她堪称典范的优雅和奉献精神。其中包括许多后来成为主教的年轻人，原因是惠特比修道院里不仅有男修道士也有修女。现代学者称之为"混合修道院"，这在法兰克王国和不列颠都很普遍，也是希望退休、学习或以其他方式塑造自己命运的贵族女性的热门选择。自然，并不是每个人都赞成在一个单一的机构中男女混合，即便是以贞洁为口号。威尔弗里德作为本笃会规则的倡导者，不太可能赞扬这样的安排。[20]

惠特比主教会议于664年初的几个月举行——或许是在复活节前后。主持辩论的是奥斯威国王，但埃尔科弗里思也在场。捍卫爱尔兰传统的是林迪斯法恩的修道士们，由科尔曼领导，他在三年前接替了菲南。为罗马传统辩护的是威塞克斯的阿吉尔伯特主教，由于与琴瓦尔国王闹翻，他最近抵达了诺森布里亚。据比德说，他们分道扬镳的部分原因是琴瓦尔只会说撒克逊语，而这位法兰克主教不太会讲这种语言。语言显然是阻碍罗马和爱尔兰教会之间交流的一个因素。其中一位出席惠特比主教会议的是埃塞克斯的塞德主教，他担任双方的口译员。但阿吉尔伯特真正需要的是有人能够用古英语代表他介绍罗马传统。因此，威尔弗里德成了完美的武器——一名土生土长的诺森布里亚人，改变信仰投身于罗马人的事业，生就口才好，对于辩论把握得非常准。在主教会议召开前不久，阿吉尔伯特就已经任命威尔弗里德为神父，这一晋升使他能够传教和施洗，但也赋予了他作为主教代言人的权力。[21]

奥斯威开启了会议，他宣布他们都应该遵守相同的规则，这至关重要，并要求科尔曼陈述爱尔兰教会的辩词。科尔曼以直截了当的理由回应说，他们的复活节符合传统：林迪斯法恩的修道士遵循高隆巴建立起的艾奥纳岛的习俗，而高隆巴则遵循福音使徒圣约翰的教导。国王随后要求阿吉尔伯特提出相反的论点，但这位主教解释说，他的新门徒能够用英语更好地陈述辩词。于是威尔弗里德站起来发言。[22]

根据他的传记作者的说法，他是礼貌和谦逊的典范。但根据比德的说法，他则好辩且出言不逊。在这两个版本中，威尔弗里德首先讲他观察到各地或多或少地都遵循着罗马计算复活节的方法，而另一种计算方式则只有少数人使用，包括布立吞人、皮克特人和高隆巴的追随者。在比德的叙述中，威尔弗里德还说这些人是傻瓜。当科尔曼问这是否意味着福音使徒圣约翰是个傻瓜时，威尔弗里德回避说，在基督教的早期，有必要通过允许复活节和逾越节同时庆祝来迎合犹太人的想法。如今，他坚持认为，这已不再重要。威尔弗里德随后进一步点燃了现场的气氛，他辩称，考虑到科尔曼前辈们的"简单粗暴"，可以原谅他们在这些问题上的无知。但他警告说，任何坚持拒绝罗马教义的人都是在犯罪。他问道："与遍布世界各地的普世基督教会相比，你认为最偏远岛屿角落里的一小撮人会更受欢迎吗？"在即将结束陈述时，威尔弗里德引用了罗马权威所倚赖的基督的话："你是彼得，我要把我的教会建造在这磐石上。"[23]

就在这时，奥斯威国王插话了。他问科尔曼，基督真对彼得说过这些话吗？这位主教不得不承认确实如此。在这种情况下，国王宣布，他最好站在罗马一边，原因在于彼得是天国钥匙的保管人。事情就这样解决了。科尔曼被告知他必须接受罗马计算复活节的方法，以及罗马剃发的方式，否则他将辞职。这位主教选择了辞职。他带着那些想和他一起走的修道士以及他们的先驱艾丹的一些尸骨离开了林迪斯法恩，回到了艾奥纳岛。[24]

因此，惠特比主教会议的结局是罗马基督教会一方获胜，但这并不完全是他们渴望的胜利。奥斯威出人意料的转变承认了他们在原则上是正确的，但同时也消除了他儿子的反对意见。他与埃尔科弗里思之间的政治对峙得以避免。现在每个人表面上都唱着同一个乐谱，而奥斯威则保留了乐队指挥的指挥棒。埃尔科弗里思和阿吉尔伯特显然希望他们的门徒威尔弗里德能够取代科尔曼成为诺森布里亚的新主教。然而，威尔弗里德在会议中的表现却不仅给那些留在林迪斯法恩的人带来了持久的痛苦，也给惠特比修道院带来了持久的痛苦，原因是希尔德和她的年轻助手们也曾是凯尔特人事业的拥护者。奥斯威对此有着清醒的认识，因此他不会任命这样一个制造分裂的人。相反，他选择了一位来自爱尔兰南部的主教，名叫图达，比德描述他是"一个善良而忠诚的人"。这位爱尔兰南部的主教早就接受了罗马复活节和剃发方式，但相比于惠特比辩论会上的粗暴获胜者，图达可能更加同情现有的诺森布里亚神职人员。因此，随着诺森布里亚的新主教就职，主教会议解散，罗马的论点得到了证实，但威尔弗里德的个人野心受了挫。[25]

664年夏天，一场突如其来的毁灭性瘟疫暴发。与一个世纪前的上一次暴发不同，这场瘟疫对不列颠的影响有目共睹。比德告诉我们，瘟疫始于南方：肯特国王和坎特伯雷大主教是第一批受害者，他们都于7月14日去世。它从肯特传播到埃塞克斯，导致人们拒绝信奉基督教，人们开始修复废弃的寺庙并崇拜异教神，以此希望能平息他们旧神的愤怒。随着瘟疫无情地席卷全国各地的社区，数以万计，也许十万计的人因此丧命。比德说，南部人口减少，而在北部，这场瘟疫"肆虐四方，造成严重的破坏，导致大量人口死亡"。其中被夺去生命的就包括那位王国的新主教图达。[26]

图达被任命仅仅几个月后就撒手人寰，这给了威尔弗里德第二次机会——在他看来，毫无疑问，这是上帝赐予的机会。然而，他还面临着一个复杂的局面。由于太多的主教去世，以至于没有足够的幸存者来祝圣一位新主教。当伟大的格雷戈里为盎格鲁-撒克逊教会制定规则时，他宣布除非有其他三个或四个主教在场，否则不得设立新主教。到那年年底，这场瘟疫已经夺去了埃塞克斯、诺森布里亚和罗切斯特的主教以及坎特伯雷大主教的生命。只有威塞克斯、麦西亚和东盎格利亚的主教幸存了下来。虽然从理论上讲，三名主教对于任命图达的继任者可能已经够用，但威尔弗里德和他的支持者们显然认为这三个人是不够的——最主要的考虑就是缺少了一位大主教。[27]

因此，埃尔科弗里思将威尔弗里德派往海外，让他在法兰克王国接受祝圣。他的传记作者说，威尔弗里德带着一大笔钱起航了，这样他就可以抵达伟大的国家，而高贵显赫是他这次访问的主旋律。当他在国王克洛泰尔三世的宫廷获得接待后，不少于十四位主教参加的大会在巴黎东北五十英里的贡比涅召开，大概是在那里的王宫里召开的。与会者当中就包括威尔弗里德的前任导师阿吉尔伯特，他是威塞克斯的前任主教，于今年早些时候返回了法兰克王国，毫无疑问是他带头安排了这次仪式。随着合唱团的歌声，威尔弗里德坐在由九位主教高高举起的金色宝座上被带到了教堂里。[28]

这次集会如此盛大，想必一定花了不少时间来安排，而集会结束后，威尔弗里德并没有急着回家，显然他在欧洲大陆上逗留了将近一年。当他最终决定回家时，载他穿越英吉利海峡的那艘船被一场风暴吹离了航线，最终搁浅在了尚未皈依基督教的萨塞克斯王国海岸。威尔弗里德和他的同伴很快就遇到了一群当地异教徒，他们毫不尊重他尊贵的主教身份，但对他丰富的财产非常感兴趣。幸运的是，威尔弗里德有上帝站在他这一边（以及他为确保周密而带来的一群装备精良的战士），所以他们从这场小规模冲突中逃脱了，只有五个人丧生，并最终找到了返回诺森布里亚的路。[29]

正是在那里，威尔弗里德收到了第二个甚至更令人不快的惊人消息。他不在的这段时间里，另一个人获得晋升并取代了他的位置。此前是国王的儿子埃尔科弗里思将威尔弗里德送到法兰克王国接受祝圣的。他的父亲奥斯威国王是否同意此事尚不清楚。如果奥斯威同意的话，显然这位老国王当时已经改变了主意，并任命了一位名叫查德的神父，他是埃塞克斯主教塞德的兄弟。由于没有坎特伯雷大主教主持祝圣仪式，而且剩下的三位盎格鲁-撒克逊主教中可能缺乏愿意合作的人，因此必须有一定的创造性思维才能实现这一晋升。最终，查德赢得了威塞克斯主教和两位"布立吞民族"主教的支持。正如比德以不赞成的口吻所指出的那样，布立吞人仍然顽固地使用旧的复活节计算方式，在他看来，这意味着他们是教会的分裂者和罪人。威尔弗里德也有同样的感觉，并认为查德的任命无效，但当他返回诺森布里亚时也发现自己不再拥有支持者了。埃尔科弗里思此时已经从历史记录中消失了。虽然比德和里彭的斯蒂芬都没有提供任何细节，但根据推测，他可能在威尔弗里德离开期间去世了。他可能是那场瘟疫的另一个受害者，尽管他也有可能死于反抗奥斯威的叛乱。比德有一次曾说，埃尔科弗里思想去罗马，但他的父亲禁止他这样做，还有一次比德曾说，奥斯威遭遇了他的儿子的袭击。几年后，在坎布里亚郡的比尤卡斯尔，一座石头十字架似乎是为了纪念埃尔科弗里思而竖立起来，但它的铭文并没有说明他的死因。[30]

由于没有赞助人来推动他的事业，威尔弗里德退隐到了埃尔科弗里思赠予他的位于里彭的修道院，成了一个没有主教辖区的主教。然而，由于如此多的主教辖区仍然缺乏主教，他完全有能力在其他地方提供他的宗教服务。由于没有坎特伯雷大主教和罗切斯特主教，肯特国王要求威尔弗里德任命新的神父。麦西亚国王也是如此要求的，并且把建立新修道院的土地奖励给他作为回报。尽管威尔弗里德在诺森布里亚受挫，但他在法兰克王国收到的精心安排的祝圣仪式意味着他是不列颠最优秀的主教，而他充分发挥了这张王牌的优势。[31]

也许是被威尔弗里德作为一个非官方大主教积累的权力所困扰，奥斯威国王采取措施试图恢复坎特伯雷大主教辖区，该辖区自两年前瘟疫夺走其前任大主教以来就不复存在了。他与肯特国王斡旋，两人一起选出了一位名叫威格赫德的神父作为新的教会首领。作为土生土长的盎格鲁-撒克逊人，威格赫德精通教会事务，似乎是一个理想的人选。这两位国王匆匆将他送到罗马去祝圣，并赠送给他丰富的金银礼物。经过大约两个月的旅程后，这位候任大主教出现在了教宗面前，解释了他此行的目的，然后由于遭受瘟疫，几乎立即倒地而亡，他的大多数同伴也因此丧生。

教宗威塔利安在致奥斯威的吊唁信中承诺，将尽快找到替代大主教的人选。这不是一件容易的事，原因是在罗马似乎没有人想要这份工作。教宗走近的第一个人拒绝了他，而第二个人却不适合长途旅行。最终，也许是出于某种绝望，威塔利安被人说服选择了西奥多。无论怎么合理估计，西奥多都不太可能成为候选人。毫无疑问，他是一个非常博学的人，但是他已经六十六岁了，人们一定怀疑他是否能活足够长的时间从而将这些知识传授给他的盎格鲁-撒克逊信徒们。他还是个东方人，一个土生土长的塔尔苏斯（今土耳其境内）人，教宗觉得有必要派遣一名罗马监护人与他同行，以确保他不会引入任何非正统的习俗。在他被选中的时候，西奥多仍然留着东方的剃发样式，因此必须等待四个月让头发长出来，这样他才能拥有正确的罗马剃发样式。直到668年夏天，这位新任命的大主教才起程前往不列颠，他的旅程花了几个月的时间，并且由于疾病、多疑的法兰克统治者以及冬天的到来而延误。最终他于669年5月抵达坎特伯雷，这距他离开已整整一年。[32]

虽然他不是任何人的首选，但西奥多证明了他是一位非常成功的盎格鲁-撒克逊教会首领，并开始以堪称典范的迅疾和干劲恢复了教会秩序。抵达后，他立即开始巡游每个王国。他的首要任务是恢复已经枯竭的主教职位，为此他任命了罗切斯特、威塞克斯和东盎格利亚的新主教。当他到达诺森布里亚时，他以查德的任命不合教规为由废黜了他，但不久之后，他认识到查德适合这个角色，又任命他担任麦西亚王国的新主教。西奥多还任命了威尔弗里德作为诺森布里亚的新主教。[33]

威尔弗里德终于坐上了他渴望了近十年的位置，他通过大胆变革、脱离林迪斯法恩的凯尔特人传统以及遵守罗马传统宣告了他的到来。在他看来，主教应该设在城市里，而不是岛上，为此他着手修复了约克郡被遗弃的教堂，保利努斯主教在四十多年前就开始了这项工作。这座教堂处于非常糟糕的状态，它的墙壁被雨水冲刷着，鸟儿从空荡荡的窗户中飞进飞出，把教堂都弄脏了。威尔弗里德的工匠们重新铺设了屋顶，给窗户装上玻璃，粉刷墙壁直至它们发出光泽。最终，他的传记作者说，这位诺森布里亚的新主教受到了全国人民的爱戴。[34]

正如我们一开始就提到的，《威尔弗里德生平》是一部宣传作品，所以这位新主教对诺森布里亚普通人的实际影响有多大，是一个值得考虑的问题。威尔弗里德显然是一股充满活力的力量，善于说服有权势的人放弃大量土地，以换取救赎和永生的承诺。他也是一位出色的组织者，能够引入具有必要专业知识的外国工匠，以建造和装饰新的石头教堂。但是，与其他主教和虔诚的信徒所建立的教堂一样，这些教堂几乎都是修道院。这并不意味着它们就和后几个世纪的情况一样，是完全封闭、与世隔绝的社区。许多早期的修道院不仅有神父，而且有男修道士或修女。对一些人来说，这是一个宗教静修处，而对其他人来说，这些修道院更像一个传教基地，他们可以从那里走向世界各地传教和改变他人的信仰。出于这个原因，为了将它们与后来的社区区分开来，一些历史学家避免使用"修道院"（monastery）这个词来描述这些早期社区，而是使用它的古英语对应词"大教堂"（minster）。[35]

然而，事实仍然是，无论这样一个"大教堂"是少数虔诚贵族的封闭机构，还是具有相当大外展能力的大型社区，无论教堂多么雄伟，都只能被少数信徒使用。普通人的教堂——教区教堂——在这个时候还不出名。那么，这些人是怎么听说基督教的呢？或许某位神父甚至某位主教偶尔会来到他们的定居点传教和施洗。他们可能会竖立一个木制十字架来代替教堂，就像天堂之地的那个一样，作为敬奉的象征，用于标记信徒可能聚集的那个地方。随着时间的推移，木制十字架可能会被更精致的东西取代：从七世纪后期开始，经过雕刻的、绘制有不同颜色图案的石头十字架便在这些地方竖立起来，尤其是在麦西亚和诺森布里亚的某些地方。[36]

然而，当涉及普通人的生活时，精英们更善于告诉他们哪些事情不允许做，而不是他们应该做哪些事情。640年至664年在位的肯特国王厄康伯特赢得了比德的称赞，原因在于他是第一位下令在他的整个王国范围内摧毁神像的盎格鲁-撒克逊统治者，而且他还命令人们在大斋节期间斋戒。但是，当当权者试图根除异教习俗时，大多数人对基督教的本质还一无所知。比德讲述的少数以普通民众为主要内容的故事揭露了这方面的真相。根据他的描述，一些修道士使用木筏沿着泰恩河运送木材，然而突然袭来的一场暴风雨将他们卷入大海。其他在修道院旁观望的修道士都心疼不已，而目睹这一场景的农民却只是站着讥讽。当他们为此受到责备时，他们却用更加傲慢的语言回击。他们声称，让修道士淹死吧，"他们剥夺了人们以前的敬拜方式，而新的敬拜方式将会如何进行，没人知道"。[37]

这就是西奥多大主教在669年抵达坎特伯雷时所面临的情形。在他巡游盎格鲁-撒克逊王国期间，他一定看到了许多让他感到震惊的事情。后来以他的名义起草的一份文本对各种异教行为进行了揭露，其中包括向魔鬼献祭，燃烧谷物以保持有尸体房屋的清洁，母亲们将女儿放在火炉里或屋顶上以治愈她们的热病。他还发现，考虑到问题的严重性，一些资深的神父表现过于平淡，这不符合他的愿望。例如，查德习惯于到处走动，他这是在模仿艾丹以及他之前的其他爱尔兰圣徒。在将他重新安排到麦西亚时，西奥多明确表示，他希望这位主教更频繁地使用马匹。当查德提出异议时，这位年近七十的大主教亲手将他拉上了马鞍。[38]

西奥多很快拿定主意，这种情形所需要的不仅仅是动作更迅速的主教，而是需要更多的主教四处传教。人们可能记得，伟大的格雷戈里最初对不列颠的计划是设立两个大主教，一个在伦敦，另一个在约克，每个人下面都将有十二个主教——总共有二十六个主教。而实际的情况是，盎格鲁-撒克逊的每个主要王国都只采纳了一个主教：埃塞克斯、东盎格利亚、麦西亚、威塞克斯和诺森布里亚都只有一个主教。只有肯特，因为有罗切斯特和坎特伯雷两个教区，才有两个主教，这一点非常容易理解，原因是坎特伯雷作为唯一的大主教区，其地位非同一般。主教们显然赞成这种事态，因为教区越大，就会有更多的钱进入主教的口袋。[39]

因此，当西奥多大主教在他到达后不久就提出划分教区的想法时，主教们对此几乎毫无热情。西奥多找到了一个时机，那就是672年秋天在赫特福德举行的教会总会或称主教会议。从某种程度上讲，能够举行这样的会议可以说是一种巨大成功：正如比德所指出的，西奥多"是整个盎格鲁-撒克逊教会同意服从的第一位大主教"。所有在场的主教都同意西奥多的开场建议，即他们应该受到古时制定的教会法律（律例）的约束，并且他们就他提交讨论的几个具体议题达成了共识：他们重申，复活节应该采用罗马的计算方式，修道士和神父不应当随意游荡。他们还同意了西奥多关于定期举行主教会议的计划，但都认为每年举行两次会议不切实际，每年举行一次大会就足够了。但当西奥多提出设立更多主教的想法时，这种共识就不存在了。"这一议题得到了广泛讨论，"主教会议的官方记录说，"但当时我们没有就此事做出任何决定。"

在出席赫特福德主教会议的主教名单中，明显缺少了一个名字。"我们的兄弟和神父威尔弗里德，诺森布里亚人民的主教，"西奥多在序言中指出，"由他的代理人替他出席。"毫无疑问，这些主教会将一份关于所涉及议题的讨论报告带给威尔弗里德，其中一些议题在选择时似乎是考虑到了他的行为。西奥多邀请主教们申明禁止任何主教侵入另一位主教教区的法律，或者"任何主教不得出于野心要求比另一位主教更具优先权"的法律，这绝非偶然。既然坎特伯雷的权威已经恢复，威尔弗里德被默认告知他在其他王国的自由活动将走向终结。他是否注意到了如此隐蔽的警告，这难以确定。根据他缺席赫特福德会议所表现出的轻蔑判断，这位诺森布里亚主教的注意力转向了其他地方。此时他正忙于在北方新国王的帮助下打造属于他自己的教会帝国。[40]

在西奥多抵达坎特伯雷以及威尔弗里德被任命为王国主教几个月后，老国王奥斯威于670年2月15日去世。奥斯威享年五十八岁，是我们所知道的第一位不是死于战场的诺森布里亚国王。新国王名叫埃格弗里思，在奥斯威的合法子嗣中排行第二。埃格弗里思即位时大约二十五岁，是一位非常有能力的统治者，他准备继续推行前任国王的侵略性领土扩张政策。他的父亲显然将诺森布里亚的势力范围扩展到了福斯河以外，并要求皮克特人进贡。当皮克特人在埃格弗里思统治初期试图摆脱这种负担时，他骑马向北行进并在战斗中击败了他们。他在对抗其他邻国时也同样取得了成功，在675年之前的某个时间从麦西亚王国手中夺回了对较小的林齐王国的控制权，并从不列颠王国手里夺取了西部的土地。[41]

对威尔弗里德而言，这种赤裸裸的侵略是个好消息，因为随着诺森布里亚国王势力范围的增加，其主教的权力也在增加。《威尔弗里德生平》中描绘了埃格弗里思统治初期的一个生动场景，当时两人一起为里彭的主教教堂举行落成典礼。显然，不管爱尔兰的先驱们最初在该地建造了什么建筑物，都已经被拆除了。他的传记作者解释说，威尔弗里德"开始并且完成了从教堂地基到顶梁的所有工作，这座教堂用料石建成，由圆形石柱支撑，并配有侧廊"。在落成典礼上，这位主教站在祭坛前，宣读了历代国王赐予他的土地清单，然后开始列出"从我们自己的恶意之剑中逃离的布立吞神职人员所荒废的全国各处的圣地"。埃格弗里思不久前刚刚征服了今兰开夏郡的一大片地区，并慷慨地将这片地区中的教堂捐赠给了威尔弗里德。这位主教的传记作者肯定地说："上帝会喜欢这么多土地的礼物。"讲道结束后，集会的人群举行了为期三天的盛宴以示庆祝。[42]

唉，这种欢乐愉快的关系并没有持续多久。在他的统治初期，埃格弗里思娶了一个名叫埃塞尔思里思的女人，据说她拒绝跟他睡觉。应国王的要求，威尔弗里德进行了干预，结果埃塞尔思里思成了修女。因为这个结果显然是王后想要的，而且因为她同意给予威尔弗里德土地并让他在赫克瑟姆建造教堂，所以人们通常认为这就是埃格弗里思随后仇恨的原因。然而，主教似乎更可能是帮了这位国王的忙，原因是他找到了一种结束他这场不幸和无子女的婚姻的方法。事实上，这可能是威尔弗里德另一桩引起他的主教同事对他谴责的行为。不久之后召开的赫特福德主教会议宣布："如果有人抛弃了通过合法婚姻与他结合的妻子，假如他想成为一名真正的基督徒，那他可能不会再娶。他必须要么保持原状，要么与他的妻子和解。"[43]

和在其他事情上一样，威尔弗里德和埃格弗里思都没有理会这些批评。埃塞尔思里思留在了她的修道院里，而埃格弗里思很快再婚了，这一次他娶了一个名叫伊乌明布赫的女人。据里彭的斯蒂芬说，正是从这一刻起，威尔弗里德的难题开始了。他说，这位新王后用恶毒的故事毒化了她丈夫对这位主教的感情，用她全部的说服力来描述他获得的东西——"他的财产，他所拥有的修道院的数量，他的规模庞大的建筑，［和］他的像国王随从一样排列的无数追随者"。

尽管有着典型修道士厌女症的斯蒂芬称伊乌明布赫是母狼和荡妇，但《威尔弗里德生平》中的其他文章暗示她只是指出了显而易见的事实，而这位主教确实就像第二个国王一样行事。例如，他和他的追随者们显然享受了一顿盛宴。他的传记作者坚称威尔弗里德在这种场合从未喝过一整杯酒，而且有很多证人可以为此做证，这种情况告诉我们，当时一定有很多人对此有很不一样的记忆。他的家人似乎不太可能更加有节制。我们知道的情况是，贵族将他们的儿子送到那里培养，"这样他们就可以选择将自己献给上帝，或者在威尔弗里德的推荐下以成年男子的身份返回，从而以战士的身份为国王服务"。[44]

这位主教凭借巨额财富可以行使的那种权力，在七世纪七十年代中期发生的一个事件中得到了很好的证明，当时他帮助了一位名叫达戈贝尔特的法兰克王子。达戈贝尔特是个年轻人，遭到流放，并作为一名修道士在爱尔兰生活了将近二十年。然而，大约在675年，他的法兰克王国的亲戚们试图将他带回家，并请威尔弗里德帮助他们。"这位神圣主教这样做了，"里彭的斯蒂芬说，"他让他在从爱尔兰返回故国时受到了欢迎，为他提供武器，并让他带着一群支持他的同伴回到了他伟大的国家。"

多亏了威尔弗里德，这位主教能够从他的随行人员中抽出足够的战士来支持一场成功的外国政变，达戈贝尔特后来才成为法兰克人的国王。但这一点显然会让任何明智的世俗统治者感到担忧。让一个过分强大的主教减弱实力的明显方式，就是支持坎特伯雷大主教对现有教区的划分计划。在672年的赫特福德主教会议上，西奥多可能在这个问题上遭到了大多数人的反对，但此后他有几次取得了成功。那场主教会议后不久，东盎格利亚主教病重，这让这位大主教获得了任命两位新主教接替他的位置的机会。于是，东盎格利亚教区一分为二，新教区设在邓尼奇（位于萨福克郡）和埃尔门（位于诺福克郡）。不久之后，西奥多因一些未公开的罪行而对麦西亚主教产生了不满，并剥夺了他的职务。原因可能是这位主教拒绝服从分割他权力的新要求，因为一旦他离开，他的教区也会被分割：最初设在利奇菲尔德的教区缩小了范围，在西部创立了新的教区，总部设在赫里福德和伍斯特。[45]

因此，当埃格弗里思和伊乌明布赫要求那位大主教于678年在诺森布里亚召开一次主教会议时，对于威尔弗里德而言，凶兆已经显而易见了。我们不知道对他提出了什么指控，因为比德没有讨论这一点，而里彭的斯蒂芬只是坚称他的英雄完全没有错，并指称西奥多被贿赂了，这是不太可能的。结果是威尔弗里德被罢免，他庞大的教区被分配给三个新任命的人：德伊勒将在约克郡设立一个主教，伯尼西亚将在林迪斯法恩设立一个主教，新征服的林齐省也将设立一个属于它自己的主教，驻地可能在林肯。[46]

威尔弗里德没有安静地离开。他向其他王国的主教们抗议他的不公待遇，而且似乎有可能（再次基于他的传记作者后来的否认言辞）甚至已经尝试鼓动某种武装抵抗。然而，当这些努力没有任何效果时，他认为他唯一剩下的选择就是将他的案子带到罗马。

这是一个比二十五年前他第一次游历时危险得多的提议，当时他还是一个无足轻重的少年。现在，由于他最近受到了达戈贝尔特国王的支持，他成了一个名人。达戈贝尔特的敌人对威尔弗里德干涉法兰克政治深感不满，于是在探听到他的旅程后准备报复。这位不列颠主教一下船就被抓住了，遭到了袭击和抢劫，他的许多同伴被杀。幸运的是，里彭的斯蒂芬说，这里讨论的这位不列颠主教不是威尔弗里德，而是与他名字近似的麦西亚主教温弗里德，当时他正走同样的路线，却被误认为真正的目标。与此同时，威尔弗里德却选择了一条更靠北的路线，航行到了一个异教国家弗里西亚。678年的一整个冬天，他都待在弗里西亚，并在其国王的允许下传教和改变当地人的信仰。春天来临后，他开始南下，在路过他的朋友达戈贝尔特的领地时，达戈贝尔特提出，如果他愿意留下来，就任命他为斯特拉斯堡的主教。但威尔弗里德并没有停止他的旅程，而是继续前往罗马。[47]

到达罗马时，他发现教宗阿加托和他的顾问已经注意到了他的案子。关于这场争端的消息是由不列颠的朝圣者带来的，西奥多大主教的特使也带来了这个消息，而且带来了书面信件。如果能够知道这些信件中包含了哪些针对威尔弗里德的指控将会非常有意思，但再一次，我们拥有的只是里彭的斯蒂芬的偏袒性描述。根据威尔弗里德传记作者的说法，他的控告者提出了"许多可疑点"，这些点并没有被召集起来审议此事的教宗委员会所承认。他们宣布："我们认为，鉴于他的谦虚，他克制住了自己，没有卷入煽动性争执当中。"斯蒂芬明显有偏见的叙述中唯一能揭露真相的部分是他描述了威尔弗里德向大会提出的请愿书。在争辩说他被非法罢免并否认有任何不当行为之后，这位主教恳请获得一个恩惠，即如果他们决定西奥多对其教区的划分有效，那么新任命的人是否至少可以从威尔弗里德自己的神职人员中挑选。这触及了整个问题的核心。前一年任命的那三个人全部代表诺森布里亚教会内支持爱尔兰传统的一方，他们要么是艾丹主教的门徒，要么是女修道院长希尔德的门徒。虽然他们已经接受了罗马传统一方在664年那场惠特比主教会议上的胜利，但他们对威尔弗里德本人显然怀有持久的怨恨，并强烈希望将他完全排除在诺森布里亚之外。就威尔弗里德而言，他显然对等回报了他们的怨恨，并将他们描述成危险的不满现状者——他在对教宗委员会的讲话中把他们描述成"陌生人和局外人"，并说他们威胁要重新引入他曾经努力根除的不合规范的做法。[48]

最终，教宗委员会决定采取这样一种妥协方案。他们宣称他们找不到威尔弗里德有不当行为的证据，因此他应该恢复为诺森布里亚主教。与此同时，他们裁定北部教区的划分必须保持不变——做出任何不同的决定都会破坏西奥多大主教的权威。根据威尔弗里德的建议，诺森布里亚的三名新主教将被开除，并由威尔弗里德本人召集的委员会选出的替代候选人取而代之。任何不遵守这一裁决的人都将受到免职和开除教籍的警告。[49]

有了这个裁决之后，威尔弗里德停下脚步购买了许多圣物。在缺席了将近两年之后，他于680年回到了不列颠。刚回到诺森布里亚，他就被允许召集一次集会，并宣读教宗的裁决。不出所料，进展并不顺利。有些人干脆直接表示反对。其他人则坚持认为这个裁决一定是通过贿赂获得的。埃格弗里思国王被激怒了，他下令将威尔弗里德投入监狱。这位主教的所有财产都被没收，包括他的圣物箱，伊乌明布赫王后将其占为己有，并作为项链佩戴。[50]

经过了几个月的监禁之后，威尔弗里德最终被释放并被逐出了诺森布里亚。他首先去了麦西亚王国，但很快就被它的新国王埃塞尔雷德逼走了，原因是这位国王娶了埃格弗里思的妹妹。离开麦西亚之后，这位主教去了威塞克斯，但在那里他也没有受到欢迎，原因是威塞克斯国王娶了伊乌明布赫王后的妹妹。他的传记作者抱怨道，这位主教所到之处，埃格弗里思总能设法挑起对他的迫害。[51]

因此，威尔弗里德最终来到了萨塞克斯，这是诺森布里亚无法触及的异教之地。里彭的斯蒂芬解释说，茂密的森林和多岩石的海岸使这个地方免于被其他王国征服。当然，威尔弗里德已经对萨塞克斯海岸有所了解，十五年前他意外登陆了那里，并与当地人在海滩上战斗。令人高兴的是，当他在681年第二次造访这个地方时，南撒克逊人已经不再那么不友好了。他们的国王埃塞尔沃尔奇至少在六年前就皈依了基督教，并娶了一位在赫威赛王国从小照基督徒培养的妻子伊菲。因此，里彭的斯蒂芬声称这对王室夫妇是在威尔弗里德抵达后才皈依基督教的说法是错误的，但毫无疑问，这位流浪主教在埃塞尔沃尔奇的宫廷中受到了欢迎，并且他为推动基督教事业做出了很大贡献。据后来人的说法，他为数千人施行了洗礼——"有些是自愿的，"斯蒂芬更坦率地说道，"有些则是迫于国王的命令。"埃塞尔沃尔奇对这次强制皈依行动感到非常满意，因此他在塞尔西赠予威尔弗里德一座广阔的王家庄园，并准许他在那里建立一座修道院。这座修道院成为南撒克逊主教区的所在地，而威尔弗里德是它的第一位主教。[52]

尽管他的传记作者将威尔弗里德在萨塞克斯的时光描述为巨大成功，但对其他人来说，这一定更像是世界末日，天启四骑士中的每一个都轮流在这片土地上肆虐。比德告诉我们，在这位主教到来之前，那里已经发生了三年的旱灾，结果"一场最可怕的饥荒袭击了民众，摧毁了他们，这番景象令人怜悯"。值得高兴的是，当威尔弗里德到来的时候，雨水奇迹般地回来了。但在他逗留几年后，一场可怕的瘟疫降临了。事实上，自从664年那场瘟疫灾难性地卷土重来之后，它就从未彻底离开过不列颠，而且在其间的二十年里，局部暴发了很多次。例如，在666年之后的某个时候，它摧毁了位于埃塞克斯郡巴金的混合修道院。672年，它夺走了利奇菲尔德那位不情愿的骑马者查德主教和他的许多修道士的生命。680年，它夺去了诺森布里亚前王后、后来的伊利修道院长埃塞尔思里思的生命。但684年暴发的疾病是一场真正的大流行病，一路蔓延到不列颠和爱尔兰。由于它的一些受害者是在冬季死亡的，它似乎很可能是肺鼠疫，因此更具传染性。在被这场瘟疫蹂躏的数百个社区中，就有威尔弗里德在塞尔西建立的新修道院。"许多和那位主教一起来的人，"比德说，"以及最近从南撒克逊王国被召来皈依此信仰的人，都被不加选择地带离了这个世界。"53

更多的人还是死于战争。卡德瓦拉是一名邪恶的战士，他将战火烧到了萨塞克斯，而几乎在同一时间威尔弗里德与他勾结在一起。尽管这位主教的传记作者试图极力粉饰这一点，但无疑这是威尔弗里德好坏参半的职业生涯中最不光彩的一段。根据里彭的斯蒂芬对这些事件的描述，卡德瓦拉只是一个寻求威尔弗里德指导的贵族出身的流亡者，就像一个顺从的儿子在寻找精神上的父亲一样。在这位主教的帮助下，他成功地战胜了逆境并成为威塞克斯国王，之后他任命威尔弗里德为他的首席顾问，并"由于他对上帝的爱"奖励给了他广阔的土地。

于是，对于斯蒂芬顺手就删掉的那些令人厌恶的细节，提供相关解释的任务就落到了比德的肩上。他解释说，卡德瓦拉来自威塞克斯，年轻时曾遭到流放。他是一个好战之人，在685年前后闯入政坛，当时他率领着一支军队进入了萨塞克斯，"大肆屠杀"这个王国里的民众，并杀死了国王埃塞尔沃尔奇。后来当他被这位国王的主要贵族赶走后，他将战争的注意力对准了威塞克斯。他说服了国王琴特温放弃王位，开始新的修道士生涯。刚刚在他的故国站稳脚跟，卡德瓦拉就返回了萨塞克斯，杀死了一位新的统治者，并且让这个王国，用比德的话说，滑落到了"更糟糕的奴隶制状态"。54

据推测，到这时，如果不是在此之前的话，这名年轻的战士一定已经与威尔弗里德建立了友谊，原因在于他的下一次征服是在这位主教的祈祷下进行的。686年，卡德瓦拉入侵怀特岛，意图"以无情的屠杀消灭所有当地人，并用他自己王国的人取而代之"。威尔弗里德显然证明了这一种族灭绝计划是合乎情理的，理由是岛上的居民都是异教徒，就像几年前直到他自己抵达了萨塞克斯，萨塞克斯人还一直是异教徒一样。

然而，比德还透露了一点——而里彭的斯蒂芬对此完全隐瞒——卡德瓦拉本人也是异教徒。他与威尔弗里德之间的契约似乎是一种精神上的尝试，就像其他异教徒统治者的情况一样——如果上帝让他战胜他的敌人，他才会考虑基督教的优点。而这位主教为卡德瓦拉的血腥事业提供精神支持的动机则是获得四分之一的好处：征服之后，他获得了岛上共一千二百海得土地中的三百海得供教会使用。（他把这些土地交给了他的侄子，一个名叫伯恩温的神父。）

唉，威尔弗里德对他"顺从的儿子"的影响力并没有大到能够说服他放过被他击败的对手。怀特岛国王阿尔瓦尔德似乎在入侵过程中就已遭杀害，但他的两个弟弟在战斗开始前逃到了大陆。他们希望继续隐藏起来，但很快就被出卖并按照卡德瓦拉的命令被判处了死刑。这个征服者做出的唯一让步是允许他们在最后的日子里受洗，这是雷德布里奇修道院长建议并执行的宽大行动。从比德的叙述来看，卡德瓦拉的首席顾问和精神父亲甚至没有参与这种小小的仁慈。比德竭力为这个故事加上最好的转折，他安慰他的读者说，这两个男孩欣然就义，"确信他们会进入永恒的王国"。最后他确定地说，征服怀特岛意味着所有盎格鲁-撒克逊王国现在都接受了基督教信仰。[55]

与此同时，在威尔弗里德缺席的这段时间里，诺森布里亚的情况也没好到哪里去。诚然，没有出现像萨塞克斯那样影响不列颠北部的饥荒的传闻，但除此之外，北部地区已经经历了《圣经》中所描述的全部灾难。瘟疫席卷了整个大地，村庄和修道院人口减少，战争和死亡使这个王国陷入混乱。[56]

首先，出现了更多的教会论战。威尔弗里德被驱逐后不久，西奥多大主教进一步分割了他的教区，又创建了两个主教区。一个位于遥远的北方，在阿伯康的福斯河岸边，目的是改变异教徒皮克特人。另一个以威尔弗里德在赫克瑟姆的宏伟教堂为基地，但出于未知的原因，其主教事实上令人失望。因此，在684年秋天，现年八十出头的西奥多不得不费力地从坎特伯雷向北穿越瘟疫肆虐的国家，以安排替代人选。每个人都同意最适合这项工作的人是卡思伯特。[57]

卡思伯特是土生土长的诺森布里亚人，与威尔弗里德几乎在同一时间出生，注定要在教会中谋生，但除此之外，他们的职业道路和性格截然不同。威尔弗里德游历广泛，雄心勃勃，而卡思伯特则待在国内，并满足于自己作为梅尔罗斯修道院副院长的角色。威尔弗里德已经准备好以武力让广大民众皈依，但卡思伯特的方式更温和、更有说服力，他经常（自然是步行）连续数周前往偏远山林深处的地区传教。威尔弗里德陶醉于他的权力和权威，从不厌倦随之而来的争议。但卡思伯特最终厌倦了这个世界，并在一座名叫法尔恩的岛上做了隐士。这个岛距离班堡不远，位于诺森布里亚海岸附近。到684年，他已经在那里待了将近十年，当时西奥多召集的主教会议提名他为主教，但结果是很难请他出山。直到埃格弗里思国王亲自率领的由诺森布里亚最显赫人物组成的代表团起航前往法尔恩，并跪求他接任这一空缺职位时，他才勉强同意出山。在接下来的复活节那天，在国王、大主教和许多其他人的见证下，卡思伯特在约克郡被祝圣为赫克瑟姆的新主教。[58]

这场论战结束后，埃格弗里思得以不受束缚地专注于他的主要世俗优先事项，即继续扩张他的王国。前一年，他派军队前往爱尔兰，并交由他的一位主要贵族领导。这次行动显然是成功的，但同时它并没有像他之前的行动那样获得同样的祝祷。在埃格弗里思的统治期开始时，每次他上战场前，威尔弗里德都在那里支持他，并准备好了谴责国王的凯尔特敌人，谴责他们的复活节计算方法，并向国王保证消灭敌人是上帝所乐于见到的。相比之下，他宫廷里的神父们现在提出的只有批评，并敦促他不要攻击爱尔兰人。五十年后，比德写信响应了他们的抱怨，指责国王"卑鄙地蹂躏了一个无害的种族"，并摧毁了教堂和修道院。比德认为，随之而来的将是上帝的惩罚。

685年春天，也就是卡思伯特在约克祝圣大概一个月后，埃格弗里思向皮克特人开战。他的教会追随者再次敦促他不要这样做，而且这位新主教作为主要先知之一预言了厄运。但国王没有听劝，而是率领他的军队向北进发，并远远超出了他的王国范围。比德说，皮克特人假装逃跑，并引诱埃格弗里思进入了"人迹罕至的大山之中的狭窄通道"。在一个后来被命名为内克坦斯梅尔的地方，他们向入侵者发起了进攻，用刀剑屠杀了他们，因此只有少数人逃脱了。埃格弗里思和他的侍卫们也遭到屠杀。

国王战死对他广阔的北方帝国造成了沉重打击。一个多世纪以来，诺森布里亚一直在以牺牲其布立吞、爱尔兰和皮克特邻国的利益为代价进行扩张。现在，所有这些民族都抓住机会扭转被征服的命运。比德说，西部的布立吞统治者恢复了他们之前的一些独立性，而皮克特人和达尔里亚达王国的爱尔兰人将盎格鲁人最远赶到了福斯河。在他们这场毁灭性的报复中逃离的还有阿伯康主教，其教区刚刚建立仅四年时间。根据比德后来对此的认识来看，内克坦斯梅尔战役似乎是诺森布里亚历史上的一个关键转折点。他说，在这次失败之后，该王国的希望和力量开始消退。[59]

因此，仅仅在一年时间里，北部和南部盎格鲁-撒克逊王国的命运就发生了根本性的变化。诺森布里亚王国因其国王战死而陷入混乱，国土面积大大缩小，这是一场其主要教士曾经预言并且极力阻止的灾难。与此同时，卡德瓦拉在南方大获成功，他通过暴力取得的胜利受到了他的首席顾问威尔弗里德的欢呼和鼓励。到686年底，这位年轻的勇士已经征服了威塞克斯、萨塞克斯和怀特岛，将他的势力范围进一步扩展到了肯特、萨里和埃塞克斯。在肯特，他任命他的兄弟为新的统治者，显然已经杀死了它的前任国王。[60]

人们一定想知道，由于这位国王的主要居所位于坎特伯雷，他的去世是否有助于西奥多大主教将注意力集中在结束他与卡德瓦拉的精神父亲的仇恨上。正是在这个时候，西奥多主动提出与威尔弗里德握手言和，邀请他参加在伦敦举行的一次会议。正如里彭的斯蒂芬所说，这次会议的主要内容是这位大主教为他以前的行为道歉，而威尔弗里德则宽宏大量地给予了他的宽恕。不论这次会议在现实中如何进行，可以肯定的是，两人都意识到埃格弗里思的死为威尔弗里德创造了一个返回诺森布里亚的机会，此时他们可能都认为这一结局是值得欢迎的。[61]

因此，在686年，西奥多试图在威尔弗里德和诺森布里亚的新统治者奥尔德弗里思之间达成和解。奥尔德弗里思究竟是如何成为国王的，仍然是个谜。从家谱上讲，这很简单，因为他是埃格弗里思唯一幸存的兄弟，而埃格弗里思没有自己的子嗣。但奥尔德弗里思继承王位的过程变得复杂，原因在于他的私生子身份——他是他父亲奥斯威和一位爱尔兰公主早年关系的产物。正是由于这一点，他似乎被奥斯威的合法后裔故意排挤在外，于是他在爱尔兰度过了平静且没有争议的几十年。但随着埃格弗里思的统治结束，而且他没有理所当然的继承人，因此奥尔德弗里思继承王位的主张一定在爱尔兰人的某些圈子中得到了讨论和宣传，也许在皮克特人中也是如此。在内克坦斯梅尔战役之后，皮克特人、爱尔兰人和诺森布里亚人之间达成了和平协议，原因不得而知，但其中一个关键人物似乎是埃格弗里思和奥尔德弗里思的妹妹埃尔弗莱德，五年前她接替了希尔德成为惠特比修道院的院长。她经验丰富且受人尊敬，通过谈判让奥尔德弗里思成功继任，她是主要的和平缔造者。在奥尔德弗里思统治期间，她一直是一个有权势的人物。当西奥多大主教代表威尔弗里德给诺森布里亚写信寻求和解时，他同时写给了这位新国王和他同父异母的妹妹。[62]

结果是，在奥尔德弗里思统治的第二年，威尔弗里德被重新接纳回到他的出生地，并成为诺森布里亚最杰出的教士。最初，他获得了赫克瑟姆教区和林迪斯法恩教区，这些教区在686年10月伊塔主教和次年3月圣徒卡思伯特去世后便空置了。但不久，威尔弗里德挥舞着他在680年收到的教宗裁决，策划驱逐了约克和里彭的现任主教，从而让他在这些地方也恢复了势力。自从他在678年被羞辱地罢免了将近十年后，他的教会帝国得以恢复。[63]

到威尔弗里德返回故国时，过去三年席卷不列颠和爱尔兰的瘟疫几乎快要结束了，但它对民众造成的破坏却是灾难性的。在诺森布里亚，很大程度上凭借着比德的记载，我们才得以知道这场瘟疫给那里的修道院造成了严重损失。在林迪斯法恩，它几乎摧毁了整个社会，一些更小、更不知名的修道院肯定完全消失了，他们的幸存者散了伙，加入情况更好的修道院或者更富裕的修道院当中。[64]

有一个实例：这场大破坏引起了一次著名的修道院合并事件。在681年或682年，埃格弗里思国王在贾罗的泰恩河畔建立了一座新修道院。（这座修道院于685年4月23日在他的见证下奠基，仅四周之后他就在内克坦斯梅尔战死，而且值得注意的是，这座修道院原来的奠基石仍然放在教堂的墙上。）不久之后，这场瘟疫袭击了这个社区，除了一个小男孩和修道院长切奥尔弗里思幸存之外，其他所有人都因此丧命。与此同时，这场瘟疫还肆虐了位于上述那座新修道院以南七英里、靠近威尔河河口的一座更古老的修道院。大约十二年前，比斯

贾罗圣保罗教堂原有的奠基石。日期为埃格弗里思国王统治期第十五年的4月23日，即其创建者切奥尔弗里思担任修道院长的第四年（685年）

科普·巴都星创建了韦尔茅斯修道院。比斯科普·巴都星是诺森布里亚贵族，曾陪同威尔弗里德进行第一次罗马之行。那次年轻时的经历以后，比斯科普成了一名修道士，改名为本尼迪克特，并在欧洲各地的多个修道院学习。686年，他结束第六次罗马之行归来，发现瘟疫已经席卷了他深爱的社区，杀死了许多同胞。不久之后，比斯科普本人患上了致命的瘫痪，他恳求贾罗幸存的修道院长切奥尔弗里思填补韦尔茅斯的院长之职。如此一来，这两座相邻的修道院归为同一人管理，合二为一，成为不列颠最有影响力的修道院之一。[65]

由于比斯科普的慷慨，韦尔茅斯–贾罗修道院非常富有，别人吹嘘它可能是不列颠最好的图书馆。正是无与伦比的进口书籍的收藏数量，使680年时还是这个社区中一个七岁小男孩的比德后来成为中世纪最伟大的历史学家之一。它还让其他修道士能够学习书籍制作的技巧，因此在随后的几年里，他们的缮写室以插图手稿而闻名。诺森布里亚拥有非常丰富的牛群，这对他们很有帮助，原因是制作出三部伟大的《圣经》需要一千五百多张小牛皮。据人们所知，在修道院长切奥尔弗里思的指导下，这三部《圣经》已经完成。[66]切奥尔弗里思的修道院并不是唯一从事文学艺术尝试的修道院：林迪斯法恩的修道士们也开始创作精美绝伦的书籍，其中最著名的是用于装饰圣徒卡思伯特坟墓（见彩图10）的林迪斯法恩福音书。在这次"诺森布里亚文艺复兴"中，主要赞助者之一是新国王奥尔德弗里思，他在爱尔兰长期流放期间已经变得非常博学。他给了韦尔茅斯-贾罗修道院八海得的土地，以换取比德所描述的"工艺神奇的宇宙学家手抄本"。当艾奥纳岛的修道院长给他一本关于圣地的书时，这位国王将其进行复制，"供不重要的普通民众阅读"。甚至连创作《威尔弗里德生平》的斯蒂芬也承认，奥尔德弗里思"是一位明智的统治者"。[67]

尽管如此，这位新国王和威尔弗里德很快就闹翻了。闹翻的原因和以前一样，还是主教的权力范围。威尔弗里德似乎认为，在他返回诺森布里亚后，他将被允许恢复他在职业生涯开始时，即在西奥多大主教划分他原来的教区之前所享有的统治地位。根据里彭的斯蒂芬所说，他主要表现出不满的一个方面是，奥尔德弗里思坚持遵守西奥多在"所有麻烦开始时"做出的决定。因此，当发现他对赫克瑟姆和林迪斯法恩的监护只是一种临时措施时，他一定会感到失望——到688年，这两个教区都有了新的主教。威尔弗里德还抱怨说，在他流放期间，他在里彭的教堂的土地和权利被剥夺了，而当时该教堂已经是主教所在地。尽管这些争论听起来好像一年又一年地不断持续，但在西奥多去世后，它们可能变得更糟。西奥多于690年9月去世，享年八十八岁。威尔弗里德无疑希望，在他的老对手消失后，诺森布里亚的分裂局面可以更轻易地逆转。他甚至可能密谋成为西奥多的替代者，从里彭的斯蒂芬令人难以置信的暗示来看，这曾是老大主教的愿望。在西奥多去世一两年后，也就是威尔弗里德回到诺森布里亚仅仅五年后，奥尔德弗里思厌倦了不断的争论，第二次将这位令人头疼的主教驱逐出了他的王国。[68]

令人沮丧的是，威尔弗里德随后消失了十多年。多亏了他的传记作者，我们知道他去了麦西亚，在那里他受到了国王埃塞尔雷德的欢迎，据说被任命为莱斯特的主教，但他在这些没有记载的岁月里做了什么却是一个谜。显然，他派遣了代理人面见教宗，再次向罗马申诉，并可能试图在不列颠其他地方赢得支持，以削弱他在诺森布里亚的对手。当他的故事重新开始时，人们的怒火已经达到了沸点。[69]

这个特别时刻是由新任坎特伯雷大主教伯特瓦尔德召集的会议。伯特瓦尔德在西奥多去世近两年后就职。这次会议召开的时间为702年或703年，地点是在唐克斯特东南九英里奥斯特菲尔德的一处定居点。由于它位于麦西亚和诺森布里亚的边界附近，因此被选为中立地貌似合理。根据唯一记录了此次会议的斯蒂芬的说法，几乎所有其他主教都在场，奥尔德弗里思国王也在场。威尔弗里德一到，他的传记作者说，"大规模的纠纷和争吵就爆发了"。没有人告诉我们针对他的指控的性质是什么，我们只知道这些指控是错误的。事已清楚，其他主教打算剥夺威尔弗里德的主教地位并占有他的所有财产，"这样他就无法将麦西亚或诺森布里亚中最小的村舍称为自己的村舍了"。作为回应，里彭的斯蒂芬让他的英雄发表了一段自我辩解的演讲。难道他不是第一个铲除爱尔兰人种下的"恶草"的人吗？难道他没有将整个诺森布里亚都改造成正确的复活节推算方式和正确的剃发方式吗？不正是他把正确的诵经方法和圣本笃的规则引进了不列颠吗？威尔弗里德在结束他的回顾时宣布，他将向罗马教廷提出上诉，到了这时，会议便在激烈的争吵中结束。[70]

于是，威尔弗里德再次起程前往罗马。这是他第三次踏上长达一千五百英里的行程，他现在已经快七十岁了。他与坎特伯雷大主教的代表同时到达，后者用自己的书面意见来反驳他的上诉。要准确推断出在随后几个月的争论中发生了什么，是不可能的，原因是我们唯一拥有的记录来自里彭的斯蒂芬。然而，我们可以从斯蒂芬几乎歇斯底里的语气以及他无耻的歪曲和误导中推断，结局对威尔弗里德并非完全有利。

根据斯蒂芬的叙述，虽然威尔弗里德"在光荣晚年的重压下选择了屈服"，但抱怨说他是被迫返回罗马的，原因是他的对手无视他在680年收到的教宗裁决，并再次剥夺了他的主教职位、土地和财产。对此，大主教的特使提出了"许多严肃的指控"，这些指控被斥为"一堆谎言"。最终做出裁决之前，斯蒂芬向在场的"罗马智慧公民"发表了长篇演讲，他们显然记得在将近二十五年前就游历过罗马的威尔弗里德。"这位主教威尔弗里德，"他们宣称，"就是那位祝福阿加托免除所有指控返回家乡的人……但现在，唉，搬弄是非者的恶意让他离开了自己的教区。"市民们继续说，诬告威尔弗里德的人是多么可耻，他们向罗马教廷控告这位"可敬的老人"，甚至伪造了指控他的文件。"他们应该受到最严厉的惩罚，"智慧的人群最后说道，"把他们扔进最深的地牢，日渐消瘦直至死亡。"显然，这是教宗应该说的话，但出于某种原因他没有这样说。[71]

当教宗的真实裁决到来时，它并没有给出结论。威尔弗里德在诺森布里亚的主要对手是取代他成为约克主教的博萨和后来成为赫克瑟姆主教的贝弗利的约翰。这两个人都是惠特比修道院长希尔德的门徒，显然继承了她的所有不屑。她的不屑可以追溯到664年举行的主教会议。但由于两人都没有出现在罗马，教宗宣布他无法做出裁决，只是把整个事情全部交给了坎特伯雷大主教来处理。威尔弗里德对这个结局相当不满，他试图留在罗马，最后在教宗的命令下才不得不返回了不列颠。[72]

最后，和以前几次情况一样，一系列死亡完成了教宗所无法完成的事情。起初，威尔弗里德本人差一点丧命：在回程中，他病得很重，昏迷了好几天，不得不用担架抬着，这让他的同伴担心会出现最坏的情形。但最终他康复了，越过了英吉利海峡，并且派信使前往诺森布里亚，宣布教宗关于再一次召开会议的命令。奥尔德弗里思国王礼貌地听着，但解释说他不会改变态度。据说他宣称："只要我活着，你从罗马教廷拿到的任何文件便都无法让我改变主意。"这位与威尔弗里德年龄相仿的国王随即去世，引发了王位继承危机。首先取代他的是一个名叫埃德伍尔夫的不知名竞争者，他威胁威尔弗里德和他的同伴，如果他们不立即离开诺森布里亚，他们就会被处死。但几周后他自己就被一个拥护奥尔德弗里思小儿子奥斯雷德的敌对派系所驱逐。[73]

这个派系的主要成员之一是已故国王同父异母的妹妹，女修道院长埃尔弗莱德，她再次站出来扮演调解人的角色。显然是在她的倡议下，威尔弗里德受到人们欢迎返回了诺森布里亚，并在王室政府中发挥作用。这让里彭的斯蒂芬称赞她是"最好的顾问和整个省持续力量的源泉"。不久之后，坎特伯雷大主教按照教宗的命令北上，召集成立了一个新的教会委员会来裁决威尔弗里德的诉讼。这次会议的地点位于诺森布里亚南部尼德河沿岸的某个地方。这位大主教解释说，争议的所有各方都必须找到达成和平的某种方法，否则他们都必须前往罗马，以便在那里做出判决。威尔弗里德的对手仍然不肯让步，指出他们早在几年前就已经在奥斯特菲尔德做出了一致的决定。[74]

就在这时，埃尔弗莱德出面了。她向集会者宣布，奥尔德弗里思国王在患上他最后的疾病时，已经为他之前对待威尔弗里德的做法深感懊悔，而他临终的愿望就是让他的继任者与这位主教和解。这显然是一个精心策划的时刻，目的是让那些在争执中支持奥尔德弗里思的贵族挽回面子。最终，这位女修道院长和大主教得以说服诺森布里亚的神职人员达成妥协。威尔弗里德的主要对手之一、约克主教博萨在这次会议前后去世，这一定起到了很大助益。威尔弗里德没有取代他在约克的位置，而威尔弗里德的另一个主要对手贝弗利的约翰却取代了这一位置。但这意味着约翰不得不腾出赫克瑟姆的主教辖区，这样该辖区就传给了威尔弗里德。与此同时，该委员会将威尔弗里德原来在里彭的教堂及其所有收入都归还给了威尔弗里德。尽管他的传记作者将其描述为一场彻底的胜利，但威尔弗里德所接受的结果却远不及他向教宗最终诉讼所能带来的结果。最后，正如里彭的斯蒂芬所说的那样，他似乎决定满足于拥有"他最好的两个修道院"的物质优势，并准备放弃作为约克主教所带来的声望和资历。[75]

也许他日益恶化的健康状况说服了他安顿下来。会议结束后不久，在他前往赫克瑟姆的途中，他早先的疾病又以更严重的方式复发，并一度剥夺了他说话的能力。最终他康复了，但他认为是时候安排后事了。不久之后，他将诺森布里亚的眷属召集到里彭，把他的财宝平均分配，就像一位身负重伤的勇士国王一般。根据他的指示，他所有的金银珠宝被分别放置成四堆。他说，第一堆要送往罗马，并补充说他曾希望自己把它带到那里，但现在必须由其他人代表他这样做。第二堆是给穷人的，第三堆要给里彭和赫克瑟姆的修道院长，让他们能够"长期获得国王和主教的青睐"。最后一堆是留给那些跟随他一起流放但没有得到土地奖励的人。"根据他们的需要在他们之间分配，"他命令道，"这样在我离开后他们就能够维持自己的生活。"[76]

不久之后威尔弗里德就去世了，去世时他正在前往麦西亚处理他的财产的路上。这个时候他已经七十五岁了，住在彼得伯勒附近昂德尔的修道院里，他的旧病又犯了，他躺在床上，周围都是他泪流满面的门徒。"他说了一会儿话，祝福了他们，"里彭的斯蒂芬说，"然后，安静地，没有任何争吵或抱怨，他向后靠在枕头上安息了。"710年4月24日，当修道士们围在他的床边轻声吟唱赞美诗的时候，这位主教咽了最后一口气。[77]

在接下来的日子里，来自他帝国各地的修道院长和修道士们聚集在昂德尔，向他表达他们最后的敬意。人们把他的遗体庄严地运回诺森布里亚，运到他心爱的里彭教堂，并恭敬地将他安放在祭坛旁边。由比德记录的他的墓碑上的铭文称赞他建造了教堂并用紫色和金色装饰了它。它还称赞他消除了复活节推算上的错误，称赞他在不列颠牢固确立起了本笃会教规。墓志铭将他命名为"伟大的威尔弗里德"。[78]

虽然这个称谓不太合适，但对于现代人来说，"伟大"是一种适当的模棱两可的描述。对威尔弗里德的任何评价都必须承认他卓越的一生所带来的巨大影响。可以说，在第一个一百年期间塑造不列颠的基督教发展进程方面，没有其他人，甚至包括奥古斯丁或西奥多在内，能够比威尔弗里德做得更多。他出生时，这个世界仍然以异教徒为主，当时罗马传教团正处于危机之中，而凯尔特传教团刚刚起步。虽然威尔弗里德在爱尔兰传统中长大，但他反对爱尔兰传统，并成为罗马最坚定的拥护者，致力于根除他所认为的凯尔特异端邪说。在半个多世纪的职业生涯中，他曾在诺森布里亚、萨塞克斯和麦西亚担任主教，而且，如果我们相信他的传记作者的话，他曾掌管过里昂、斯特拉斯堡和坎特伯雷的教区。他的影响广泛，无处不在。里彭的斯蒂芬问道："谁能说出他已经祝圣和任命了多少主教、神父和执事，或者数得清这些年来他为多少座教堂举行了落成典礼？"然而，斯蒂芬作品的现代读者却不得不考虑其他问题：有多少人死于威尔弗里德祝福下发动的征服战争，或者因抵制他的强制改教运动而丧生？他为了追求教义的纯洁和个人宿怨，毁掉了多少虔诚男女信徒的事业？威尔弗里德的影响无疑是巨大的，但为了实现这一点，他犯下了许多可怕的罪行。[79]

　　他所带来的另一个持久影响就是诺森布里亚与其他盎格鲁-撒克逊王国之间日益加剧的分裂。当西奥多于669年抵达坎特伯雷时，伟大的格雷戈里关于不列颠拥有两个大主教区的计划早已夭折，而西奥多很快就自信地称自己为"不列颠大主教"。西奥多在世时，威尔弗里德似乎已经接受了这种状况，但此后对坎特伯雷的尊重明显减少。他的传记作者轻蔑地将西奥多的继任者伯特瓦尔德称为"肯特教会的大主教"，同时声称威尔弗里德在罗马已被承认为"所有不列颠和爱尔兰北部地区以及盎格鲁人、布立吞人、皮克特人和苏格兰人居住的岛屿的主教"。这是一个彻头彻尾的谎言，教宗的记录证明了这一点。但在威尔弗里德去世时，北方应该有一位具备如此广泛影响力的高级教士的想法显然受到了他的追随者和更广泛的诺森布里亚教会的欢迎。二十五年后，约克终于被提升为大主教区的地位。[80]

　　到这个时候，诺森布里亚人还有其他理由寻求从南方邻国中独立。比德在731年写完了他那部伟大的《教会史》，并强调了教会在过去的几百年间取得了很大的进步。他满意地列出了所有管理亨伯河以南各个王国的主教的名字。威塞克斯、埃塞克斯和萨塞克斯，以及东盎格利亚、林齐、怀特岛和赫威赛人民，现在拥有十几个高级教士——几乎正是伟大的格雷戈里最初计划的人数。但是所有这些王国，比德不祥地指出，现在都受制于一个世俗统治者——麦西亚国王的权威。[81]

注　释

1　P. T. Bidwell, 'A Survey of the Anglo-Saxon Crypt at Hexham and Its Reused Roman Stonework', *Archaeologia Aeliana*, 5th ser., 39 (2010), 53–55, 84, 86; Eddius Stephanus, 'The Life of Wilfrid', *The Age of Bede*, trans. J. F. Webb, ed. D. H. Farmer (revised edn, 1983), 128.

2 Ibid., 106; Bede's *Ecclesiastical History of the English People*, 202-205, 212-217; above, 75-77.威尔弗里德特别热衷于奥斯瓦尔德的宗教信仰，可能这也是他选择在距离天堂之地很近的赫克瑟姆建造教堂的众多原因中的一个。Bede's *Ecclesiastical History of the English People*, 216-217, 378-379.

3 H. Mayr-Harting, *The Coming of Christianity to Anglo-Saxon England* (2nd edn, 1977), 78-93.

4 M. Herbert, 'Columba', *The Oxford Dictionary of National Biography*.

5 Craig, 'Oswald', *The Oxford Dictionary of National Biography*; Bede's *Ecclesiastical History of the English People*, 218-221.艾丹的教堂被焚毁过两次，但他的继任者菲南重建了这座教堂，"采用的是爱尔兰人的方法，使用的材料不是石块，而是橡木，并且在屋顶铺满了芦苇"。Ibid. 264-265, 294-295.

6 Eddius Stephanus, 'The Life of Wilfrid', 107-108.

7 Ibid., 108-109. Stephen of Ripon calls Annemund 'Dalfinus'.

8 G. S. Aldrete, *Daily Life in the Roman City: Rome, Pompei, and Ostia* (2004), 21-23; R. Krautheimer, *Rome: Profile of a City, 312—1308* (Princeton, 2000), 62-64; P. Hetherington, *Medieval Rome: A Portrait of the City and its Life* (1994), 30-35.

9 Ibid., 52; R. H. C. Davis, *A History of Medieval Europe* (revised edn, 1970), 72-74, 85-89, 94; Eddius Stephanus, 'The Life of Wilfrid', 110.

10 Ibid.; Hetherington, *Medieval Rome*, 51-52.

11 C. Corning, *The Celtic and Roman Traditions: Conflict and Consensus in the Early Medieval Church* (2006), 13-14; Eddius Stephanus, 'The Life of Wilfrid', 111.

12 Ibid.; Bede's *Ecclesiastical History of the English People*, 258-259; Davis, *History of Medieval Europe*, 83, 118-119.

13 Eddius Stephanus, 'The Life of Wilfrid', 111-112.

14 Bede's *Ecclesiastical History of the English People*, 196-197, 262-265, 276-283, 290-293.

15 Ibid., 232-236; Eddius Stephanus, 'The Life of Wilfrid', 112.

16 Ibid., 112-113, 120, 156; Bede, 'Life of Cuthbert', *The Age of Bede*, trans. J. F. Webb, ed. D. H. Farmer (revised edn, 1983), 51, 53; Mayr-Harting, *Coming of Christianity*, 148; S. Foot, *Monastic Life in Anglo-Saxon England, c.600-900* (Cambridge, 2006), 1-4.

17 Bedae, *Opera de Temporibus*, ed. Jones, 212.比德是提到厄俄斯特的唯一一位同时代作家，因此这是我们所知的关于她的全部内容。没有证据证明她与伊什塔尔（译注：巴比伦的农业神，在古代巴比伦和亚述宗教中象征金星，同时也是司爱情、生育及战争的女神）、鸡蛋或者兔子有关联。

18 Mayr-Harting, *Coming of Christianity*, 103-105; Corning, *Celtic and Roman Traditions*, 4-13.

19 Bede's *Ecclesiastical History of the English People*, 294-297.

20 Ibid., 292-293, 404-415; Mayr-Harting, *Coming of Christianity*, 150-151.

21 Eddius Stephanus, 'The Life of Wilfrid', 114; Bede's *Ecclesiastical History of the English People*, 234-235, 296-299.

22 Ibid., 298-301.

23 Eddius Stephanus, 'The Life of Wilfrid', 114-115; Bede's *Ecclesiastical History of the English People*, 300-307.

24 Ibid., 306-309.

25 Ibid., 298-299, 308-309; Mayr-Harting, *Coming of Christianity*, 109-110.

26 Bede's *Ecclesiastical History of the English People*, 288-289, 310-313, 328-329, 322-323. For an extended discussion, see Maddicott, 'Plague in Seventh-Century England'.

27 Bede's *Ecclesiastical History of the English People*, 86-87, 336-337; Eddius Stephanus, 'The

Life of Wilfrid', 117–118; Maddicott, 'Plague in Seventh-Century England', 15.

28 Bede's *Ecclesiastical History of the English People*, 308–309, 314–315; Eddius Stephanus, 'The Life of Wilfrid', 118.

29 Ibid., 118–120; Bede's *Ecclesiastical History of the English People*, 314–317.

30 Ibid., 254–255, 314–317; Maddicott, 'Plague in Seventh-Century England', 16; Bede, 'Lives of the Abbots of Wearmouth and Jarrow', *Age of Bede*, trans. and ed. Farmer, 186; R. Cramp, 'Alchfrith', *The Oxford Dictionary of National Biography*.

31 Eddius Stephanus, 'The Life of Wilfrid', 120.

32 Bede's *Ecclesiastical History of the English People*, 318–323, 328–333.

33 Ibid., 236–237, 332–337.基于年代推测，西奥多在669年或670年参与了将比西任命为西益格利亚主教的事。*Handbook of British Chronology*, ed. E. B. Fryde, D. E. Greenway, S. Porter and I. Roy (3rd edn, Cambridge, 1986), 216.

34 Eddius Stephanus, 'The Life of Wilfrid', 122.

35 Foot, *Monastic Life*, 12–13.

36 Stenton, *Anglo-Saxon England*, 148–151; Webster, *Anglo-Saxon Art*, 86–90.

37 Bede's *Ecclesiastical History of the English People*, 236–237; *Two Lives of St Cuthbert*, ed. B. Colgrave (1940), 163–165.

38 Fleming, *Britain After Rome*, 161–162; Bede's *Ecclesiastical History of the English People*, 336–337.

39 Above, 60–61.

40 Bede's *Ecclesiastical History of the English People*, 332–333, 348–353.

41 Ibid., 348–349, 370–371; Eddius Stephanus, 'The Life of Wilfrid', 123–124, 126; J. R. Maddicott, 'Ecgfrith', *The Oxford Dictionary of National Biography*.

42 Eddius Stephanus, 'The Life of Wilfrid', 123–124.正如赫克瑟姆一样，威尔弗里德在里彭的教堂地下室得以幸存下来。

43 Ibid.,128; Bede's *Ecclesiastical History of the English People*, 352–353, 390–393.威尔弗里德可能尝试过解除这段婚姻，理由是埃格弗里思和埃塞尔思里思从来不曾圆房，而且他坚称埃塞尔思里思仍然是处女。这似乎不太可能，原因是她曾嫁给埃格弗里思，两者的婚姻维持了十年以上，并且在那之前她还婚配过一次。比德曾吐露说人们怀疑威尔弗里德的主张。

44 Eddius Stephanus, 'The Life of Wilfrid', 127–130.

45 Ibid., 133–134; Bede's *Ecclesiastical History of the English People*, 352–355; Stenton, *Anglo-Saxon England*, 134.

46 Eddius Stephanus, 'The Life of Wilfrid', 130; Bede's *Ecclesiastical History of the English People*, 370–371.

47 Eddius Stephanus, 'The Life of Wilfrid', 130–134, 137.

48 Ibid., 135–138; Bede's *Ecclesiastical History of the English People*, 370–371.那三位新任主教分别是博萨、伊塔和埃德赫德。

49 Eddius Stephanus, 'The Life of Wilfrid', 138–140.

50 Ibid., 140–142.

51 Ibid., 146–149.

52 Ibid., 148–149; cf. Bede's *Ecclesiastical History of the English People*, 372–373.

53 Ibid., 338–339, 356–359, 372–378, 392–393; Maddicott, 'Plague in Seventh-Century England', 12–14.

54 Bede's *Ecclesiastical History of the English People*, 380–381; Yorke, *Kings and Kingdoms*, 137.

55 Bede's *Ecclesiastical History of the English People*, 382–383.诺森布里亚的埃德温也作了类

似的承诺，如果上帝让他获得威塞克斯之战的胜利，他承诺皈依基督教。Ibid., 164-167.

56 Maddicott, 'Plague in Seventh-Century England', 13-14.

57 Bede's *Ecclesiastical History of the English People*, 370-371, 428-429, 436-439.

58 Ibid., 430-439; D. Rollason and R. Dobson, 'Cuthbert', *The Oxford Dictionary of National Biography*.

59 Bede's *Ecclesiastical History of the English People*, 426-429; Bede, 'Life of Cuthbert', ed. Farmer, 77-79.

60 *English Historical Documents*, i, 167-168; B. Yorke, 'Cædwalla', *The Oxford Dictionary of National Biography*.

61 Eddius Stephanus, 'The Life of Wilfrid', 150-151.据说卡德瓦拉在他征服怀特岛期间受了伤，自那他的荣光开始逐渐暗淡。两年后，他出发前往罗马，抵达罗马后教宗为他施了洗礼，不久他就去世了。

62 R. Cramp, 'Aldfrith, king of Northumbria', *The Oxford Dictionary of National Biography*; A. Thacker, 'Ælfflæd', *The Oxford Dictionary of National Biography*; Eddius Stephanus, 'The Life of Wilfrid', 151.

63 Ibid., 152; Bede's *Ecclesiastical History of the English People*, 442-443.公元685年获得祝圣之后不久，卡思伯特就与伊塔交换了主教辖区。Ibid., 438-439.

64 Maddicott, 'Plague in Seventh-Century England', 13-14, 45, 47-48.

65 *Abbots of Wearmouth and Jarrow*, ed. C. Grocock and I. N. Wood (Oxford, 2013), xxix-xxxii; S. J. Coates, 'Ceolfrith', *The Oxford Dictionary of National Biography*; idem, 'Benedict Biscop', *The Oxford Dictionary of National Biography*.

66 Bede's *Ecclesiastical History of the English People*, xx, xxv; R. L. S. Bruce-Mitford, 'The Art of the Codex Amiatinus', *Journal of the British Archaeological Association*, 3rd ser., 32 (1969), 2.切奥尔弗里思托人抄录的《阿米提奴抄本》是那三部《圣经》中的一部，仍留存于世。这部书几乎有半米高，重达三十四千克。制作这部书为的是送给教宗当作礼物，在切奥尔弗里思本人的带领下，来自韦尔茅斯-贾罗修道院的一大群僧侣携带着这部书前往欧洲大陆。这位年长的修道院长，唉，在前往罗马途中去世，这部抄本不知怎么最终到了托斯卡纳的阿米亚塔山修道院，因此得了这个迷惑人的现代名字。这部书在那里保存了一千多年，最后被佛罗伦萨的劳伦廷图书馆购得。2018年，大英图书馆把它借去，用于展览盎格鲁-撒克逊手稿，才一千多年后第一次回到英国。

67 M. P. Brown, Painted Labyrinth: The World of the Lindisfarne Gospels (revised edn, 2004), 4, 10; Coates, 'Aldfrith', *The Oxford Dictionary of National Biography*; Eddius Stephanus, 'The Life of Wilfrid', 152.

68 Ibid., 150-153; *Handbook of British Chronology*, 217, 219; Bede's *Ecclesiastical History of the English People*, 472-475.

69 Eddius Stephanus, 'The Life of Wilfrid', 153.在麦西亚期间，威尔弗里德向罗马提出的申诉显然来自教宗塞尔吉乌斯（687—701）的裁决。Ibid., 154, 159, 161, 165.

70 Ibid., 153-156.

71 Ibid., 158-165.

72 Ibid., 165-167.

73 Ibid., 168-171.

74 Ibid., 171-173.

75 Ibid., 173-174; Bede's *Ecclesiastical History of the English People*, 458-461.

76 Eddius Stephanus, 'The Life of Wilfrid', 174-176.

77 Ibid., 178-180; A. Thacker, 'Wilfrid', *The Oxford Dictionary of National Biography*.

78 Eddius Stephanus, 'The Life of Wilfrid', 179; Bede's *Ecclesiastical History of the English*

People, 528−531.

79 Eddius Stephanus, 'The Life of Wilfrid', 180.

80 Ibid., 162, 164−166; A. Thacker, 'England in the Seventh Century', *The New Cambridge Medieval History, I: c.500−c.70*0, ed. P. Fouracre (Cambridge, 2005), 482; Stenton, *Anglo-Saxon England*, 145−146.

81 Bede's *Ecclesiastical History of the English People*, 558−561.

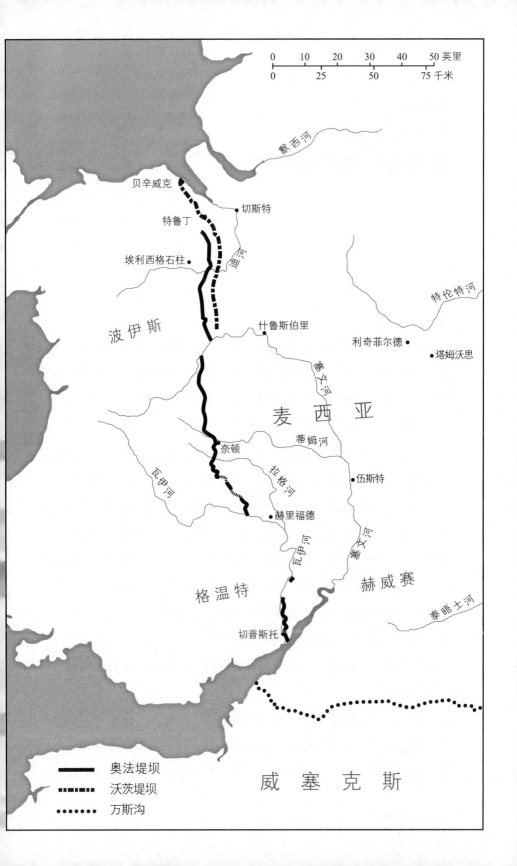

万斯沟

奥法堤坝

沃茨堤坝

万斯沟

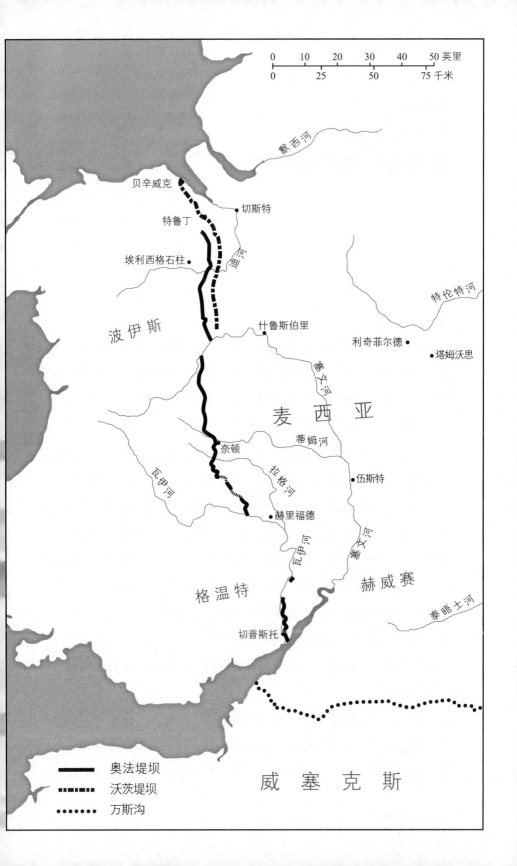

第四章

英吉利人的帝国?
奥法国王和对南方的统治

奈顿镇位于威尔士,但仅此而已。要乘火车去那里,你需要在英格兰的一个车站下车;要到达威尔士,你必须穿过蒂姆河上的一座小桥。自1536年以来,该桥就确定了盎格鲁威尔士的这部分边界,当时它的界线由亨利八世永久固定了下来。[1]

然而,奈顿作为边境城镇的地位早在此之前就已经确立,原因是它也位于八个世纪前另一位专横的国王建立的边界上。它的威尔士名字Tref-y-Clawdd提供了一个重要线索,原因在于翻译过来它意为"堤坝上的小镇",旅游信息标志通过引导你前往"奥法堤坝中心"来揭晓这一切。至少自十三世纪以来,以这个名字而闻名的古代土木防御工事便从北向南贯穿奈顿。在向北几英里处的兰费尔山,这个防御工事达到了海拔最高点,也是保存最完好、最重要的一个部分(见彩图11)。整个堤坝的平均高度约为十二英尺——一条约六英尺深的沟和一条约六英尺高的堤岸——但在某些地方,它的高度可以增加到总高度的近四倍。[2]

应该告诉那些希望从堤坝一端走到另一端的人,这不是一个微不足道的地标。从奈顿镇开始,它向北延伸了六十四英里。这是一条横穿乡村的连续凹槽,仅在靠近中部的五英里处与塞文河相交。直到它接近距离大海九英里的特鲁丁镇，它才终于告一段落。与此同时，在奈顿镇以南，堤坝的走向同样令人生畏，但随着中断的地方更大也更多，堤坝的界线更值得商榷。因此，很难得出准确的数字，但是沿着堤坝的路径从威尔士一个海岸到另一海岸的总距离大约为一百五十英里，其中有超过八十英里的堤岸幸存下来。这使得奥法堤坝甚至超过了哈德良长城的长度，成为不列颠最长的线性土木防御工事。[3]

有人怀疑这条堤坝是否在奥法国王的指挥下建造的，但缺乏合理的理由支持这个疑问。在八世纪下半叶，奥法国王统治了麦西亚将近四十年。"最近有一位好战的国王叫奥法，他吓坏了周围所有的王国和省份，他在威尔士和麦西亚之间建造了一条连接两个海岸的大堤。"在奥法去世约一百年后，同时代一位讲述阿尔弗雷德国王的传记作家阿瑟如是写道。阿瑟本人就是威尔士人，在他的职业生涯中他一定多次越过这条堤坝的界线。一些历史学家考虑到奥法堤坝还差九英里没有到达威尔士的北部海岸，对他使用"从海岸到海岸"这个短语表示担忧，但这并不是特别有问题。堤坝的北部与另一个土木防御工事沃茨堤坝平行，显然是由奥法国王的一位最邻近的继任者委托建造的，而这个工事的确一直延伸到迪河河口。后来的中世纪作家经常将这两条几乎同时代的堤坝混为一谈，很可能阿瑟也做了同样的事。[4]

难以回答的问题不是谁建造了堤坝，而是为什么建造堤坝。自青铜器时代以来，人们就开始在不列颠建造堤坝。在罗马统治瓦解后的几个世纪里，人们似乎特别热衷于建造堤坝：这一时期的例子可能包括剑桥郡的魔鬼堤坝和约克郡的托尔堤坝。我们无法比这更精确了，原因在于几乎不可能确定它们所处的年代。考古学家通常可以假设他们挖掘的地球将按时间顺序分层，但是诸如建造堤坝之类的土方工程颠覆了这一假设。堤坝也不太可能产生那种可确定年代的物体，这些物体通常发现于人流量大的地方（比如修道院、市场或城镇）。堤坝本身建在外围地区，建成后很少有人去。因此，建造这些堤坝的目的在很大程度上也是依据推测得出的。大多数堤坝都很短，通常只有几英里，甚至一些堤坝只有几百米长。从它们所处的位置判断，堤坝建造者似乎是想封锁既定的路线，大概是希望挫败掠夺者或窃贼。与奥法堤坝最接近的竞争对手——尽管短得多——是万斯沟，它分为东西两段，贯穿威尔特郡和萨默塞特，两段长度均为约十一英里。迄今为止，所有想要准确确定其年代的尝试都没有结果，所以我们只能从它的位置猜测威塞克斯统治者建造它可能是为了抵御麦西亚，建造时间为这两个王国早期历史的某个时刻。奥法堤坝显然也用于上述目的，作为麦西亚人和他们西部的布立吞人之间的边界。但它是政治边界，还是战略边界？是一座军事设施，还是抵御偶发袭击的桥头堡？是谈判之后协商的边界，还是强行建造的边界？正如我们所看到的，历史学家们给出了各种各样的答案。[5]

假如我们有更多关于国王本人的信息，就更容易解释奥法堤坝的建造目的是什么，但是，唉，关于他的生平的叙述都没有流传至今。关于麦西亚王国，要么同时代作家记录得很糟糕，要么非常不幸，他们的作品都没有幸存下来。比德于735年去世，比奥法早了一代人，否则无疑他会为我们提供关于这一庞大工程项目的详细解释。与比德的作品相比，八世纪其他编年史家的作品少得可怜，只给我们提供了关于奥法统治的一些零碎信息。我们有一些新的来源可以作为微弱的补充，例如特许状、钱币和信件集，但令人沮丧的是，我们无法全面了解奥法的职业生涯。

关于奥法，有一点我们可以确定，他所建造堤坝的规模也非常清楚地说明了这一点，那就是他是一位非常强大的统治者。阿瑟说他"吓坏了周围所有的王国和省份"是非常合适的。当然，自七世纪中叶以来，麦西亚王国一直是不同盎格鲁-撒克逊王国之间斗争的主导者，当时异教暴君彭达采用暴力手段迫使不列颠南部的其他统治者在他的麾下效力。但是像这样基于个人魅力和持续性军事成功获得的权力，总是动荡不定的，容易受到挑战。到了七世纪末，正如我们所见，麦西亚王国在南方的统治地位被威塞克斯的卡德瓦拉夺去，他短暂但血腥的职业生涯使他将自己的势力范围扩展到了萨塞克斯、萨里、肯特和埃塞克斯。然而，当奥法在八世纪中叶上台时，毫无疑问，麦西亚王国不仅重新获得了主动权，而且在更坚实的基础上巩固了自己的权力。这些基础之一——可以说最重要的基础——就是伦敦。[6]

伦敦是罗马人建立的伟大城市，在罗马人离开后变成了一座鬼城。它的木制建筑已经腐烂倒塌，宏伟的石制建筑也已化为废墟。由于没有人维护其下水道和管道，伦敦城墙内的大片区域遭洪水淹没沦为沼泽。没有考古证据表明，曾有最早期的盎格鲁-撒克逊人定居在这片城市荒地上。直到六世纪末圣奥古斯丁传教团的到来，伦敦才迎来了近两个世纪以来的第一批居民，当时东撒克逊人新任命的主教梅利图斯带着一小队同伴在这座废弃的城市定居了下来。罗马传教士之所以被吸引到帝国废墟，是因为它们与罗马的古代权威有关，而且旧的砖石建筑可以重新用于建造新的教堂——以伦敦为例，就建成了新的圣保罗大教堂。然而，其他人都倾向于避开这些陌生而空旷的地方。对盎格鲁-撒克逊人来说，罗马人建立的城市是神秘的地方，令人惊奇但毫无用处，是消失文明的闹鬼遗迹。不止一首古英语诗歌中使用"巨人的杰作"（*enta geweorc*）这个词语来描述罗马人的巨大废墟。[7]

但就在梅利图斯和他的信徒们在这座废弃的老伦敦城建造新教堂的时候，一个新的定居点正在这座城市的西部建立起来，距离泰晤士河大约半英里。起初，定居点的人数很少——只有一群商人，他们发现泰晤士河北岸的那片海滩是个方便卸船的地方。这种在旧城墙外涌

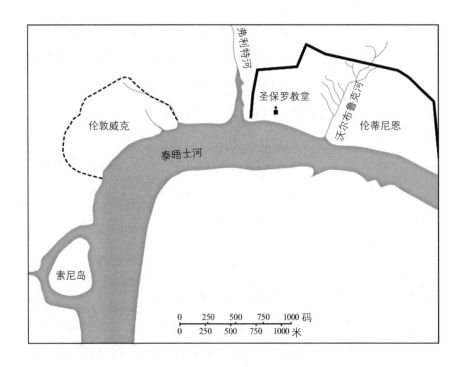

现的非正式定居点通常被称为wics，来自拉丁语vicus（"住宅群"），
因此这个特殊的定居点被称为伦敦威克并广为人知。[8]

　　七世纪中叶后不久，伦敦威克开始迅速扩张。之所以突然扩张，
部分原因一定是在新出现的盎格鲁-撒克逊王国经历了数十年的战争
破坏之后，这些王国的边界现在开始稳定下来，不列颠南部普遍存在
相对和平的条件。但助推这种增长的经济复苏不仅仅是国内的现象。
在整个北欧海岸，国际贸易同样突然腾飞。这一现象的助推因素是
重新引入了银币，这种银币自帝国崩溃以来就再也没有出现过。盎格
鲁-撒克逊和法兰克国王曾发行金币，但很大程度上是为了显示威望。
适合低价值交易的银币再次出现，似乎是商人们的自主选择。考古记
录中的巨大数量证明，银币在当时获得了极大的成功。[9]

　　这种经济复兴将伦敦西部的这个小社区变成了一个繁荣的城镇。
在七世纪七十年代的某个时候，人们沿着河滨建造了一座新码头，铺
设了带有木制排水沟的新的主干道。沿着这些主干道，杂乱无章的小

街小巷四处蔓延。这不是一个古典的城市环境，当然也不是一个文雅的环境——没有广场、教堂或纪念碑，更不用说剧院、浴场或王家住宅了。所有的建筑都是带有泥土地面和泥笆墙的单层结构。[10]

尽管表面上看起来简陋，但创造的利润很丰厚。我们从传闻的证据中得知，商人从海外来到伦敦是为了购买奴隶，但他们也一定是为了抢购周边农村有进取心的地主生产的剩余产品。排在这种趋势最前列的是在七世纪下半叶广泛建立的修道院。一个拥有大量土地的宗教社区一定会有大量的牛群和羊群，生产出的农产品远远超出其自身的物质需求。在某些情况下，修道院门口会开办集市，将兽皮和羊毛变现。但是，从近几十年来金属探测器使用者发现的所谓"多产之地"的数量来看，到七世纪末，全国其他地方也一定举办过此类活动。[11]

然而，没有其他市场或 wic 可以与伦敦城外的那个市场相提并论。与罗马的前身一样，伦敦威克地理位置优越，可以充分利用其农业腹地的工业，依靠泰晤士河及其支流供养，并向更远的欧洲大陆开放。它也完美地处于南方盎格鲁-撒克逊各王国之间，位于肯特、麦西亚、威塞克斯、埃塞克斯和东盎格利亚之间，交通便利。比德在731年前后写作时，将伦敦描述为"从陆路和海路来到这里的众多国民的商业中心"。在其鼎盛时期，这个新定居点占地约六十公顷，并延伸至整个河滨，从现在的特拉法加广场到奥德维奇——一条得名于"the old wic"的街道。它的工匠、商人、乞丐和妓女的总人数可能在七千人左右。[12]

这些人中至少有一些发了大财，以至于连国王都开始警觉并关注起来。七世纪初，伦敦位于埃塞克斯王国境内，该王国最初的范围远远超出了现在埃塞克斯郡的边界。但在随后的几十年里，这个中等规模的王国被其面积更大、实力更强的邻国挤压和瓜分。到七世纪下半叶，很明显这些敌对的统治者都在相互争夺伦敦威克的控制权。我们所掌握的这些证据表明，麦西亚王国可能在七世纪六十年代占了上

一位艺术家对于鼎盛时期伦敦威克的想象图

风，然后在七世纪七十年代输给了肯特国王，而肯特国王又在七世纪八十年代败给了威塞克斯，当时卡德瓦拉正所向披靡，无往不胜。但是到了八世纪初，如果不是更早的话，对于伦敦的争夺已经尘埃落定，麦西亚王国成为胜利者。[13]

之所以我们可以看到这些，要归功于埃塞尔博尔德国王颁布的一系列特许状，他从716年至757年统治麦西亚——这一统治期甚至比奥法本人的统治期还要长，并且确实比我们有可靠日期的其他任何盎格鲁-撒克逊国王的统治期都要长。特许状——有时称为公文——是对国王授予的财产或特权的书面记录。七世纪时，罗马传教士将特许状介绍给此前不会读写的盎格鲁-撒克逊人，原因是他们急于从王室赞助人那里获得广阔土地和权利的保证。以埃塞尔博尔德为例，有六份特许状幸存下来。在这些特许状中，他准许各种宗教机构在伦敦可以不用支付通行费。这不仅证明这位国王最迟在733年就拥有了这座城市，而且说明他能够将所拥有的领地转化为利润的主要来源。对于任何控制了伦敦的人来说，通行费都是一种直接获得一定比例利润的方式。与土地税不同的是，通行费不需要一大群官员到农村去收缴和评估，几个王家官员待在货物抵达的地方就可以轻易地征收，可以要求现金，也可以收取部分货物。主教和神父费力获得豁免权的事实表明，这些通行费的规模绝不是微不足道的。[14]

因此，到埃塞尔博尔德统治中期的时候（也可能从一开始就是这样），他就已经获得了一只显然永远不会停止产金蛋的鹅。从地理位置上看，就可以理解为何他和他的前辈们拼命想要得到它。所有其他盎格鲁-撒克逊王国都有海岸线，商人如果愿意就可以登陆。相比之下，麦西亚几乎是内陆国家，长期以来一直无法获得与欧洲大陆的直接联系，而这一点正是肯特和东盎格利亚等王国早期繁荣的基础。面对麦西亚王国成功争得伦敦，其他统治者通过发展现有的非正式定居点甚至建立新的非正式定居点作为回应：威塞克斯拥有哈姆威克，它是今天南安普敦的前身；东盎格利亚拥有伊普斯威奇；诺森布里亚拥有艾福威克，约克城墙外的一处非正式定居点。但这些非正式定居点都没有伦敦那么大，或者利润丰厚。但埃塞尔博尔德并不完全依赖这些利润。他和他的前辈一样，既是国王也是一位勇士。虽然威塞克斯和诺森布里亚的史册很薄，但都表明他不止一次入侵过所有王国。与他的前辈们不同的是，埃塞尔博尔德并不依赖于通过军事行动获得的贡品和战利品。利用伦敦获得的利润及其国际贸易增强了他现有的实力，并赋予了他竞争优势。[15]

这一优势使得埃塞尔博尔德在不列颠南部拥有极为强大的实力。他的特许状显示，他不仅向其他王国的宗教团体授予经济特权——在某些情况下，他还积极干涉其他国王的治理，把他们领土上的土地当作自己的一样授予他人。此前赫威赛独立的统治者，其权力集中在伍斯特，后来发现他们或多或少地听从于麦西亚国王已经做出的橡皮图章式决定。如果这是一个极端的例子，那么其他南方王国的统治者一定以某种方式（或许是通过缴纳贡品）承认了埃塞尔博尔德的优势。在他于736年颁布的一份特许状中，他被描述为"不仅是麦西亚人的国王，而且是所有南部盎格鲁人外省的国王"。在见证了同样的授予仪式时，他开始变本加厉，自称为"不列颠之王"。我们可能倾向于认为这些头衔只不过是自吹自擂，但第一个头衔得到了比德的大力支持，他在731年表示，亨伯河以南的所有国王都服从于埃塞尔博尔德的权威。[16]

遗憾的是，这是比德讲述的唯一有关埃塞尔博尔德的事情。（他一定知道得更多，但对同时代的统治者小心翼翼地守口如瓶。）但是同时代教士们，尤其是那些在欧洲大陆上传教的传教士的书信给这位国王增添了一些额外的亮光——实际上是阴影。自七世纪末以来，众多盎格鲁-撒克逊修道士和神父带着最近传遍不列颠的福音传教热情开始前往欧洲大陆，目的是让法兰克王国边缘的异教徒改变信仰。这些传教士中最著名的是卜尼法斯。[17]

卜尼法斯出生于七世纪七十年代早期，他在职业生涯刚开始时名叫温弗里思，是西撒克逊的修道士——近四十年后，教宗授予他在弗里西亚传教的许可，并为他取了这个新名字。作为圣卜尼法斯，尤其是因为他最终殉道而死，所以长期以来他一直被视为德国的使徒，但事实上他自己的传教事业相当有限。然而，作为欧洲现有教会的改革者，他的确取得了巨大成功，并在746年成为美因茨大主教，上升到了显赫的位置。于是，他经常与其他世俗和宗教首领通信，他的许多信件都是在他死后被收集起来的。[18]

在被任命为大主教后不久，卜尼法斯就给埃塞尔博尔德写了一封信，由其他八位欧洲主教共同签署，其中许多人和他一样是盎格鲁-撒克逊移民。在这封信的开头，根据他所听到的这位国王做的好事，他首先赞扬一番：说他是一位慷慨的施舍者，是寡妇和穷人的保护者，并且是一个维护整个国家和平的统治者。但这只不过是一个礼貌的开场白，卜尼法斯很快就透露了他的真正目的，那就是斥责埃塞尔博尔德荒淫无度的生活方式。此前这位大主教就已经有耳闻，这位国王"被情欲支配"，从未娶过合法的妻子，他还是一个臭名昭著的奸夫，而他"与献身于上帝的圣修女和处女"之间放荡的玩乐更加重了他的罪行。[19]

这封信说明了埃塞尔博尔德的性格，与之同样有意思的是，这封信在快到结尾时提出了更有趣的批评，卜尼法斯说他还听说这位国王窃取了教堂和修道院的收入，并侵犯了它们的特权。他指控麦西亚伯爵也做了同样的事，以前所未有的暴力和压迫折磨修道士和神父。[20]

到底发生了什么？一种可能是这位国王和他的近臣正在打击"假修道院"，这个问题显然在近几十年来变得很普遍。"众所周知，有无数地方通过愚蠢的方式获准使用'修道院'这个名称，却根本没有遵循修道院的生活方式。"比德在他生命即将结束时，在一封写给约克主教的信中如是写道。根本原因是，自从引入特许状以来，教会以某种平信徒不具有的方式享有土地所有权的保障。一旦某个宗教机构从国王那里获得了特许状，它的庄园就变成了"特许保有地"，永远免于向王室缴税。到了八世纪初，当然是在诺森布里亚，嫉妒的平信徒想出了一个诡计，他们声称他们的家是修道院，希望享受同样的特权。除了永久拥有土地之外，成为修道院社区还意味着永远不必为国王提供兵役。比德认为有两个方面令人无法忍受。首先，这意味着有无数所谓的"大教堂"，那里的男人过着放荡和贪吃的生活，与女人公开同居并生儿育女。其次，这意味着没有足够的地产留给国王的军事追随者，使得王国无法抵御敌人。[21]

如果这样的假修道院在麦西亚如同在诺森布里亚那样普遍，就可以解释为什么埃塞尔博尔德，用卜尼法斯的话来说，"侵犯了它们的特权"。这位国王可能认为他的做法完全正确，是对被滥用制度的必要改革，原因是这一制度剥夺了他应得的惯常服务。然而，大主教的另一封信表明，埃塞尔博尔德的要求远不只于此。747年，卜尼法斯写信给坎特伯雷大主教，鼓励他公开反对"要求修道士参与建造王家建筑和其他工程的强迫性劳动"，并补充说这是"此前从未有过的恶行"。[22]

埃塞尔博尔德迫使修道士——或者更可能是在修道院里辛勤工作的劳工——从事未指明的王家建筑工程，这一事实已证明对寻找有关堤坝答案的历史学家具有不可抗拒的诱惑力。由于缺乏其他证据，这些历史学家认为这可能意味着这位国王是沃茨堤坝的建造者。沃茨堤坝是一个土木防御工事，位于奥法国王建造的更著名堤坝的北部略微偏东，相距可能有几英里。然而，最近的科学测年方法表明，沃茨堤坝建于九世纪初，从而证实了这一理论是错误的。[23]

为了回应卜尼法斯和其他主教对他的谴责，埃塞尔博尔德在两年后发布了一份特许状，其中揭露了他最为关心的建设工程。749年，这位国王在莱斯特附近的王家庄园格姆利召开了一次会议，在会议期间他承诺，今后他和他的部下都不会以任何不公正的方式压迫教会或修道院。这是一个具有重要意义的授权，但他也事先警告这些机构说，它们仍然有望为两件事做出贡献："必要时建造桥梁和防御堡垒抵御敌人"。国王坚称，这些是世俗的和宗教的每个人都应尽的义务，并且"不能推卸"。[24]

这清楚地表明，在建设工程方面，桥梁和堡垒是埃塞尔博尔德优先考虑的事项。让罗马道路跨越原本无法通行的河流的宽阔木桥一定早已不复存在，要么被恶劣的天气腐蚀掉，要么几个世纪以来由于人们不具有修复或重建它们的工程技能而缺乏日常维护被摧毁。当早期的盎格鲁-撒克逊人希望建立一处永久的河流渡口时，他们不得不勉强接受在水中倾倒石头以建造堤道的低技术解决方案。对于一个越来越依赖长途旅行及国际贸易的国王和国家来说，桥梁必不可少——它们是使罗马网络再次全面运作的缺失链条。甚至还有一些幸存下来的桥梁结构可能是在埃塞尔博尔德的指挥下建造的。在距离特伦特河畔纽瓦克几英里处的诺丁汉郡克伦威尔船闸，一处渡口的木材已被发掘出来，测试显示其所处年代可追溯到八世纪初。[25]

当谈到埃塞尔博尔德的另一个优先事项——"对抗敌人的堡垒防御"——我们的立场就不太确定了。一些历史学家认为，这位国王希望他的臣民为修复或重建堡垒贡献自己的力量，但"防御"可能仅仅意味着在遭到敌人攻击时守卫城墙的职责。具体哪些堡垒也不清楚。只有一两个著名的堡垒例外——诺森布里亚的班堡是其中之一——早期的盎格鲁-撒克逊国王似乎没有投资于防御工事：他们的木制大厅除了木栅栏之外几乎没有其他防护的东西。因此，最合理的解释是，埃塞尔博尔德重新使用了旧的防御工事，最可能是铁器时代的山堡。但到目前为止，还没有找到支持这种理论的考古证据。[26]

因此，另一种方法是这样提问：这些堡垒要对付的"敌人"是谁？我们从威塞克斯和诺森布里亚编纂的为数不多的史册中得知，埃塞尔博尔德有时会对这两个王国开战，但每次都是他被称为侵略者。他似乎不太可能需要他的人民长期警惕来自北方或南方邻国的入侵。[27]

但是西边的民族呢？与埃塞尔博尔德统治有关的少数叙述资料之一是写于749年之前某个时间的《圣古思拉克生平》。古思拉克是一位住在麦西亚东部沼泽地带的隐士，在埃塞尔博尔德即位前曾是他的精神顾问。然而，在古思拉克职业生涯的早期，当他还是个年轻人时，他曾是一名战士，从事着用火和剑毁掉城镇和村庄的血腥事。我们从史料中得知，他的战团是由不同种族的人组成的，而且有一次他曾作为流放者生活在布立吞人当中——因此他能听懂他们的讲话。然而，当成为隐士的古思拉克有天晚上出现幻象，看到沼泽地中他的岛屿正在被一群愤怒的恶魔袭击时，他想象他们说的是布立吞语。正如他的传记作者所解释的那样，当时布立吞人正在"用战争、掠夺和破坏"压迫麦西亚人。[28]

因此，埃塞尔博尔德想要拥有防御堡垒的愿望很可能是由于他的王国与现在的威尔士接壤的边界不断扩大的结果。他可能偶尔与威塞克斯和诺森布里亚发生过冲突，但他与这些盎格鲁-撒克逊王国的关系在很大程度上相当稳定。[29]根据《圣古思拉克生平》判断，埃塞尔博尔德显然不能指望他与他的布立吞邻国之间的关系也同样稳定。正如盎格鲁-撒克逊王国的经济财富在七世纪由于北海周边国际贸易的蓬勃发展而上升一样，西部布立吞王国的经济财富也迅速下降。五世纪和六世纪的布立吞人从地中海地区进口了葡萄酒、石油和其他奢侈品，保留了罗马人存在的痕迹。但到了七世纪初，这种贸易消失了，廷塔杰尔和吉百利康格雷斯伯里的精英中心也被遗弃了。从此以后，布立吞人获得高价值商品的最直接方式就是突袭他们东部更富裕的国家。[30]

结果，埃塞尔博尔德应该担心的敌人不是来自国外，而是国内。757年，在他统治了四十一年之后，他被自己的贴身侍卫所杀——在比德《教会史》中添加了几条简短条目的匿名抄写员认为，那个贴身侍卫"背信弃义而手段卑劣"。这起谋杀引发了一场旷日持久的恶性权力斗争。起初埃塞尔博尔德由一个名叫波恩雷德的人继任，据推测他是最初政变的参与者。但在几个月内，这个新国王也被推翻了。"就在同一年，"比德的继任者解释说，"奥法把波恩雷德赶跑了，并试图用剑和杀戮征服麦西亚王国。"[31]

于是在八世纪他与麦西亚王位竞争对手之间的一场血腥内战之后，这位不列颠最伟大的国王就开始了他的统治。就像他一生中大部分的记载一样，有关奥法掌权的叙述晦涩难懂得令人沮丧。他声称自己是强大的彭达国王的兄弟埃奥瓦的后裔，但这可能只是为了抬高他的资格而虚构的：他的前任埃塞尔博尔德也提出了同样的说法。根本的问题是，由于众所周知埃塞尔博尔德未能结婚并在婚内生儿育女，这让谁来接替他的问题变得悬而未决，因此很可能通过暴力来解决。考虑到他将继续统治将近四十年，因此757年的奥法一定是个年轻人，好战且雄心勃勃，而且拥有一批随时准备捍卫他主张的战士支持者。在这方面，他的故事与许多国王的故事没有什么不同，例如威塞克斯的卡德瓦拉或者诺森布里亚的奥斯威：他是一个不满的觊觎高位的人，精力充沛，渴望权力，能够说服别人相信，在他的领导下他们的命运会有所改善。在埃塞尔博尔德统治的最后几年，麦西亚似乎在入侵威塞克斯和诺森布里亚时遭遇了军事上的挫败，因此奥法可能已经向潜在支持者们展示了自己才是能够将王国恢复到昔日辉煌的候选人。[32]

但如果说奥法起初崭露头角，那么一旦掌权，他很快就会开始一项远比他任何前任都雄心勃勃的计划。彭达和他的后裔，以及继他们之后的埃塞尔博尔德，对不列颠南部的其他王国行使了广泛的权力，但在每一种情况下，行使的都只是一种松散的霸权，实力较弱的统治者通过缴纳贡金来承认麦西亚的优势。相比之下，奥法开始着手打造更永久的东西。在他的计划中，麦西亚不只是简单地统治邻近的王国：麦西亚将吞并它们，同化它们，并将它们降级为拓展之后的麦西亚帝国内部的各个省。

第一个经历这种待遇的王国是肯特，这个王国似乎在奥法即位后仅仅几年内就划归麦西亚王国直接控制。764年，奥法国王在坎特伯雷颁布了一项特许状，当时他的周围是一群被列为见证人的麦西亚贵族。这份特许状显示，他将肯特的土地当作自己的土地一样进行处置，就和埃塞尔博尔德在处置赫威赛王国时的情况一样。上述土地是梅德韦河上的一处大庄园，两年前共同统治肯特的几位国王之一西格雷德已将其赠予罗切斯特主教。由于这项赠予没有得到奥法的准许，因此，奥法宣布这项赠予无效，并要求这位主教申请重新批准。在特许状的见证人中，除了麦西亚王国随行人员之外，还有一位名叫赫伯特的肯特国王，他温顺地表示同意。曾经被视为亨伯河以南最强大统治者的肯特国王们现在显然已经沦为傀儡。[33]

但至少他们还可以保留王室身份这块遮羞布。几年后，当奥法将注意力转向萨塞克斯的统治者时，并没有考虑到这些细节。这位麦西亚国王似乎通过彻底的军事征服将南撒克逊王国置于他的直接控制之下——一位北方编年史学家记录说，771年，他"以武力征服了黑斯廷加人"——而在次年，他的另一份特许状显示他正在萨塞克斯授予土地，并且表现出与他之前在肯特一样的所有权自信。这次对于萨塞克斯主教的赠予是在一次特别庄严的集会上进行的。在奥法本人之后，签署该特许状的还包括肯特和威塞克斯国王、坎特伯雷大主教以及伦敦、莱斯特和罗切斯特的主教。在名单的最后，还包括四名被单独指定为 *dux* 的人——拉丁语中意为"领导者"，后来翻译为"公爵"，这个词在盎格鲁-撒克逊语中的对应词是"郡长"。这是一个地位显赫的头衔，但这些人中至少有三个人曾经很高兴地将自己描述为萨塞克斯国王。而奥法将他们降级为省长。[34]

这种高压之下的权力重组必然会引起反抗——奥法带领军队进入萨塞克斯以使其服从他的意愿这一事实就足以说明这一点。肯特也进行了反击。776年，《盎格鲁-撒克逊编年史》干巴巴地记录了麦西亚军队和肯特军队之间的一场战斗。这场冲突的结果没有记录在案，但几乎可以肯定奥法失败了——因为在那之后，肯特国王再次开始独立发布特许状，而不用听从于他们所谓的麦西亚霸主。很难想象奥法会接受这种不服从他权威的做法，但那时他的报复能力可能已经受到了限制。其他史料表明，大约在同一时间，他正经受着西部地区民族给他带来的麻烦。[35]

瓦尔克鲁西斯修道院位于威尔士登比郡，兰戈伦小镇以北几英里

埃利西格石柱

处。它始建于十三世纪初，以位于同一山谷附近的一个石头十字架命名。这个十字架到现在为止仍然有一部分幸存下来，其年代已经非常久远了。它是由布立吞波伊斯王国的统治者希恩根·艾普·卡德尔在九世纪早期的某个时候建造的。之所以我们能够知道这一点，是因为幸存的十字架柱曾经有一篇铭文告诉我们这些内容。唉，这个铭文现在已经严重褪色，无法阅读，但当它仍然部分清晰可读的时候，有人在十七世纪把它抄录了下来。它告诉我们，希恩根竖立起这个十字架，是为了纪念他的曾祖父埃利西格——一位"统一了波伊斯王国遗产"的国王，而这显然是通过从"盎格鲁当权者"手中夺取土地才能做到的。

埃利西格石柱（现在人们如此称呼这根石柱）上所记载事件的年代，实际上是八世纪波伊斯统治者的统治年代，不可能准确地确定。我们知道，委托建造这根石柱的希恩根于808年上台并于854年去世——这段长时间的统治有助于我们推测，他可能出生在八世纪八十年代的某个时间点。[36]如果我们接受每代人平均二十年的话，那么他的父亲就出生在八世纪六十年代，祖父出生在八世纪四十年代，他的曾祖父埃利西格就出生在八世纪二十年代。因此，埃利西格的统治期很可能处于八世纪中叶的某个时间段，并且一定与埃塞尔博尔德统治的晚期或奥法统治的早期重叠。他在埃利西格石柱上庆祝的伟大成就——波伊斯王国的统一以及明显从他的东部敌人手中收复了领土——一定发生在这两位国王中的一位或另一位统治期间。也许它发生在埃塞尔博尔德去世和奥法即位之间的混乱时期，即麦西亚人相互内斗的时期。也许它发生在760年前后，后来的威尔士编年史中记录了在赫里福德发生的"布立吞人和撒克逊人之间的一场战斗"。又或者它可能发生在奥法统治的后期，原因是根据上述编年史的记载，这位国王曾两次摧毁布立吞人的家园，第一次是在778年，另一次是在784年夏天。想准确确定年代是不可能的，但是埃利西格石柱和后来的编年史无疑都表明了当时麦西亚王国西部边境日益敌对的局势，布立吞人有时会收复领土，有时又会遭受奥法的武力报复。[37]

这场持续的消耗战是否足以解释奥法堤坝的诞生？通过一场从二十世纪七十年代持续至二十一世纪初的广泛调查，即众所周知的奥法堤坝项目，最终得出的结论是，这个堤坝并没有像人们长期以来推测的那么长。人们认为，它明显不完整的南部部分是建造于更早期或更晚期的与之并不相关的沟渠和堤岸。正如阿瑟所坚持的那样，奥法堤坝并没有从一个海岸绵延至另一个海岸，而是沿着麦西亚和波伊斯之间的边界仅仅延伸了六十四英里。据此，该项目负责人认为，它是由奥法建造的一处军事设施，目的是阻止埃利西格或其继任者在未来发起任何突袭或夺回行动。[38]

然而，这种解释最近受到了质疑。首先，人们观察到八世纪波伊斯的边界无法确定，并且很大程度上它是由堤坝本身引证出来的，所以这个论点是一个循环论点。更成问题的是这个堤坝南部的一些部分，此前人们认为它是与堤坝毫无干系的土木工事，现在却被证明其建造方式与奥法堤坝的中部部分相同。因此，阿瑟的评估似乎是正确的。这条堤坝在某些地方可能不完整，但毫无疑问，它最初是想贯穿整个盎格鲁-威尔士边界的，而不仅仅是与波伊斯相邻的边界。[39]

此外，奥法堤坝旨在作为对抗布立吞人的军事屏障的观点也值得怀疑。一些对这一土木工程当前外观不以为然的历史学家认为，它最初一定有许多额外的设施来提高其军事效能，比如沿着隆起线延伸的木栅栏、士兵用的驻军堡垒、骑马巡逻队的路径等等。这些设施将使它成为一条真正的防御线，类似于哈德良长城，沿线有许多堡垒，驻扎着数千名士兵。但在奥法堤坝上从未发现过此类设施的证据，而且如果它们确实存在过，它们的全部痕迹不太可能会完全消失。堤坝沿线，或者更普遍地讲，麦西亚的当地社区，也不太可能抽出必要的人力来巡逻和守卫如此广阔的边境。显而易见的结论是，奥法堤坝并非真的打算以这种方式发挥作用。[40]

因此，那些愿意接受堤坝现状的历史学家倾向于得出这样的结论：建造奥法堤坝与其说是为了抵御布立吞人可能的入侵，倒不如说是为了阻止跨边界突袭。平均高度约为十二英尺的沟渠和堤岸肯定会让偷窃牛羊变得更加困难。但建造堤坝需要大量的人力。据估计，仅建造其六十四英里长的中间部分就需要五千名男子连续工作二十周。[41]奥法，或任何国王，真的会如此费尽心机仅仅是为了阻止偷牛者吗？

在784年摧毁了布立吞人之后不久，奥法一定又将注意力转移到了肯特。就在那一年，肯特国王埃格伯特仍在无视不受他欢迎的麦西亚霸主而擅自签发特许状。但在接下来的一年里，奥法再次将这个较小的王国视为麦西亚王国的一部分进行处置，开始在那里授予土地。结果一定是奥法可能通过暴力的方式重新掌握了权力。在奥法上一次接管期间获准保留职位的肯特国王们，现在完全从历史记录中消失了。从785年开始，肯特终结了其作为一个独立王国的地位。[42]

或许是为了庆祝这次成功控制肯特，奥法开始对其货币进行重大改革。自七世纪七十年代以来，遍布北海沿岸地区、推动贸易并促进伦敦和其他新兴非正式定居点兴旺发达的大量银币在八世纪中叶几乎消失了，原因显然是整个欧洲范围内的白银短缺。到奥法统治初期，几乎没有任何货币在流通。为了应对这场危机，许多国王接管了生产，并首次将他们的名字刻到钱币上。这方面的先驱者是诺森布里亚的国王们，他们在八世纪四十年代改革了他们的货币制度，到了八世纪六十年代，这种做法已经被他们的索森伯里亚同行采用。但这些统治者似乎都没有多少银子可以用。尽管奥法在他即位后几年内就发行了个性化的便士，但数量仍然非常少。[43]

785年，这一切都发生了变化，此时奥法开始大量发行钱币。他对肯特的接管一定是一个主要促进因素，原因在于这让他控制了坎特伯雷的铸币厂。八世纪初的时候，旧的银币经济蓬勃发展，不列颠南部大约有二十个地方铸造钱币，但到奥法统治开始时，这一数字已下降到只有三个：伦敦、伊普斯威奇和坎特伯雷。前两个已经在奥法的控制之下，但肯特铸币厂的加入一定让他能够接触到一群新的铸币者，或许还能获得更多的白银。当然，从这个时候开始，他的造币量突然变得更加庞大。[44]

这种货币也变得更加令人印象深刻。785年之后，奥法发行的钱币上面不仅刻有他的名字，在某些情况下还印有他的肖像。钱币上这位国王的脸是侧着的，戴着王冠，就像罗马皇帝一样（尽管他的鬈发可能暗指《圣经》中的大卫王）。十三世纪之前，这种样式成了盎格鲁-撒克逊和后来的英格兰钱币的标准设计，但这些后来的钱币在质量上都无法与785年之后奥法统治时期发行的钱币相媲美。（事实上，奥法自己的铸币师无法持续生产这种钱币，并且在他的统治期结束时，这种钱币已经停止使用，取而代之的是更简单的没有肖像的设计。）这种质量卓越的钱币的短暂出现，表明在国王本人的提议之下许多人同心协力进行了图像制作。与此同时，他一定禁止在他的王国内流通外国钱币：在此日期之后使用的所有钱币中有99%都印有奥法的名字。[45]

在少数情况下，钱币上会印有他的王后希内思里思的名字和面孔。这在不列颠也是一次独特的试验——据我们所知，没有其他盎格鲁-撒克逊王后曾获得过如此殊荣，而且这种做法在拜占庭以外的欧洲也不为人知。遗憾的是，我们对希内思里思知之甚少——我们对她的背景或者她是如何嫁给奥法的一无所知。但他们结婚以及奥法以如此公开的方式向她致敬的事实，无疑是意义重大的。他的两位前任埃塞尔博尔德和切奥尔雷德因为淫乱和通奸的行为而受到同时代教士们的谴责。相比之下，希内思里思显然是奥法唯一的妻子，并为他生了几个孩子。其中至少三个是女儿，但只有一个是儿子。[46]

这个男孩的名字叫埃格弗里思，而他父亲对未来的打算就全依赖他了。正如我们所看到的，奥法是用血腥的剑为自己争取权力的，而埃塞尔博尔德的情况可能也是如此，但他最终继承了那位曾经流放过他的国王的权力。当然，这并没有什么不寻常的地方。在贝奥武夫那个时代，人们预计国王的死会带来混乱和分裂，原因是竞争者会蜂拥而至，要么索求整个王国，要么索求王国的一部分。然而，奥法显然希望避免这种情况，并希望埃格弗里思接替他，成为他辛辛苦苦打造的国土大增之后麦西亚王国的统治者。这或许可以解释为何他会做出将王后头像印在钱币上的决定。这当然也可以解释为何这位国王会做出效仿欧洲大陆邻居为这个男孩祝圣的决定。[47]

上述的这些邻居就是法兰克王国的新国王们，他们建立了一个被

带有奥法国王头像的银币

印有王后希内思里思头像的银币。伊奥巴是铸币师的名字

称为加洛林的王朝。他们的名字取自查理·马特尔，这个人曾在八世纪初担任法兰克王国的"宫相"。到八世纪中叶，法兰克的老国王们已经变得非常虚弱，查理的儿子和继任者丕平寻求并获得了教宗的许可以取代他们。785年与奥法同时代的是丕平的儿子，他以他杰出祖父的名字给自己起名为查理，但最终更令人难忘的是，他被称为查理大帝或查理曼。

到那时，查理曼已经走上了赢得他那著名称号的道路：他已经吞并了意大利北部，并且正在完成对撒克逊人漫长而血腥的征服。即便如此，尽管他们取得了所有成功，但他和他的前辈们都深深地意识到，他们是以篡位者的身份上台的，他们渴望获得合法地位。751年经教宗许可上台后，丕平就已经受膏。这是一个新的起点。《圣经》

中的国王——最著名的当数大卫王——就是以这种方式祝圣的，但以前从未执行过这样的程序来创造一位法兰克国王。根据程序，新上台的统治者需要将圣油倒在自己的头上，人们认为这种仪式在某种程度上赋予了他神圣的力量。（"基督"这个词的意思是"受膏者"。）查理曼小时候也同样受膏，并在781年为他自己的儿子安排了同样的仪式，由教宗哈德良一世主持。[48]

因此，为了寻求给自己的儿子祝圣，奥法显然借鉴了加洛林王朝的做法，希望能够增强他自己新建立的王朝的合法性。但这个计划立即遭遇了教会地缘政治的不幸事实。为了举行仪式，这位国王需要获得坎特伯雷大主教的支持，而坎特伯雷大主教的教堂驻地也是肯特王国的首府。由于奥法在他统治的大部分时间里一直试图迫使肯特屈服，并且最近刚刚逼迫上台良久的统治者退位，因此他非常希望坎特伯雷能够自愿配合。但可以预见的事实证明：当为埃格弗里思傅油的申请提交给大主教詹伯特时，他显然明确表示他不打算帮忙。[49]

因此，奥法想出了一个大胆的变通方法。如果坎特伯雷大主教不协助这位麦西亚国王，那么麦西亚显然需要自己的大主教。在吞并肯特后不久，奥法一定派信使前往罗马拜访了教宗哈德良，请求他的干预：786年，自从近两百年前圣奥古斯丁登陆肯特以来，教宗的使节首次抵达了不列颠。他们来访的官方原因是回顾基督教传教团在此期间取得的进展，并纠正任何滥用行为——正如他们在给教宗的书面报告中所说，"根除任何有害的东西"，"并确保达成最有益的结果"。但是，尽管使节们确实举行了两次以改革为主题的委员会会议，一次是在麦西亚，另一次是在诺森布里亚，并提议制定反对异教习俗的法令，但不言而喻他们访问的根本目的显然是为了实现奥法最关心的事——尽快为他的儿子祝圣。从他们的报告来看，他们似乎对大主教詹伯特不屑一顾，给他建议了"那些必要的事情"之后就前往了"麦西亚国王奥法的宫廷"，后者以"极大的荣誉和喜悦"接待了他们。

他们在奥法面前宣读了一项法令，当然是为了得到他的认可，并提醒所有在场的人，"涉及通奸或乱伦行为"的人不能成为国王。报告中还补充道："要让任何人都不敢杀害国王，因为他是主的受膏者。"任何犯下这种亵渎行为的人都会在地狱中永远燃烧。[50]

第二年，奥法的计划实现了。根据《盎格鲁-撒克逊编年史》的记载，切尔西举行了一次教会会议，说得好听一点，这次会议"颇具争议"。"詹伯特大主教失去了他所管辖的部分地区"，《编年史》继续讲道，我们可以从后来的证据中推断出这次损失占南部大主教区一半以上的主教辖区。从那以后，罗切斯特、塞尔西、舍伯恩、温切斯特和伦敦的主教——换句话说，那些管辖泰晤士河以南主教辖区的主教——将像以前一样对坎特伯雷负责。但莱斯特、林齐、赫里福德、伍斯特、邓尼奇和埃尔门的主教——在泰晤士河和亨伯河之间的所有主教——将由利奇菲尔德的新任大主教统治。教宗通过向利奇菲尔德的现任主教希格伯特寄送一条披带，或者叫就职圣带，来表示他对这一划分的认可，就像他在确认坎特伯雷和约克大主教的任命时所做的那样——这一决定可能并非完全与奥法的承诺无关，奥法承诺每年向教宗支付三百六十五枚金币，一年中每一天各一枚（见彩图13）。从奥法的角度来看，这笔钱花得值。《编年史》指出，希格伯特一升任大主教，"埃格弗里思就被祝圣成为国王"。[51]

甚至就在奥法重新安排不列颠的教会版图为其儿子的继位铺平道路时，威塞克斯却由于这种麦西亚国王急于避免的恶性政治而陷入了混乱。威塞克斯国王希内伍尔夫于757年上台，与奥法同一年登基，并且经历了类似的艰苦斗争。正如那位麦西亚统治者驱逐了他的对手伯恩雷德一样，希内伍尔夫也驱逐了他任期短暂的前任西吉伯特，后者很快死于流放途中，被一个猪倌刺死。从那时起，希内伍尔夫度过了一段漫长而相当成功的统治期，在与西部布立吞人作战的同时，抵御了麦西亚的控制。的确，奥法于779年在他们共同的边界上击败了他，并占领了泰晤士河上游的土地。但与其他南方王国不同，威塞克斯保持了独立。786年，当教宗的使者来访时，希内伍尔夫凭其自身的实力而被视为统治者。[52]

然而，那年晚些时候，希内伍尔夫以前做过的事终于让他尝到了苦果。在他的对手西吉伯特死后将近三十年，那名死者的兄弟希内赫德前来报仇。接下来的事情显然成了一个传奇故事，原因是一个多世纪后的《盎格鲁–撒克逊编年史》对其进行了冗长的描述。简而言之，希内赫德得知这位国王住在一个特定的地方幽会他的情妇，并且随身只带了少数护卫。这名复仇者抓住机会，骑马率领着自己的庞大随从队伍，杀了在场的所有人——首先是从门口猛冲向袭击者的国王，然后是冲过来帮助国王的护卫。

但次日早上，情况发生了逆转。当其余的国王手下发现了所发生的事情之后，他们骑马赶到那里，发现希内赫德和他的八十多名随从人员躲在里面。他主动提出要给他们金钱和土地作为奖励，条件是他们要承认他是他们的新统治者，但这无济于事。他们宣称，永远不会为杀死他们已故主人的凶手效力，然后闯入围场，杀死了希内赫德和他的同伙。[53]

这段著名的插曲显然强调了奥法最近为加强他的王朝所做努力的益处——这正是他希望通过为其子祝圣所能够阻止的那种大屠杀。与此同时，那场大屠杀为这位麦西亚统治者提供了不可错过的机会。希内伍尔夫和希内赫德都死了，他们的许多支持者也随他们而去，威塞克斯的王权传给了一个名叫贝奥赫特里克的人，他与其前任国王之间的关系不为人知，而且他的地位肯定没有他长寿的前任稳固。奥法似乎决定向这个新兴的王室邻居提供支持。三年后，他的女儿埃德布赫嫁给了贝奥赫特里克。大约在同一时间，他帮助这位新上台的威塞克斯国王驱逐了一个王朝对手。但这种支持不可能没有代价。从表面上看，贝奥赫特里克好像保留了他的独立性，但他似乎很可能在一定程度上屈从于他的麦西亚岳父。虽然他的前辈们在他们的特许状中自豪地使用了"西撒克逊国王"的头衔，但贝奥赫特里克有一次竟胆怯地称自己为"这个省的国王"。[54]

奥法干预威塞克斯的不利之处在于，它可能导致了奥法与查理曼之间的不和。790年初，这两位国王闹翻了，但他们不和的原因尚不清楚，即使是同时代的人也不清楚。就在那时，另一位外籍盎格鲁-撒克逊教士、约克的阿尔昆，在过去的四年里一直是查理曼宫廷学者圈子中的一员，他曾写信给他故国诺森布里亚的一位朋友。"最近查理国王和奥法国王之间出现了某种由恶魔煽动的不和，"他透露说，"因此双方都禁止商人的船只通过。"然而，阿尔昆的其他信件清楚地表明，除了恶魔之外他不知道还有什么导致了两位国王之间的不和。半个世纪后，法兰克王国鲁昂附近圣万德里修道院的编年史家称，这次严重分歧是两位国王之间婚姻谈判的结果。查理曼显然建议他的儿子查理应该娶奥法的一个女儿，但奥法回应说，只有查理曼的一个女儿嫁给他的儿子埃格弗里思，他才会同意这场联姻。编年史家称，那位法兰克国王在这一点上"有些愤怒"，于是下令实施贸易禁运——这大概就是阿尔昆提到的那个贸易禁运。[55]

虽然关于王室婚姻的争论可能有一定的意义，但这似乎不太可能是问题的根本原因。一个更根本的因素可能是查理曼习惯于庇护奥法的敌人——正如这位法兰克国王在一封写于八世纪九十年代的信件中所描述的那样，"那些流亡者，如果贪生怕死，就会躲在我们的保护伞下避难"。在那个十年期刚开始的时候导致（奥法和查理曼）关系破裂的特定流放者可能就是埃格伯特，他是威塞克斯王室的后裔，也是奥法在789年协助驱逐的贝奥赫特里克的竞争对手。《盎格鲁-撒克逊编年史》在后来对他职业的概述中透露，埃格伯特在"法兰克王国"度过了多年的流放生涯。[56]

埃格伯特被庇护在法兰克王国的事实，似乎是查理曼和奥法之间关系突然降温的最可能原因。如果奥法对此提出抗议，而且他也可能会提出抗议，那么没有什么比法兰克国王试图通过联姻来修补关系更自然的了。但如果奥法已经怀疑查理曼的意图，在考虑到将他女儿送到加洛林宫廷的前景时他就会犹豫，原因是在那里她实际上会成为另一个可能被用来对付他的棋子。为了缓解自己的恐惧，奥法当然会坚持交换新娘对双方都有利，并要求查理曼把自己的一个女儿嫁到麦西亚。在这种（诚然是推测性的）情况下，不难想象为何法兰克国王会"有些愤怒"：他曾提议将他的女儿作为和平献礼，但奥法试图将其变成一场人质交换。

他们之间的分歧持续了多久尚不清楚，但到了796年上半年，他们之间的关系显然已经得到了修复，原因是查理曼用最热情的口吻给奥法写了一封信。信中他称这位麦西亚国王是"他最亲爱的兄弟"，并且表达了为了两国人民的共同利益"解开仇恨之结"的愿望。正如所暗示的那样，这封信的大部分内容都与贸易的恢复和监管有关。查理曼更新了早先的规定，考虑到朝圣者们单纯是为了虔诚朝拜，而不是仅仅寻求逃避费用的商人，因此允许从不列颠前往罗马的朝圣者在途经法兰克王国时无须支付通行费。至于真正的商人，法兰克国王给予他们保护，并允许他们在受到折磨或压迫时向他的法官提出上诉。他还要求奥法确保从他的王国出口到法兰克王国的斗篷与以前一样大。从后来一位加洛林王朝编年史家讲述的故事来看，这显然是查理曼自己关心的问题。"这些小布条有什么用，"在看到一件剪得太短的进口斗篷时他不耐烦地说道，"躺在床上时无法遮盖住自己，骑马时不能遮风挡雨保护自己，去茅厕时不得不忍受痛苦，原因是腿会（因为盖不到）冻僵。"[57]

尽管所有这些细节都很有意思，但这封信非常重要，原因在于它给我们讲述了有关奥法权力的内容。查理曼称奥法是他的兄弟，这无疑是在奉承这位麦西亚国王，暗示他们两人身份平等，因为就领土而言，他自己的领地至少要比奥法大十倍。尽管如此，查理曼在其他方面承认奥法在不列颠南部具备影响力的事实。在信的结尾，他提到他赠送的几件礼物——一条腰带、一把"匈人"剑和两件丝质斗篷，这些是送给奥法本人的，以及赠给所有盎格鲁-撒克逊主教的类似斗篷和法衣。他解释说，其中一些法衣是为诺森布里亚的主教准备的，而其余的则是为"你的王国"中的主教们准备的。换句话说，他认为麦西亚国王是亨伯河以南所有不列颠地区的统治者，到这个时候，这是一个完全合理的评价。正如我们所知道的，当时奥法已经吞并了肯特和萨塞克斯，并在威塞克斯享有间接权威，这要归功于他顺从的女婿。事实上，如果他不能关闭南部海岸的所有港口，他几乎不可能实施有效的贸易禁运。由于我们对八世纪的东盎格利亚几乎一无所知，因此他是否能够在东部海岸同样这样做值得商榷。奥法在他统治初期发行的一些钱币是在伊普斯威奇铸造的，这表明他一定在那里行使了一定程度的政治支配权力。但后来以东盎格利亚国王埃塞尔伯特的名义发行了钱币，表明这种控制力可能在八世纪八十年代失去了。如果是这样，在查理曼寄出他的信之前不久，这种控制力又恢复了。"在这一年，"《盎格鲁-撒克逊编年史》在794年条目中写道，"麦西亚国王奥法将埃塞尔伯特斩首了。"[58]

查理曼的信件中还揭示了另一个内幕，当时他曾暗示般地提到奥法之前要求过的"黑石头"。这种黑石头此前曾让学者们感到困惑，他们长期以来认为这一定是指用黑色火山岩制成的用于研磨谷物的磨石——有时候人们会将这种磨石从法兰克带到不列颠。但查理曼的补充评述清楚地表明，这里所讨论的石头比磨石更特别。他要求奥法派信使准确解释奥法心目中是什么类型的石头，特别是需要多长的石头，然后他承诺帮助找到它们并安排运输事宜。显然，这些不是普通的石头。如果没有王室的帮助，人们很难找到和转移这些石头，它们精确的长度是一个至关重要的问题。

最有说服力的解释是，这些石头是黑色斑岩柱。由于查理曼自己钟爱斑岩柱，这种商品最近变得非常受欢迎。从他自己的信件中我们可以看出，这位法兰克国王习惯于从意大利的古罗马建筑中获得最有价值的材料，将它们运送到阿尔卑斯山以外数百英里的地方，然后在他自己位于法兰克王国的建筑项目中重复使用这些材料。从他给奥法写信大概同一时间开始，他在亚琛的著名小教堂就有了这样的黑色柱子。斑岩因其稀有而特别珍贵——黑色品种最初是在埃及的采石场开采的——而且它与帝国的过去有关。在追求名望的过程中，查理曼大量借鉴了罗马的先例。他发行的钱币、他的立法以及他的宫廷制作的手稿，都证明了他复兴帝国的决心，以至于自十九世纪以来，历史学家们一直在谈论"加洛林文艺复兴"。在796年写给奥法的信中，查理曼不仅称自己为"法兰克和伦巴第之王"，还称自己为"罗马贵族"，这是在他征服意大利后教宗授予他的头衔。仅仅四年后，他获得了一个新的头衔，在800年圣诞节那天，教宗在罗马为他加冕并傅油，将他提升为皇帝。[59]

奥法目睹了古罗马理想的复兴，并希望得到同样的结果。他发行的钱币和他儿子的祝圣，都表明他已经有意识地模仿加洛林王朝追求罗马风格的做法。因此，北安普敦郡布里克斯沃思的大教堂可能也是这种情况，根据考古，其年代可追溯到八世纪末或九世纪初，但几乎可以肯定它是奥法统治时期的产物（见彩图12）。建造它所使用的瓦片、砖块和石块都是罗马风格，从大约二十五英里外的莱斯特废墟中艰难地拖运而来。如果黑色斑岩柱是皇权的必备象征，奥法大概希望将它们用于一些类似但现在已消失的建筑项目。当然，我们不知道他是否收到过黑色斑岩柱，或者如果有人把黑色斑岩柱运来，这位国王可能会把它们安置在哪里。可能的竞争地点是塔姆沃思，这位国王在他统治后期似乎一直在建造一处永久的王家住所；或者巴斯，他的儿子埃格弗里思于796年晚些时候在那里举行了集会。在这位麦西亚国王回复亚琛的时候，这两个地点都可能是候选地。[60]

毫无疑问，奥法渴望与查理曼拥有相同的帝国标志。归根结底，这一点可能是打开他著名的堤坝之谜的线索。即使在今天，人们仍然会不自觉地把以他的名字命名的这个土方工程与建于不列颠北部的两座长城进行比较，仅这一点就足以成为一位想要以类似方式展示自己的国王的灵感。但是在八世纪，大沟渠也成了象征整个欧洲复兴的某种标志。统治者们在远至丹麦和保加利亚的地方建造或修葺了这些大沟渠。793年，查理曼试图在美因河和多瑙河之间修建一条运河。为了建造该工程，这位国王召集了一支五六千人的劳动力队伍，集体转移了大约一百万立方米的泥土。一些人推测，也许彰显权威至少是一部分原因。由于这些沟渠都不是特别有效的军事屏障，因此建造它们的动机可能源于意识形态而非实际需求。它们规模很大，令人印象深刻，散发着皇权的强烈气息：这正是统治者权威非常显眼的展示。因此，奥法堤坝很可能是又一次以帝国方式展示权力的做法，其目的更多是服务政治而非实际需求。[61]

但为什么建造它是针对布立吞人而不是诺森布里亚人、东盎格鲁人或者西撒克逊人的呢？答案几乎是肯定的，因为尽管他们之间存在着非常真实并且有时非常明显的差异，但到那时，这些盎格鲁-撒克逊王国里的人民将自己视为一个单一的族群——一个我们可以开始合理地将其表述为"英吉利人"的族群。当然，这个词源自"盎格利"（*Angli*）或盎格鲁人，早些时候它代表泰晤士河以北的定居民族——东盎格鲁人、麦西亚人和诺森布里亚人。但到了八世纪，人们越来越多地使用"盎格利"作为一个通用术语来描述不列颠**所有**讲日耳曼语的民族，包括那些有时候被称为撒克逊人和朱特人的民族。例如，比德有时使用狭义的"盎格利"，指代诺森布里亚人。但他更频繁地使用盎格鲁族（*gens Anglorum*）一词来表示"英吉利人民"之类的意思，尤其是用在了他最著名的著作《英吉利教会史》的标题中，该著作于731年写成。

词汇上的趋势并非都是单向的。比德可能偏爱"盎格利"，因为这是伟大的格雷戈里使用的通用术语，格雷戈里在他的书信中以及在描述他在奴隶市场的传奇遭遇时都用过这个术语，但有证据表明，在八世纪初，即使是坎特伯雷大主教偶尔也会使用"撒克逊"一词来指代相同的意思。在某种程度上，这两个词已经可以互换。然而，人们可以明显地感觉到，"盎格利"正在领先。在他著名的736年特许状中，麦西亚的埃塞尔博尔德将自己描述为"南方盎格鲁人"（*sutangli*）的统治者，这个词显然不仅涵盖麦西亚和东盎格利亚的民族，还包括萨塞克斯、威塞克斯、埃塞克斯和肯特的民族。在738年的一封信中，出生于西撒克逊的卜尼法斯承认他与他所希望皈依的大陆撒克逊人之间存在祖先上的联系，称他们是"血脉相连"。然而，当他给家里写信请教友们为他的成功祈祷时，他称他们为"英吉利族"，并称自己为"同一种族的本地人"。九年后，这位主教写下了他那段谴责埃塞尔博尔德的著名的话语，称这位国王"挥舞着帝国统治英吉利人民的光荣权杖"。[62]

如果说麦西亚人、撒克逊人和诺森布里亚人彼此之间的亲缘感越来越强，那么他们对布立吞人的好感度也会越来越低。正如我们在第一章中看到的那样，在移民时期来到不列颠的蛮族定居者似乎在罗马不列颠文化中没有发现什么他们认为值得效仿的东西。如果他们与罗马不列颠人一起生活，他们会认为他们地位低下，既不接受他们的语言，也不接受他们的习俗。在整个欧洲，说日耳曼语的民族不管在哪里遇到罗马社区，都称他们为*walas*，意思是"外国人"或"陌生人"。在法语中，*walas*这个词是"高卢人"和"瓦龙人"两个词的词源（比如在比利时的法语区）。在英语中，它是"威尔士"和"威尔士人"这两个词的词根，但直到十二世纪它才获得那些词现在所传达的特定地理含义。在古英语中，*wealas* 指代所有布立吞人，不论他们居住在威尔士、康沃尔还是坎布里亚。它也适用于盎格鲁-撒克逊地区的布立吞人飞地，产生了"沃尔顿"这个地名，并成为奴隶（*walh*）的同义词。它最早用于盎格鲁-撒克逊文本中的情况出现在七世纪后期编纂的威塞克斯国王伊尼的法律中，该法律反复区分英吉利人和非英吉利人。不论在哪种情况下，成为非英吉利人都意味着情况更糟。[63]

尽管在法兰克王国，法兰克人和高卢人之间的敌意随着时间的推移消失了，但在不列颠，这种敌意只会变得更深。其中一个原因似乎很清楚，就是语言不同。盎格鲁-撒克逊人尽管根源不同，但可以相互理解，而他们对布立吞语言则感到困惑。另一个原因是他们之间产生了严重的宗教分歧。布立吞人当然保留了罗马帝国晚期的基督教，而盎格鲁-撒克逊人却仍然是异教徒。一旦新来者皈依基督教，双方之间的关系不但没有改善，反而变得更糟。比德谴责布立吞人，原因是"他们从未向与他们一起居住在不列颠的撒克逊人或盎格鲁人宣扬基督教信仰"。这种说法几乎可以肯定是不公平且不真实的，原因在于我们有充分的理由相信布立吞人一定让一些新定居者皈依了基督教。但其相互敌视的主要原因仍然是在复活节日期上的分歧。根据比德的说法，布立吞教会领导人不接受圣奥古斯丁在这个问题上的权威，无论圣徒还是历史学家都不会原谅他们犯的这个错误。当诺森布里亚的异教徒国王埃塞尔弗里思随后在切斯特的一场战斗中屠杀了数百名布立吞修道士和神父时，比德的态度基本上是"他们罪有应得"。在731年完成他的《英吉利教会史》时，他觉得可以积极地评价其他凯尔特民族了。他向爱尔兰人表达了敬意，原因是爱尔兰人在让诺森布里亚人皈依过程中发挥了积极作用。他甚至还赞扬了皮克特人，原因是他们最近开始信教。但是对于布立吞人，比德叹气道，布立吞人

"通过他们天生的仇恨来反对英吉利人，通过他们不正确的复活节日期推算和邪恶的习俗来反对整个天主教会"。这种仇恨确实根深蒂固，以至于当布立吞人最终在768年采用罗马复活节时，几乎也没有任何变化。《圣古思拉克生平》的作者认为，他们是"撒克逊民族危险的敌人"。[64]

在这种背景下，很容易理解为什么奥法决定在他的西部边境建造堤坝。曾几何时，这个边境地区很容易遭到渗透，原因在于这是一个日耳曼定居者和本土布立吞人重叠的区域。（回想一下这也是恰当的做法，因为"麦西亚人"这个词本身的意思就是"边境居民"。）但是在八世纪，英吉利人和布立吞人的族群认同感更加清晰，因此他们之间的敌意也随之加剧。学者们注意到，与威尔士西部接壤的什罗普郡的布立吞地名比其东部的斯塔福德郡少得多。对这种特殊情况的一个合理解释是，在八世纪，麦西亚西部边境的社区变得比靠近其中心的社区更加英吉利化，以便将自己与西部的布立吞人区分开来。该地区以前可能被认定为布立吞人的人一定接受了英吉利习俗，学会了说英吉利语，并为他们的定居点取了新的英吉利名字。[65]

奥法的职业生涯表明，他决心将亨伯河以南的所有盎格鲁-撒克逊王国置于他的统治之下，而他做到这一点的主要手段是使用武力——对肯特、萨塞克斯和威塞克斯发动战争，并将东盎格利亚国王斩首。但即使是残暴的帝国建设者也需要意识形态的道具来巩固他们用剑赢得的权力。就奥法来说，我们可以看到他是如何有意识地复制查理曼使用的帝国象征主义的，而查理曼又在模仿罗马帝国的形象。出于同样的目的，奥法也有可能试图利用他所统治的各不同民族之间日益增长的民族团结意识。在八世纪八十年代发布的一些特许状中，他采用了"英吉利人之王"（盎格鲁国王，*rex Anglorum*）的头衔。遗憾的是，这些特许状的原件都没有幸存下来，一些专家认为"英吉利人之王"是后来抄写者引入的不合时宜的东西。如果奥法确实使用了这个头衔，那他在八世纪七十年代之后就不再使用了，此后他只被称为"麦西亚人之王"。"但鼓励不同民族加强团结的另一种做法是明确一个共同的敌人——一个"其他"种族，这样他们就可以界定他们自己。对于八世纪的英吉利人来说，这个"其他"明显是指非英吉利人——他们西部的"陌生人"。奥法决定建立一座屏障隔离他们，阻碍旅行和贸易，甚至可能改善了居住在边境附近他的臣民的安全状况。但除此之外，他还以中世纪早期统治者最明显的方式强调了一侧布立吞人和另一侧英吉利人之间的差异。

奥法在收到查理曼的信后不久，于796年7月29日去世。他的死亡背景和地点尚不清楚。考虑到他的年龄，他似乎很可能死于自然原因，此外也没有哪位编年史家或者写信人提到过任何谋杀行为。他的埋葬地点也不为人知，但后来的传说认为是贝德福德。[67]

毫无疑问，他是到那时为止最强大的盎格鲁-撒克逊统治者——他使亨伯河以南的其他王国屈从于他的意志，并在不同程度上依赖于他，甚至在某些情况下完全消除了他们的王权。"你是不列颠的荣耀，"约克的阿尔昆在他去世前十年的某个时间写给他的一封信中告诉他说，"你是宣言的号角，是对抗敌人的刀剑，是对抗敌人的盾牌。"阿尔昆这样说是出于奉承，而且说得很谨慎，原因是他很清楚奥法的手段，这些手段在大多数情况下对我们来说是不可见的，甚至可能是恶毒的。即使奥法试图给人们灌输一种恐惧，让他们知道杀害受膏国王的人会在永恒的地狱之火中燃烧，他也很高兴能将东盎格利亚那位可能未经受膏的国王斩首。看来，除了除掉其他王国的统治者外，他还可能同样冷酷无情地在麦西亚境内安插了潜在对手，以确保他的儿子埃格弗里思顺利继位。在后来的一封信中评论埃格弗里思时（阿尔昆知道奥法已经去世，可以放心地评论），阿尔昆回忆起"他的父亲为了保护儿子的王国杀了多少人"。果然，九年前祝圣的埃格弗里思在同年夏天继任麦西亚国王。[68]

虽然付出了如此多的努力，杀了如此多的人，但奥法的王朝计划最终还是落空了。仅仅几个月后，他的儿子就跟随他而去，于12月17日辞世。阿尔昆现在拥有后见之明的智慧，他认为这个年轻人的提早离世是上帝对他父亲罪恶的报复。他断言，奥法杀的所有人，"并没有让他的王国更加稳固，而是毁灭了它"。[69]

死亡、罪恶、上帝的惩罚、毁灭——这些年来，这些主题一直萦绕在阿尔昆的脑海中，并在他所有的信件中不停地回响。他告诉约克大主教："在不列颠，每个时代都充满了危险，国王的死就是痛苦的标志。"但也有其他标志。797年，在他写给肯特人民的一封信中，他甚至提到了近三个世纪前吉尔达斯所写的《不列颠的毁灭》。他提醒他的读者，布立吞人曾经享受过上帝的恩惠，但由于犯罪和相互争斗而失去了它。结果，他们受到了盎格鲁-撒克逊人入侵的惩罚。由于上帝现在正以完全相同的方式惩罚英吉利人，因此阿尔昆再次看到了这种情况发生。

"看哪，这是以前从未听说过的事情，"他警告说，"一个异教民族竟然习惯性地在袭击和劫掠我们的海岸。"[70]

注　释

1 R. R. Davies, *The Age of Conquest: Wales 1063–1415* (Oxford, 2000), 3–4.

2 K. Ray and I. Bapty, *Offa's Dyke: Landscape and Hegemony in Eighth-Century Britain* (Oxford, 2016), 56, 127–128; M. Worthington, 'Offa's Dyke', *Æthelbald and Offa: Two Eighth-Century Kings of Mercia* (BAR British Series, 383, 2005), 91; P. Squatriti, 'Digging Ditches in Early Medieval Europe', *Past & Present*, 176 (2002), 21.

3 D. J. Tyler, 'Offa's Dyke: A Historiographical Reappraisal', *Journal of Medieval History*, 37 (2011), 147–149.

4 Asser's *Life of King Alfred* in Keynes and Lapidge, 71; Ray and Bapty, *Offa's Dyke*, 23–25.

5 Ibid., 25–29; Higham and M. J. Ryan, *The Anglo-Saxon World*, 52–54. On the Wansdyke, see T. Malim, 'Grim's Ditch, Wansdyke and the Ancient Highways of England: Linear Monuments and

Political Control', *Proceedings of the Clifton Antiquarian Club*, 9 (2010), 148‒179.

6 Above, 79‒81, 115‒119.

7 Naismith, *Citadel of the Saxons*, 40‒55; *A Choice of Anglo-Saxon Verse*, ed. and trans. R. Harmer (1970), 26‒27, 110‒111, 180‒181.

8 Naismith, *Citadel of the Saxons*, 2, 10, 14.

9 Maddicott, 'Prosperity and Power', 58‒59; P. Sawyer, *The Wealth of Anglo-Saxon England* (Oxford, 2013), 52‒60.

10 R. Cowie, 'Mercian London', *Mercia: An Anglo-Saxon Kingdom in Europe*, ed. M. P. Brown and C. A. Farr (Leicester, 2001), 195, 198‒201; Naismith, *Citadel of the Saxons*, 80‒89.

11 Maddicott, 'Prosperity and Power', 53‒54, 57‒60; K. Ulmschneider, 'Settlement, Economy, and the "Productive" Site: Middle Anglo-Saxon Lincolnshire AD 650‒780', *Medieval Archaeology*, 44 (2000), 68.

12 Bede's *Ecclesiastical History of the English People*, 142‒143; Naismith, *Citadel of the Saxons*, 73‒76, 80‒81.

13 J. R. Maddicott, 'London and Droitwich, c.650‒750: Trade, Industry and the Rise of Mercia', *Anglo-Saxon England*, 34 (2005), 16‒23.

14 Ibid., 21‒24, 49‒50, 57‒58; *Anglo-Saxons*, ed. Campbell, 95‒98.

15 Maddicott, 'London and Droitwich', 13, 16; *English Historical Documents*, i, 173‒175, 266.

16 S. E. Kelly, 'Æthelbald', *The Oxford Dictionary of National Biography*; *English Historical Documents*, i, 492‒194; Bede's *Ecclesiastical History of the English People*, 558‒559.

17 Mayr-Harting, *Coming of Christianity*, 262‒274.

18 I. N. Wood, 'Boniface', *The Oxford Dictionary of National Biography*.

19 *English Historical Documents*, i, 816‒817.

20 Ibid., 820.

21 Ibid., 804‒806; Yorke, *Kings and Kingdoms*, 91, 163‒164.

22 *S. Bonifatii et S. Lullii Epistolae*, ed. M. Tangl (Monumenta Germaniae Historica: Epistolae Selectae, i, Berlin, 1916), 171 (no. 78).

23 Ray and Bapty, *Offa's Dyke*, 108; L. Hayes and T. Malim, 'The Date and Nature of Wat's Dyke: A Reassessment in the Light of Recent Investigations at Gobowen, Shropshire', *Anglo-Saxon Studies in Archaeology and History*, 15 (2008), 147‒179.

24 S. Keynes, 'The Reconstruction of a Burnt Cottonian Manuscript: The Case of MS. Otho A. I', *British Library Journal*, 22 (1996), 137; esawyer.lib.cam.ac.uk 92.

25 Blair, *Building Anglo-Saxon England*, 189‒191.

26 N. Brooks, 'The Development of Military Obligations in Eighth- and Ninth-Century England', *England Before the Conquest: Studies in primary sources presented to Dorothy Whitelock*, ed. P. Clemoes and K. Hughes (Cambridge, 1971); Blair, *Building Anglo-Saxon England*, 114‒115, 190‒193.

27 *English Historical Documents*, i, 173‒175, 266.

28 Ibid., 771‒775.

29 例如，在公元七世纪中叶，麦西亚和诺森布里亚曾激烈争夺过较小的林齐王国的控制权，但在公元679年之后这种争夺就不存在了，原因在于当时林齐王国已经永久并入了麦西亚。公元743年，埃塞尔博尔德与威塞克斯王国的卡思雷德组成联盟，共同对抗布立吞人。Yorke, *Kings and Kingdoms*, 79, 105; *English Historical Documents*, i, 174.

30 G. Halsall, *Worlds of Arthur*, 303; Maddicott, 'Two Frontier Kingdoms', 42‒43; T. M. Charles-Edwards, *Wales and the Britons, 350‒1064* (Oxford, 2013), 27.

31 *English Historical Documents*, i, 266, 286.

32 *The Wiley Blackwell Encyclopedia of Anglo-Saxon England*, 204–206; Charles-Edwards, *Wales and the Britons*, 419, 434–435.

33 esawyer.lib.cam.ac.uk 105; Stenton, *Anglo-Saxon England*, 206–207; Brooks, *Early History*, 111–112.

34 Ibid., 112–113; *English Historical Documents*, i, 268; esawyer.lib.cam.ac.uk 108; Stenton, *Anglo-Saxon England*, 208–209.

35 Ibid., 207; Brooks, *Early History*, 113; *English Historical Documents*, i, 178.

36 Charles-Edwards, *Wales and the Britons*, 414–419. 如果希恩根出生在780年之前，他在去世时应该已经超过七十四岁了。如果他出生在790年之后，他在继任时还不到十八岁。这两种情况都不可能，似乎更有可能的情况是，他的出生日期在这两个时间点之间。

37 D. Hill, 'Offa's Dyke: Pattern and Purpose', *The Antiquaries Journal*, 80 (2000), 200–201.

38 Ibid., 195–206; Worthington, 'Offa's Dyke', 91–95.

39 Ray and Bapty, *Offa's Dyke*, 270.

40 E.g. M. Wood, *In Search of the Dark Ages* (new edn, 2006), 101. Cf. Tyler, 'Offa's Dyke', 153, 157.

41 S. Keynes, 'The Kingdom of the Mercians in the Eighth Century', *Æthelbald and Offa: Two Eighth-Century Kings of Mercia*, 10; *Anglo-Saxons*, ed. Campbell, 119; Worthington, 'Offa's Dyke', 91–95; Tyler, 'Offa's Dyke', 152–153.

42 Stenton, *Anglo-Saxon England*, 217–218; Brooks, *Early History*, 113–114.

43 D. M. Metcalf, 'Betwixt Sceattas and Offa's Pence: Mint-Attributions and the Chronology of a Recession', *British Numismatic Journal*, 79 (2009), 1–33.

44 Maddicott, 'Prosperity and Power', 52, 65; R. Naismith, 'The Coinage of Offa Revisited', *British Numismatic Journal*, 80 (2010), 77–79.

45 Ibid., 84–85; R. Naismith, *Money and Power in Anglo-Saxon England: The Southern English Kingdoms, 757–865* (Cambridge, 2012), 8, 54–58, 100–101, 206.

46 Ibid., 62–64; *English Historical Documents*, i, 817, 820; Kelly, 'Offa', *The Oxford Dictionary of National Biography*.

47 Ibid.; *English Historical Documents*, i, 773.

48 Wickham, *Inheritance of Rome*, 376–378; Keynes, 'Kingdom of the Mercians', 15.

49 *English Historical Documents*, i, 860; Brooks, *Early History*, 114–117.

50 Ibid., 117–118; *English Historical Documents*, i, 836–840.

51 Ibid., 180, 860, 862; Brooks, *Early History*, 118–120.

52 H. Edwards, 'Cynewulf', *The Oxford Dictionary of National Biography*; *English Historical Documents*, i, 175–176, 179–180, 837.

53 Ibid., 175–176. For discussion, see e.g. H. Kleinschmidt, 'The Old English Annal for 757 and West Saxon Dynastic Strife', *Journal of Medieval History*, 22 (1996); B. Yorke, 'The Representation of Early West Saxon History in the Anglo-Saxon Chronicle', *Reading the Anglo-Saxon Chronicle. Language, Literature, History*, ed. A. Jorgensen (Turnhout, 2010), 142–148.

54 H. Edwards, 'Beorhtric', *The Oxford Dictionary of National Biography*; S. E. Kelly, 'Offa', *The Oxford Dictionary of National Biography*; *English Historical Documents*, i, 180, 187.

55 S. Allott, *Alcuin of York: His Life and Letters* (York, 1974), 16, 43 (nos. 10 and 31); *English Historical Documents*, i, 341.

56 Ibid., 180, 187, 848.

57 Ibid., 848–849; J. L. Nelson, 'Carolingian Contacts', *Mercia: An Anglo-Saxon Kingdom in Europe*, ed. M. P. Brown and C. A. Farr (Leicester, 2001), 142.

58 Ibid., 129; *English Historical Documents*, i, 181, 849; Naismith, 'Coinage of Offa Revisited', 79; G. Williams, 'Mercian Coinage and Authority', *Mercia: An Anglo-Saxon Kingdom in Europe*, ed. Brown and Farr, 215.

59 *English Historical Documents*, i, 848–849; D. P. S. Peacock, 'Charlemagne's Black Stones: The Re-Use of Roman Columns in Early Medieval Europe', *Antiquity*, 71 (1997), 709–715; R. Prien, 'The Copy of an Empire? Charlemagne, the Carolingian Renaissance and Early Medieval Perception of Late Antiquity', *The Transformative Power of the Copy*, ed. C. Forberg and P. Stockhammer (Heidelberg, 2017), 309–329.

60 D. Parsons and D. Sutherland, *The Anglo-Saxon Church of All Saints, Brixworth, Northamptonshire: Survey, Excavation and Analysis, 1972–2010* (Oxford, 2013), xxii–xxiii, 232–233; J. Blair, *The Church in Anglo-Saxon Society* (Oxford, 2005), 274–277.

61 Squatriti, 'Digging Ditches', 11–65; Tyler, 'Offa's Dyke', 159–161.

62 T. M. Charles-Edwards, 'The Making of Nations in Britain and Ireland in the Early Middle Ages', *Lordship and Learning: Studies in Memory of Trevor Aston* (Woodbridge, 2004), 17–18; *English Historical Documents*, i, 494, 812–813, 816.

63 Above, 36–37; Charles-Edwards, 'Making of Nations', 13–14, 20; idem, *Wales and the Britons*, 1–2, 424; *English Historical Documents*, i, 398–407.

64 Charles-Edwards, 'Making of Nations', 20; idem, *Wales and the Britons*, 226–241, 424, 427; Bede's *Ecclesiastical History of the English People*, 140–143, 552–555, 560–561; *English Historical Documents*, i, 773.

65 Above, 78; Charles-Edwards, *Wales and the Britons*, 421–422.

66 Keynes, 'Kingdom of the Mercians', 3–6. Cf. Kelly, 'Offa', *The Oxford Dictionary of National Biography*, and Brooks, *Early History*, 113.

67 Kelly, 'Offa', *The Oxford Dictionary of National Biography*. 例如，诺森布里亚国王埃塞尔雷德于公元796年被杀，阿尔昆为其悲痛不已，但对奥法国王的去世却没有表现出类似的悲痛。

68 *English Historical Documents*, i, 846, 855.

69 Ibid., 855; Keynes, 'Kingdom of the Mercians', 17.

70 Allott, *Alcuin of York*, 10, 65–66 (nos. 7 and 50).

爱奥那

林迪斯法恩

北海

贾罗

阿马

凯尔斯

都柏林

爱尔兰海

约克

尊伯河

特伦特河

诺丁汉

什鲁斯伯里

利奇菲尔德

塞文河

塞特福德

贝里

多雷斯塔德

莱茵河

泰晤士河

雷丁

伦敦

坎特伯雷

萨尼特

贝辛

金斯顿

利明奇

卡汉普顿

哈姆威克

温伯恩

波特兰

英吉利海峡

亚眠

努瓦永

马恩河

巴约

蓬德拉什尔

巴黎

伊勒莱维勒努瓦

塞纳河

沙特尔

卢瓦尔河

奥尔良

图尔

南特

努瓦尔穆捷

比斯开湾

桑特

佩里格

波尔多

加龙河

图卢兹

| 0 | 25 | 50 | 75 | 100 | 125 英里 |
| 0 | 50 | 100 | 150 | 200 千米 |

第五章

来自北方的风暴：
维京人对不列颠和法兰克的入侵

在793年年初的几个月里，诺森布里亚人被一系列的凶兆吓坏了。根据《盎格鲁-撒克逊编年史》的记述，并借鉴现已失传的较早期的一组北方编年史，当时出现了大风、闪电，"人们还看到空中有飞舞的火龙"——这可能是由北极光造成的幻象，这种景象有时可以在诺森布里亚的天空中看到。约克的阿尔昆在同年写的一封信中写道，在四旬斋期间，他家乡城市的大教堂被雨水淋成了血红的颜色。天上的这些迹象被视为即将发生可怕事情的一种警告，果然，这个王国在春天就遭受了可怕的饥荒。

但这仅仅是开始。6月8日，一群被《编年史》称为"异教徒"的人乘船在林迪斯法恩岛上登陆，掠夺了那里的修道院，并屠杀了许多修道士。阿尔昆惊恐万分地描述了教堂的祭坛里如何洒满了血，圣徒的坟墓如何被踩在脚下。他还透露，那些来访者除了偷走修道院的珍贵装饰品外，还抓住了一些修道院里的年轻人，并将他们囚禁起来，可能是作为奴隶出售。

793年夏天袭击林迪斯法恩的那群"异教徒"在今天更广为人所知，他们就是维京人，而《编年史》和阿尔昆所描述的那次袭击是最早的可确定年代的维京人袭击不列颠的事件。在此之前的几年中显然

来自林迪斯法恩的一块九世纪的纪念石碑，上面显示了武装分子发起的袭击

还发生过其他几次袭击：奥法国王在792年颁布的一份特许状提供了最早的参考，其中提到"海上异教徒与迁徙船队"。但是对林迪斯法恩的那次袭击影响深远，其冲击波震撼了整个欧洲。阿尔昆在加洛林宫廷写给诺森布里亚国王的一封信中说："在不列颠从未见过由异教民族制造的这种暴行。"他提醒诺森布里亚国王，林迪斯法恩是北方基督教的摇篮，也是圣徒卡思伯特遗骨安葬的地方。他哀叹道，就在"我们国家基督教兴起的地方，灾难与不幸已经来临"。[1]

谁是维京人？他们通俗的形象就是头戴尖角帽、胡须粗而浓密、驾着龙头船只的斯堪的纳维亚海员，在中世纪早期突袭和劫掠欧洲海岸，这是一个很好的讲述他们故事的起点。有两个最明显的不合时宜的地方，一个是角状的帽子——遗憾的是，这是十九世纪的发明，在戏剧服装设计师的推动下流行开来——另一个是"维京"这个词本身。同样，这个词也只是在十九世纪才流行起来，当时人们着迷于挪威传奇和传说，其中确实出现了"维京"一词。但这些传奇是在十二世纪和十三世纪写成的，远在他们声称要描述的事件很久之后。早在九世纪，"维京"这个词只能在少数几篇文献中找到，而且只能在古英语文本中找到。因此，它的起源存在争议，对此人们至少提出了六种观点。它可能源自挪威南部的一个地区维肯郡，或源自古挪威语中的"海湾"一词 vik，或源自古英语中的 wic，意为维京人经常袭击的商业定居点。不管它的起源是什么，它显然意味着"海盗"或"掠夺者"之类的东西。但他们在不列颠和法兰克的受害者几乎总是使用其他术语来称呼维京人，比如"丹麦人"、"异教徒"、"不开化的人"或"北方人"。[2]

如上所述，主要问题是我们几乎不知道维京人如何看待自己，因为他们是异教徒，是文盲，而在几个世纪后他们最终写下的传奇故事无法可靠地描述他们最初的动机。例如，十一世纪有一份史料是讲述维京人总人数的，对此人们争论说，由于他们国家的人口太多，促使他们开始到处迁徙。但直到实施了几十年的袭击之后，维京人才表现出在斯堪的纳维亚半岛以外获得土地并定居的愿望。他们首先寻求的是可移动的财富——黄金、白银和奴隶。这导致了最近的一个论点，即他们想要凭借这些财富来参与他们国家的政治。这种政治竞争变得越来越激烈，类似于两个世纪前形成盎格鲁-撒克逊王国的那种地位和权力的竞争。

一个更直接的解释是，斯堪的纳维亚人开始攫取这些他们认为需要他们夺取的财富。此前不列颠和法兰克的基督教民族与北方的异教民族之间曾有过大量的接触。公元七八世纪发展并繁荣起来的贸易网络横跨北海，并延伸至波罗的海。因此，他们之间也出现过文化互动。在林迪斯法恩遇袭之后，阿尔昆写信给诺森布里亚国王，批评他在剪头发和胡须的方式上模仿异教徒的时尚。

尽管斯堪的纳维亚人与他们的基督教邻国开展贸易，但他们贸易的地点总是在边境地区。法兰克和不列颠的商业定居点蓬勃发展，那些国王和修道院靠利润发了财，但这些财富中只有很少一部分能流向那些在寒冷的北方圈养动物并把动物皮毛带到在伦敦或亚琛进行买卖的人。前一个世纪的急速经济增长造成了富人和穷人之间的巨大差距。斯堪的纳维亚人对南部王国富有的沿海社区了如指掌，但他们也知道那些社区是不加防御的。[3]

在突袭开始前不久，航海技术似乎也取得了进步。斯堪的纳维亚民族拥有可以追溯到几千年前的船舶经验，并且擅长建造造型优美的船舶，能够在海湾或岛屿之间进行短距离航行。但是这些船是由桨驱动的，而且诸如此类的证据表明，他们可能是后来才使用船帆的民族，而南方很早之前就已经使用船帆了。给快速航行的船只装上船帆可能是关键进步，使得维京人能够直接穿越北海前往不列颠，让他们能够在不受到任何警告的情况下出现在地平线上，而不必在海岸附近做之字形航行。阿尔昆当然对斯堪的纳维亚袭击者能够到达林迪斯法恩感到惊讶。他对诺森布里亚国王说："这样的航行出人意料。"[4]

最后，维京人发起袭击可能存在意识形态方面的因素。据我们所知，异教信仰本身并没有任何东西迫使其信奉者攻击和杀害不信奉异教的人。然而，对于八世纪的基督徒来说，情况正好相反。像卜尼法斯这样的不列颠传教士可能希望通过布道来改变欧洲大陆撒克逊人的信仰，理由是他们血缘相同，但他的继任者所采取的方式是武力推行基督教。772年，当查理曼开始他与撒克逊人的长期战争时，他摧毁了他们的圣树伊尔明苏尔，并且当撒克逊人十年后发动叛乱时，这位国王在威悉河畔将四千五百人斩首。这场"圣战"一定让更北边的异教徒感到他们的宗教和生活方式受到了威胁，也许这让他们中的一些人相信是时候反击了。如果他们劫掠了像林迪斯法恩这样的修道院，那无疑是因为它们是软弱的、孤立的目标，坐落在海岸边便于袭击的位置，几乎是在乞求别人偷窃它们丰富的财产；但这也是因为攻击它们是在意识形态上打击基督教压迫的一种方式。[5]

在基督徒眼中，维京人准备侵犯基督教圣地这一事实是如此骇人听闻。尽管他们以异常凶猛著称，但事实上他们并不比不列颠或法兰克的战士更暴力。但是这些地区的基督教统治者很少——如果曾经有的话——会针对教会，原因是他们害怕受到社会的谴责和上帝的报应。基督教和阿拉伯作家也对维京人用人进行祭祀做了令人毛骨悚然的描述——女奴在被刺死、绞死和火化之前，会被麻醉，然后被强奸；男人会在神圣的树林里与狗和马一起被吊死。对这些遗址的考古发掘也揭示了同类相食的证据。让这种做法更加可怕的是，就在不久前，盎格鲁-撒克逊人自己一定也举行过这种仪式。他们的国王声称是沃坦的后裔，这与攻击他们的人所崇拜的奥丁没有什么不同。对于英吉利人来说，维京人的到来意味着，他们要与自己过去的异教所信奉的恶魔进行对抗。[6]

随着维京人迅速扩大他们的行动范围，在793年对林迪斯法恩进行突袭之后，他们很快又实施了其他袭击。794年，他们回到诺森布里亚，洗劫了埃格弗里思国王在一个世纪前建立的贾罗修道院。到了795年，他们已经找到了前往苏格兰西部海岸的道路，可能是通过苏格兰大峡谷，袭击了艾奥纳岛和爱尔兰海地区的其他修道院。他们袭击的绝不仅仅是修道院。在802年之前的某个时间，一群维京人在多塞特郡波特兰的威塞克斯海岸登陆，杀死了前来迎接他们的王家城镇长官，后者误以为他们是商人。[7]

法兰克王国对这些突袭的反应非常强烈。根据记载，799年，维京人首次袭击了一座法兰克修道院，攻击了南特附近努瓦尔穆捷岛上的修道士。次年，查理曼亲自前往英吉利海峡沿岸，下令组建舰队，并任命巡夜者守卫海岸线。但在不列颠，其国王缺乏采取类似举措的迹象。从北方编年史中记载的循环往复的世仇来判断，诺森布里亚的统治者可能过分专注于他们自己的战争。在南方，奥法国王坚持肯特的教堂必须提供兵役以帮助抵御异教徒的袭击，但796年他的去世破坏了所有更为宏大的计划。他的继任者们不得不应对更大的难题。[8]

正如我们所见，奥法精心策划的顺利继位的计划落空了，他的独子很快也跟着他走向了坟墓。麦西亚的王权传给了一位名叫科恩伍尔夫的新国王，他声称自己是同一王室的后裔，这可能只是一个方便的虚构之事。从他登基开始，科恩伍尔夫就不得不应对多次叛乱，原因是在奥法恫吓下屈服的民族试图摆脱麦西亚霸主的枷锁。在肯特，旧王室成员埃德伯特·普兰从流放中归来，而在东盎格利亚，一位名叫埃德瓦尔德的新国王开始以自己的名义发行钱币。

科恩伍尔夫很快解决了他的统治所面临的这些挑战。他意识到，肯特的大部分敌意是由于奥法瓜分了坎特伯雷大主教的教区，设立了新的利奇菲尔德大主教，因此他很快推翻了原来的决定：利奇菲尔德恢复了以前的普通地位，而坎特伯雷的首要地位得到恢复。在教宗的允许下，科恩伍尔夫随后入侵肯特，抓住了埃德伯特·普兰，并将他打发到麦西亚的一座修道院，在那里他失去了双手和眼睛。类似的事情可能也发生了在了东盎格利亚，原因是新国王埃德瓦尔德发行的钱币在几年后就消失了。在某些方向上，相较于奥法，科恩伍尔夫甚至将麦西亚的势力范围扩展得更远。他将埃塞克斯的国王贬为郡长，并多次发动军事远征进入威尔士，行军最远可达斯诺登尼亚山。他在最后几年过分关注于威尔士，使得科恩伍尔夫负责建造了沃茨堤坝这件事貌似合理。相较于奥法命令实施的土木防御工事，沃茨堤坝的防御性能更好。[9]

科恩伍尔夫唯一未能维持其前任权威的地区是威塞克斯。在科恩伍尔夫统治初期，西撒克逊人仍由贝奥赫特里克统治，他在奥法的帮助下驱逐了他的对手埃格伯特。但802年，埃格伯特结束了其在欧洲大陆的长期流放归国，发起了一场反麦西亚的革命。《盎格鲁-撒克逊编年史》称，一场伟大的战斗发生了：埃格伯特成为国王，而贝奥赫特里克则命丧黄泉。（可能是死于战斗，也可能是其他情况，我们不得而知。）[10]

821年科恩伍尔夫死后，其国内出现了一系列动荡，而埃格伯特则是主要的受益者。根据一份同时代的史料记载，麦西亚国王去世后，"各种首领人物——国王、主教和教堂神父之间产生了许多分歧和无数的争执"。科恩伍尔夫去世后，其兄弟切奥尔伍尔夫继位，但仅仅两年后，这位新国王就被一个名叫伯恩伍尔夫的竞争对手赶下了台。也许是为了证明自己的价值，伯恩伍尔夫向威塞克斯开战，但在战斗中被埃格伯特击败，并于次年去世。与此同时，埃格伯特一路势如破竹，大获全胜。获胜之后，他立即派出一支大军进入肯特，驱逐了它的麦西亚附庸统治者，并在随后的两年中让萨塞克斯、萨里、埃塞克斯甚至东盎格利亚都臣服于他。[11]

829年，在长期对麦西亚统治的怨恨浪潮的鼓舞下，埃格伯特率领其新领地的联军向北行进，征服了混乱的中部王国，并宣布自己为其新的统治者。那年晚些时候，他继续向北推进，接受了诺森布里亚的降服。次年他入侵威尔士，并将其所有领导人都臣服于他。《盎格鲁-撒克逊编年史》从那个世纪末开始回顾，一一列举了比德记载的不列颠七大霸主名单，并自豪地将埃格伯特加入他们的行列。其作者宣称，这位获胜的威塞克斯国王是第八位不列颠统治者。

埃格伯特的霸主地位注定不会持久。仅仅一年后，他对麦西亚的直接统治就终结了，此时他废黜的国王维格拉夫重新掌权。[12]九世纪二十年代并没有见证一个新超级大国的诞生，相反，它见证了一个旧超级大国的崩溃。麦西亚国王在亨伯河以南统治了近一个世纪，但在科恩伍尔夫去世后的十年内，他们的帝国就衰落了。从那之后，就有了四个盎格鲁-撒克逊王国：麦西亚、诺森布里亚、东盎格利亚和国土面积大幅增加的威塞克斯。

在九世纪的前三十年中，维京人一定会继续袭击这些盎格鲁-撒克逊王国。例如，科恩伍尔夫授予肯特受领者的几份特许状反复提及对异教袭击的防御措施的要求，包括建造和摧毁堡垒。在一份特许状中，这位国王把坎特伯雷的一小块土地授予了利明奇修女院的修女们，作为"必要的避难所"，万一维京人登陆的话就可以使用。利明奇距离海岸线五英里，位于北部丘陵的另一侧，这表明一些斯堪的纳维亚海盗变得更加敢于冒险，但必然的结论是人们仍然认为坎特伯雷是安全的。尽管在此期间仍然有突袭发生，但没有哪次突袭影响足够深远，以至于能够被《盎格鲁-撒克逊编年史》记载下来。这些袭击事件确实发生了，但一定是小规模和机会主义的。[13]

但在九世纪三十年代，斯堪的纳维亚人的作战行动规模急速扩大。在欧洲大陆，查理曼的继任者虔诚者路易和查理曼的儿子们之间的激烈争执助长了这种行动。查理曼最年长的儿子洛塔尔与维京人合作，并授权他们沿着弗里西亚海岸打劫。834年，他们袭击了法兰克王国最大的商业定居点多雷斯塔德，其规模与不列颠南部的主要商业定居点相当。根据当时一份被称为《圣伯丁年鉴》的同时代史料，这支维京船队摧毁了多雷斯塔德的一切。"他们杀了一些人，俘虏了一些人，烧毁了周围地区。"这是一个不祥的进展。虽然该商业定居点位于两条主要河流的交汇处，但它靠近内陆，与最近的海岸之间的距离超过三十英里。[14]

与此同时，爱尔兰海域中维京人的势力和信心也在增长。艾奥纳岛修道院是盖尔人建造的所有修道院中最古老的，它在802年第二次遭到袭击，在806年第三次遭到袭击，而且当时修道院里的六十八名修道士被杀。次年，当袭击者第四次返回时，大多数幸存者认为已经受够了，圣徒高隆巴在公元六世纪选择的这个孤立无援的地方在九世纪的新局势下简直太脆弱了。从那时起，他们搬到了爱尔兰，在凯尔斯重建了一座修道院。该修道院坐落在一个古老的山堡遗址上，距离大海有二十多英里。

虽然这对凯尔斯的修道士来说似乎已经足够好了，但爱尔兰的其他人就没有那么幸运了。至此，维京人已经在爱尔兰沿岸一路袭击，而且在接下来的几十年里，他们对内陆的袭击变得越来越大胆。尽管地方统治者有时会反击，但大多数情况下他们忙于内斗，或者因力量不足而无法抵抗。到了九世纪三十年代，斯堪的纳维亚人开始冒险进入内陆，肆无忌惮地掠夺，劫持大量奴隶，甚至俘虏主教和国王以勒索赎金。832年，距离大海二十五英里的阿马修道院在仅仅一个月内就遭到三次突袭。[15]

几乎可以肯定的是，836年在爱尔兰发起军事行动袭击了威塞克斯的那批维京人是在萨默塞特海岸登陆的。据《盎格鲁-撒克逊编年史》记载，他们乘坐了三十五艘船——由于这个数字异常庞大，因此人们很可能会认为这一点值得注意。根据船只数量推断战士数量是一门不精确的科学，原因是船只的大小各不相同。但九世纪保存最好的两艘船只——奥斯堡号维京船（彩图14）和科克斯塔德号维京船，分别拥有十五对和十六对桨孔，这意味着它们分别拥有三十名和三十二名桨手。因此，一支由三十五艘船组成的船队可以搭载一千人——这支部队几乎不能被视为突袭部队，而更像是一支入侵部队。他们这次的战术不是打了就跑，大概是打算多留一段时间，建立大本营，掠夺周边的乡村。这些都暗示威塞克斯国王埃格伯特有足够的时间组建自己的军队，并在战斗中骑马与他们对抗。发生在卡汉普顿的冲突并没有像这位所向披靡的国王所希望的那样进行。根据《编年史》中的记载，"那里发生了一场大屠杀，丹麦人控制了战场"。[16]

虽然埃格伯特能够从这次遭遇中逃脱，但在维京人手中落败一定会给他作为不列颠统治者的声誉带来沉重打击。两年后，这位国王击

科克斯塔德号维京船，建于九世纪，于1880年重新发掘出来，目前在奥斯陆的维京船博物馆展出

败了在康沃尔登陆并与康沃尔人共举相同事业的维京军队，从而消除了部分损失，但在此之后，他决定是时候刀剑入鞘了。这时距离奥法流放他已经快五十年了。即使埃格伯特当时还是个少年，到838年他也已经六十多岁了。那一年，这位国王在泰晤士河畔金斯顿召集了一次会议，他在这次会议中制订了他的未来计划。似乎是在这次会议期间，就像奥法对埃格弗里思所做的那样，他也安排了他的儿子埃塞尔伍尔夫的祝圣仪式，并希望这会让后续的王位继承变得无可争议。[17]

埃格伯特自己的打算是去罗马，他可能打算在那里度过余生。这在一定程度上是家族传统：他的两位杰出的前任卡德瓦拉和伊尼在他们的统治结束时进行了同样的旅程，并被埋葬在圣城。但埃格伯特也感到一种特别迫切的精神冲动，要进行同样的朝圣之旅。839年春天，这位国王派使者前去拜见虔诚者路易，请求允许他穿越他的国土。根据《圣伯丁年鉴》的记载，他们提醒这位皇帝要把他自己献身于臣民的灵魂。我们被告知，英吉利人最近被一位神父所经历的异象吓坏了，编年史家接着讲述了这一景象。

神父梦见一个陌生人把他带到了一个陌生的地方，那里有许多奇妙的建筑。当他走进一座教堂时，他看到很多男孩在看书，仔细一看，书上的字都是用黑色墨水和血迹交替写成的。那个陌生人解释说，血迹写成的字讲的是基督教民族的罪孽，那些男孩是因为这些罪孽而感到悲伤的圣徒的灵魂。他警告神父说，如果基督教民族不赎罪和忏悔，一场大灾难将降临到他们头上。"一场浓雾将降临，并持续三天三夜，然后，突然之间，异教徒将用火和剑将基督教民族的大部分民众和土地以及他们所拥有的一切都毁灭掉。"[18]

我们没有被告知这位神父是谁。他可能是埃格伯特家族的一名成员，或者是一个流浪的占卜师，他的故事通过一些不太明显的途径传到了王室家族的耳朵里。但这位国王准备借这个故事发挥，并确实通过使节将其传达给了法兰克皇帝，揭示了维京人反复袭击对他及其臣民的心理所造成的令人不安的影响。对异教徒突然降临带来大火和死亡的恐惧已经变得非常真实，并困扰着他们的梦境。

唉，埃格伯特没能够按计划进行朝圣，并于同年晚些时候撒手人寰。虔诚者路易也没有太多时间去听英吉利使节的劝告，原因是他在次年夏天也去世了。虽然埃格伯特按照他的计划由他的儿子埃塞尔伍尔夫和平地继位，但路易却死于与其子洛塔尔的斗争中，原因是他的儿子再次背叛了他。随着他们父亲的离去，这位皇帝的三个幸存下来的儿子陷入了划分遗产的内斗之中。

这样的内斗给维京人提供了充足的机会。840年，洛塔尔再次寻找他们作为盟友，这一次将弗里西亚的一部分土地授予他们的一位首领，以换取他的军事支持。（《圣伯丁年鉴》的作者大为恼火，称这是"一种十分可憎的罪行"，原因是这意味着"基督徒必须为崇拜恶魔的人服务"。）与此同时，其他斯堪的纳维亚海盗仅仅是抓住了这次机会，从混乱的继位斗争中获得了利益。同年，他们中的一群人沿着英吉利海峡航行并袭击了鲁昂。根据《圣伯丁年鉴》的记载，"他们用火和剑洗劫了这座城镇，屠杀或者俘虏了修道士和其他居民，并将塞纳河沿岸的所有修道院和其他地方夷为平地"。[19]

法兰克王国局势的升级将大批维京军队带到了不列颠南部海岸，在那里他们与威塞克斯的郡长们进行了一场生存斗争。就像他们在麦西亚王国的同僚一样，这些郡长是国王最有权势的代理人，但他们并没有统治以前的王国，而是负责威塞克斯的行政区划，也就是众所周知的"郡"。早在七世纪，这两个术语就已经在威塞克斯使用，但直到此时，它们才更加全面地引起关注，《盎格鲁-撒克逊编年史》中提到了某些郡长，他们率领所在郡征募并武装起来的军队抵御维京人的入侵。因此，在840年，当一支由三十三艘船组成的船队袭击威塞克斯的主要港口哈姆威克时，《编年史》记载说，船员被汉普郡的郡长伍尔夫赫德率领的军队屠杀。[20]

然而，伍尔夫赫德所取得的胜利是在这段灰暗时期中唯一的曙光。当多塞特郡长埃塞尔赫尔姆率领民众对抗同年登陆波特兰的丹麦人时，他被击败并被杀。同样被杀的还有肯特郡长赫里伯特以及他的很多将士，841年，他们前去对抗入侵罗姆尼沼泽的维京人。那年晚些时候，《盎格鲁-撒克逊编年史》记载，在肯特、东盎格利亚和麦西亚的整个东海岸沿途，许多人"被敌人杀死"，而在842年，罗切斯特和伦敦发生了"大屠杀"。最后，在843年，当一支可能来自爱尔兰的大型维京船队在卡汉普顿附近的萨默塞特海岸登陆时，埃塞尔伍尔夫国王本人也情绪激昂地采取行动，这种情景就像七年前他父亲在位时一样，然而结局也是相同的：埃塞尔伍尔夫被击败，丹麦人控制了这片土地。[21]

在经历了如此多的失败之后，这位国王和他的臣民们开始认真考虑改善他们的防御，这一点很容易理解。正如我们所见，早在804年，利明奇的修女们就在坎特伯雷获得了一处避难所，这可能是因为它不仅更加深入内陆，而且还拥有一条可用的环形罗马城墙。在842年的那次袭击之后，伦敦市民肯定也有过类似的想法。这座废弃罗马城市以西的商业定居点已经在河滨上逐渐发展壮大，原因是河滨提供了更好的水路通道，但现在它也因为同样的原因而变得易受攻击。相较于八世纪中期时的鼎盛水平，它的规模已经缩小，可能是由于九世纪末发生的一系列火灾。但是维京人袭击所带来的焦虑一定会阻止商人此后待在原地，而在九世纪初某个时间挖成的护城河显然并没有让他们放心。到九世纪中叶，伦敦威克实际上已被遗弃，其居民开始迁移到古罗马首都的城墙内。[22]

在840年哈姆威克受到袭击之后，威塞克斯可能发生了类似的事情。与伦敦威克不同的是，哈姆威克并不毗邻一座古老的罗马城市。但是位于内陆十二英里处，在可通航的伊钦河沿岸，有一座前罗马城镇文塔贝尔加鲁姆，撒克逊人将其称为温切斯特。自七世纪中叶以来，温切斯特一直是威塞克斯主教的所在地，但除此之外，它几乎没有引起任何其他定居者的注意。然而，在维京人袭击哈姆威克之后，它的城墙一定对寻求更大安全性的商人和制造商产生了新的吸引力。埃塞尔伍尔夫国王可能进一步推动了这种发展。在他于842年发布的一份特许状中，最早提到了王室对于威塞克斯堡垒工事的权利。他的父亲埃格伯特埋葬在温切斯特大教堂，他本人于844年在这座城市里召集了一次重要的协商会议。[23]

843年后，在不列颠南部和东部海岸活动的维京人将注意力重新转移到法兰克王国。那年夏天，虔诚者路易的儿子们终于停止了内斗，并同意在他们之间划分庞大的加洛林帝国，将其分成三份，因此每个人都获得了大致相等的份额。但他们之间的分歧仍在继续，为维京入侵者疯狂掠夺留下了充足的空间。那一年，北欧海盗袭击了南特市并杀死了许多人，其中包括当地的主教。然后他们继续沿着阿基坦西部海岸前进，边行进边抢劫。根据《圣伯丁年鉴》，844年，他们沿着法兰克王国的一条干线河流加龙河航行，"到处破坏，而且没有遭遇任何抵抗"，直到他们抵达了距离海岸近一百五十英里的图卢兹时才停下来。次年，他们在北方重复了这种行动，沿着蜿蜒的塞纳河航行了二百四十英里之后到达了巴黎，把当地的乡村夷为了平地，没有遇到任何抵抗。巴黎之所以能幸免于难，只是因为西法兰克王国的新国王秃头查理用七千磅白银买通了入侵者。当然，这只是在短期内阻止侵略者的权宜之计。九世纪四十年代后期，英吉利海峡和大西洋沿岸遭受了更严重的袭击，内陆城市遭到破坏。845年，桑特陷落；848年，波尔多在经历长期围攻后遭洗劫；849年，佩里格被大火焚毁。[24]

在同一时期，英吉利人的表现要好得多，其南部和东部海岸没有遭受有记录的袭击。这在很大程度上一定是因为维京人已经转移到位于法兰克王国新的、更有利可图的狩猎场——他们回到不列颠已经没有什么意义了，原因是他们在这个十年期的头几年里已经非常彻底地洗劫了它。但是仍然有来自爱尔兰方向的袭击，而这时候的英吉利人比以前做得更好。845年，萨默塞特郡和多塞特郡的郡长们把他们的军队联合起来，在帕雷特河河口击败了一支维京军队。几年后的851年，德文郡的民众战胜了一支在他们的海岸线登陆的异教徒军队。[25]

然而就在同一年，一直蹂躏法兰克王国的维京人回来了，他们在肯特海岸附近的萨尼特岛登陆，并在那里度过了整个冬天。这是一个令人担忧的新样式。自九世纪三十年代以来，斯堪的纳维亚人就一直在爱尔兰越冬，为他们的船只建造基地，爱尔兰人称之为"长港口"（或"船舶基地"）——最著名的是他们在利菲河河口建立的基地，名为"布莱克浦"或"都柏林"。在法兰克王国，他们第一次这样做是在843年冬天，当时他们已经袭击了南特，在附近的努瓦尔穆捷岛上安营扎寨。但正如《盎格鲁-撒克逊编年史》所指出的那样，在850年冬天占领萨尼特，是异教军队第一次在不列颠王国过冬。[26]

这种越冬预示着（维京船队的）大规模增加：根据《编年史》的记载，维京船队由三百五十艘船组成。这个数字降低了可信度，但法兰克的编年史表明，在整个九世纪四十年代，维京船队的规模一直在稳步增长，据说在843年有六十七艘船袭击南特，845年有一百二十艘船造访巴黎。如果在851年有相当规模的船队集结，这将表明当时的军队人数是有记录的较早期袭击人数的两倍或四倍——达到两千人，甚至四千人。[27]

这种规模的军队几乎是不可阻挡的。851年，它袭击了坎特伯雷，表明罗马城墙不再是安全的避难所。随后维京船队移至泰晤士河河口，继续攻占伦敦——大概是那座有城墙的古老城市，而不仅仅是那个废弃的商业定居点。伦敦仍然是麦西亚人的领地，麦西亚国王伯特伍尔夫显然试图保卫它，但没有成功，因为根据《盎格鲁-撒逊编年史》的记载，维京人的到来导致他和他的军队开始逃亡。这支规模庞大的异教徒军队随后越过泰晤士河进入萨里——自从埃格伯特国王将其从麦西亚统治者手中夺回以来，它在过去的二十五年里一直是威塞克斯的一个省。现在，埃格伯特的儿子埃塞尔伍尔夫率领军队前去迎战入侵者，希望能比他和他父亲之前在卡汉普顿的表现更好。尽管很困难，但这位国王和他的随军将士们在那一天赢得了战斗并让敌人遭受到了惨败。根据《编年史》的记载，这是"我们听说过的对异教徒军队的最大规模的屠杀"。考虑到敌军的规模，埃塞尔伍尔夫能够获胜一定是个奇迹。《圣伯丁年鉴》总结道，这位国王显然是"在我们的主耶稣基督的帮助下"取得胜利的。[28]

在他侥幸取得胜利之后，埃塞尔伍尔夫决定是时候加强他的王国在宗教方面的防御力量了，于是恢复了他父亲制订的王室成员前往罗马朝圣的计划。853年，他派遣一个有权势的使者前往圣城，为自己的到来做好准备。然后，在第二年的复活节，他举行了一次大集会，在会上他拿出十分之一的王室地产，将特许保有地分给了普通教徒和神职人员。这一方面是为了确保教士们为他的安全祈祷，但也是为了确保这两个群体对他的持续忠诚——正如这位国王在特许状中所说的那样，他们"谦卑的服从和忠诚"。埃塞尔伍尔夫并不计划像卡德瓦拉或伊尼那样永远留在罗马，他打算回到威塞克斯继续他的统治。[29]

幸运的是，这位国王和他的王后奥斯布赫很有福气，生下了许多儿子，可以在他不在时进行统治。不幸的是，对于现代读者来说，除了其中一个之外，他们给其他儿子都起了以Æthel-（意思是"高贵的"）开头的名字，这让我们很难区分他们。最年长的儿子名叫埃塞尔斯坦，自他父亲即位以来，他一直统治着此前拥有独立地位的肯特、萨里、萨塞克斯和埃塞克斯王国，但他在851年后的某个时间去世。因此，这位国王将王权托付给他的两个幸存的儿子埃塞尔博尔德和埃塞尔伯特，埃塞尔博尔德将统治威塞克斯王国古老的中心地带，而埃塞尔伯特将统治东部新获得的省份。[30]

完成这些安排后，埃塞尔伍尔夫于855年春天出发。根据《盎格鲁-撒克逊编年史》的记载，他在旅途中"状态良好"；根据《圣伯丁年鉴》的描述，他在西法兰克受到了秃头查理的热情接待，后者还护送他穿越他的领地。整个旅程肯定花了大约两个月的时间，所以埃塞尔伍尔夫和他的随行人员应该是在盛夏时节到达了罗马。[31]

自从一百五十多年前卡德瓦拉和威尔弗里德造访这座城市以来，这座城市已经发生了翻天覆地的变化。在八世纪，它的人口持续减少，到埃塞尔伍尔夫抵达时，其人口可能不超过三万人。但这仍然使它比这位国王或他的英吉利追随者以前所经历的任何场面都要宏大很多倍。正如一位现代历史学家细致观察到的那样，威塞克斯最大的定居点哈姆威克可以舒适地安放在罗马的卡拉卡拉浴场内。这座城市也不像公元700年时那般衰败了。在此期间，历任教宗都翻新了许多古老的公共建筑，并在查理曼和奥法等统治者的慷慨捐赠和帮助下，新建了他们所需的一些建筑。在这些建筑中，最近的一个是一堵完全新建的环形墙，长两英里，是在遭受撒拉森人袭击后由教宗利奥四世在846年委托建造的。

遗憾的是，尽管他新建的围墙非常引人注目，但当埃塞尔伍尔夫到达时，教宗利奥已经不在了，他于几周之前的7月17日去世了。还要再过几个月，他的继任者才能祝圣，到那时这位国王和他的随行人员想考虑重新穿越阿尔卑斯山可能为时已晚。因此，他们留在了罗马过冬，大概在城中的许多教堂里祈祷了，祭拜了卡德瓦拉和伊尼的坟墓，并赠予了昂贵的祭品和礼物。有关教宗的历史记录显示，这些物品包括一顶金冠、一个镀金烛台和一把装饰用的剑。[32]

856年夏天，离开威塞克斯一年多后，埃塞尔伍尔夫启程返回家乡。和他来时的旅途一样，他穿越了秃头查理的领地，后者留他在那里住了几个星期，在此期间发生了两件非同寻常的事情。第一件，埃塞尔伍尔夫决定娶查理的女儿朱迪思。他的前妻奥斯布赫此时可能已经去世，这意味着这场新的婚姻没有明显的障碍，尽管年龄上的差异——埃塞尔伍尔夫大约五十岁，而朱迪思只有十二岁——可能会引起人们的惊讶。第二件，英吉利海峡对岸传来了令人震惊的消息。这位国王现存最长的儿子埃塞尔博尔德受托统治威塞克斯，他决定不让位，并密谋阻止他的父亲回国。[33]

遗憾的是，我们无法从我们已有的史料中得知这些事件中的哪一个是先发生的，因此无法确定因果关系。埃塞尔伍尔夫可能已经知道了他儿子的叛乱，与朱迪思结婚是为了确保法兰克人支持他夺回王位。同样，也可能是这位国王出于其他原因（外交、声望、情欲）决定娶朱迪思，而正是有关这场令人惊讶的婚姻的消息引发了这次叛乱。最近上台的威塞克斯国王们已经在尽力淡化他们妻子的政治角色，甚至到了拒绝给予她们王后头衔的地步。然而，秃头查理坚称他的女儿应当获得全部的王室荣耀。正如《圣伯丁年鉴》的作者所解释的那样，当朱迪思最终于856年10月1日嫁给埃塞尔伍尔夫时，她获得了加冕并被祝圣，她的新丈夫"正式授予她王后头衔，这在当时对他或者他的人民来说都是不符合习俗的"。埃塞尔伍尔夫的儿子们可能很担心，他们这位十二岁的新继母会在适当的时候生出具有更强势王室血统的继兄弟。[34]

不管怎样，在他结婚后，埃塞尔伍尔夫立即与他的新娘越过了英吉利海峡，与他叛逆的儿子对峙。对接下来发生的事情的唯一描述，是在大约四十年后阿瑟所写的阿尔弗雷德大王的传记中，该传记将其描述为"一段可耻的经历……在以前的所有时代都闻所未闻"。埃塞尔博尔德在某些教士和贵族的默许与鼓励下，决定阻止他的父亲回国。从阿瑟的描述来看，他似乎成功了。归国之后，埃塞尔伍尔夫恢复了对他的王国东部地区的统治，该地区包括肯特、萨塞克斯、萨里和埃塞克斯，此前他曾委托他的儿子埃塞尔伯特统治这片地区。但他显然无法将埃塞尔博尔德赶出威塞克斯旧时的那片地区。阿瑟很体谅这一点，将这归因于埃塞尔伍尔夫"伟大的宽容"，并坚称如果老国王想做的话，他的忠诚的臣民早就准备好驱逐他那"傲慢自大"和"一味攫取"的儿子了。然而，更可能的解释是，埃塞尔伍尔夫别无选择，只能接受已经发生的事情作为既成事实。[35]

因此，这位国王归国后，国内局势一定非常令人担忧，这让人想起法兰克王国目前的事态，法兰克王国王室家族内部的分歧导致了分裂和内战，进而削弱了他们抵抗维京人袭击的能力。埃塞尔伍尔夫决心避免这种情况，并努力恢复国内和谐。根据阿瑟的说法，他草拟了一份遗嘱，"这样的话，他的儿子们就不会在他死后发生不必要的争吵"。他的计划是，一旦他离世，其王国将保持分而治之的状态：埃塞尔博尔德将统治威塞克斯的西部中心地带，而埃塞尔伯特则统治东部的国土。不久之后，当这位老国王于858年1月去世时，事情正是按照他的计划进行的。大儿子保留了他篡夺的职位，而较年轻的那个儿子则继承了他们父亲空缺的职位。[36]

把扩大后的王国分而治之，是一件完全不令人惊讶的事实，原因在于这实际上是自三十多年前埃格伯特国王吞并东南部数个王国以来的王国治理方式。埃塞尔伍尔夫在他父亲统治期间作为替补国王统治了这些新获得的土地，而他自己的儿子埃塞尔斯坦在九世纪五十年代初英年早逝之前也曾做过同样的事情。这位国王要想达成其遗愿，就必须得到两地重要人物的同意，而他们认为分而治之是明智的做法。[37]

更令人惊讶的是，在埃塞尔伍尔夫死后仅仅两年，他的两半国土就统一了。尽管他的长子埃塞尔博尔德尽了最大的努力，他在结婚方面没有浪费任何时间，这提升了他将生下自己的孩子来接替他的希望。但不幸的是，他选择了他父亲十四岁的遗孀朱迪思作为他的新娘，这一举动震惊了社会上更加守法和敬畏上帝的人们。阿瑟说，儿子继承父亲的婚床，这"违反了上帝的禁令，违反了基督徒的尊严，也违反了异教徒的习俗"。据推测，这位新国王可能是这样打的如意算盘，这一（就像阿瑟所说的）"奇耻大辱"将被娶一位法兰克公主作为王后所带来的威望抵消，而这位新国王可能还认为他们的孩子将比他的任何一个弟弟都更有资格拥有统治权。[38]

但在860年年初的几个月里，在埃塞尔博尔德生下孩子之前，他就因不明原因去世了。原本的期望显然是威塞克斯旧领土的王位应该传给埃塞尔伍尔夫的第四个儿子埃塞尔雷德，但这个王国的贵族们决意反对，原因可能是他们认为埃塞尔雷德太过年轻，无法独自统治。相反，他们转向他的哥哥——已经作为肯特、萨塞克斯、萨里和埃塞克斯的国王执政的埃塞尔伯特，并选举他也成为威塞克斯的统治者。扩大后的王国再次统一，这一点让人出乎意料，也违背了老国王的遗愿。[39]

鉴于维京人持续不断的威胁，威塞克斯的贵族们可能更喜欢成年统治者。据我们所知，这个王国在其王朝纷争的时期做得非常好，并且逃过了所有重大袭击。在埃塞尔伍尔夫起程朝圣之后，《盎格鲁-撒克逊编年史》中唯一记录的事件发生在860年春天，大概在这个王国重新统一前后，讲的是当时"有一支强大的海军进入内陆并袭击了温切斯特"。那支海军攻陷了另一个此前被认为很安全的有围墙的城市，这肯定令人不安，但西撒克逊人随后表现得很好。正如阿瑟解释的那样，当劫掠者满载战利品返回他们的船只时，他们遭到了汉普郡和伯克郡的郡长们所率领的军队的袭击。"那支异教徒军队四面楚歌，"阿瑟激动地说道，"当他们无法再抵抗时，他们就像女人一样四散奔逃，而基督徒成了战场上的主人。"[40]

这支维京人来自英吉利海峡对岸，那里过去五年的情景与现在截然不同。正如《圣伯丁年鉴》清楚描述的那样，在法兰克王国，斯堪的纳维亚船队在沿海地区和主要河流上肆无忌惮，洗劫并烧毁了奥尔良、图尔、努瓦永、亚眠、沙特尔和巴黎等城市。许多高级别人员因此受伤或丧命。巴约和努瓦永的主教被杀，而沙特尔的主教在试图游过厄尔河逃跑时溺亡。但越来越多的斯堪的纳维亚人意识到，他们可以通过劫持人质索要赎金来获得大量金钱，或者仅仅通过承诺不造成死亡和破坏作为交换条件来索取金钱。例如，在858年，他们俘虏了圣德尼的男修道院长，并索要巨额赎金，以至于每个教堂的金库以及贵族的金库都不得不抽空才能筹集到这么多赎金。[41]

然而，在862年，法兰克民族的命运出现了一个重大转折点，秃头查理击败了一群在马恩河沿岸四处劫掠的维京人。马恩河是巴黎东部塞纳河的一条支流。当这群维京人沿河向上游航行时，他们摧毁了途中所有的桥梁，但查理和他的谋士们想到了一个主意，就是迅速重建伊勒莱维勒努瓦的桥梁，并在两边的河岸上部署军队（可能装备有弓箭或其他投射武器）。当斯堪的纳维亚人试图向下游返航时，他们发现他们的路被挡住了，于是他们只能任由敌人摆布。这位国王的策略如此有效，以至于劫掠者被迫交出人质，交出所有俘虏，并发誓离开他的王国。他们甚至承诺说服塞纳河上的其他维京人也这样做，并且如果他们拒绝的话，就将与他们交战。

秃头查理一时心血来潮提出的策略在马恩河上取得了成功，这使他深受鼓舞，于是他想提出更宏大的计划——在塞纳河上建立防御工事，以阻止维京人进一步的袭击。同年晚些时候，正如《圣伯丁年鉴》中记载的那样，在6月1日前后，这位国王把其王国的所有重要人物以及许多工人和手推车车夫召集到一个叫作皮特尔的地方，这是昂代勒河和厄尔河交汇并流入塞纳河的地方，昂代勒河从一侧汇入塞纳河，厄尔河则从另一侧汇入塞纳河。这个汇合处也是蓬德拉尔什所处的位置，蓬德拉尔什是横跨塞纳河的第一座桥梁，任何沿河岸向上游航行的船只都会经过这座桥梁。查理开始通过在这座桥的两岸建造防御工事来使这座桥军事化。这显然是一项艰巨的任务：两年后这位国王仍然要求其臣民为建造这座桥提供劳务，并且这一工程一直到那个十年期结束才完工。秃头查理的防御工事并不完全成功，因为在865年塞纳河上游又遭到了一次劫掠，但这使得此类劫掠变得更加困难，并表明查理新增了保卫他的王国的信心。因此，一些斯堪的纳维亚人开始将他们的注意力转移到英吉利海峡的另一边。[42]

《盎格鲁-撒克逊编年史》称，自860年这个王国重新统一以来，埃塞尔伯特国王一直"和谐且和平地"统治着威塞克斯。这种宁静状态即将被打破的最初迹象出现在864年年末，当时维京军队占领了萨尼特岛，并威胁肯特人向他们索要钱财。根据《编年史》的记载，当地人为了和平而同意了这一点，但结果证明这是一个诡计：在达成协议后，入侵者在黑暗的掩护下向内陆进发，蹂躏了昔日王国的东部地区。如此暴行要求王室做出强有力的回应，但任何计划中的报复行动都一定由于865年埃塞尔伯特的去世而落空。这位国王由他的弟弟埃塞尔雷德继位，虽然五年前那场继位他被排除在外，但现在他继承了整个王国。[43]

埃塞尔雷德还没来得及掌权，就面临了一个更大的威胁。根据《编年史》记载，865年秋天，"英吉利人的土地"遭到"异教徒大军"的入侵。这些异教徒大军究竟是从哪里来的还不清楚。但毫无疑问，其中一些人来自前一年在萨尼特岛安营扎寨的那支军队——回想起来，那次占领似乎是这次主要战役的前奏。由于秃头查理加强了对塞纳河的防御，因此其他战士一定来自西法兰克王国。当然，也有直接来自斯堪的纳维亚半岛的维京人。十世纪《盎格鲁–撒克逊编年史》的拉丁文译本断言，这支军队由一位"来自北方"的名叫伊瓦尔的暴君领导。后来的传说将他称为"无骨伊瓦尔"，说他是传奇人物拉格纳·洛斯布鲁克的儿子。他可能就是那个九世纪中叶在爱尔兰四处活动但到此时又从爱尔兰编年史中消失了的伊瓦尔。[44]

除了将这支异教徒军队描述为"人数众多"之外，《盎格鲁–撒克逊编年史》没有给我们讲述它的具体规模。然而，其非同寻常的规模可以通过其策略和野心暗示出来。我们得知，入侵者在东盎格利亚建立了他们的冬季营地，并与东盎格鲁人和平相处。换句话说，他们接受了这一东方王国人民的金钱和财富，以换取不践踏土地并将其据为己有。但这次他们的要求不仅限于黄金和白银。《编年史》补充说，他们还获得了马匹，这表明他们有了新的策略和目标。这不仅仅是一支突袭军队，甚至不是一支打算停留一两个季节直到土地财富耗尽的占领军。这是一支以征服为目的的军队，计划接管整个王国。[45]

在东盎格利亚积累了一年的给养并集结了全部力量后，这支规模庞大的军队于866年秋天开始向诺森布里亚进发。他们的主要目标是约克，后者于11月1日落入他们手中。人们对于九世纪的诺森布里亚或东盎格利亚几乎一无所知——无论这些王国产生了什么特许状或年鉴，都因为维京人的破坏而散佚了——但《盎格鲁-撒克逊编年史》告诉我们，甚至在这支大军到来之前，诺森布里亚就已经陷入了混乱。我们得知，奥斯伯特国王已经被"没有世袭权利的国王"埃尔废黜，结果"引发了大规模内乱"。这种分裂对于维京人来说很有用，甚至可能正是这种内部不和首先将入侵者吸引到了诺森布里亚。

到了新年的春天，这两个敌对的国王已经搁置了分歧，以应对维京人的威胁。867年3月，他们的联军向约克进发，导致斯堪的纳维亚人逃到城墙内。诺森布里亚人利用自己的优势，继续攻入城内，却被困在城里的那些人击溃。这两个国王都被杀了。根据在十三世纪和十四世纪创作的更晚期的传奇故事，埃尔遭受了可怕的"血鹰"酷刑。在这种酷刑中，受害者的肺被人从他破碎的胸腔中取出并挂在他的脖子上，所以受害者看起来就像一只没有展开翅膀的鹰。那些喜欢这种可怕历史的人在得知没有同时代证据证明存在这种酷刑时可能会感到失望。这似乎是一种异想天开，其依据是十一世纪一节有争议的诗句，那节诗句可能没有别的意思，只不过是想表达埃尔的尸体被老鹰吃掉罢了。[46]

在占领了东盎格利亚并征服了诺森布里亚之后，维京军队的领导人将注意力转向了麦西亚王国。867年秋天，这支异教徒大军开始南下，沿着特伦特河进入这一中部王国的核心地带，并在诺丁汉建立了冬季营地。虽然这座现代城镇中心的砂石岩层（后来成为诺丁汉城堡的遗址）当时已经是一座堡垒，但维京人一定已经占领了这座堡垒，就像他们在约克所做的那样。他们所构成威胁的规模再次可以通过麦西亚国王伯格雷德以及他的谋士们的反应看出来，他们集体认为单靠自己无法击败入侵者，并向威塞克斯求援。[47]

考虑到这两个王国之间长期对立的历史，这似乎令人惊讶。威塞克斯国王埃格伯特最近一次是在829年入侵并征服了麦西亚的。但在随后的几十年间，随着维京人威胁的增长，他们之间的关系得到了缓解。在保存史料方面，麦西亚表现的要比诺森布里亚或东盎格利亚好一些，因此沉默并不是绝对的。我们从《编年史》中得知，麦西亚王国东海岸（前林齐王国）在841年遭到劫掠，而伯格雷德的一份特许状中注明它在签发时"异教徒正在雷金省"，这表明维京人已经向内陆深入到了什鲁斯伯里，想必维京人是沿着塞文河向上游航行的。在这种共同的压力下，麦西亚和威塞克斯开始合作。853年，伯格雷德请求埃塞尔伍尔夫与他一起远征威尔士，而且这位麦西亚国王在那年晚些时候娶了埃塞尔伍尔夫的女儿埃塞尔斯威思。[48]

因此，伯格雷德在867年向他的内兄埃塞尔雷德求助，埃塞尔雷德对此做出了积极回应，并带领他的军队进入了麦西亚。这两位国王共同率领着他们的联军向诺丁汉行进，包围了维京人的营地——但没有成功。阿瑟解释说："在堡垒的保护下，这些异教徒拒绝出战，而基督徒军队无法攻破城墙。"结果是双方之间达成了无定论的和平。埃塞尔雷德率领他的军队返回了威塞克斯，而维京人撤退到约克，并在那里待了一年。[49]

到了869年年底，这支异教徒大军在亨伯河以南恢复了征战，穿过麦西亚进入东盎格利亚，他们在塞特福德建立起一个冬季营地。这一次没有任何和平可谈，而且东盎格利亚人一定已经意识到，在诺森布里亚倒台之后，他们自己王国的命运现在岌岌可危。他们的国王埃德蒙率领他的军队与入侵者作战，并与他们进行了激烈的战斗。"但很可惜，"阿瑟说，"他和他的大批手下在那里被杀，异教徒欢欣鼓舞。"与诺森布里亚国王埃尔一样，后来出现了一些传说，说异教徒把埃德蒙单挑出来进行了祭祀——这次是绑在树上用作瞄靶练习，大可不用理会这些传说。但埃德蒙死后不久就被尊为基督教殉教者，并且到了十世纪中叶，他的遗体被转移到了王家庄园，该处庄园最终被称为伯里圣埃德蒙兹。无论他是因为什么而死的，这都意味着东盎格利王国的终结。《编年史》称，在维京人取得胜利之后，他们就"征服了整个王国"。[50]

次年，他们终于把注意力转向了威塞克斯。他们的第一步是在雷丁渡过泰晤士河，并且像往常一样，他们在那里建立了一个冬季营地。雷丁位于泰晤士河和支流肯尼特河之间的狭长地带，维京人迅速在这两条河流之间建造了城墙，使之成为防御工事——这一土木工程的长度一定超过了三分之一英里。当他们中的一些人从事这项工程时，其余的人骑马去劫掠周围的乡村。在雷丁以西六英里处的恩格尔菲尔德，他们遭遇了当地的郡长及其追随者，后者在战斗中击败了他们。许多斯堪的纳维亚人被杀，包括他们的一名首领，这导致其余人选择了逃亡。

四天后，毫无疑问是受到了这一早期胜利的鼓舞，埃塞尔雷德国王率领他的军队前往雷丁并袭击了维京人的营地。他和他的手下直奔新挖的城墙，消灭了他们在城外发现的所有入侵者。但这位国王和他的手下并没有考虑到那些仍在堡垒内的人的愤怒。阿瑟说："他们就像狼一样，从所有大门冲出，全力投入战斗。"这位编年史家继续说，双方进行了激烈的战斗，但最终取得胜利的是异教徒。[51]

阿瑟说，埃塞尔雷德和他的军队为他们的失败感到悲伤和羞愧，于是他们四天后再次尝试，在一个可能位于雷丁西部山丘上某个叫作阿什顿或阿什当的地方袭击了维京人。阿瑟将其描述为一场符合攻防套路的战斗，双方都将他们的军队摆成盾形墙阵势。他说，异教徒拥有地势较高的优势，但基督徒却在为自己的生命、亲人和国土而战。两军交锋，发出震耳欲聋的怒吼，激战了许久。阿瑟说，按照上帝的旨意，首先势弱的是入侵者，当他们的大部分军队被杀后，其余人就"可耻地逃跑了"。[52]

如今可能到了871年1月，西撒克逊人一定觉得入侵者已经濒于失败。几周前进入王国的异教徒军队可能没有三年前摧毁诺森布里亚或者去年冬天摧毁东盎格利亚的那支强大。有一些维京人一定留在了这些地区，以防止当地抵抗运动的重新抬头，而伊瓦尔，他们起初最重要的首领，似乎已经回到了爱尔兰。来到威塞克斯的这支大军是由两位异教徒国王率领的，一位名叫巴克塞克，另一位名叫哈夫丹，后者是伊瓦尔的兄弟。巴克塞克和他的五名副手或"领主"在最近的阿什当战役中丧生。在随后的溃败中，许多其他人在逃跑时被消灭，基督徒大军直到夜幕降临前仍在追杀他们。当第二天早上太阳升起时，有"数千名"维京人死去，阿瑟说："他们的尸体散布在广阔的阿什当地区，到处都有。"[53]

因此，当埃塞尔雷德和他的军队在两周后与维京幸存者交战时，这似乎更像是一场扫荡，而不是一场生存斗争。这两支大军在雷丁以南约十五英里的贝辛交战，阿瑟将这场战斗描述为一场漫长而激烈的战斗。但令人惊讶的是，考虑到他们最近损失的规模，"取得胜利并成为战场主人"的是斯堪的纳维亚人。

《盎格鲁-撒克逊编年史》称，两个月过去了，双方在一个名为麦瑞登的不知名地点再次相遇。战斗一直持续到深夜，双方都遭到大屠杀，但异教徒再次站稳脚跟，基督徒被迫撤退。根据《编年史》的记载，许多地位显赫的西撒克逊人在这次遭遇战中丧了命。

到这个时候，一切都不言自明了，维京人不会像他们在阿什当之战失败时所暗示的那样轻易地从威塞克斯撤出。现在双方都遭受了重大损失，而西撒克逊军队人数日益枯竭的情况可能已经开始显现。在这之后的两次攻击一定让基督徒感到了绝望。第一次是在871年复活节前后，一支新的维京船队从海外来到泰晤士河，在雷丁与现有的军队会合。它的规模显然很庞大，《盎格鲁-撒克逊编年史》称它为"一支庞大的夏季军队"。然后，在复活节后不久，埃塞尔雷德国王去世，他的统治在仅仅五年的动荡岁月后因不明原因而终结。[54]

去世国王的遗体被西运到多塞特郡，安葬在温伯恩的大教堂里。

在同一个郡的更西边，他的哥哥埃塞尔博尔德和埃塞尔伯特并排躺在他们位于舍伯恩的坟墓中，他们的统治也是在同样短暂的时间之后就结束了。尽管埃塞尔伍尔夫国王为了臣民的灵魂前往罗马朝圣，但他的四个儿子现在都已去世，三十年前传说的可怕景象终于发生了。异教徒用火和剑将这个王国夷为平地，无情地屠杀着基督徒民众。[55]

现在仅剩的一点希望全都落在了埃塞尔伍尔夫最后一个幸存的儿子阿尔弗雷德身上。

注 释

1 *English Historical Documents*, i, 181, 842–846; esawyer.lib.cam.ac.uk 134.

2 J. D. Richards, *The Vikings: A Very Short Introduction* (Oxford, 2005), 2–4; P. esawyer.lib. cam.ac.uk, 'The Age of the Vikings and Before', *The Oxford Illustrated History of the Vikings*, ed. P. esawyer.lib.cam.ac.uk (Oxford, 1997), 2; T. Williams, *Viking Britain: An Exploration* (2017), 37–42.

3 *English Historical Documents*, i, 843; esawyer.lib.cam.ac.uk, 'Age of the Vikings', 3–7.

4 M. Arnold, *The Vikings: Culture and Conquest* (2006), 67–78, 80; D. M. Hadley, *The Vikings in England: Settlement, Society and Culture* (Manchester, 2006), 17.

5 Above, 165; Williams, *Viking Britain*, 67–69, 75–76.

6 Ibid., 32–35, 48–49; G. Halsall, 'Playing By Whose Rules? A Further Look at Viking Atrocity in the Ninth Century', *Medieval History*, 2 (1992), 3–12; Arnold, *Vikings*, 29–32, 49–50.

7 Sawyer, 'Age of the Vikings', *Oxford Illustrated History of the Vikings*, 3; *English Historical Documents*, i, 180, 273. For the Great Glen, see B. E. Crawford, 'The Making of a Frontier: The Firthlands from the Ninth to the Twelfth Centuries', *Firthlands of Ross and Sutherland*, ed. J. R. Baldwin (Scottish Soc. for Northern Studies, 1986), 33–46.

8 Sawyer, 'Age of the Vikings', 3; J. L. Nelson, *King and Emperor: A New Life of Charlemagne* (2019), 376; *English Historical Documents*, i, 272–276; esawyer.lib.cam.ac.uk 134.

9 Above, 154–158, 169; M. K. Lawson, 'Cenwulf', *The Oxford Dictionary of National Biography*; Brooks, *Early History*, 114, 121–127; Hayes and Malim, 'Date and Nature of Wat's Dyke', 173–176.

10 *English Historical Documents*, i, 183, 187.埃格伯特与肯特国王有亲属关系的说法已经不可信。R. Naismith, 'The Origins of the Line of Egbert, King of the West Saxons, 802–839', *English Historical Review*, 126 (2011) 1–16. Cf. Keynes, 'Kingdom of the Mercians', 16–17; H. Edwards, 'Ecgberht', *The Oxford Dictionary of National Biography*.

11 esawyer.lib.cam.ac.uk 1435; S. Keynes, 'Mercia and Wessex in the Ninth Century', *Mercia: An Anglo-Saxon Kingdom in Europe*, ed. Brown and Farr, 311–313; *English Historical Documents*, i, 185–186.

12 Ibid., 186.

13 C. Downham, 'The Earliest Viking Activity in England？', *English Historical Review*, 132

(2017), 5−10.

14   J. L. Nelson, 'The Frankish Empire', *Oxford Illustrated History of the Vikings*, 23−24; *The Annals of St Bertin,* ed. J. L. Nelson (Manchester, 1991), 30. For Dorestad, see *The Oxford Encyclopedia of Medieval Warfare and Military Technology*, vol. 1, ed. C. J. Rogers (Oxford, 2010), 543−544; S. Coupland, 'Dorestad in the Ninth Century: The Numismatic Evidence', *Jaarboek voor Munt en Penningkunde*, 75 (1988), 5−26.

15   Arnold, *Vikings*, 82−84; D. Ó Corráin, 'Ireland, Wales, Man, and the Hebrides', *Oxford Illustrated History of the Vikings*, 83−85.

16   S. McGrail, *Ancient Boats in North-West Europe: The Archaeology of Water Transport to AD 1500* (new edn, 1998), 216; *English Historical Documents*, i, 186. For later raids on the Somerset coast launched from Ireland, see *English Historical Documents*, ii, 127, 149−150.

17   *English Historical Documents*, i, 187; J. L. Nelson, 'Æthelwulf', *The Oxford Dictionary of National Biography*.

18   *The Annals of St Bertin*, ed. J. L. Nelson (Manchester, 1991), 42−43. 根据校订者的便签，在839年春派遣信使的那位国王一定是埃格伯特，而不是埃塞尔伍尔夫。

19   *English Historical Documents*, i, 187; Nelson, 'Frankish Empire', 24−26; *The Annals of St Bertin*, ed. J. L. Nelson (Manchester, 1991), 50−51.

20   *English Historical Documents*, i, 187; *The Wiley Blackwell Encyclopedia of Anglo-Saxon England*, 156, 434; A. R. Rumble, 'Hamtun alias Hamwic (Saxon Southampton): The Place-Name Traditions and their Significance', *Excavations at Melbourne Street Southampton, 1971−1976*, ed. P. Holdsworth (Council for British Archaeology, 1980), 7−20.

21   *English Historical Documents*, i, 187.

22   Above, 180−181; Naismith, *Citadel of the Saxons*, 102−104; Higham and M. J. Ryan, *The Anglo-Saxon World*, 247.

23   B. Yorke, *Wessex in the Early Middle Ages* (Leicester, 1995), 47, 58; Brooks, 'Development of Military Obligations', 81; esawyer.lib.cam.ac.uk 292; Nelson, 'Æthelwulf', *The Oxford Dictionary of National Biography*; S. Keynes, 'The West Saxon Charters of King Æthelwulf and His Sons', *English Historical Review*, 109 (1994), 1116.

24   Nelson, 'Frankish Empire', 25−26; *The Annals of St Bertin*, 55−56, 60, 62, 65, 68.

25   *English Historical Documents*, i, 188.

26   Ibid.; Ó Corráin, 'Ireland, Wales, Man, and the Hebrides', 87−88; *The Annals of St Bertin*, 56.

27   *English Historical Documents*, i, 188; N. P. Brooks, 'England in the Ninth Century: The Crucible of Defeat', *Transactions of the Royal Historical Society*, 5th ser., 29 (1979), 5−6.

28   *English Historical Documents*, i, 188; *The Annals of St Bertin*, 69. 当伦敦在842年遭到攻击时,《盎格鲁-撒克逊编年史》称其为Lundenne，但在851年时称其为Lundenburg，暗示这是一座带有围墙的城市。

29   *English Historical Documents*, i, 189; Asser's *Life of King Alfred* in Keynes and Lapidge, 69; R. Abels, *Alfred the Great: War, Kingship and Culture in Anglo-Saxon England* (1998), 68−70.

30   Ibid., 70−71; *English Historical Documents*, i, 187−188.

31   Ibid., 189; *The Annals of St Bertin*, 80.

32   Abels, *Alfred the Great*, 72−77.

33   Ibid., 71, 78; *The Annals of St Bertin*, 83.

34   Ibid.; Asser's *Life of King Alfred* in Keynes and Lapidge, 70−71.

35   Ibid. 有一种说法是，埃塞尔伯特当时仍是肯特、萨塞克斯和埃塞克斯的国王，威塞克斯的中部地区则由埃塞尔博尔德和他的父亲分而治之。这种说法不能说服我。别的不说，这种说法没有解释858年埃塞尔伍尔夫的葬礼为何在萨塞克斯的斯泰宁举行，以及后来他为何在埃塞尔博尔德死后前往温切斯特。Abels, *Alfred the Great*, 89. Cf. Kirby, *Earliest English Kings*, 166–167.

36 Asser's *Life of King Alfred* in Keynes and Lapidge, 72–73.

37 Nelson, 'Æthelwulf', *The Oxford Dictionary of National Biography*; *English Historical Documents*, i, 187.

38 Asser's *Life of King Alfred* in Keynes and Lapidge, 73.

39 Ibid.; Keynes and Lapidge, *Alfred the Great: Asser's Life of King Alfred and other Contemporary Sources*, ed. and trans. S. Keynes and M. Lapidge (1983), 174; Abels, *Alfred the Great*, 93–94.

40 *English Historical Documents*, i, 190–191; Asser's *Life of King Alfred* in Keynes and Lapidge, 73–74.

41 *The Annals of St Bertin*, 82–86, 90–91, 94.

42 Ibid., 100, 118, 131; S. Coupland, 'The Fortified Bridges of Charles the Bald', *Journal of Medieval History*, 17 (1991), 1–12.

43 *English Historical Documents*, i, 190–191.

44 Ibid., 190; C. Downham, *Viking Kings of Britain and Ireland: The Dynasty of Ívarr to AD 1014* (Edinburgh, 2008), 15–16, 64–65; S. Keynes, 'Vikings in England', *Oxford Illustrated History of the Vikings*, 54.

45 *English Historical Documents*, i, 191; Brooks, 'England in the Ninth Century', 9–10.

46 *English Historical Documents*, i, 191; Abels, *Alfred the Great*, 117–118; Williams, *Viking Britain*, 110–113.

47 *English Historical Documents*, i, 192.

48 Ibid., 187–189, 527.

49 Ibid., 192; Asser's *Life of King Alfred* in Keynes and Lapidge, 77.

50 Ibid., 78; *English Historical Documents*, i, 192; A. Gransden, 'Edmund [St Edmund]', *The Oxford Dictionary of National Biography*.

51 *English Historical Documents*, i, 192; Asser's *Life of King Alfred* in Keynes and Lapidge, 78.

52 Ibid., 78–80.

53 Ibid., 80; *English Historical Documents*, i, 193; Downham, *Viking Kings*, 66–67.

54 Asser's *Life of King Alfred* in Keynes and Lapidge, 80–81; *English Historical Documents*, i, 193.

55 Ibid., 190–191, 193.

北海

英吉利海峡

0 25 50 75 100 英里
0 50 100 150 千米

-------- 阿尔弗雷德-古思伦条约分界线

乌斯河

约克

亨伯河

托克西

切斯特

诺丁汉

特伦特河

雷普顿

巴廷顿

布里奇诺斯

莱斯特

大乌斯河

塞文河

剑桥

赫特福德

惠特灵大道

本弗利特

赛伦塞斯特

牛津

利河

克里克莱德

旺蒂奇

沃灵福德

伦敦

罗切斯特

奇彭纳姆

泰晤士河

雷丁

米尔顿

坎特伯雷

埃丁顿

康蒂斯伯里

阿普尔多尔

阿瑟尔尼

沙大茨伯里

温切斯特

林格

哈姆威克

奇切斯特

埃克塞特

温伯恩

韦勒姆

第六章
王国复兴：
阿尔弗雷德大王和英格兰的缔造

令人欣慰的是，威塞克斯最古老的阿尔弗雷德大王纪念物——而且很可能是世界上最古老的纪念物——是一家酒吧。阿尔弗雷德出生在旺蒂奇，为向他表示敬意，那里的学校于1850年以他的名字重新命名，他的雕像也于1876年在集市上竖立起来。但在这些维多利亚时代纪念活动之前的几十年，一直可追溯到1763年，约翰和伊丽莎白·史蒂文斯自豪地在当地报刊上宣布，他们"最近在旺蒂奇开了一家新酒吧，以'阿尔弗雷德头像'的标志而闻名"。这对夫妇向读者保证，他们的新酒吧"装修得体"，并承诺潜在客户"可以获得有礼貌的接待"。9月17日星期六，"阿尔弗雷德国王头像"酒吧开业，现场举行了一场音乐会，随后又举行了一场女士舞会。直至今日，这个酒吧仍然在那里，已经被列为一座二级保护建筑，并以相同的商标从事经营，但现在引入了问答夜和开放夜活动。[1]

史蒂文斯夫妇是最早接受或者说利用人们热衷于阿尔弗雷德这一现象的人，这一现象在十八世纪中叶逐渐席卷全国。举一个早期且有影响力的例子，1740年8月1日，威尔士亲王弗雷德里克在他位于白金汉郡的乡间府邸克利夫登举行了一场假面舞会，以庆祝他女儿的三岁生日。这场名为"阿尔弗雷德"的音乐盛会以一首新创作的歌曲结束。这首歌众所周知，名叫《统治吧，不列颠尼亚！》，是为了赞美海军取得的传奇胜利。大约在同一时间，英格兰领主艾伦·巴瑟斯特决定重新命名几年前他在赛伦塞斯特公园里建造的那座假城堡，把它从"亚瑟王城堡"改成了"阿尔弗雷德庄园"。（这座建筑现在已经破败不堪，但可能是阿尔弗雷德国王最古老的依然矗立的纪念物，没有之一。）在接下来的几十年里，为了纪念阿尔弗雷德，其他的讽刺剧开始出现。到十八世纪末，他还是戏剧、小说、绘画、歌曲和诗歌的主题，而到了十九世纪，此类作品几乎成倍增长，难以计数。1901年，罗斯伯里伯爵在温切斯特为阿尔弗雷德的新雕像揭幕，以纪念当时被认为是这位国王逝世一千周年的日子。罗斯伯里称他为"善良的阿尔弗雷德，讲真话的阿尔弗雷德，国父阿尔弗雷德，也是我们的祖先"。[2]

然而，十八世纪人们热衷于阿尔弗雷德的现象暗示，很大程度上这是现代人的发明：在乔治王时代和维多利亚时代被认为值得称赞和爱国的做法正在投射到一位遥远的九世纪国王身上。与被同时代人称为"查理大帝"的查理曼不同，阿尔弗雷德在他的一生中并没有被称为"大王"。这个词第一次用在他身上的实例出现在马修·帕里斯在十三世纪撰写的编年史中，尽管这位作者保证这是一个普通的称谓，但在接下来的三个世纪中没有出现再次使用它的记录。事实上，直到1709年这位国王的传记《阿尔弗雷德大王》出版后，他现在著名的这个绰号才真正流行起来。[3]

公平地说，现代人对阿尔弗雷德不折不扣的赞美并非没有根据。这位国王有幸成为一部同时代传记《阿尔弗雷德国王生平》的主人公，这部传记由威尔士主教阿瑟撰写，这在前面的章节中已经提到过。阿瑟在阿尔弗雷德的宫廷中居住了很长时间，因此他能够为我们提供一个引人入胜地近距离观察这位国王的视角，这是任何其他盎格鲁-撒克逊统治者都不具备的优势。与此同时，他的作品也并非没有问题。最明显的是，作为官方传记作者，阿瑟对他的主人公赞不绝口，并以几乎完全正面的方式呈现他。就像所有这类赞美诗一样，他对阿尔弗雷德的记述需要读者进行仔细和批判性的分析。但这里的难点在于，这位主教的原始版本没有流传至今。十一世纪初的一份副本存世了七百年，但在1731年科顿图书馆失火时被毁。（就在人们对阿尔弗雷德的狂热开始飙升的那一刻。）失去了这一已知的唯一中世纪手稿，我们不得不依赖于不完美的早期现代抄本，这些抄本由于添加了非真实的材料而得到了"改良"。例如，关于阿尔弗雷德烧面包的著名故事之所以流行，部分原因是人们认为它是由阿瑟撰写的，但实际上是在十六世纪插入了后期的传说。由于缺乏原始手稿，有些人甚至声称《阿尔弗雷德国王生平》根本不是同时代的作品，而是十世纪晚期的赝品。[4]

位于旺蒂奇的阿尔弗雷德国王雕像

大多数学者一直认为这一赝品的观点是有缺陷的，现在大多数人认为这个问题已经以有利于阿瑟的方式得到了彻底解决。[5]然而，关于阿尔弗雷德的争论仍在继续。例如，长期以来人们一直认为这位国王是几部书的译者，这使他比不列颠的下一位王室作家詹姆斯一世早了几个世纪。[6]但最近这也受到了质疑，一位牛津大学教授发表了一篇题为《阿尔弗雷德国王写过什么吗？》的论文。[7]同样，在二十世纪七十年代，有人认为阿尔弗雷德负责规划了温切斯特的街道，但最近的考古调查表明，这更有可能是他的前任付出的努力。[8]阿瑟称赞他的庇护人对教会慷慨馈赠，但阿宾登的修道士们却认为这位国王是他们土地的掠夺者，并称他为"犹大"。[9]所有这些都引出了一个平淡无奇但至关重要的问题：阿尔弗雷德真的那么伟大吗？

很明显，伟大的阿尔弗雷德的一个主要倡导者就是国王本人。阿尔弗雷德出生于848年，或者可能是该年代前后的任何一年，是威塞克斯国王埃塞尔伍尔夫五个儿子中的最后一个，但他决心让其他人相信他并不是最不重要的那个。根据阿瑟的说法，阿尔弗雷德小时候"不仅在智慧方面，而且在所有良好习惯方面都超过了他所有的哥哥"。他显然长相更好，言谈更好，举止更好，既是个能力更强的猎手，又是个更勇猛的战士。因此，这位国王自己的传记作者坚持认为，他"获得了他父母给予的比他所有哥哥更多的爱——事实上，每个人都疼爱他——都给予了他普遍而深刻的爱"。[10]

让阿尔弗雷德觉得他比他的哥哥们更受宠爱的一个方面是，虽然他是个孩子，但他已经两次去过罗马。855年，在他六七岁的时候，他在他父亲的陪同下前往那里进行了著名的朝圣之旅。但两年前，阿尔弗雷德也曾踏上同样的旅程，当时他还不到五岁，只是作为埃塞尔伍尔夫在他亲自抵达圣城之前派往圣城的那个使团的一个成员。为什么他这么年轻就被派去是一个谜。他父亲可能试图让教宗承认这个孩子的王室权利，以防止阿尔弗雷德日后被他的哥哥们强迫从事神职工作。在写给埃塞尔伍尔夫的一封信中，教宗利奥四世告诉这位国王，他把罗马领事的剑和长袍束在了阿尔弗雷德身上，以此向他授予荣誉。在他晚年时，当他比所有哥哥活得更久并继承了王位之后，阿尔弗雷德显然开始将这一教宗授职视为一种宿命，并且告诉阿瑟，教宗早已任命他为未来的国王。[11]

使阿尔弗雷德与众不同的另一个特征是他的疾病。阿瑟解释说，作为一个年轻人，阿尔弗雷德发现自己"无法戒除肉欲"，并担心这会导致上帝的不悦。所以他经常在黎明时起床去教堂祈祷，要求患上一种可以抑制他的欲望但又可以忍受的疾病。上帝满足了阿尔弗雷德的要求，让他得了痔疮，这种疾病让这位未来的国王"苦苦挣扎了多年"。最终，当他发现无法忍受时，他要求患上一种新的疾病，一种表面上看不出来的疾病，后来他发现自己已经痊愈了。但是，对于阿尔弗雷德来说，这只是他痛苦来临前的暂时平静。十九岁时，他又患上了另一种更神秘的疾病。868年，在他与一位麦西亚贵族的女儿埃尔斯威思结婚之际，他第一次患上了这种疾病。阿瑟说，在一场持续了一天一夜的婚宴之后，阿尔弗雷德遭受了一种剧烈的疼痛，但在场的医生对这种病一无所知。一些人认为他又患上了早先的那种疾病，但另一些人则怀疑这是某种更险恶的东西——一种神秘的热病、巫术或者魔鬼。一位现代评论家认为这可能是克罗恩病，但在隔了如此久远的时间之后，当然不可能进行准确的诊断。他的新病在他的婚礼当晚首次发作这一事实表明，这甚至可能是心理上的疾病，与他在十几岁时经历过的同样的性焦虑有关。不管是什么情况，这种疾病持续了很长时间，周期性地折磨他直到他生命的最后几年，这位国王把它解释为上帝派来考验他的一种负担。阿瑟不止一次地将阿尔弗雷德疾病的"野蛮袭击"与他的敌人维京人的无情袭击联系起来。[12]

871年，阿尔弗雷德在面临深刻危机的时刻继承了王位。六年前就已经入侵不列颠的那支异教徒大军几乎势不可挡。在威塞克斯的协助下，麦西亚成功地阻止了这支大军并通过谈判达成了停战协议，但诺森布里亚和东盎格利亚已经沦陷，他们国王的命运对其他统治者来说是一个可怕的警告。因此，当丹麦人最终在870年冬天进入威塞克斯时，威塞克斯国王带着极度的愤怒进行了反击——阿瑟形容阿尔弗雷德在阿什当的战斗中"就像一头野猪"。在那场战斗中，西撒克逊人取得了胜利，一时间狂喜不已，之后维京人似乎不得不撤退。但随后发生了更多的冲突，守军被击败，然后一支新的维京船队沿着泰晤士河航行到雷丁，补充了异教徒的队伍。就在这个关键时刻，871年春天，埃塞尔雷德国王去世了。[13]

问题不仅在于失去了又一位威塞克斯国王——十三年里去世的第四位国王——还在于这个王国其他层级的武士阶级也已大大枯竭。诚然，《编年史》中只提到了一位在这次入侵期间被杀的郡长，其他人的死亡可能没有被记录下来。但是还有其他重要人物——拥有广阔土地并且是当地社会首领的武士——他们中大多数人肯定已经丧生。这些人统称为"大乡绅"，这个词原本是"仆人"的意思，但后来获得了贵族的内涵。从本质上讲，大乡绅在盎格鲁-撒克逊人当中就相当于后来的中世纪骑士，那些服侍国王的人相当于后来的王室骑士。年轻的时候他们永久居住在国王的宫廷里，充当国王的保镖并在他的府邸用餐。服侍几年后，他们将获得土地奖励并担任乡村绅士的角色，帮助治理各省，但预计仍将有三分之一的时间用于亲自侍奉国王。[14]

阿瑟对这些威塞克斯的精英武士以及他们在870年维京人入侵过程中所表现出的英勇顽强赞不绝口。他说："那个民族的各个郡长带领着他们的人，还有很多国王的大乡绅，一直在坚持不懈、专心致志地对抗异教徒。"但他解释说，由于战斗和冲突的数量太多了，以至于这些武士已经"几乎全军覆没"。他的传记作者说，阿尔弗雷德"在他的哥哥们还活着的时候，就已经遭受了大量的人员伤亡"。所有这些可能都是真的，但阿瑟有必要强调这些损失的程度，以解释阿尔弗雷德的统治始于又一次失败的事实。在他即位一个月后，这位"几乎在所有战斗中都取得了胜利"的新国王在威尔顿与维京人交战。威尔顿是一处王家行政中心，后得名威尔特郡。他的传记作者说，他这样做了，但"几乎是不情愿的"，原因是他的人数太少了。他和他的手下进行了激烈的战斗，似乎即将击败规模更大的异教徒军队，后者已经转身开始逃跑。但丹麦人重新集结起来，再次发起了进攻，并成为战场的主人。

阿瑟费尽心思试图扭转阿尔弗雷德的失败，他只字未提其结局，只是简单地说："撒克逊人与异教徒讲和了，条件是他们将离开他们的国土，而且他们这样做了。"但战败后的和平肯定是有代价的，这意味着战败者必须付出巨额的贡品。维京人极不可能接受钱币贡金。数十年的掠夺摧毁了不列颠南部的经济，导致其国际贸易崩溃，结果是曾经一度接近纯银的麦西亚和威塞克斯的货币已大大贬值：在阿尔弗雷德统治初期，他的钱币的银含量只有可怜的16%。因此，贡品一定是由大量收集的更有价值的物品组成的——比如戒指、金属项圈、剑柄、圣杯、烛台和十字架。在榨取了尽可能多的资源之后，这支军队按照约定从威塞克斯撤军，占领了伦敦，并在那里安营扎寨过冬。[15]

无论871年达成了什么条件，如果阿尔弗雷德和他的谋士们认为赔款让维京人离开会带来暂时和平的话，那他们就太天真了。然而，对他们来说幸运的是，诺森布里亚的叛乱转移了异教徒军队的注意力。在867年征服了北方王国并杀死了相互竞争的两位国王后，丹麦人返回了东盎格利亚寻找更多战利品，将诺森布里亚留给了一位名叫埃格伯特的盎格鲁-撒克逊人治理。但在872年，诺森布里亚人驱逐了这名傀儡国王，并用他们自己选择的统治者里克西格取而代之。[16]

这场叛乱将维京人拉回北方。那年秋天，他们离开了伦敦，在林肯西北约十英里处的托克西建立了一个新营地。该遗址当时是特伦特河中的一座岛屿，近几十年来已被验明并发掘出来。它占地面积五十五公顷，加深了人们对于这支大军一定有数千人的印象。考古发现物的数量——超过三百五十枚钱币和近三百件赌博物品——都指向同样的结论。超过三分之一的钱币是来自中东地区的迪拉姆，这表明了他们的贸易网络范围。斯堪的纳维亚人也在当地铸造他们自己的货币，并制造其他金属物品，例如臂环。值得强调的是，这不是故意埋在地下的宝藏，而是意外掉落和丢失的物品的堆积物。正如发掘人员得出的结论，这些丢失的东西说明"当时有大量的掠夺物需要处理"。[17]

在托克西发掘出的一些钱币来自诺森布里亚，所以这支军队可能在872年冬天袭击了这个北部王国。然而，第二年，他们将注意力转向了麦西亚，沿着特伦特河向雷普顿移动。那里的大教堂可能是由伟大的八世纪国王埃塞尔博尔德建造的，他的尸骨与他九世纪的继任者威格拉夫的尸骨一起埋在教堂地下室里。维京人占领了这座教堂，并将其塔楼纳入他们新的防御围墙网络中。他们还利用教堂墓地埋葬自己的死者：通过发掘现代教区神父住所的花园，人们发现了一个乱葬岗，其中至少有二百六十四人死于九世纪七十年代初期。大多数是男性，年龄在十八岁到四十五岁之间，但不到五分之一是女性——可能是斯堪的纳维亚人的配偶，或者被抓获的当地妇女。[18]

雷普顿被占领预示着麦西亚王国的垮台。《盎格鲁-撒克逊编年史》记载："他们征服了所有的土地。"统治了二十二年的伯格雷德国王和他的王后埃塞尔斯威思（阿尔弗雷德的姐姐）开始流亡。他们一起逃到了罗马，大概是为了寻求上帝的帮助，但两人都没有回国，后来都在意大利去世。为了取代伯格雷德的位置，获得胜利的维京人任命了一位新国王切奥尔伍尔夫。《编年史》将他斥为"愚蠢的国王大乡绅"，尽管现代人试图将其解释为可追溯性的尖酸刻薄，但很难看出他除了是维京人的走狗之外，还能有什么。《编年史》中说，"他向他们宣誓并交出人质"，并承诺无论他们什么时候需要，麦西亚都将是他们的，"他和他的追随者将随时准备为敌人所用"。[19]

另一个盎格鲁-撒克逊王国的沦陷，以及维京军队出现在他自己的北部边境，对阿尔弗雷德来说是一个非常糟糕的凶兆——伯格雷德与维京人讲和了，但五年之后维京人就决定推翻他。然而，威塞克斯再一次走运了。丹麦人似乎在争夺麦西亚的过程中失去了一些首领。在雷普顿举行的葬礼似乎是为了纪念某位伟大的阵亡战士，而附近的其他墓葬也指向同样的结论。或许正因如此，幸存者之间突然出现了分歧，这支异教徒大军分裂了。其最初的首领之一哈夫丹带着他的队伍前往了诺森布里亚，在泰恩河上建立了一个营地，他们以那里为起点不断地袭击并劫掠斯特拉斯克莱德的皮克特人和布立吞人。其他首领，《编年史》将他们命名为古思伦、奥塞特尔和安文德，决定留在南方。874年，他们带着剩余的军队离开雷普顿，向东移动，在剑桥建立起一个新营地。[20]

但阿尔弗雷德的好运不可能永远持续下去，875年，维京人重新开始了对威塞克斯的进攻。根据《编年史》的记载，那年夏天，这位国王率领一支海军出海与七艘斯堪的纳维亚船只的船员作战，他成功俘获了其中一艘。目前尚不清楚这些船只是否与留在南方的那支强大异教徒军队的残余势力有关，但随后发生的事情表明这似乎很有可能。同年晚些时候，或者次年早些时候，驻扎在剑桥的军队向威塞克斯进发。他们显然行动迅速，因为《编年史》称他们避开了迎战他们的西撒克逊征召兵，并一路骑行穿过这个王国，在多塞特郡夺取了韦勒姆——这段距离将近有二百英里。这一定是不祥之兆，让人想起导致麦西亚垮台的事件——韦勒姆和雷普顿一样，也是一处重要的王家地产，是由埋葬在当地教堂的贝奥赫特里克国王于八世纪末开发的。

根据阿瑟的说法，这是一个防御工事，两边都有河流保护。更重要的是，由于韦勒姆位于海岸边，所以不久前与阿尔弗雷德交战的维京船只很可能是开辟这条新战线的初步尝试，最终弄明白了可以从海上入侵这个王国。在维京军队占领韦勒姆后的某个时间点，一支庞大的船队加入了他们，据记载超过一百二十艘船。

为了应对这一局面，阿尔弗雷德集结了一支军队去对抗入侵者，但是否发生了任何军事行动尚不清楚：阿瑟和《编年史》告诉我们的只是双方又一次"讲和"了。然而，维京人被迫交出高级别人质这一事实表明，阿尔弗雷德在谈判中占了上风，《编年史》的评论也表明维京人曾对"圣戒"起誓，他们将立即离开他的王国。但一旦达成和平协议，维京人就立即无视了它，在夜色的掩护下离开韦勒姆，向西骑行进入德文郡，在那里他们占领了古老的罗马城市埃克塞特。《编年史》说，阿尔弗雷德率领骑兵跟在他们后面，但在他们到达埃克塞特城墙的安全地带之前无法超越他们。他们之间再次出现了僵局。阿尔弗雷德和撒克逊人的好消息是，当维京船队从韦勒姆向西行进，打算在埃克塞特加入大军时，他们驶入了一场大风暴当中，导致许多船只沉没。但尽管遭受了这些损失，丹麦人对埃克塞特的占领似乎仍持续了几个月的时间。最终，在877年夏天，维京人再次同意协议条款，宣誓并交出人质，并于8月撤退到麦西亚。[21]

虽然南方的维京人一直试图征服威塞克斯，但北方却取得了重大进展。以泰恩河为据点袭击皮克特人和布立吞人的维京人认为是时候定居下来了。对于他们中的一些人，包括他们的首领哈夫丹来说，他们抵达不列颠已经十年了，在这段时间里，他们几乎蹂躏和劫掠了不列颠所有最有利可图的地区。他们现在希望将自己从居无定所的掠夺者转变为永久居民，赶走盎格鲁-撒克逊的地主并把他们的地产据为己有。根据《编年史》的记载，876年，"哈夫丹平分了诺森布里亚人的土地，由他们耕种和养活自己"。根据一份报告，这次接管导致诺森布里亚国王里克西格因过度悲伤而死。一年后，南方的维京人决定效仿他们在北方的朋友。《编年史》说，当他们撤退到麦西亚后，他们把这个王国的一部分土地在他们之间平分，并将另一些土地给了他们的附庸统治者切奥尔伍尔夫。[22]

然而，如果阿尔弗雷德或者他的谋士们将此解读为他们的敌人准备刀枪入库的话，他们很快就会感到非常失望。几个月后，在878年1月初，这支丹麦军队再次向威塞克斯发起进攻。这一次他们的目标是奇彭纳姆，这是威尔特郡北部的一处重要王家庄园——854年，麦西亚的伯格雷德和阿尔弗雷德的妹妹埃塞尔斯威思的婚礼就是在那里举行的。878年，当袭击发生时，那里可能也正在举行庆祝活动，《编年史》称这次袭击发生在"隆冬，主显节之后"。维京人经常会在节日期间发动袭击，原因是他们知道基督徒会聚集在一起举行庆祝活动。《编年史》补充说，这次袭击者"偷偷摸摸"接近的事实同样具有暗示性，这让人联想到在圣诞节的最后一天，阿尔弗雷德和他的王室人员可能正在奇彭纳姆喝酒狂欢，在没有任何提防的情况下就被俘虏了。[23]

可以肯定的是，这次新的攻击是灾难性的。《编年史》称，维京人"占领了西撒克逊人的土地并定居在那里"，就像他们最近在诺森布里亚和麦西亚所做的那样。当然，这意味着威塞克斯的首领遭受了非常严重的军事失败，使他们任由入侵者摆布。阿瑟说："他们凭借武力迫使该民族的许多人航行到海外，让他们经历贫困和恐惧，该地区几乎所有的居民都已屈服于他们的权威。"

但这些人中不包括阿尔弗雷德。这位国王消失在了萨默塞特郡的树林和沼泽中，陪伴他的有一小队伯爵、士兵和大乡绅。[24]

就这样，阿尔弗雷德加入了大卫王、罗伯特·布鲁斯或查理二世等著名王室逃犯的行列，被迫逃亡，后来凯旋。与其他情况一样，阿尔弗雷德逃入的荒野成了传说中的沃土。正是在这段时期，涉及这位国王和面包的事件应该已经发生了。据说，阿尔弗雷德不得不躲在一个猪倌的乡村小屋里，他在那里休息了几天。一天，当猪倌出去放猪时，他的妻子在烤箱里放了一些面包，显然是期待她的王室客人在她处理其他事务时会留意它们。但阿尔弗雷德太忙于反思自己大为恶化的处境，想知道如何才能重新获得上帝的青睐，以至于并没有注意到面包什么时候开始燃烧，结果被愤怒的女主人骂了一顿。"看这里，伙计！"她说，"你犹豫不决，没有翻转那些你看到快要燃烧的面包，但当它们从烤箱里热好拿出来时，你会很高兴地吃掉它们！"

这至少是故事的最初版本。它首次出现在《圣尼奥特生平》中，这份史料写于阿尔弗雷德在沼泽地探险一百年之后，几乎可以肯定是其匿名作者的杜撰。但是，正如已经提到的那样，这个故事在十六世纪被插入阿瑟传记的最早印刷版本中，从而赋予了它不应有的合法性。等到了十九世纪确定这一故事是后人插补的时候，为时已晚——阿尔弗雷德已经在大众的脑海中确立起了烧面包之王的形象。[25]

阿瑟确实给人留下了这样一种印象，即他和他的一小群追随者度过了一段悲惨的时光，"在萨默塞特的树林和沼泽地中过着极度痛苦的不安定生活"，没有什么可吃的食物，只能靠偷窃为生，不是从维京人那里偷东西，就是从那些屈服于维京权威的英吉利人那里偷东西。然而，还有其他迹象表明，这位国王的处境可能并不像传说中的那么孤独。十世纪的《盎格鲁-撒克逊编年史》拉丁语译本提到，萨默塞特郡的郡长埃塞尔诺思也曾率领一小队人马逃到树林中。与此同时，阿瑟还提到一群来自德文郡的国王大乡绅以及他们的追随者把自己关在了一座他称之为基努伊特的堡垒中——可能是靠近大海的铁器时代的山丘堡垒康蒂斯伯里。在878年初的几个月里，这些人遇到了一支在威尔士南部劫掠的维京军队，这支军队由伊瓦尔和哈夫丹的一个不知姓名的兄弟率领。维京人包围了这座堡垒，但并没有试图攻打它，他们相信里面的人会因为缺乏食物和水而被迫投降。但是，阿瑟说，"在做出要么死亡要么胜利的判断后"，那些大乡绅和他们的追随者突然冲出来攻击了围困他们的人，杀死了那名维京首领和许多其他人，并迫使其他人逃到他们的船上。《编年史》补充说，获得胜利的撒克逊人还夺取了敌人的旗帜，"他们称之为'乌鸦'"。[26]

也许是受到了这次胜利的鼓舞，阿尔弗雷德和他的追随者于复活节后不久在一个叫作阿瑟尔尼的地方建立了自己的堡垒。阿瑟尔尼在当时是一座岛屿，由于在后来的数世纪中水被抽干，现在成为萨默塞特地层中间的一个农场。"阿瑟尔尼四周被沼泽、无法通行的广阔沼泽地和地下水所包围，"阿瑟说，"除了方头平底船外，用别的任何方式都无法到达。"以这个孤立的要塞为起点，这位国王和他的追随者"不屈不挠且不知疲倦地与异教徒对抗"。[27]

在这段时间里，阿尔弗雷德一定在与其他躲藏起来或者屈服于丹麦人统治的郡长和大乡绅们秘密交流。5月初，这位国王和他的追随者离开了阿瑟尔尼，向东骑行到了一个叫作"埃格伯特之石"的地方——遗憾的是现在已经无法找到这个地方，但它位于"塞尔伍德森林东部"的某个地方，位于萨默塞特和威尔特郡的边界地带。这是一个预先安排好的集结点。《编年史》说，在那里，这两个郡的所有人以及汉普郡西部的人与国王会合了。阿尔弗雷德回来的时机似乎是有意选择且带有象征意义的，原因是他在"复活节后的第七周"离开了阿瑟尔尼，这意味着他在公众面前重新露面时恰逢圣灵降临节，这是一个纪念基督复活之后圣灵降临在门徒身上的节日。阿瑟当然充分意识到了这个象征意义，他说，当人们看到这位国王时，他们充满了喜悦，"仿佛在经历了如此大的磨难后重获生机"。

阿尔弗雷德返回的目的只有一个——对抗并摧毁占领他王国的丹麦人。在"埃格伯特之石"集结后的第二天早上，他率领着他的军队向北朝着位于奇彭纳姆的维京人营地方向行进。次日，他们在一个叫作埃丁顿的地方遭遇了整支维京人军队，随后展开了激烈的战

霍克森宝藏。透明展柜复制了最初装着宝藏的木箱和匣子的样子

哈德良长城。这道著名的边界标志"从海岸到海岸"绵延七十三英里，反映了罗马军事实力

3　艺术家绘制的杜罗韦纳姆（坎特伯雷）印象图，分别展示了这座城市在罗马帝国统治末期的辉煌和帝国统治结束后的破败景象

4 金斯顿发现的镶嵌有玻璃和石榴石的金制胸针

萨顿胡腰带扣

6　斯塔福德郡出土的宝藏

7　圣卡思伯特曾佩戴过的金十字架

赫克瑟姆修道院的地下室，由圣威尔弗里德建造

埃塞克斯郡滨海布拉德韦尔教堂，由圣塞德建造

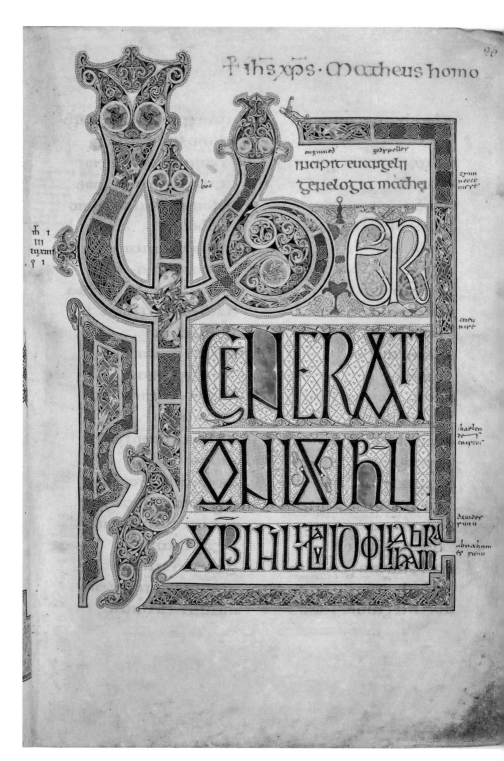

10 林迪斯法恩福音书，图为《马太福音》扉页

奥法堤坝遗址

布里克斯沃思的万圣教堂。塔楼和尖顶是在十一世纪和十三世纪加建的，但中殿大部分可追溯到八世纪末或九世纪初，很可能是奥法国王委托建造的

13　奥法国王模仿中东迪拉姆发行的一枚金币。这枚金币最早记录于罗马,这表明它可能是奥法承诺每年向教皇支付的三百六十五枚金币中的一枚

14　九世纪奥斯堡号船葬中发现的五个雕刻兽首之一

斯德哥尔摩《圣经》抄本中的一页（《马太福音》1:18），可能是八世纪在坎特伯雷制作的。九世纪添加的微缩文字描述了如何从维京人手中以赎金换回了这本书

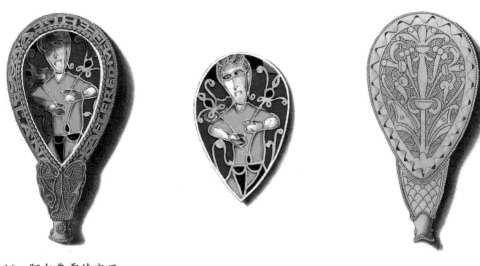

16 阿尔弗雷德宝石

17 吉林剑。1976年，九岁的加里·弗里德在约克郡吉林的一条溪流中发现了这把保完好的武器，其历史可追溯到九世纪末或十世纪初

埃塞尔斯坦国王向圣卡思伯特赠书。这是国王于934年赠送给圣卡思伯特修道院的福音书中的一幅图像

19 埃塞尔斯坦国王于934年赠送给圣卡思伯特修道院的绣金披巾和饰带残片，1827
被重新发现。左边的画像是执事彼得，右边的画像是先知那鸿

格拉斯顿伯里突岩

萨默塞特的切德峡谷。埃德蒙国王曾险些在此丧命，这促使他寻求与圣邓斯坦和解

22　这是966年颁发的温切斯特新敏斯特重建特许状的正面图。图中埃德加国王亲自
特许状呈交给基督

Tower, Earl's Barton.

23 诺曼征服前夕的英国教堂建筑：北安普敦郡厄尔斯巴顿巴顿建于十一世纪中叶的塔楼

24 《末日审判书》中的对开页。每个郡（这里是贝德福德郡）的条目都以其主要土地所有者的名单开头。这里的第一个名字是威廉国王（Rex Willelmus）

斗。像往常一样，我们所拥有的史料几乎没有告诉我们关于这场战斗本身的任何信息。我们所知道的全部内容，就是这场战斗持续了很长时间，但最终——感谢上帝——阿尔弗雷德取得了胜利。"他消灭了异教徒军队，进行了大屠杀，"阿瑟说，"并追杀那些最远逃到了堡垒的人"——想必是在战场以北二十英里处的奇彭纳姆的营地。这位国王和他的军队杀死了他们在上述营地外抓到的所有丹麦人，并夺取了所有的马匹和牲畜，这给躲在营地里面的人施加了巨大的压力。阿瑟说，经过两周的围攻，饥饿和恐惧使堡垒内的人们感到绝望，他们寻求投降并缔结条约。[28]

阿尔弗雷德在埃丁顿的胜利之大体现在他能够施加的条件上。首先，这位国王可以要求对方交出任意数量的人质，而不必向对方交出任何自己的人。根据阿瑟的说法，这是一件新鲜事：维京人以前从未与任何人就这样的条件达成和解（这一声明暗示阿尔弗雷德早先与维京人的谈判涉及人质交换）。其次，也是更重要的方面，维京人首领同意皈依基督教，并在阿尔弗雷德的宫廷受洗。这种情况之前曾在法兰克王国发生过，但这是发生在不列颠的第一次有记录的实例。[29]

因此，在围攻结束三周后，维京人军队中三十名最高级别的勇士来到阿瑟尔尼以东约三英里一处名为阿勒尔的庄园接受阿尔弗雷德的会见，目的是举行皈依仪式。他们的首领是古思伦，此人在我们的史料中最后一次提到是在874年，当时他是维京国王三巨头之一。在此期间，他的前任搭档奥塞特尔和安文德发生了什么事，我们不得而知。阿瑟说，古思伦是由阿尔弗雷德亲自在圣洗池中为他进行的洗礼，因此他成为这位国王的教子，《编年史》显示他接受了埃塞尔斯坦的洗礼名，这唤起了阿尔弗雷德对二十多年前去世的最年长兄长的记忆。在皈依仪式上，皈依者身穿白色长袍，头上涂有圣油，用白色绷带固定。这些东西必须戴一周，在此期间，古思伦和他的手下留下来陪伴阿尔弗雷德。八天后，长袍和绷带被隆重地取下，又过了四天，那位丹麦对手终于离开了。阿瑟说，阿尔弗雷德赐予了他们"许多珍贵的宝藏"。[30]

古思伦和他最主要手下的受洗仪式勾勒出了一个不同寻常的场景——维京人平静地接受了这样一场仪式，他们一定认为这是一场极其怪诞和令人不解的仪式，尤其是因为策划这场仪式的正是仅仅几周前屠杀了他们许多战友的那位国王，而且阿尔弗雷德授予祝福和礼物的对象正是那些直到最近还试图猎杀他的人。然而，如果将阿尔弗雷德的行为解释为幼稚，或者认为他的行为源于对基督徒宽恕美德的错误信念，那就大错特错了。古思伦和他的追随者在信仰上的转变实际上表明了阿尔弗雷德对其战略进行了重大且合乎逻辑的转变。

在他的统治期开始时，这位国王不得不以对其极为不利的条件与维京人讲和，几乎可以肯定的是，在向他们缴纳了大量贡品之后他才得以离开。其他盎格鲁-撒克逊统治者和社区也是这样做的，毫无疑问，他们怀着近乎不可能的希望，认为维京人一旦欲望得到满足就会离开不列颠，要么返回欧洲大陆，要么撤退到斯堪的纳维亚半岛。但到了九世纪七十年代后期，这些入侵者显然哪里也不会去。在诺森布里亚，他们推翻了当地的国王，并且开始——用《编年史》中的话说——"耕种和养活自己"。在东盎格利亚，情况可能也是如此，那里的埃德蒙国王于869年殉道。最近到了877年，古思伦和他的手下至少已经占领了一部分麦西亚王国的国土并定居下来。阿尔弗雷德在取得那场决定性胜利后，可以坚决要求维京人离开他的王国，但他们仍将是他的邻居，在未来的数月和数年内他或他的继任者都将不可避免地与他们互动。之所以他们在与维京人打交道时遇到难题，部分原因就是他们总是拒绝遵守基督教规则——不仅是他们对圣地的轻蔑亵渎，而且在宣誓神圣誓言方面也是如此。875年，阿尔弗雷德劝说丹麦人在韦勒姆对着一群异教徒宣誓，这是阿尔弗雷德的一次大胆尝试，当时他正试图完成一件非常困难的事，但没有成功——维京人刚刚宣誓后，他们就溜走并占领了埃克塞特。

因此，通过要求被他击败的敌人接受洗礼，阿尔弗雷德的目标是实现与他自己边界以外的新统治者之间的关系正常化。维京人的屈服和皈依可能是诚心实意，也可能只具有象征意义，但这表明他们愿意遵守基督教规则。古思伦承认阿尔弗雷德是教父，并承认自己在某种程度上居于从属地位。阿尔弗雷德收养古思伦作为他的教子，授予他作为统治者的合法性。

看来，在阿尔弗雷德和古思伦相处的十二天里，他们一定讨论过麦西亚王国的命运。维京人在前一年已经将麦西亚的一部分——大概是东部地区——据为己有，将这个王国的西部地区留给了他们的附庸统治者切奥尔伍尔夫。令人很难想象的是，切奥尔伍尔夫和阿尔弗雷德之间已经失去了太多的感情。有人提出，这两位统治者可能在他们的货币制度方面进行过合作。值得注意的是，从约公元前九世纪七十年代中期开始，麦西亚和威塞克斯的低质量货币都得到了恢复，它们的银含量增加了五六倍。但这也很可能是铸币者推动的一项举措。切奥尔伍尔夫是阿尔弗雷德的姐姐和姐夫被废黜和流放的受益者。他甚至可能共谋了他们的垮台。在威塞克斯，他可能只是被视为维京人的一个傀儡。[31]

阿尔弗雷德的野心显然是他应该取代切奥尔伍尔夫，并且麦西亚的西部地区应该并入威塞克斯，原因在于这正是接下来几个月发生的事情。在古思伦和他的手下离开阿尔弗雷德的宫廷后不久，他们按照承诺离开了他的王国。但他们并没有撤退太远。他们放弃了奇彭纳姆的营地，向北移动二十英里来到了赛伦塞斯特，这个地方是麦西亚的一部分，名义上属于切奥尔伍尔夫。古思伦和他的军队在接下来的一年里一直待在那里，在此期间，切奥尔伍尔夫的统治神秘地结束了。我们不知道他是被赶出去了还是死了。如果是后面那种情况，从时间上讲非常吻合。[32]

　　大概就是在这个时期，阿尔弗雷德和古思伦通过谈判达成了一项瓜分麦西亚的条约，该条约的文本流传至今。条约中的第一条在他们的领土之间划了一条分界线。至关重要的是，阿尔弗雷德保留了伦敦——新边界的第一部分是利河分界线，这条河流向伦敦的东部。然后这条边界线"径直延伸到贝德福德，然后沿着乌斯河往北到惠特灵大道"。据推测，这条穿过麦西亚王国腹地的古老路线——惠特灵大道——构成了新边界的剩余部分——它可能是两年前古思伦和切奥尔伍尔夫划分王国时已经商定好的分界线。[33]

　　这种吞并可能受到了麦西亚某些地区的欢迎——这位获胜的基督教首领至少将米德兰王国的一部分国土从维京霸主的手中解放了出来。868年，阿尔弗雷德与他的麦西亚妻子埃尔斯威思结婚，进一步巩固了近几十年来他的前任国王们建立起的良好关系。但肯定也有很多人反对分解麦西亚——这是一个自豪、独立的王国，在人们的记忆中一直是不列颠南部最强大的王国。埃塞尔雷德可能就是持反对态度的一个人，他是一位麦西亚贵族，883年代表阿尔弗雷德统治麦西亚的西部地区。我们对他的背景一无所知，所以我们不能说埃塞尔雷德的期望是否落了空，但在不同的情况下，他和他的支持者可能期望他继承王室的衣钵。在他颁布的特许状中，他是以准国王般的术语进行描述的，其中有一次他称"感谢神圣恩典将我提升至麦西亚人的统治者身份"。但埃塞尔雷德从未在任何官方文件中将自己称为"国王"，也没有以他的名义铸造过任何钱币。相反，他采用了"郡长"这一头衔，以表示他对阿尔弗雷德上级权威的服从。[34]

　　但如果他坚持自己在麦西亚西部地区拥有优势，阿尔弗雷德也会采取措施来缓和他的麦西亚新臣民的感情。这位国王从来没有声称麦西亚正在被威塞克斯吞并，就像肯特、萨塞克斯、萨里和康沃尔在前几十年被并入的方式一样。相反，阿尔弗雷德开始宣传威塞克斯和麦西亚的人民是由一个共同的种族团结在一起的观念。例如，在他与古思伦签订的条约中，据说这位国王是在与"英格兰种族的所有谋士"（ealles Angelcynnes witan）协商后采取的行动。Angelcynn这个词并不是一个全新的词——它曾在855年的一份麦西亚特许状中出现过一次——但从那时起，越来越多的人开始使用这个词，原因是阿尔弗雷德和他的谋士们开始推广这样一个观念，即阿尔弗雷德不仅仅是威塞克斯的国王，还是全体英吉利人民的国王。阿尔弗雷德几年来可能一直在试验这个观念：九世纪七十年代中期，他铸造的一枚钱币上刻有"盎格鲁国王"的铭文。但在他接管了麦西亚西部地区之后，这样的宣言开始成倍增加。例如，自882年起，阿瑟一直将阿尔弗雷德称为"盎格鲁-撒克逊国王"，并且在一些王室特许状中也使用了相同的名称。长期以来建立起来的观念——麦西亚和威塞克斯人民，以及东盎格利亚和诺森布里亚人民在某种意义上都是"英吉利人"——正被用于公开的政治目的：目的就是让麦西亚人民相信他们并没有被吞并，而是一个新的、更大的政治实体"盎格鲁-撒克逊王国"不可或缺的一部分。[35]

这个新王国刚刚建立起来，它的生存能力就受到了考验。878年末，当古思伦和他的军队位于赛伦塞斯特时，一支新的维京人军队从海外抵达，沿着泰晤士河向上游航行。根据阿瑟的说法，他们在伦敦以西五英里处泰晤士河中一个近便弯道的富勒姆建立了一个冬季营地，并与古思伦取得了联系。这是对这位维京人首领最新信仰和忠诚度的严峻考验。他是要忠于他的教父阿尔弗雷德，尊重他们之间的和平条款，还是会与新来者联手，以期征服威塞克斯呢？

古思伦选择了维持与阿尔弗雷德之间的契约。次年，他和他的军队离开赛伦塞斯特并撤退到东盎格利亚，据《编年史》记载，他们在那里定居并均分了这片土地。这一定让富勒姆那支新来的维京人军队感到失望，这也许阻止了他们攻击威塞克斯，但不太可能让他们离开。让他们离开的任务可能落到了阿尔弗雷德身上——《编年史》后来的一段引用回忆了这位国王的祈祷何时得到了回应，就是"英吉利人在伦敦安营扎寨对抗敌军的时候"。不管承受了何种压力，这支新来的维京人军队在879年的某个时候离开了富勒姆，并返回了法兰克王国。[36]

威胁因此避免，与古思伦之间的和平得以维持。但是，这支在补充新兵后实力大增并且渴望尽情占有英吉利人财富的来自欧洲大陆的维京人军队多久之后又返回了呢？近一个世纪以来，斯堪的纳维亚人一直在攻击不列颠和法兰克，尽管阿尔弗雷德最近取得了胜利，但毫无疑问，这股潮流对他们有利。盎格鲁-撒克逊人和法兰克人在战争方面可是好手，正如两国人民在公元800年前的胜利历史所证明的那样，在此期间他们也并没有变得软弱。然而，斯堪的纳维亚人一次又一次地击败了他们。

令人失望的是，我们对中世纪早期的战争知之甚少。几乎不存在有关战斗的详细记录，甚至那些参加过战斗的人写的记录都已不复存在。我们所拥有的史料中没有关于战术和战略的描述，因此这些内容必须由现代历史学家推断得出。但是，尽管我们的实证中存在巨大漏洞，但有几件事似乎是相当确定的。首先，在这一时期，武士属于精英职业。传统旧观念认为，日耳曼社会拥有的以普通老百姓为基础的军队是由所有自由民组成的，这与暗示战争主要是贵族事业的史料不一致。国王们寄希望于其他有权势的人——他们的郡长和大乡绅——的支持来组建军队，而这些郡长和大乡绅反过来又要求追随他们的装备精良的战士为他们提供服务。大量证据表明，如果情况需要，这些人会骑上马，不仅是为了运输，而且也用于战斗。

其次，这些武士所进行的战争主要是进攻性的。他们毁坏敌人的领土，纵火和蹂躏他们的敌人，偶尔与他们的对手发生面对面的冲突。他们发动战争是因为它为掠夺提供了机会。少数人可能是出于义务而服役的，原因是他们已经被授予了土地，但他们中的大多数人可能参与了一场接一场的战斗，原因是他们愿意赌这场战争会使他们变得更加富有。这就和我们从《贝奥武夫》这样的诗歌以及"斯塔福德郡宝藏"这样的发现中得到的印象一样。[37]

这种类型的战争完全不适合对付维京人。如果他们是突袭后迅速撤离的袭击者，那么在任何骑兵到达之前，他们早就离开了。如果他们的军队规模较大，那么当国王召集齐足够多的军队与他们对抗时，他们就已经安顿在临时营地的堤岸和栅栏后面了。在中世纪早期的不列颠，围城战术几乎不存在，也没有任何复杂的机器和设备曾在古代世界或中世纪后期使用过。围攻堡垒通常包括试图冲进城门，或者包围它并等待城里的人饿死。如果被围困的军队供应充足，就没有什么可以赶走他们了，就像868年威塞克斯和麦西亚的联合部队在诺丁汉发现他们受挫一样。[38]

自从维京人第一次出现以来，盎格鲁-撒克逊和法兰克的国王们都在努力想出有效的对策，但都遭遇了同样的根本性问题——说服人们参与防御性战争要比说服人们参与进攻性战争困难得多，原因是（参与防御性战争）获利的机会要少得多，但死亡的机会却仍然很大。因此，国王们开始坚持，服兵役是一项责任，它落在了更广泛的社会阶层，而不仅仅是武士精英阶层身上。从九世纪初开始，查理曼和他的继任者都要求相当小的地主参与保卫加洛林帝国。同样，奥法国王在792年向肯特的所有教堂发出的特许状中也明确表示，他希望他们提供人员来对抗异教徒入侵者，哪怕这意味着要冒险进入邻近的萨塞克斯。对于这些王室的要求，有些人一定会顺从，有些人也会反对，但维京人在九世纪取得的越来越多的胜利表明，这些新举措并不是非常有效的。[39]

阿尔弗雷德因为扭转了盎格鲁-撒克逊人的局势而广受赞誉，这在很大程度上要归功于他在整个王国建立起的广泛的防御工事网络。古英语中用于表示这种堡垒的单词是*burh*，从中我们得到了"borough"这个词。在许多人的脑海中，*burh*是阿尔弗雷德自己提出的一个革命性概念：一个防御严密的城镇，全新建造，街道布局精确，结合了城市和军事功能，能够容纳数百甚至数千名士兵和居民。[40]然而，正如他统治的其他方面一样，在这方面阿尔弗雷德的独创性也受到了质疑。这位国王是一位真正的创新者，还是因为他的前辈的成就而受到了不公正的褒奖？

任何关于阿尔弗雷德堡垒的讨论都必须从一份名为《堡垒土地税》的文件开始，历史学家之所以称之为《堡垒土地税》，是因为它包含有一份涉及三十一座堡垒的清单，其中明确了分配给每座堡垒的用于保障堡垒给养的土地数量。人们通常认为目前版本的《堡垒土地税》是在914年之后制定的，原因是根据《盎格鲁-撒克逊编年史》的记载，它包含有一座直到那一年才建立的堡垒（白金汉宫）。但大多数历史学家认为，其他三十座堡垒早在此日期之前就已建立。传统上认为，大多数堡垒（如果不是全部的话）都是阿尔弗雷德建造的。在赞美诗的扩展章节中，阿瑟说，这位国王不仅重建了城镇，还在"以前没有城镇的地方"建造了其他城镇。在同一部分的之后内容中，他还提到阿尔弗雷德下令建造了堡垒。[41]

然而，并没有充分的理由证明《堡垒土地税》中列出的**所有**堡垒都是阿尔弗雷德建造的，甚至是在他的指挥下翻修的。正如我们已经看到的那样，早在八世纪中叶，麦西亚国王就坚持他们的臣民应该为王室堡垒的建设和防御做出贡献，而威塞克斯国王在九世纪中叶也是这样做的。想必除非他们是在建造堡垒，否则他们都不会这样做。今天仍然可以看到的位于韦勒姆的防御工事或许至远可以追溯到八世纪后期国王贝奥赫特里克对那个地块的开发。到875年维京人占领韦勒姆时，这些堡垒肯定业已存在。这个年代早于阿尔弗雷德统治期很久，因此他不可能负责建造这些堡垒。[42]

韦勒姆的布局令人印象深刻，其占地面积八十至九十英亩，这座现代小镇的街道仍然遵循其原始设计师的直线规划。然而，如果想象所有的堡垒都同样大小而规则，那就大错特错了。在《堡垒土地税》中，韦勒姆被分配了一千六百海得的土地用于给养，但只有其他三座堡垒拥有比这更多的土地，而且大多数堡垒拥有土地的数量要少得多。超过一半的堡垒所分配的土地小于一千海得，而且在某些情况下——例如南安普敦——这个数字还不到韦勒姆的十分之一。大多数堡垒不是新建的，而是被重新投入使用的古老防御阵地：铁器时代的山堡、罗马海岸线上的岸堡和罗马带城墙的城镇。即使是在盎格鲁-撒克逊时期建造的堡垒中，也只有三座——沃灵福德、牛津和克里克莱德——具有与韦勒姆相同面积的网格规划布局。这三座堡垒都坐落在泰晤士河上。虽然它们可能是阿尔弗雷德或者他的麦西亚副手埃塞尔雷德郡长的作品，但它们同样可能出自879年之前的任何麦西亚国王之手。[43]

阿尔弗雷德无疑建造了一些新的堡垒。阿瑟将这位国王位于阿瑟尔尼的一处建于878年的岛屿避难所描述为"一座工艺优雅的坚固堡垒"，并补充说，它通过一条"许多工人花很长时间建造"的堤道与另一座堡垒相连。在多塞特郡的沙夫茨伯里，曾经有一块刻有铭文的石头，十二世纪的编年史家马姆斯伯里的威廉曾经提到过这块石头。威廉宣称，这座城镇是阿尔弗雷德在880年建立的。我们从《盎格鲁-撒克逊编年史》中得知，到这位国王的统治期结束时，埃克塞特和奇切斯特的堡垒已经存在，并且肯定还有许多其他的至少是在他的指令下开始建造的堡垒。阿瑟讲述了阿尔弗雷德"为了整个王国的普遍利益"建造防御工事的决心如何遭到了他的一些重要臣民的拖沓响应，甚至是抗命，以至于在893年传记作者写作时，一些堡垒仍未完工。[44]

沃灵福德堡垒的布局仍然可以在现代城镇中看到

　　虽然重要的是要意识到阿尔弗雷德不是堡垒的发明者，也不是唯一负责建造这些堡垒的人，但这些堡垒拥有不同的起源这一事实并没有减损它们的效用。重要的是它们作为一个网络共同发挥作用，从这个意义上讲，给予这位国王作为创新者的声誉，他似乎是当之无愧的。《堡垒土地税》中列出的堡垒似乎是根据它们的位置合理选择的，以便控制主要道路和河流，并且这些堡垒之间保持一定的间隔，使得这位国王的臣民们与保卫他们安全的防御工事之间的距离都不超过二十英里。但阿尔弗雷德计划的关键部分是，他的防御工事不仅旨在成为平民可以畏缩的避难所，还要是永久驻扎士兵的据点。正如上述调查所示，盎格鲁-撒克逊人在阿尔弗雷德之前的几十年中并非没有防御工事，但显然这些堡垒没有得到很好的防御：维京军队一次又一次地迅速袭击约克、诺丁汉和韦勒姆等地，并将现有的防御工事据为己有形成己方的优势。[45]

在阿尔弗雷德的统治期内，这个问题得到了纠正。《堡垒土地税》中最引人注目的是它的后半部分，这一部分揭示了这位国王为保持其堡垒配备有充足人手而制订的计划。在这个堡垒列表之后，是计算它们土地数量分配的公式，该公式的依据是把守城墙所需的人数。《堡垒土地税》中写道："为了维护和防御一英亩范围的城墙，需要16海得的土地。如果每海得的土地代表一个人，那么每个部分 [5.5码] 就可以由四个人把守。"简而言之，预期每个人保卫刚刚超过四英尺宽的墙。由于我们有这个方程的输出数据——分配给每座堡垒的土地数量——我们可以得出作者用作计算基数的城墙长度。值得注意的是，他所使用的数字与留存至今的堡垒尺寸之间存在着相当密切的对应关系。例如，韦勒姆被分配了1600海得的土地，这意味着它有2200码长的城墙需要防御，而留存至今的防御网络绵延了约2180码。温切斯特也有类似的密切相关性。据评估，该城镇基于3300码的城墙周长获得了2400海得的土地，而根据今天的测量，温切斯特的罗马城墙的长度为3318码。[46]

这让人们相信，《堡垒土地税》是一份真正的工作文件，而不仅仅是一个理论运用，这对于最后一点来说很重要。将列表中所有堡垒拥有的所有土地加起来，总共有27000多海得的土地。因此，用这份文件本身的话来说，"如果每海得的土地都代表一个人"，阿尔弗雷德当时将希望他的王国向他提供27000名士兵来保卫他的堡垒网络。[47]

这真是一个引人注目的数字。人们经常把建立一支常备军的额外成就归功于阿尔弗雷德，但事实上关于他这样做的证据非常少，在《盎格鲁-撒克逊编年史》中仅有一行。[48]但即使这位国王推行了全面改革，他的大军的规模也不太可能比中世纪早期的标准规模大得多，标准规模最多也只有几千人。另一方面，《堡垒土地税》指出了一些更令人印象深刻的东西。阿尔弗雷德成功地扩大了战争的参与范围，参与战争的人已经不仅限于传统上跟随国王骑行作战的军事精英阶层。为了把守他的堡垒城墙，他需要找到成千上万的小人物，并说服他们（或他们的领主）相信他们有责任为王国的防御做出贡献。确切地说，与他的所有前任国王相比，他动员了更大比例的人口参与防御，他是如何做到这一点的仍是一个谜。阿瑟说，阿尔弗雷德"通过温和地教导、哄骗、敦促、命令，以及（最终，当他的耐心耗尽时）严厉地惩罚那些不听话的人"，从而使人们服从他的意志。因此，胁迫是这位国王说服人们履行其公民义务的一种方式，如果他认为个人贡献不足，他会毫不犹豫地剥夺个人甚至教堂的土地和财产。正是出于这个原因，阿宾登的修道士们将他称为"犹大"。[49]

但阿尔弗雷德强行劝说的好处很快就显现出来了。885年，六年前离开富勒姆前往法兰克的维京军队一分为二。一部分去了更远的东部，但其他人决定第二次在不列颠碰碰运气。正如阿瑟所说的那样，这些维京人航行前往肯特，围攻了古罗马城市罗切斯特，并在城墙外建立了自己的驻防营地。但是，阿瑟说，他们这次无法占领这座城市，"因为市民们勇敢地保卫了自己，直到阿尔弗雷德国王到来，用一支大军为他们解了围"。罗切斯特不在《堡垒土地税》中——肯特作为一个单独的子王国，不在这个文件中——但这正是新的堡垒网络应该运作的方式。罗切斯特显然驻有足够的兵力，可以在骑兵到达之前一直抵挡大量的袭击者。当阿尔弗雷德和他的军队突然降临时，入侵者逃到了他们的船上，放弃了他们的营地、他们的马匹和他们抓住的大部分俘虏。阿瑟说，在这种情况下，他们被迫在当年夏天离开并返回法兰克王国。[50]

诸如罗切斯特这样的一些堡垒坐落于古老的罗马城市，这一事实不应误导我们认为阿尔弗雷德是在有意识地试图支持城市复兴。他最关心的是保卫他曾险些失去的王国，他建造或翻新的堡垒旨在作为保护他的臣民安全的城堡。尽管历史学家经常将它们描述为"城堡"，但它们中的许多从未发展成商业中心，而那些后来发展成商业中心的城堡都是在这位国王死后几十年才发展为城市的。[51]也有一两座城堡例外。正如我们已经注意到的，温切斯特可能在840年遭维京人突袭之后成为哈姆威克批发商和制造商的所在地：在接下来四十年中的某个阶段，这座城市中遍布铺就鹅卵石的街道，传统上人们认为这是阿尔弗雷德的功劳，但这更有可能是他的父亲或兄弟委托别人这样做的。[52]

另一个例外的主要城堡是伦敦，阿尔弗雷德参与过这座城堡的建设是毋庸置疑的。886年，也就是他在罗切斯特成功击溃维京人后的第二年，这位国王前往了伦敦，用阿瑟的话来说，"把它修复得极好"。这究竟包括哪些方面尚不清楚。阿瑟声称这一行动使这座城市再次变得宜居，但从考古记录中可以明显看出，自从位于伦敦西部的更易进入但不设防的商业定居点受到维京人攻击以来，人们已经在这座城市的古罗马城墙内搬迁了几十年。从九世纪中叶开始，我们的史料开始不再提及伦敦威克，而是开始谈论伦敦堡。[53]

似乎更有可能的情况是，这位国王在886年对伦敦的"修复"包括修复其防御工事、改善其城市面貌，或许还设计了粗糙的街道布局，从而影响了他的前任国王们在温切斯特进行的那种改造。这位国王造访伦敦还有一个政治目的，根据《盎格鲁-撒克逊编年史》的记载，"所有不向丹麦人屈服的英吉利人都臣服于他了"。因此，我们可以想象这样一幅场景：来自威塞克斯和麦西亚西部的这位国王的主要臣民举行了一次大型集会，这场集会最终在一场仪式上达到高潮，在这场仪式中，所有人都宣誓效忠于他并以他作为他们的领主。到这个时候，我们被告知，这位国王将伦敦托付给埃塞尔雷德治理，这是承认麦西亚长期以来对这座城市拥有主权的一种妥协行为。大约在同一时间，阿尔弗雷德通过让埃塞尔雷德成为他的女婿，把他们之间的关系拉得更加亲近：到887年，这位郡长与国王的女儿埃塞尔弗莱德结了婚。[54]

阿瑟说，阿尔弗雷德在886年修复了伦敦，这发生在"这么多城镇被烧毁以及这么多人被屠杀之后"。自从维京人开始率领庞大的军队入侵不列颠以来已有半个世纪，而自从这支强大的异教徒军队摧毁四个盎格鲁-撒克逊王国中的三个以来已有二十年的时间。只有威塞克斯这一个王国幸存了下来，并且阿尔弗雷德已经尽了最大的努力来修复它所遭受的伤害。阿瑟提及了由这位国王委托建造的奇妙的新木石大厅，以及在他的命令下搬迁并在新地点重建的其他王室住宅。但我们可以想象，经过数十年的毁灭性战争之后，这个王国的大部分地区已经是一片废墟，毫无用处了。[55]

维京人造成的破坏给教会带来了特别沉重的损失。修道院从一开始就成为袭击者的目标，原因在于它们不设防且通常非常富有，因此很容易成为猎物。他们的金银饰品被夺去，修道士和修女也被卖为奴隶或者用于勒索赎金。有时，维京人也会考虑他们是否可以索要赎金之后再安全归还珍贵的书籍。《福音书》是一本内容极其丰富的《圣经》书籍，可能写于八世纪的坎特伯雷，后来有一位名叫阿尔弗雷德的郡长写了一段题词，解释了他和他的妻子如何通过支付大笔纯金才从维京军队那里赎回，"因为我们不希望它再留在异教徒手中"（彩图15）。但在大多数情况下，神父和大教堂的图书馆在异教徒袭击者眼中一文不值，图书馆中的一切都被付之一炬。[56]

在九世纪九十年代的某个时候，阿尔弗雷德曾在寄给他所有主教的一封重要的信件中哀叹了这种事态。他说，英吉利人曾经享受过快乐的时光。他们曾由英明的国王统治，他们在战争中取得了胜利并维持了国内和平，国土上到处都是圣徒，他们如此博学多才以至于他们的知识受到其他国家人民的追捧。但是现在，阿尔弗雷德叹了口气，那些日子已经一去不复返了。学习已经退化到如此程度，以至于几乎没有人能够理解敬拜，或将拉丁文的信件翻译成英文。这位国王的估计后来得到了印证，九世纪五六十年代，坎特伯雷的翻译标准急剧下降。当时一名抄写员正在用糟糕的拉丁文制作特许状，其中充满了谬误和更正的情况。

导致这种退化的最可能原因是维京人的暴行。坎特伯雷的衰落可能是在851年这座城市被斯堪的纳维亚人攻陷之后，这并非巧合。阿尔弗雷德在他的信中部分赞同这一解释，并顺便提到了"所有东西被洗劫和焚毁"的时间。但他也确信，在挥舞着火炬的异教徒出现之前，腐朽就已经开始了。这位国王坚信，即使图书馆里满是书籍，也没有人能够阅读，这就是识字率下降的开始。

尽管一些现代历史学家利用这一点来淡化丹麦人的破坏性影响，但我们应该警惕地不被它的表面意思误导。阿尔弗雷德在这里只是做所有基督教作家所做的事情，以使维京人的袭击合理化。如果上帝掌管着人类的命运，并且事情正在按照他的预定计划进行，那么合乎逻辑的是，他派遣了异教徒，而他们只是他选择用来惩罚英吉利人罪过的工具。这位国王提醒他的主教们："请记住，当我们自己不珍惜学习时，我们在这个世界上将会受到什么样的惩罚。我们只是名义上的基督徒，我们中很少有人拥有基督徒的美德。"[57]

自从维京人第一次出现以来，基督教作家就采取了这种指责受害者的立场。当林迪斯法恩于793年遭到袭击，岛上许多修道士被屠杀后，那里的方丈收到来自约克的阿尔昆的一封信，这封信是在查理曼的宫廷中写就的，告诫他和其他幸存者要纠正他们浮夸的穿着，并避免醉酒。当丹麦人在九世纪三十年代开始入侵威塞克斯时，据说那里的人们被神父的幻象吓坏了，这位神父强调这完全是他们自己的错。这种担忧促使埃格伯特国王准备在839年前往罗马朝圣，但这次朝圣之旅因同年他的去世而搁浅，最终在十六年后由他的儿子埃塞尔伍尔夫和年轻的阿尔弗雷德一起成行。[58]

阿尔弗雷德在这种自我谴责和忏悔的传统中长大，成年后尽其所能地安抚愤怒的上帝，希望能重新得到上帝的恩惠。在他统治的头十年里，为生存而进行的绝望斗争使他无法考虑回访罗马，但他仍然努力与教宗保持牢固的关系。879年，他祈祷能够成功抵挡在伦敦附近扎营的维京军队。当他的祈祷得到积极回应时，他开始定期向罗马赠予救济金以表示感谢。以国王名义刻有"elimosina"（救济金）字样的留存于世的钱币可能是专门为支付这些款项而铸造的，并且在九世纪八十年代的时候，《编年史》中反复提及代表阿尔弗雷德将它们运往圣城的郡长的名字。为了他的臣民，这位国王还建立了两个新的宗教场所。其中一个在沙夫茨伯里，是一所女修道院，他的女儿埃塞尔吉福成了它的第一任院长。另一个是供僧侣用的修道院，位于阿瑟尔尼岛，这个岛在他最黑暗的时刻一直是他的避难所。阿瑟解释说，但僧侣必须从海外引进，原因是没有足够多的当地人愿意过真正的寺院生活。为了解释为何人数不够，阿瑟两面下注：要么是因为外敌"频繁而野蛮"的袭击，要么是因为英吉利人对适度规范的隐修院生活失去了热情。[59]

阿尔弗雷德决心纠正这种被认为是宗教衰落和学习下降的现象。他不仅要重建被毁坏的修道院和教堂，还要修复他们失去的图书馆，并提高他所有臣民、普通教徒和神职人员的识字率。为此，他开始在自己的宫廷中招募有学问的人。根据国王本人的说法，在他统治初期，威塞克斯没有一个值得这样描述的人，所以他从别处寻找这样的人。第一次他把目光转向麦西亚，时间大概是他在880年前后吞并了这个王国西半部之后。阿瑟列举了四位来自这个王国的杰出人物：伍斯特主教韦费尔思，后来成为坎特伯雷大主教的普莱格蒙德，以及两位王宫附属教堂的神父埃塞尔斯坦和瓦尔伍尔夫。这位国王的传记作者说，阿尔弗雷德给予这些人很多荣誉，而作为回报，无论白天还是黑夜，他们都可以在他愿意的时候读给他听。这四位学者虽然聪明，但事实证明并不足以完成国王想要完成的任务，因此他从更远的地方寻找其他人。大约在886年他修复伦敦的时候，他又从海外招募了两名专家：一位是格里姆博尔德，来自圣伯丁修道院的神父，他"对各种教会教义都非常了解";另一位是老撒克逊人约翰,他"在文学的各个领域都非常博学多才"。也是在这个时候,阿瑟本人加入了阿尔弗雷德的圈子,同意把一部分时间用在这位国王的宫廷,把另一部分时间用于圣戴维兹修道院。[60]

在还是个小男孩的时候,这位国王显然不太喜欢读书。在他不到七岁的时候,他的母亲给了他一本英文诗集,作为他在他的任何一个哥哥之前记住其中一段的奖励。不过虽然阿尔弗雷德对这件事记忆犹新,但从阿瑟的叙述来看,那等于默认他当时还不会阅读。在前面的一段中,阿瑟指责了这位国王的父母和导师,原因是阿尔弗雷德直到十几岁时还一直是文盲;还有一次,我们被告知,这位国王在成年之后经常向他最亲密的谋士抱怨他缺乏正规的教育。

但是,尽管他在早期有劣势(或者更有可能是不喜欢读书),阿尔弗雷德决心弥补这一智力缺陷。九世纪八十年代,他聚拢在宫廷的学者们的首要任务就是提高国王自己对拉丁文书籍的理解。阿瑟是其中的一位导师,他描述了在887年11月11日发生的一个突破性时刻,当时阿尔弗雷德要求他仔细抄录一个特定的段落,然后立即开始将其翻译成英文。此后,这位国王的传记作者说,没有人能阻止他。这位国王不断索要特定文本的副本,他将这些文本拼凑成一本小册子,一直随身携带。[61]

阿尔弗雷德把他的高级知识分子集合起来的另一个原因是帮助他制作英文书籍。这是一个特别不寻常的举措。自七世纪初以来,英语就被用于起草行政文件,例如特许状和法律法规,但从未用于伟大的文学、神学或哲学著作,这些著作的创作语言只有拉丁语或希腊语。正如这位国王在他后来写给主教的信件中解释的那样,复兴拉丁文识字率是他的最终目标,但他突然想到,首先,把伟大的作品("所有人都最有必要了解的书")翻译成英语——阿尔弗雷德将其描述为"我们都能理解的语言"——将大有裨益。[62]

至少有七本书被确定为该翻译项目的产品。其中两本书是伟大的格雷戈里的作品，他因派遣使他们皈依基督教的传教团而受到英吉利人的尊崇。另两部著作是历史题材的——比德的《教会史》当然是一个选择，而奥罗修斯的《反对异教徒的历史》是一部涵盖从创世到五世纪初的通俗文本。只有一本书——前五十首诗篇的英文翻译——是有关《圣经》的。其余两部是哲学著作：圣奥古斯丁创作于四世纪的《独白》和罗马贵族波爱修斯创作于六世纪的《哲学的慰藉》。[63]

人们传统上认为，这些译本中只有一本是阿尔弗雷德本人的作品。阿瑟告诉我们，格雷戈里的《对话》由韦费尔思主教翻译，但其余六部书——尽管是在他的专家团队的帮助下——都是阿尔弗雷德翻译的。然而，到了二十世纪，阿尔弗雷德的精品集被缩减为四部，原因是学者们得出结论认为，比德和奥罗修斯著作的英文版本与其他作品太过于不同，从而不可能由同一个人完成。然而，最近有人提出，阿尔弗雷德可能没有直接参与任何这些书籍的翻译。有人提出，认为他参与了翻译的想法只是一种文学惯例，而现实情况是，这位国王既没有时间也没有那么深的理解力，无法完成如此复杂的文本所需的繁重智力劳动。[64]

然而，根据阿瑟的证词，似乎没有充分的理由怀疑阿尔弗雷德至少可以在他的国际知名专家团队的支持下完成一些翻译。尤其是，很难不相信他曾参与翻译格雷戈里《教牧关怀》的观点，原因是他在那封写给所有主教的著名信件中自豪地吹嘘自己参与了翻译。（这封信之所以能幸存下来，是因为它构成了这本书的序言。）"由于我从大主教普莱格蒙德、主教阿瑟、弥撒神父格里姆博尔德和约翰那里学到了一些知识，"这位国王说，"我开始翻译这本书，其拉丁文叫作 *Pastoralis*，英文是 *Shepherd Book*，有时是逐字逐句翻译，有时是意译。"阿尔弗雷德对他取得的成就特别满意，以至于他决定为他王国中的每个主教辖区都制作一本这本书的副本。"在每份副本中，"他热

格雷戈里《教牧关怀》之阿尔弗雷德译本中的一页

情地说，"将有一个价值五十曼库斯的埃斯特尔。"埃斯特尔显然是一个教鞭，旨在帮助阅读，而一个曼库斯则是一枚价值三十枚银币的金币。因此，这些特殊的教鞭一定非常华丽，并且有理由认为1693年发现的著名的"阿尔弗雷德宝石"是一个装饰性的手柄，曾经属于其中一个教鞭（彩图16）。它由纯金制成，刻有"阿尔弗雷德命令我制作"的铭文，并有一个孔窝，可以容纳一根可能由象牙制成的小棒。[65]

对于那些后来编年史家和抄写员认为阿尔弗雷德参与翻译的其他书籍，他是否真正参与了翻译，现在已无法准确说明。那些认为他参与了翻译和没有参与翻译的论点，都取决于对个别文本语言的取证分析，最终都无法提供确凿的证据。[66]但除非我们试图从这些翻译中推测国王的内心想法，否则这无关紧要。重要且无可争辩的一点是，将拉丁文著作翻译成英文的计划是阿尔弗雷德自己的倡议。他选择了他认为"所有人都最有必要了解的"的文本，并与他招募来协助这项工作的学者讨论了它们的内容。如果没有阿尔弗雷德指导他们的工作，这一切都不会发生。这位国王传播识字的决心在很大程度上是一项个人使命。他在他的宫廷里建立了一所学校，根据阿瑟的说法，贵族和非贵族男孩都在这所学校上学。阿瑟说，他还强迫他的郡长和大乡绅学习阅读，违者将被剥夺职位。正如阿尔弗雷德在他的信件中解释的那样，其目的是确保英吉利人中所有生而自由的年轻人都应该会用他们自己的语言识字。在追求这一目标的过程中，他将以前仅用于行政目的语言提升为文学语言。与此同时，他宣扬英吉利人本身就是一个民族的观点。在比德《教会史》的译本中，"*gens Anglorum*"被翻译为"*Angelcym*"——这与阿尔弗雷德在他的行政文件中用来描述他在威塞克斯和麦西亚的臣民时使用的是同一个词。尽管过去他们有过不同，但这位国王决心表明这两个王国的居民有着共同的身份。或许正是出于这个原因，他委托编写了自己的历史著作《盎格鲁-撒克逊编年史》。根据其原始形式，《编年史》似乎已于890年结束，当时在阿尔弗雷德的统治下，他的人民生活在和平的环境当中。[67]

不幸的是，《编年史》很快就需要续编了，原因是在随后的几年里，阿尔弗雷德的王国再次遭到维京人的持续攻击。892年，法兰克王国北部的农作物歉收导致了大范围的饥荒，过去十年来一直在此地袭击和掠夺的丹麦大军认为不列颠的情况会更好一些。接近年底，两支独立的船队从布洛涅起航。第一支船队由二百五十艘船组成，驶向了肯特南部海岸，并沿罗瑟河河口北上，在阿普尔多尔建立了一个设防的营地。第二支船队由八十艘船组成，不久后在肯特北部海岸登陆，并在锡廷伯恩附近的米尔顿安营扎寨。规模较大的南方军队突袭了附近的一座堡垒，宣布其抵达了阿普尔多尔。这座堡垒只建了一半，只有少数农民驻守。这似乎激起了阿瑟的怒吼，他于次年在他的阿尔弗雷德传记中提到了那些蔑视国王命令、忽视建造这些堡垒责任的人。他说，这些人现在正在为失去他们的财产和亲人而悲痛，他们的亲人要么遭到了屠杀，要么成了丹麦人的俘虏。[68]

为了应对入侵，阿尔弗雷德召集了一支军队，在两支（维京人）军队之间的肯特中部占据了一个位置。"如果他们选择来到开阔地区的话，"《盎格鲁-撒克逊编年史》解释说，"他就可以迎战任意一支维京人军队。"就这样，这位国王为他这些年的行为定下了基调，那就是要极为谨慎。毫无疑问，他回忆起二十多年前的那些日子，当时威塞克斯的人们英勇地投身于与入侵者的战斗中，结果却因屡战屡败而筋疲力尽，最终被击败。现在四十多岁的阿尔弗雷德已经学会了更加谨慎，并相信他耐心构建的防御系统。《编年史》称，每当来自任一营地的维京人小队骑马前去突袭时，他们都会被这位国王的军队或者来自周围堡垒的骑兵队挡在门外。[69]

到893年春天，肯特南部那支规模更大的维京人军队已经对他们所遭受的禁锢和缺乏进展感到不耐烦了。复活节时，他们放弃了阿普尔多尔的营地，向西穿过威尔德森林，一路穿过汉普郡和伯克郡，并掠夺了大量战利品。在离开肯特之前，他们已经派遣他们的一部分船队向东航行抵达了埃塞克斯海岸，并打算在他们突袭结束后重新加入那支船队。但当他们满载战利品从威塞克斯撤退时，他们遇到了由阿尔弗雷德的长子爱德华率领的军队。这位年仅二十岁的年轻王子表现得很好，在法纳姆的战斗中击败了入侵者，在泰晤士河上追击他们，并围攻他们，最终入侵者在绝望和疲惫的情况下，不得不在科恩河的一个小岛上避难。然而，他自己的手下宣布他们的兵役期已满，并在他们的接替兵员到达之前就离开了，因此他无法获得全面胜利。爱德华被迫谈判休战，并允许他的敌人离开。[70]

与此同时，阿尔弗雷德试图通过谈判平息肯特北部的维京人，通过给他们的首领哈斯坦钱，以期结束敌对行动。这显然是为了复制他与他以前的丹麦对手古思伦的成功交易，古思伦在878年受洗，并显然直到

890年他去世之前都保持了和平关系。为了回报这位国王的慷慨，哈斯坦宣誓并交出人质，而且他的两个儿子还接受了洗礼。他大概还承诺从阿尔弗雷德的王国撤出，原因是谈判刚结束，他和他的支持者就驶过泰晤士河河口，并在本弗利特的埃塞克斯海岸建立了一个新营地。

然而，任何期待事情就此结束的希望很快就破灭了。哈斯坦和他的军队刚一离开，威塞克斯南部海岸就传来了新的袭击的消息，这次袭击由那些已经在东盎格利亚和诺森布里亚定居的丹麦人发起。前一年，来自法兰克王国的维京人刚一登陆肯特，阿尔弗雷德就向这些前英吉利王国的斯堪的纳维亚新统治者寻求中立的保证，但事实证明，加入进攻威塞克斯队伍的诱惑是不可抗拒的。一支由一百艘船组成的船队，据说是由一位名叫西格弗思的诺森布里亚国王率领，沿着东部海岸向下游航行，顺着英吉利海峡，并开始攻击德文郡海岸。与此同时，从肯特撤退的两支维京部队都已撤回埃塞克斯，现在在哈斯坦的领导下联合起来，开始对麦西亚发动突袭。[71]

阿尔弗雷德决定亲自与德文郡的维京人交战，但在抵达时他发现敌方船队已一分为二。他们的一百艘船中有四十艘绕着康沃尔角航行，正在攻击德文郡北部海岸的一座堡垒。剩下的六十艘船已经停在了埃克塞特，他们的船员正在围攻这座城市。国王到来的消息使他们中断了围攻并返回了他们的船只，但阿尔弗雷德再次发现自己被夹在两个营地之间，加入了一场牵制战当中。

由于阿尔弗雷德在西南部被牵制动弹不得，麦西亚的防御落到了其他人——他的郡长和大乡绅以及成千上万把守堡垒的普通士兵——的头上。他们开始强势回击，在伦敦集结起一支军队，向埃塞克斯进军，攻击哈斯坦在本弗利特的营地。在他们抵达时，维京军队的首领正在率领他的部分军队实施突袭，因此英吉利人能够猛攻堡垒，夺取其中的所有货物，以及妇女和儿童——哈斯坦的妻子和儿子也在被俘虏的人当中。这些攻击者摧毁了维京船队，破坏或者烧毁了一些船只，驾驶部分船只驶过河口到达罗切斯特，并将其余的船只连同他们的掠夺物和俘虏一起带回伦敦，从而圆满完成了他们的任务。[72]

然而，哈斯坦并没有被这次失败吓倒。很快，来自东盎格利亚和诺森布里亚的许多战士加入了他的行列，并在随后的几个月里，这些联军对麦西亚发起了两次重大袭击。第一次，他们一路骑行到威尔士边境，在巴廷顿塞文河的一个岛上扎营。为了应敌，麦西亚统治者埃塞尔雷德郡长从所有周围的城堡中抽调人马集结了一支强大的军队，对上述的临时堡垒围攻了数周，直到饥饿的守军冲出城门与他们交战。《编年史》称，许多丹麦人被杀，同时国王的许多大乡绅也死于这场战争，这意味着大多数幸存的维京人设法逃回了埃塞克斯。同年晚些时候，在招募了更多的东盎格利亚和诺森布里亚盟友后，他们发起了第二次突袭，这次是快速穿越整个王国，夺取被遗弃的罗马废城切斯特。英吉利人再次围攻他们并迫使他们逃跑，在短暂进入威尔士后，他们避免必须经过麦西亚王国，转而绕道穿过诺森布里亚和东盎格利亚，再次返回了埃塞克斯。

自从法兰克王国的维京人抵达以来已经过去了一年时间，虽然很令人沮丧，但他们一定越来越清楚地看到，尽管他们尽了最大的努力，而且显然有无限的新兵供应，但那些过去让他们屡试不爽的久经考验的策略现在已经不再奏效了。以前，他们能够畅通无阻地闯入一个王国，并安身于其现有的权力中心之一，例如坎特伯雷、约克或雷普顿。但这次他们发现他们无法闯入威塞克斯，原因是那里有防守严密的堡垒，而且他们在麦西亚西部边境地区建立新基地的尝试也落空了。在德文郡，《编年史》没有发现任何有关阿尔弗雷德活动的令人激动的内容需要记录，仅仅证明了他的总体战略是成功的。埃克塞特的堡垒守军成功地阻止了丹麦人夺取城市的控制权，而国王和他的军队的存在也阻止了他们掠夺乡村。到了893年秋天，这些袭击者已经得出结论，留在原地毫无意义，于是他们返回了诺森布里亚的家乡。

当他们沿着南部海岸航行时，他们决定通过突袭萨塞克斯来弥补他们在德文郡令人失望的战果，结果却遭到奇切斯特堡驻军的袭击。根据《编年史》的说法，数百名维京人被杀，他们的一些船只被夺走，而其余人则四散奔逃。这是一个力证，证明阿尔弗雷德的防御措施虽然烦琐，却十分有效。[73]

在几乎整整一年没有发生有记录的军事冲突之后，埃塞克斯的维京军队尝试了一种新战术。《编年史》称，在894年末，他们离开了他们位于默西岛的大本营，沿着泰晤士河河口向上游航行，然后沿利河而上，在"伦敦上游二十英里"的地方建立了一个新营地——也许在赫特福德附近的某个地方。由于利河是阿尔弗雷德和古思伦之间商定的边界，假如维京人在这条河流的北岸扎营，这并不构成入侵。然而，正如伦敦及其内陆乡下人民所敏锐地意识到的那样，它确实构成了严重的威胁。895年夏天，伦敦人民已经用了整个冬天的时间等待并观察着这条家门口的恶龙，现在开始着手凭借自身的力量消灭它。但这场战斗并没有如他们所愿，当一同作战的国王的四名大乡绅战死疆场后，他们被迫逃离。

由于这次袭击失败，自己的手下被杀，阿尔弗雷德亲自率领着一支大军抵达前线。与以往一样，他的行动与其说英勇无畏，倒不如说更为务实。他没有冒险再次直接攻击丹麦人的堡垒，而是命令他的军队在收获季节农民聚在一起时保护他们，从而使敌人没有机会为自己窃取果实。这位国王随后设计了一个狡猾的策略，可以将他不欢迎的邻居全部赶走。他沿着利河航行，直至找到一个合适的地方安插两个新的堡垒，河流两岸各一个。这些防御工事刚开始建造，维京人就意识到他的计划是阻止他们顺着河流航行。阿尔弗雷德可能从秃头查理那里得到了灵感，后者曾于三十多年前在塞纳河上做过类似的事情，但这显然是第一次在不列颠尝试这种战术。丹麦人在意识到他们被困住之后，放弃了他们的船，骑上了他们的马。他们重拾早先在麦西亚西部地区立足的雄心壮志，于是一路骑行返回塞文河，并在布里奇诺斯新建了一个营地，在那里度过了接下来的整个冬天。[74]

阿尔弗雷德的所有计划并非都如此成功。当诺森布里亚和东盎格利亚的维京人在896年重新开始进攻威塞克斯时，《编年史》指出，他们能够在南部海岸随意掠夺靠的是他们的海军优势——"他们多年前建造的战船"。作为回应，阿尔弗雷德下令建造自己的舰队来应对这种威胁——这些船都是按照他的个人设计建造的，"在他看来，这些船将最为有用"。当然，这位国王后来享有王家海军之父的美誉，也正是源于这一举措。但阿尔弗雷德自以为他建造的船了不起，有些船每艘有六十多支桨，因此并不如想象的那么有效。同年夏天，当他们前去对抗一支小型丹麦舰队时，这位国王的所有新船都搁浅了。他们的船员跳下船，仍然设法在海滩上与敌人交战，但是当潮水到来时，幸存的丹麦人能够首先逃脱。一些逃跑的人随后被迫在萨塞克斯登陆，并被带到温切斯特，阿尔弗雷德下令在那里将他们绞死。

不过，在896年夏天，维京人四年前开始的对威塞克斯的新一轮进攻终于平息了。他们在南部海岸至少损失了二十艘船，这似乎让这些海上袭击者相信他们应该离开了。大约在同一时间，在布里奇诺斯的塞文河上扎营的丹麦人也决定离开。他们大概在麦西亚受到了来自埃塞尔雷德郡长和英吉利军队的某些军事压力，但《编年史》对此事只字未提，仅指出在那年夏天布里奇诺斯的军队分裂了，一些人去了东盎格利亚，其他人去了诺森布里亚，那些没有钱的人驾船返回了法兰克王国。[75]

关于阿尔弗雷德生命的最后三年，直至他于899年去世，《编年史》都只字未提，只给他记述了最简短的讣告。毫无疑问，阿瑟一定写下了更加恭维的文字，他在893年完成了阿尔弗雷德的传记，当时这位国王还在世。《编年史》告诉我们的全部内容是，阿尔弗雷德在位二十八年后于10月26日去世，他是全体英吉利人民的国王，"不包括丹麦统治下的那部分人民"。最后这个分句是一个相当重要的附加说明，需要与后来的中世纪编年史家的误导性主张对应来看，这些编年史家错误地断言，阿尔弗雷德是第一位统治整个英格兰的国王。现实情况是，他保卫了威塞克斯并吞并了大约一半的麦西亚。惠特灵大道以北和以东的地区都超出了他的控制范围，而且生活在丹麦人统治地区的英吉利人可能比他自己控制地区的英吉利人还要多。[76]

但是他拯救了自己的王国使其免于毁灭，并从丹麦人的征服中夺取了邻国的一部分国土——这些仍然是非常伟大的成就。在865年袭击不列颠的那场维京风暴中，其他所有盎格鲁-撒克逊统治者都被推翻了：只有阿尔弗雷德一人渡过了这场劫难。他能够生存下来，并且取得最终的胜利，这不仅仅是他依靠战士的技能获得的结果。这多亏了他的战略眼光，以及他更微妙的政治天才。要想使自己的王国避免重蹈其他英吉利王国的覆辙，这位国王明白重组威塞克斯人手并加强其防御的必要性，并且成功说服了他的人民落实他的计划。他的成就也不能仅仅以地域来衡量。阿尔弗雷德下定决心消除数十年来维京人袭击给文化造成的破坏，他还承担起了推进学习大举复兴以及将英语提升为文学语言的责任。正如一位十九世纪的学者极力坚持认为的那样，他显然不是乔治王时代和维多利亚神话中的超级英雄，也不是王家海军的创始人，更不用说是"历史上最完美的人物"。[77]但他勇敢、聪明、创新、虔诚、坚定、有远见：这些品质加在一起，足以证明后来用"伟大"这个词来形容他的决定是合情合理的。

这位国王死后，他的遗体被安葬在温切斯特的王家堡垒中。显然在他生命的最后几个月里，阿尔弗雷德萌生了在那里建造一座新修道院的想法，并购买了一块合适的土地，但在施工开始之前他就去世了。因此，这位国王被安葬在了这座七世纪的小教堂中。虽然是小教堂，但它仍然是这座城市的主教座堂。建造更大、更令人印象深刻的教堂的任务就落在了他的继承人身上。[78]

注 释

1 *A History of the County of Berkshire*, iv, ed. W. Page and P. H. Ditchfield (1924), 320; *Jackson's Oxford Journal*, nos. 542 and 543 (17 September and 24 September 1763); C. R. Cocherell, *Iconography of the West Front of Wells Cathedral* (1851), 75, 称十三世纪时这座大教堂正面的雕塑之一就是阿尔弗雷德，但最近的作家们否认了这一点。Cf. C. M. Malone, *Facade as Spectacle: Ritual and Ideology at Wells Cathedral* (Leiden, 2004), 61–64.

2 O. J. W. Cox, 'Frederick, Prince of Wales, and the First Performance of "Rule Britannia!"', *Historical Journal*, 56 (2013), 931–954; S. Keynes, 'The Cult of King Alfred the Great', *Anglo-Saxon England*, 28 (1999), 278–279. For later eighteenth-century follies dedicated to Alfred, ibid., 286, 320–322, and for the development of his cult thereafter, 281–356; Abels, *Alfred the Great*, 2.

3 Keynes and Lapidge, *Alfred the Great: Asser's Life of King Alfred and other Contemporary Sources*, 44; Keynes, 'Cult of King Alfred', 231–232, 239, 254, 268.

4 Keynes and Lapidge, *Alfred the Great: Asser's Life of King Alfred and other Contemporary Sources*, 48–58, 201–202, 223–227.

5 Abels, *Alfred the Great*, 318–319; idem, 'Alfred and his Biographers: Images and Imagination', *Writing Medieval Biography, 750–1250: Essays in Honour of Frank Barlow*, ed. D. Bates, J. Crick and S. Hamilton (Woodbridge, 2006), 70. The forgery argument was most recently put by A. Smyth, *King Alfred the Great* (Oxford, 1995). See the review by D. R. Howlett, *English Historical Review*, 112 (1997), 942–944.

6 在不列颠，詹姆斯一世是阿尔弗雷德之后下一位出版书籍的王室作家，但较早期的君主为了陶冶自己的情操已经撰写过并且翻译过书籍。比如，伊丽莎白一世翻译了波爱修斯的《哲学的慰藉》，这也是阿尔弗雷德翻译过的文本之一。

7 M. Godden, 'Did King Alfred Write Anything?', *Medium Ævum*, 76 (2007), 1–23.

8 M. Biddle, *Winchester in the Early Middle Ages: An Edition and Discussion of the Winton Domesday* (Oxford, 1976), 277–282; B. M. Ford and S. Teague, *Winchester: A City in the Making* (Oxford, 2011), 76–79, 189, 232–236, 称这些街道是在 840 年至 880 年之间铺就的。M. Biddle, *The Search for Winchester's Anglo-Saxon Minsters* (Oxford, 2018), 1, 6–7, accepts this revised date range.

9 *Historia Ecclesie Abbendonensis: The History of the Church of Abingdon*, ed. J. Hudson (2 vols., Oxford, 2002, 2007), i, 272–275.

10 Abels, *Alfred the Great*, 45–46; Asser's *Life of King Alfred* in Keynes and Lapidge, 74–75, 80–81.

11 Ibid., 69–70; *English Historical Documents*, i, 880; Abels, *Alfred the Great*, 57–67.

12 Asser's *Life of King Alfred* in Keynes and Lapidge, 76, 88–91, 101; D. Pratt, 'The Illnesses of King Alfred the Great', *Anglo-Saxon England*, 30 (2001), 73–74.

13 Above, 195–201; Asser's *Life of King Alfred* in Keynes and Lapidge, 79.

14 Ibid., 106; *English Historical Documents*, i, 192; *The Wiley Blackwell Encyclopedia of Anglo-Saxon England*, 459–461.

15 Asser's *Life of King Alfred* in Keynes and Lapidge, 81; J. R. Maddicott, 'Trade, Industry and the Wealth of King Alfred', *Past & Present*, 123 (1989), 12.

16 *English Historical Documents*, i, 277, 282–283.

17 Ibid., 194; D. M. Hadley, J. D. Richards, et al., 'The Winter Camp of the Viking Great Army, AD 872–873, Torksey, Lincolnshire', *Antiquaries Journal*, 96 (2016), 26, 39, 43, 50, 54, 62.

18 Ibid., 43; *English Historical Documents*, i, 194; Williams, *Viking Britain*, 147; C. L. Jarman,

M. Biddle, T. Higham and C. Bronk Ramsey, 'The Viking Great Army in England: New Dates from the Repton Charnel', *Antiquity*, 92 (2018), 1–17.

19 *English Historical Documents*, i, 194, 200. Cf. S. Keynes, 'King Alfred and the Mercians', *Kings, Currency and Alliances*, ed. M. A. S. Blackburn and D. N. Dumville (Woodbridge, 1998), 12–19.

20 *English Historical Documents*, i, 192, 194; Williams, *Viking Britain*, 155–161.

21 *English Historical Documents*, i, 194–195; Blair, *Building Anglo-Saxon England*, 245–246; Asser's *Life of King Alfred* in Keynes and Lapidge, 82–83.

22 *English Historical Documents*, i, 195, 283.

23 Ibid., 195; Asser's *Life of King Alfred* in Keynes and Lapidge, 69; G. Halsall, *Warfare and Society in the Barbarian West, 450–900* (2003), 156.

24 *English Historical Documents*, i, 195; Asser's *Life of King Alfred* in Keynes and Lapidge, 83. See C. Konshuh, 'Fighting with a Lytlewerode: Alfred's Retinue in the Anglo-Saxon Chronicle', *The Medieval Chronicle X* (Leiden, 2016), 106–108.

25 Keynes and Lapidge, *Alfred the Great: Asser's Life of King Alfred and other Contemporary Sources*, 197–202.

26 Asser's *Life of King Alfred* in Keynes and Lapidge, 83–84; *English Historical Documents*, i, 195.

27 Asser's *Life of King Alfred* in Keynes and Lapidge, 84, 103.

28 Ibid., 84–85; *English Historical Documents*, i, 196. 一些作家认为，维京人逃往了布拉顿军营附近的那座铁器时代的山堡，距离埃丁顿两英里。这个传说可以追溯到十八世纪——例如 *Archaeologia*, vol. 7 (1785), 22——但没有任何同时代的资料可以佐证它。阿瑟早期的一些说法曾提及维京人在奇彭纳姆安营扎寨，后来又说到他们离开奇彭纳姆，这让这个地方更像是阿尔弗雷德围困的那个位置。

29 Asser's *Life of King Alfred* in Keynes and Lapidge, 85; Abels, *Alfred the Great*, 164.

30 Asser's *Life of King Alfred* in Keynes and Lapidge, 85; *English Historical Documents*, i, 196, 200.

31 R. Naismith, *Medieval European Coinage 8: Britain and Ireland c.400–1066* (Cambridge, 2017), 169–170. Cf. S. Keynes, 'Alfred the Great and the Kingdom of the Anglo-Saxons', *A Companion to Alfred the Great*, ed. N. Guenther Discenza and P. E. Szarmach (Leiden, 2015), 20–21.

32 Ibid., 22; *English Historical Documents*, i, 196.

33 Ibid., 416–417. 伍斯特的约翰说："在切奥尔伍尔夫死后，西撒克逊人的国王阿尔弗雷德为了将异教徒丹麦人的军队驱逐出他的王国，通过努力收复了伦敦及周边地区，并获得了切奥尔伍尔夫之前拥有的麦西亚人的王国的一部分。" *English Historical Documents*, i, 199, n. 4.

34 Abels, *Alfred the Great*, 180–182; Naismith, *Medieval European Coinage*, 165–166.

35 Ibid., 169; S. Foot, 'The Making of Angelcynn: English Identity Before the Norman Conquest', *Transactions of the Royal Historical Society*, 6th ser., 6 (1996), 27, 29–30; Asser's *Life of King Alfred* in Keynes and Lapidge, 86–88, 97, 99.

36 Ibid., 85–86; *English Historical Documents*, ii, 196–197.《盎格鲁-撒克逊编年史》中883年的条目长期以来让历史学家们感到困惑。对我而言更有可能的解释是，公元879年在富勒姆与维京人成功达成僵持局面，促使阿尔弗雷德承诺向罗马提供救济金。Cf. Abels, *Alfred the Great*, 171; *English Historical Documents*, i, 197, n. 6.

37 Halsall, *Warfare and Society*, 1–19; G. Williams, 'Military Institutions and Royal Power', *Mercia: An Anglo-Saxon Kingdom in Europe*, ed. Brown and Farr, 295–309.

38 Halsall, *Warfare and Society*, 223–227.

39 T. Reuter, 'Plunder and Tribute in the Carolingian Empire', *Transactions of the Royal Historical*

Society, 35 (1985). 87−91; esawyer.lib.cam.ac.uk 134.

40 *Anglo-Saxons*, ed. Campbell, 152−153, for example, presents a conventional view, based on M. Biddle and D. Hill, 'Late Saxon Planned Towns', *Antiquaries Journal*, 51 (1971), 70−85.

41 Keynes and Lapidge,*Alfred the Great: Asser's Life of King Alfred and other Contemporary Sources*, 193−194, 339−334; Asser's *Life of King Alfred* in Keynes and Lapidge, 101−102. J. Haslam, 'The Burghal Hidage and the West Saxon Burhs: A Reappraisal', *Anglo-Saxon England*, 45 (2016),这是同一位作者最近的一次尝试,他认为,所有的城堡都是阿尔弗雷德在公元878年至879年同一时间建造的。然而,白金汉宫却仍然是这种说法的一个障碍物。

42 Above, 144−146, 186; Blair, *Building Anglo-Saxon England*, 245−246; Asser's *Life of King Alfred* in Keynes and Lapidge, 82.

43 Royal Commission on the Historical Monuments of England, 'Wareham West Walls', *Medieval Archaeology*, 3 (1959), 120; Blair, *Building Anglo-Saxon England*, 232−246.

44 Asser's *Life of King Alfred* in Keynes and Lapidge, 101−103; Keynes and Lapidge, *Alfred the Great: Asser's Life of King Alfred and other Contemporary Sources*, 340; *English Historical Documents*, i, 203−204.

45 Abels, *Alfred the Great*, 203.

46 Keynes and Lapidge,*Alfred the Great: Asser's Life of King Alfred and other Contemporary Sources*, 193−194, 341; Yorke, *Wessex in the Early Middle Ages*, 116.

47 Ibid., 194, 341.

48 《盎格鲁-撒克逊编年史》892年和893年的条目说,阿尔弗雷德"已经将他的军队一分为二,因此总是有一半在家里,一半在服役,这不包括那些守卫城堡的人"。尚不清楚这种安排是这个地区当年引入的还是之前引入的。阿瑟描述了在王室服务的那些人是如何分成三个组每个月轮换一次的,却没有说明这种体系是由阿尔弗雷德引入的。*English Historical Documents*, i, 202; Asser's *Life of King Alfred* in Keynes and Lapidge, 106. Cf. Abels, *Alfred the Great*, 196−198.

49 Brooks, 'England in the Ninth Century', 20; Abels, *Alfred the Great*, 207; Asser's *Life of King Alfred* in Keynes and Lapidge, 101; *Historia Ecclesie Abbendonensis*, i, ed. Hudson, 272−275.

50 Asser's *Life of King Alfred* in Keynes and Lapidge, 86−87; *English Historical Documents*, i, 197−198.

51 E.g. Keynes and Lapidge, *Alfred the Great: Asser's Life of King Alfred and other Contemporary Sources*, 24−25. Cf. R. Holt, 'The Urban Transformation in England, 900−1100', *Anglo-Norman Studies*, 32 (2010), 57−78.

52 Ford and Teague, *Winchester: A City in the Making*, 76−79, 189, 232−236.

53 Asser's *Life of King Alfred* in Keynes and Lapidge, 97−98; above, 186.

54 Naismith, *Citadel of the Saxons*, 119−123; *English Historical Documents*, i, 199; Keynes, 'King Alfred and the Mercians', 27−28.

55 Asser's *Life of King Alfred* in Keynes and Lapidge, 97−98, 101.

56 M. Atherton, *The Making of England: A New History of the Anglo-Saxon World* (2017), 66−67.

57 Keynes and Lapidge,*Alfred the Great: Asser's Life of King Alfred and other Contemporary Sources*, 124−126; Brooks, 'England in the Ninth Century', 12−16.

58 *English Historical Documents*, i, 845; above, 183−184, 189−190, 207.

59 *English Historical Documents*, i, 197, 200; Naismith, *Medieval European Coinage*, 172−173; Asser's *Life of King Alfred* in Keynes and Lapidge, 102−105.

60 Keynes and Lapidge,*Alfred the Great: Asser's Life of King Alfred and other Contemporary Sources*, 125; Asser's *Life of King Alfred* in Keynes and Lapidge, 92−94.

61 Ibid., 75−76, 99−100.

62 Keynes and Lapidge, *Alfred the Great: Asser's Life of King Alfred and other Contemporary Sources*, 125–126.

63 Ibid., 28–29.

64 Asser's *Life of King Alfred* in Keynes and Lapidge, 92; J. Bately, 'Alfred as Author and Translator', *Companion to Alfred the Great*, ed. Guenther Discenza and Szarmach, 115–118; Godden, 'Did King Alfred Write Anything?', 1–23.

65 Keynes and Lapidge, *Alfred the Great: Asser's Life of King Alfred and other Contemporary Sources*, 126, 203–206.

66 Cf. Godden, 'Did King Alfred Write Anything', 1–23, and J. Bately, 'Did King Alfred Actually Translate Anything? The Integrity of the Alfredian Canon Revisited', *Medium Ævum*, 78 (2009), 189–215.

67 Asser's *Life of King Alfred* in Keynes and Lapidge, 90, 107, 110; Keynes and Lapidge, *Alfred the Great: Asser's Life of King Alfred and other Contemporary Sources*, 126; Foot, 'Making of Angelcynn', 35; Abels, *Alfred the Great*, 14–18, 192.

68 Keynes and Lapidge, *Alfred the Great: Asser's Life of King Alfred and other Contemporary Sources*, 283–284; *English Historical Documents*, i, 201; Asser's *Life of King Alfred* in Keynes and Lapidge, 102.

69 *English Historical Documents*, i, 202.

70 Ibid.; Keynes and Lapidge, *Alfred the Great: Asser's Life of King Alfred and other Contemporary Sources*, 189–190.

71 Ibid., 190; *English Historical Documents*, i, 201–203.

72 Ibid., 202–203.

73 Ibid., 203–204.

74 Ibid., 204–205; above, 194.

75 *English Historical Documents*, i, 205–206.

76 Ibid., 206–207; Keynes, 'Cult of King Alfred', 231.

77 Abels, *Alfred the Great*, 5.

78 N. Marafioti, *The King's Body: Burial and Succession in Late Anglo-Saxon England* (Toronto, 2014), 26.

第七章

过度扩张的帝国？
埃塞尔斯坦国王和对北方的征服

793年，"异教徒们"对教会实施了猛烈袭击，这一定长期困扰着林迪斯法恩的修道士们，并让他们感到自己易受攻击、心绪不宁。在九世纪上半叶的某个时间，随着维京人活动在各地的增加，他们放弃了两个世纪前圣徒艾丹为他们选择的岛屿，搬到了大陆，随身携带着他们最著名和最有影响力的前辈圣徒卡思伯特的尸骨。有一段时间，他们定居在诺勒姆特威德河畔，但在九世纪七十年代中期，由于诺森布里亚被斯堪的纳维亚领主瓜分，他们再次踏上旅程，显然在外漂泊了七年时间。最终，在883年前后，他们定居在切斯特勒斯特里特，这是一座位于（原定居地）南部约六十英里处的古老罗马城堡，坐落于威尔河畔。半个世纪后，当埃塞尔斯坦国王造访他们时，他们仍然定居在那里。[1]

那一年是934年，埃塞尔斯坦率领着一支威塞克斯军队穿过诺森布里亚，目的是与苏格兰人作战。他决定在切斯特勒斯特里特停留，以瞻仰圣徒卡思伯特的遗体，并向修道士们赠送礼物。这些内容在这位国王造访时颁发的特许状中有所描述，并被抄录到一个世纪后撰写的教会历史中。礼物中包含许多有着丰富绣花的织物：教会法衣、祭坛盖布、窗帘、挂毯以及"用黄金编织的王家头饰"。还有许多其他用金银制成或装饰的宝物：杯子、烛台、臂箍、铃铛、牛角杯和一个"用纯金和象牙制成的"十字架。此外，埃塞尔斯坦还向修道士们提供了位于威尔河南岸一处广阔的王家庄园，以及几本书：三本装饰华丽的福音书、一本弥撒经书，以及一本"用诗歌和散文写成的圣徒卡思伯特的生平"的书。[2]

值得注意的是，这笔慷慨捐赠的部分物件得以幸存。在这位国王造访六年后，也就是在他们抵达切斯特勒斯特里特一个多世纪后，这些修道士决定再次搬迁，又向南搬迁了七英里，在威尔河的一个弯道处建立了一座新教堂，后来成了达勒姆大教堂。诺曼征服后，这个大教堂内为供奉卡思伯特遗体而建造的神龛在宗教改革期间被摧毁，但他的棺材被隐藏在墙壁空间中并幸存下来。当人们在1827年重新发现并打开它时，发现它不仅包含这位圣徒的完整骨架，还包含他最初被埋葬的精心雕刻的木棺材的碎片、他戴在胸前的金十字架（见彩图7）和一本写于他死后不久的福音书。其中还包含一些埃塞尔斯坦在934年捐赠的绣花物件的碎片——可能是这位国王特许状中提到的披巾和饰带（见彩图19）。所有这些物件现在都在这座大教堂的珍藏室中展出。[3]

同样神奇的是，埃塞尔斯坦捐赠的一本书仍然留存于世。十六世纪期间，这座大教堂图书馆中的许多物品散落到不同的地方，其中包括林迪斯法恩福音书，这本书最终流传到了大英图书馆。关于埃塞尔斯坦捐赠的书，我们不知道弥撒经书经历了什么，三本福音书中有两本也下落不明。第三本直到十八世纪还存世，但在1731年的那场大火中彻底消失，这场大火也烧毁了阿瑟撰写的《阿尔弗雷德国王生平》并烧焦了《贝奥武夫》的书页。但是国王捐赠的包含圣徒卡思伯特的生平的书仍然存在，并最终流传到了剑桥大学基督圣体学院。它是比德所写的卡思伯特的生平的两个副本中的一本，开篇是一张整页图片，图片内容是埃塞尔斯坦亲自将书赠送给这位圣徒（见彩图18）。

这是最早的英吉利国王手稿肖像。⁴

这张肖像，以及作为它灵感来源的国王访问，告诉了我们有关埃塞尔斯坦的几件重要事情。首先，他特别虔诚。"最虔诚的埃塞尔斯坦国王"是在1731年被大火烧毁的那本福音书扉页上对他的描述。他的捐赠规模表明他也非常富有：他是一位有能力奖励他最喜爱的国民大量珍贵手工艺品以及土地和金钱的统治者。此外，正如他显著的财富所暗示的那样，他非常有实力——可以说是诺曼征服之前所有英吉利国王中最强大的一位。934年，埃塞尔斯坦到访诺森布里亚不是作为外国访客，而是作为其自封的统治者，他在七年前强行吞并了这个曾经独立的王国。他率领的对抗苏格兰人的军队由来自不列颠南部各个地区的人组成——不仅有来自威塞克斯和麦西亚的英吉利战士，还有定居在该岛东部的丹麦人，以及来自西部地区的布立吞人。作为所有这些地区的统治者，埃塞尔斯坦很有资格被认为是英格兰（尽管"英格兰"这个词当时还没有发明出来）的第一任国王，甚至有人在他的宫廷中吹捧更气派的头衔，有时将他称为"整个不列颠的国王"。⁵

根据那部保存有他特许状的同一份编年史的记载，在埃塞尔斯坦继续远征苏格兰之前，他下令"如果有什么不祥之事降临到他身上"，他的遗体将被送回切斯特勒斯特里特，并安葬在圣徒卡思伯特旁边，后者将能在审判日那天将他领到上帝面前。事实证明，这种预防措施没有必要：这位国王赢得了那场战争，并回到南方又统治了五年时间。当他最终于939年去世时，他被安葬在马姆斯伯里，一座位于威塞克斯的建于七世纪后期的古老修道院。这座修道院教堂现在成了教区教堂，仍然包含一个建于中世纪晚期用于盛放他的遗体的墓箱，墓箱顶部是一个真人大小的肖像。这个墓箱曾经也存放过王室成员。但埃塞尔斯坦死后不如卡思伯特幸运，原因是他的遗体在宗教改革期间被毁。我们现在所知道的只是对他遗体的描述，这段描述写于十二世纪早期，作者是英格兰最伟大的历史学家之一马姆斯伯里的威廉。威廉是马姆斯伯里的一名修道士，显然他曾在这位国王的陵墓内见过遗体。根据他的描述，埃塞尔斯坦身材苗条，"个子不超过现在的身长"，一头金发，"与金线完美融合"。[6]

幸亏有威廉的记录，我们对埃塞尔斯坦的了解才比对十世纪大多数其他的英吉利国王都多，他们的生平总体上记载得很少。威廉在写作他的《英吉利国王事迹》一书时，在他关于埃塞尔斯坦的那部分内容打岔了一下，解释说他最近如何发现了"一本明显古老的书卷"，其中包含了对这位国王职业生涯的早期描述，之后把这份新材料中的部分内容融入他自己的叙述当中。近年来，人们对这一信息的真实性提出了质疑，原因主要是威廉似乎以逐字引用形式呈现的那部分内容，从风格上可以看出是在他自己所处的那个时代创作的，而不是在更久远的某个时间。但这个明显的障碍并非不可逾越，因为威廉本人告诉我们，他的那本"古卷"中的原文是用如此华丽、夸张的风格写成的，以至于他觉得有必要用更简单、更容易理解的语言来重写它。此外，威廉从他丢失的史料中复制的一些信息如此寻常，以至于它似乎不太可能是异想天开自己捏造出来的。因此，尽管可能需要注意它并非完全可靠，但大多数现代历史学家都准备接受这些材料作为证据。[7]

马姆斯伯里的威廉从他的古卷中提到的最著名的轶事，就是貌似真实的历史与合乎时宜的传说之间的契合。我们知道，埃塞尔斯坦小时候长得好看又优雅，这些品质使他深受祖父阿尔弗雷德国王的喜爱，阿尔弗雷德国王曾公开承认这个男孩适合做未来的统治者，并在他很小的时候就对他大力培养。埃塞尔斯坦可能在还不到六岁的时候就得到了一件猩红色的斗篷、一条镶嵌有宝石的腰带和一把带有金色刀鞘的撒克逊剑。阿尔弗雷德去世二十五年后，他继承大宝。不过，他的继位却被证明是一件非常有争议的事件，关于他已被他杰出的祖父预先批准继位的说法肯定会受到怀疑。但这个故事从一首献给小时候的埃塞尔斯坦的诗中得到了一些支持，该诗表达了类似的情感。此外，阿尔弗雷德本人在差不多年龄时也在类似的仪式上受到了教宗的祝福，并被授予圣物，这个事实也对上述故事的真实性提供了支持。或许，在他自己的统治即将结束之际，这位老国王确实公开将荣誉授予了他的孙子。遗憾的是，他没有采取更多措施来平息他的下一代家庭之间的长期不和，这种不和在他去世后的数天内爆发。[8]

阿尔弗雷德于899年10月由他的儿子爱德华（埃塞尔斯坦的父亲）继位。大约一个世纪后，一位作家称他为"长者爱德华"，目的是将他与他短命的后代殉道者爱德华区分开来，并且这个名字一直沿用了下来。不好的一面是，这让他听起来年事已高，但在他即位时，他实际上才二十多岁。尽管爱德华统治了二十五年，但人们对他知之甚少。阿瑟暗示这位新国王不像他的弟弟埃塞尔沃德那么爱好读书，马姆斯伯里的威廉也同意这一点，声称爱德华"在文学修养上远不如他的父亲——但在统治力上却非常值得称道"。[9]

然而，爱德华的统治权最初受到他的堂弟埃塞尔沃尔德的挑战。作为阿尔弗雷德兄长埃塞尔雷德的儿子，埃塞尔沃尔德在他父亲于871年去世时还是个小孩子，因此在其他情况下可能传给他的王位已被授予成年的阿尔弗雷德。大约十年后，埃塞尔沃尔德和他的哥哥埃塞尔赫尔姆开始鼓动要求改正，抱怨他们的权利被忽视，他们的叔叔骗走了他们的遗产。阿尔弗雷德曾试图解决此事，这从这位国王在九世纪八十年代草拟的遗嘱中可以看出，但它给予他的侄子的微不足道的补偿显然让他们感到没有受到公平对待，进而怨恨不平。由于历史上没有更多关于埃塞尔赫尔姆的消息，合理的假设是他在他叔叔的统治期结束之前就去世了。但埃塞尔沃尔德直到899年还活着，并决心复仇。[10]

阿尔弗雷德去世的消息一传出，埃塞尔沃尔德就开始发动叛乱。他的第一个举动据说是闯入一个女修道院，抓住其中一个修女，并娶她做了他的妻子。《盎格鲁-撒克逊编年史》隐喻性地提到这一事件，评论说埃塞尔沃尔德的行为"未经国王许可，违反了主教的命令"。结论一定是他之前就想早点娶这个不知名的女人，但被阿尔弗雷德和他的谋士们阻止了。她可能与他的关系过于密切，或者她更有可能来自一个有权势的家庭，她的家庭的土地和支持将对他争夺王位很有用。无论是哪种情况，对这场婚配的禁令和他准新娘的隐居都让埃塞尔沃尔德更加不满。放了她后，他和他的支持者骑马前往多塞特郡的温伯恩，占领了那里的王室住所，并将他们自己封锁在里面。之所以选择这个地点，是为了强调他对王位的主张，而且他的父亲埋葬在温伯恩修道院。《编年史》称，埃塞尔沃尔德躲在王家住所里，宣称"他要么住在那里，要么死在那里"。

结果，他既没有住在那里，也没有死在那里。新国王爱德华针对堂弟的抗旨不遵迅速做出回应，率领军队前往位于温伯恩西北四英里处的一处铁器时代山堡——巴德伯里环形堡。面对不太可能幸存的前景，埃塞尔沃尔德认为逃跑是更好的一面，并在黑暗的掩护下骑马离开，抛弃了他绑架的那个女人。爱德华在得知消息后下令追击，但国王的人马在这个亡命徒到达王国边界之前无法追上他，结果他越境进入了丹麦人的领土。

在阿尔弗雷德统治末期，英吉利人和丹麦人之间的领土现状与二十年前大致相同。尽管后来他作为"英格兰的国父"获得了所有赞誉，但阿尔弗雷德将他的王国扩展的范围却相对适中。他维持了在威塞克斯的统治，并吞并了位于惠特灵大道以西的麦西亚部分国土——在维京首领古思伦于878年投降后，这位国王和他的昔日敌人就边界划定达成了协议。这条线以北和以东的一切都由斯堪的纳维亚血统的人统治。

到底有多少斯堪的纳维亚人在这些地区定居，这个问题没有确定的答案，但所有可靠的证据表明，这个数字相当庞大。与五六世纪关于盎格鲁-撒克逊移民到不列颠的争论一样，利用DNA技术找到答案的尝试会产生不够用的数据和极具争议的结果。然而，语言和考古证据既清晰又令人信服。在英格兰北部和东部的大片地区，我们发现许多以-by或-thorpe结尾的地名，这两个结尾词缀都是从古诺尔斯语引入的元素。例如，正是到这个时候，圣徒希尔达在斯特里舍尔奇建立的修道院被称为惠特比女修道院，而曾经名为诺思维西格的定居点更名为德比。在1086年"末日调查"中记录的约克郡地名中，几乎有一半来自此类斯堪的纳维亚语。此外，数千个从诺尔斯语中借来的词汇出现在九世纪后期之后编写的英文资料中。值得注意的是，语法上借用的有they、their和them这些词。[11]

语言学上的争论已经存在了一段时间，但最近由于发现了九世纪末和十世纪初的考古证据而得到了推动，这些发现无疑是斯堪的纳维亚人的：其中包括钱币、衣服配饰和带有异教符号的护身符。近几十年来，金属探测器使用者在英格兰北部和东部地区，通常是在偏远的农村地区，发现了大约五百件此类物品。大多数物品不是精英阶层使用的，就衣服配饰而言，其主人既包括男性也包括女性，这表明各行各业的斯堪的纳维亚人已经在这些地区定居，正如《盎格鲁-撒克逊编年史》的证词让我们这样推断的一样。历史学家们在分析了所有这些证据之后谨慎地提出，新移民的总数可能在两万到三万五千之间。[12]

现代历史学家经常将斯堪的纳维亚人定居点所在地区称为"丹麦律法施行地区"，但这个词直到十一世纪初才出现在我们的资料中，并且可能给人一种误导性的印象，即这些地区以某种方式构成了一个单一的实体。现实情况是，丹麦人定居区被划分为几个不同的政治区域，并由一群相互竞争的统治者统治——国王的名字大多没有得到记录，他们也有首领和领主，其地位与郡长和大乡绅相当。古老的英吉利王国东盎格利亚一直由古思伦统治，直到他于890年去世，在这之后，统治这个王国的国王的名字只有通过铸造的钱币才能知道。与此同时，米德兰王国东部地区，向北一直到亨伯河，似乎已经由一个松散的丹麦军阀联盟统治，其大本营位于莱斯特、诺丁汉、斯坦福、林肯和德比，在后来的资料中这些地方被统称为五个自治市。最后，由哈夫丹和他的追随者在875年瓜分的诺森布里亚王国被一分为二。它的北半部，蒂斯河以北地区仍然由一个大本营位于班堡古堡的英吉利王朝控制，但它的南半部已经成为一个以约克市为中心的新的斯堪的纳维亚王国。[13]

"丹麦律法施行地区"以及这些地区的不同统治者对阿尔弗雷德创建的盎格鲁-撒克逊王国构成了长期的生存威胁。正如我们所看到的，当一支来自法兰克王国的维京人大军于892年入侵肯特，并在随后的四年里对威塞克斯和麦西亚进行了多次袭击后，已经定居在诺森布里亚和东盎格利亚的丹麦人自愿成为他们的盟友。我们知道阿尔弗雷德和他的继承者幸存了下来并最终取得了胜利，因此可能很容易陷入胜利是不可避免的思想陷阱，特别是考虑到阿尔弗雷德因为扭转了维京人的潮流而受到了广泛赞誉的事实。然而，当时的英吉利人并未相信胜利已成定局，他们知道他们在北部和东部的邻国只需要稍微一点鼓励就会恢复敌对行动，以期毁灭这个王国。[14]

在长者爱德华统治期开始时，他的亡命徒堂弟提供了这种鼓励。当埃塞尔沃尔德于899年抵达诺森布里亚后，他通过一些不为人知的魔法说服了那里的斯堪的纳维亚定居者接受他作为他们的国王。继承权纠纷导致威塞克斯王室分裂的消息对于那些在北方定居的维京人来说一定犹如美妙的音乐，而埃塞尔沃尔德也几乎没有浪费时间就重新点燃了他们征服的希望，并煽动他们为自己的利益服务。901年秋天，也就是阿尔弗雷德去世仅两年后，他"率领着他能获得的整个船队"沿着东海岸向南航行，并在埃塞克斯安营扎寨。在很短的时间内，他们就说服了东盎格利亚的丹麦人加入他们的行动中。902年，他们的联军入侵了麦西亚，并在向泰晤士河上游航行途中一路劫掠，然后在克里克莱德渡河，开始在威塞克斯境内四处劫掠。

到爱德华召集齐一支军队来击退这次袭击时，入侵者已经带着他们的战利品撤退了，并且已经回到了东盎格利亚。因此，这位国王进行了报复，带领他的军队进入敌人的领土，让他们掠夺剑桥和伊利周围的地区。但是，根据《盎格鲁-撒克逊编年史》的记载，来自肯特的这些人在那里逗留了太久，他们无视爱德华一再发出的停止劫掠并返回家园的命令。结果，他们在一个叫霍姆的地方遭到了丹麦军队的袭击，那里发生了一场血腥战斗。《编年史》中列出了双方伤亡的重要人物名单，并给出了在战斗中丧生的郡长、大乡绅和领主的名字。理论上讲，丹麦人获得了胜利，因为他们仍然控制着战场，但阵亡者中有他们的两位首领：东盎格利亚国王埃奥里克以及诺森布里亚国王、想成为威塞克斯国王的埃塞尔沃尔德。

堂弟的去世对爱德华来说是一个极其幸运的结果，这一举终结了对他统治合法性的挑战。然而，就保护他的王国免受入侵而言，这可能没什么影响。《编年史》对接下来三年里发生的事避而不谈，在此期间，来自东盎格利亚和诺森布里亚的袭击可能仍在继续。直到906年，《编年史》才声明爱德华与这些地区的新统治者言归于好，甚至在那个时候有一个版本的文本补充说他这样做是"不得已"。"不得已"这个词提出了这样一种可能性，即这位新的英吉利国王同他的父亲一样，可能不得不向丹麦人进贡以换取停止敌对行动。[15]

爱德华夺取军事主动权的第一个迹象发生在909年，当时他派遣一支由麦西亚和西撒克逊军队组成的联军对"北方军队的领土"进行为期一个月的袭击。这显然指的是林肯周围的地区，因为除了奴隶和牛群之外，他们还从巴德尼修道院带回了诺森布里亚国王圣徒奥斯瓦尔德的尸骨。丹麦人在次年入侵麦西亚寻求报复，他们确信爱德华在肯特，正在指挥一支大型舰队的集结。但这位国王接到了敌人活动的消息，于是派遣一支军队在他们回国的路上拦截他们。910年8月5日，入侵者在伍尔弗汉普顿以东的温斯菲尔德渡河时遭到伏击。数以千计的人被杀，他们损失了很多位首领：《编年史》在其丹麦死者名单中列出了五位领主、两位伯爵和两位国王的名字。[16]

《编年史》称这是爱德华的胜利，但由于他显然不在场，这些荣誉可能属于他的姐姐埃塞尔弗莱德。作为阿尔弗雷德国王最年长的孩子，埃塞尔弗莱德在887年之前的某个时候，就被她的父亲许配给了麦西亚的实际统治者埃塞尔雷德，当时她还只有十几岁。到温斯菲尔德战役时，她一定已经差不多四十岁了，而她的丈夫可能比她大得多。根据爱尔兰编年史记载，此时这位郡长已经病了好几年，而麦西亚则由他的妻子管理。同一位编年史家称埃塞尔弗莱德为"撒克逊王后"，并描述了她如何与被赶出都柏林后在切斯特附近定居的维京人作战的场景。次年，病重的埃塞尔雷德去世，因此几乎没有什么变化。爱德华国王抓住这个机会直接控制了伦敦和牛津，但除此之外，他并没有侵犯他姐姐的势力范围，后者继续以"麦西亚夫人"的身份进行统治。[17]

不管温斯菲尔德之战的胜利真正应该归功于谁，消灭北方维京人精英阶层为阿尔弗雷德的子女们提供了一个他们欣然接受的机会。他们不再局限于派遣军队越过边境去夺取牲畜、奴隶或遗物——从现在开始，他们将占领领土。爱德华开始向丹麦人统治的东盎格利亚王国施压，911年在赫特福德建设了一个新的堡垒，次年在埃塞克斯的威特姆又建了另一个。埃塞尔弗莱德在已经占领了麦西亚西北部地区之后，开始向惠特灵大道的边界推进，在斯塔福德和塔姆沃思都建造了堡垒。后者至少自奥法时代以来一直是麦西亚最重要的王家住所之一，这次重新征服此地一定会被视作意义特别重大的事件。[18]

如果说有时这些地区的居民会自愿屈服的话，他们的丹麦统治者却不会屈服，并会用突袭英吉利人领土的方式进行报复。但他们并不是很成功，而当地人则会把他们赶跑。已经定居下来的斯堪的纳维亚人缺乏一支庞大军队所拥有的凝聚力。当《编年史》描述他们进行的袭击时，它会讲他们这支军队来自米德兰王国的不同城镇——例如，"来自北安普敦和莱斯特的军队"。随着埃塞尔弗莱德和爱德华在915年和916年期间沿着边界建造了更多的堡垒，一些丹麦首领来到英吉利国王面前并接受他作为他们的领主。[19]

917年，这种局势如大坝溃堤一般。那年春天，爱德华的军队进一步深入"丹麦律法施行地区"，在托斯特建造了一座堡垒，并袭击了附近坦普斯福德的丹麦人营地，屠杀了营地内所有拒绝投降的人，包括两名伯爵和一位不知姓名的国王——很可能是东盎格利亚国王。那年秋天，当爱德华亲自抵达边境时，他遇到了一群来自东米德兰兹的斯堪的纳维亚领主，他们都急于臣服。当他来到埃塞克斯时，情况也一样，来自东盎格利亚各地的丹麦人在他面前鞠躬以换取他的和解。与此同时，他的姐姐已经进入了"五个自治市"的领土，并在一场血腥的战斗之后夺取了德比。[20]

至此，这两支英吉利战役军团接近会师。918年初，埃塞尔弗莱德不战而屈人之兵攻占了莱斯特，并在春天占领了斯坦福。但在6月12日，埃塞尔弗莱德在塔姆沃思去世，原因不明，这导致她的弟弟为了控制麦西亚西部地区，不得不中断了前进的步伐。看起来很可能的情况是，他在911年埃塞尔雷德郡长去世时就已经试图这样做，但遭到了他意志坚强的姐姐和一直抵制威塞克斯直接统治的分裂主义倾向的阻挠。如果是这种情况，爱德华就下定决心不再被第二次阻止。占领塔姆沃思后，他收到了"麦西亚人土地上所有民族"的臣服。毫无疑问，有些人是自愿屈服的，但其他人显然希望通过承认埃塞尔弗莱德的成年女儿埃尔夫温作为他们的新统治者来保持自己的独立性。后来得知这个计划后，爱德华迅速采取行动破坏了它。我们被告知，埃尔夫温"在麦西亚被剥夺了所有权力并被带往了威塞克斯"。从此以后，不会再有新的"麦西亚夫人"了。

在最终吞并了麦西亚的英吉利人地区之后，爱德华立即继续向丹麦人控制的领土进军，并占领了诺丁汉，这是"五个自治市"中陷落的第四个。然而，到了这个阶段，有迹象表明战役快要耗尽他的实力。《编年史》总是在尽力把这位国王所取得的胜利最大化，它声称麦西亚的所有丹麦人都臣服于他的意志，但它没有提到林肯，这有力地表明五个自治市中的最后一个仍然不服。即使诺丁汉臣服于爱德华，但那似乎也只是一种折中协议，原因是《编年史》承认它随后"与英吉利人和丹麦人一起"派兵驻守。

尽管如此，这位国王在917年和918年取得的进展还是很引人注目。在那个时期开始时，他行使直接权力的地区几乎不比他父亲统治时的范围大。但到918年底，不管是勉强或是临时性地讲，他都被承认为默西河和特伦特河以南所有不列颠南部领土的主人。麦西亚、东盎格利亚和四个自治市的领导人都被迫承认他的最高统治地位，包括威尔士的各个统治者也是如此。在随后的两年里，爱德华试图巩固这些征服成果，于是在默西河上的塞沃尔和曼彻斯特建造了新的堡垒，并用一座横跨特伦特河的设防桥强化诺丁汉的防御能力。920年，他率领军队沿特伦特河的支流德文特河而上，并在贝克韦尔建立了一个堡垒。[21]

这最后修筑的一连串防御工事标志着这位国王行进的最北端界线。防御工事之外是约克维京人的领土，他们在十年前的战斗中惨败后退出了战斗。根据《编年史》的说法，也是在920年这一年，这些维京人承认爱德华是他们的"教父和领主"，更遥远的苏格兰王国的国王们和斯特拉斯克莱德的布立吞人也是这样尊称他的。尽管爱德华很可能在边境的某个地方与这些统治者会面并签订了和平协议，但他们似乎不太可能真的承认屈从。[22]

在那之后，《编年史》就没有更多关于爱德华去世前的事要告诉我们了。四年后爱德华去世，那时他才五十岁出头。924年的记录显示："这一年，爱德华国王去世了，他的儿子埃塞尔斯坦继承了王位。"但实际上，情况比这要复杂得多。[23]

爱德华杂乱的家庭生活导致了更复杂难题的出现：他结过三次婚，至少生了十三个孩子，其中五个是男孩。埃塞尔斯坦是他的长子，也是这位国王与他的第一任妻子埃格温所生的唯一儿子。但到899年爱德华继位时，埃格温要么已经去世了，要么被抛弃了，这让他可以自由地娶他的第二任妻子埃尔弗莱德，随后她为他生了两个儿子和五个女儿。埃尔弗莱德热衷于推动自己后代的事业，这可以理解。她还可能对贬低她的前任的声誉负有责任，她的前任在某些史料中被认为只是一个情妇。当然，在她与爱德华结婚的时候，这位国王的长子埃塞尔斯坦已经离开了他父亲的宫廷，被送往麦西亚，在他的姑父埃塞尔雷德和姑姑埃塞尔弗莱德的家里长大。[24]

二十五年后，这一决定差一点撕裂这个由阿尔弗雷德创建的盎格鲁-撒克逊王国。正如提拔埃塞尔弗莱德夫人的女儿遭遇失败所表明的那样，在麦西亚仍有许多人支持恢复以前的独立状态。根据马姆斯伯里的威廉的说法，在爱德华于924年去世之前，他一直在切斯特镇压麦西亚人反对他权威的叛乱——这一说法得到了同时代史料的支持，这些史料认为这位国王在他去世时位于切斯特以南十英里处的法恩登。因此，爱德华去世的消息一传出，麦西亚人就同意现年三十岁、从小在麦西亚长大的埃塞尔斯坦成为他父亲的继任者也就不足为奇了。同样可以预见的是，威塞克斯的权势人物更青睐这位国王第二次婚姻生下的长子埃尔夫沃德，原因在于他是在他们中间长大的。

事实上，埃尔夫沃德在他父亲去世后不到两周也撒手人寰了，这让麦西亚和威塞克斯之间最紧迫的裂痕消除了。这远不是死神在盎格鲁-撒克逊王位继承之争中唯一一次适时干预,而是与其他更详细记录的情况一样,我们可以合理地怀疑这是谋杀。值得注意的是,埃尔夫沃德在牛津去世,牛津位于威塞克斯和麦西亚之间的边境地带,这表明他去那里可能是为了进行谈判并付出了生命的代价。然而,他的离世并不一定会使埃塞尔斯坦更有可能继承他们父亲的全部领土。对于威塞克斯的贵族而言,他们首选的候选人在他第一次王室出游时莫名其妙去世的消息肯定增加了抵抗和怨恨。尤其是在温切斯特,市民们一定很惊讶地发现,就在埃尔夫沃德父亲的葬礼几天后,他们就又站在街上排队给埃尔夫沃德送别了。两人都被安葬在新建的大教堂里,这座宏伟的教堂曾在阿尔弗雷德的想象中出现过,却在他儿子的统治期内变为了现实。我们完全可以相信马姆斯伯里的威廉所讲述的故事,在这些日子里,温切斯特的某些贵族曾密谋抓住埃塞尔斯坦并剜掉他的眼睛。[25]

曾经有一段时间,似乎存在着不确定性和分歧:当埃塞尔斯坦在925年初颁布一份特许状时,没有西撒克逊人作为见证。然而,一项协议最终敲定,这项协议让王室家庭内部的敌对派系感到满意。不管进行了什么样的谈判,其中一个关键人物一定是长者爱德华的第三任妻子埃德吉福,她在这位老国王生命的最后几年又给他生了两个儿子。据推测,与埃塞尔斯坦达成的协议可能要求他承认这些同父异母的年轻兄弟都是他的继承人,不能通过生下自己的孩子来损害他们的权利。生儿育女是人们期望中世纪统治者履行的职责,但埃塞尔斯坦显然未能履行这一职责。尽管他活到中年,但他从未结过婚,也没有生育后代。貌似可信的一种说法是,这是他被接受为威塞克斯国王所需付出的代价。[26]

这些微妙的谈判也解释了为何在924年7月爱德华和埃尔夫沃德的去世与925年9月4日埃塞尔斯坦的祝圣之间出现了长期延迟。这个仪式的地点是泰晤士河畔金斯顿的一处王家庄园,位于伦敦上游约十二英里处。这座庄园可能并不完全是新的，原因是我们不知道早期的西撒克逊国王是在哪里祝圣的，而且之前那里举行过至少一次主要的王家委员会会议。但由于金斯顿位于麦西亚和威塞克斯的古老边界上，因此它无疑是925年授予职权的一处合适地点。主礼的坎特伯雷大主教显然为这一场合制定了一项新的仪式秩序，其祷词中反复强调，祝福埃塞尔斯坦成为两个民族的统治者。对于仪式上王家特别饰品的形状，它还引入了真正的新样式。在以前的盎格鲁-撒克逊仪式上，主教会将头盔戴在新国王的头上作为结束，但在埃塞尔斯坦这次的仪式中，他们使用了王冠。统治者佩戴金环的做法起源于罗马人，但最近被当代欧洲的皇帝复兴了。这是它第一次在不列颠使用，使得925年在金斯顿举行的那次仪式成为英吉利人的第一次加冕典礼。[27]

他的新帝国式头饰是否暗示了埃塞尔斯坦藏有更大的野心？在确认了威塞克斯和麦西亚合并之后，这位新国王试图恢复他父亲五年前与诺森布里亚开始的谈判。那时候，北方王国由一个名叫拉格纳尔的维京人统治，他最近从爱尔兰出发征服了约克。自九世纪六十年代以来，诺森布里亚的斯堪的纳维亚人和爱尔兰之间的联系一直很紧密，当时无骨者伊瓦尔已经对爱尔兰海的两岸地区进行了袭击，因此在他那个时代之后，约克和都柏林的大多数统治者可能都是他的王朝成员。他们的职业生涯通常动荡不安，因此他们的统治期往往很短暂。例如，在920年，拉格纳尔几乎还没有时间与长者爱德华达成协议，他就被伊瓦尔的另一个后裔西特里克推翻并取代。正是为了稳定与这位新的诺森布里亚统治者之间的关系，埃塞尔斯坦提议通过联姻结盟。926年1月30日，即他加冕五个月后，这位国王欢迎西特里克来到塔姆沃思，用《编年史》的话说就是，"把他的妹妹嫁给了他"。

然而，仅仅过去了一年，命运的车轮再次转动，并产生了重大影响。927年的前几个月，西特里克去世，这让诺森布里亚的王位再次空缺。随着消息的传开，许多人立即着手让自己成为他的替代者。其中一个竞争者是他的亲戚古思弗里思，他率领着一支舰队从爱尔兰起航。另一个竞争者也许是位于班堡的英吉利统治者埃尔德雷德。但是这两个有希望的人都被埃塞尔斯坦打败了，埃塞尔斯坦迅速介入，使自己成为诺森布里亚的新主人。《编年史》记载得比较简单，称他"继承了这个王国"，但其他资料表明这是通过一场军事斗争实现的：这位国王率军北上，驱逐了古思弗里思和埃尔德雷德，并摧毁了约克的维京人据点。马姆斯伯里的威廉后来坚持认为，埃塞尔斯坦的手下一直追击古思弗里思，一直追到苏格兰人的王君士坦丁的宫廷，并要求其交出逃犯。不管真假，君士坦丁是被埃塞尔斯坦强迫参加会议的几位北方统治者之一。7月12日，英吉利人的王在坎布里亚郡的伊蒙特会见了苏格兰人的王，同时与会的还有斯特拉斯克莱德布立吞人的王和班堡的埃尔德雷德。就与会人员而言，与七年前长者爱德华安排的会议颇为相似，但这显然不是对等的讨论。埃塞尔斯坦不再是南方遥远的影子，而是他们中间的强者：在士兵的包围下，要求（他们）屈从。

但他的征服旅程也没有在坎布里亚郡停止。在北方站稳脚跟后，埃塞尔斯坦将注意力转向了西部的布立吞社区。根据马姆斯伯里的威廉的说法，这位国王要求威尔士的统治者做出类似的臣服，迫使他们在边境地区的赫里福德与他会面，以声明服从。从那里开始，他继续与西南地区的布立吞人打交道，后者被称为"康沃尔的威尔士人"。据说埃塞尔斯坦将康沃尔人赶出了埃克塞特，迫使他们居住在塔马河外，然后下令用石墙加固这座城市。《盎格鲁-撒克逊编年史》明确将927年视为吉祥之年，指出北方天空出现了火光，而且埃塞尔斯坦"将这座岛上所有的国王都纳入了他的统治之下"。[28]

他的势力范围大规模扩张，引发了如何称呼他的问题。随行的一位文员写了一首诗歌来庆祝这位国王在军事上的成功，用词大概是为了取悦温切斯特的宫廷听众：埃塞尔斯坦被称为"撒克逊人之王"，他的军队是"撒克逊人的军队"，而他扩大了地盘的王国则使"这撒克逊人的土地变得完整"。[29]然而，在927年之后，更为常见的情况是，人们不再使用撒克逊人这个说法。这位国王最早的特许状将他称作"盎格鲁-撒克逊国王"，这是他祖父使用并由他父亲保留的复合头衔，但在他吞并诺森布里亚之后，埃塞尔斯坦就变成了简单的"盎格鲁国王"——英吉利人的王。即便如此，显然也有人觉得这并不能充分反映他的势力范围。在928年至934年间撰写特许状的抄写员经常用额外的头衔来补充"英吉利人的王"，例如"整个不列颠世界的统治者"等。927年后以埃塞尔斯坦的名义铸造的钱币上刻有"整个不列颠之王"的铭文，几年后铸造的钱币上描绘了他戴着他的权威的新象征物——他的王冠。[30]

值得思考的是，埃塞尔斯坦是如何在这么短的时间内取得如此惊人的成果的。部分答案肯定是他作为战士的个人实力。根据马姆斯伯里的威廉的说法，这位国王"仅凭他令人恐惧的名字"就制伏了他的敌人。虽然我们没有关于他在即位前的英勇事迹的记录，但埃塞尔斯坦一定参加过他父亲时代的战役，大概在他难对付的姑姑的军队中战斗过，并可能作为上述军队的统帅。另一个因素，可能也是更重要的因素，就是他的财富。到他893年前后出生时，他传奇的祖父已经制止了九世纪中叶使威塞克斯和麦西亚陷入瘫痪的经济衰退。阿尔弗雷德恢复使用了这两个王国的钱币并增加了铸币厂的数量。回归和平意味着他能够再次获得贸易带来的利润，甚至可以利用威塞克斯的自然资源，例如银和锡。结果，他去世的时候非常富裕，给他的继任者留下了价值大约两千英镑的白银——将近五十万便士，不过可能不全部是钱币。诚然，在他儿子统治期间，几乎需要不断地进行战争，并需要对军事基础设施进行大量投资，这一定花费了这些宝藏中的一大部分。然而，爱德华的投资最终会带来丰厚的回报。在东米德兰兹和东

埃塞尔斯坦时期的一枚钱币，钱币上面埃塞尔斯坦头戴王冠，宣布他是"整个不列颠之王"

盎格利亚臣服于他的斯堪的纳维亚统治者一定为换取和平向他付出了丰厚的回报，正如他和他的前任曾经为防止斯堪的纳维亚人的劫掠付出的代价一样。[31]

　　因此，埃塞尔斯坦在开始他的统治时一定具备强大的经济优势。组建一支征服诺森布里亚的军队不存在任何问题，而且在这个王国垮台后资金会继续流动。马姆斯伯里的威廉告诉我们，埃塞尔斯坦发现约克的维京人堡垒中充满了掠夺得到的东西，于是慷慨地分配给了他的手下。不久之后，当这位国王强迫威尔士人向他屈服时，他们不得不承诺每年提供巨额贡品：二十磅黄金、三百磅白银、两万五千头牛，以及他所要求的任意数量的猎犬和猎鸟。马姆斯伯里的威廉提供的细节可能是虚构的，但基本的事实似乎无可争辩：成功孕育成功。埃塞尔斯坦的军事优势意味着他能够向那些在他面前称臣的人索取回报。如果威尔士人向他进贡，那么康沃尔人、苏格兰人和斯特拉斯克莱德的布立吞人一定也是如此。[32]

　　快速扩张让埃塞尔斯坦变得无比富裕，但也带来了问题——最明显的是如何有效地治理如此广阔的领地。他的父亲已经在埃塞克斯和整个东米德兰兹建造了堡垒，作为王家权威在一些地区的前哨基地，这些地区之前属于丹麦律法施行地区的一部分。但除此之外，在东盎格利亚和诺森布里亚，埃塞尔斯坦没有这样的永久驻军。统治这些地区的斯堪的纳维亚国王可能已被推翻，但他们的贵族和领主依然官居原职。这些人已经宣誓效忠于埃塞尔斯坦，并同意向他进贡，但除此之外几乎没有其他改变。

早期的盎格鲁-撒克逊国王通过巡回保持他们的权威，与他们的家人一起搭乘马车在他们的王国游历，食用已经提供给王家庄园的食物，并尽可能让所有人感受到他们的存在。埃塞尔斯坦在威塞克斯是这样做的，并在麦西亚度过了比十世纪的其他国王都要多的时间，无疑这是因为他喜欢重游他年轻时熟悉的地方。但毫无疑问，他经常从温切斯特前往约克，目的是监督他的诺森布里亚臣民，或者每年巡回，为了检查东盎格利亚是否一切正常。[33]

解决方案是让他的家眷去旅行，并要求他们参加王室集会。这本身并不是一个新主意：早期的西撒克逊和麦西亚国王定期召集他们的主要臣民进行磋商，坎特伯雷的大主教们召集了由多个王国的神父参加的教会会议。然而，没有哪位国王曾经举行过像埃塞尔斯坦召集的那样规模庞大的集会。这位国王在这种场合颁布的特许状中列出了很长的与会者名单，有时有一百多人。在他们当中，我们不仅看到了英吉利人的主教、郡长和大乡绅，还看到了来自最近征服的丹麦律法施行地区的斯堪的纳维亚伯爵，以及威尔士的各种统治者——在埃塞尔斯坦首席抄写员的笔下，现在他们的地位都降级为了"小附属国国王"。[34]

这些人以及列表中其他的与会者是在场的最重要的人，但他们可能已经带着自己的随行人员完成了旅行，这意味着埃塞尔斯坦的集会肯定有数百人参加，观众总数可能达到四位数。没有哪个建筑物可以容纳这么多人，所以这些集会一定是在露天举行的。埃塞尔斯坦沿袭了在圣诞节和复活节的盛宴上举行集会的传统，但也引入了在复活节七周后，在五旬节或圣灵降临节举行额外集会的做法。这些集会本来就是为了赠予礼物、解决争端、制定法律以及将王室决定传达给国王领地最远地区的场合。或许最重要的是，它们是展示埃塞尔斯坦王权的一种方式：在精心布置的舞台上观看王家戏剧表演，国王头戴王冠，作为上帝指定的权力人物呈现给他的人民。[35]

在征服诺森布里亚之后的七年里，有两名男子明显缺席了这些集会。927年，苏格兰人的王君士坦丁和斯特拉斯克莱德布立吞人的王欧温都曾在伊蒙特向埃塞尔斯坦宣誓，但随后两人都没有长途跋涉南下前往他的宫廷。他们似乎不太可能从未受到邀请：出现在伊蒙特的第三位人物，班堡的埃尔德雷德，尽职尽责地参加了几次集会，直到他在933年去世。他的死是北方一些新论战的原因还是结果？还是说埃塞尔斯坦只是厌倦了那些答应臣服于他的人的借口，并决定惩罚他们的抗命？不管是什么原因，934年，这位国王开始入侵君士坦丁的领土来惩戒他。[36]那年春天，他召集了一支军队，这支军队于五旬节在温切斯特集结。当时起草的一份特许状显示，陪同他的人有三位威尔士附属国国王、五位伯爵、七位郡长、十一位国王大乡绅和不少于十八位主教，其中包括坎特伯雷和约克的大主教。除此之外还有几百上千的武装侍卫，这支规模庞大的军队向北行进，每天行军约十五英里。6月7日，他们的首领在诺丁汉颁布了另一份特许状，称自己为"我，埃塞尔斯坦，英吉利人的王，被全能者基督的右手晋升为整个不列颠之王"。大约一周后，又走了一百五十英里，他停在了切斯特勒斯特里特，向圣徒卡思伯特致敬。之后，他把全部军队投入苏格兰，率领他的军队一路劫掠，向北最远到了邓诺特，而他的舰队则沿着海岸线肆虐，最远到了凯思内斯郡。[37]

到934年，君士坦丁已是一位至少五十六岁的老人，自十世纪初以来，他一直都是苏格兰人的王。在那段时间里，他多次与来自爱尔兰的维京袭击者作战，并在战斗中击败了他们。但他很快意识到，现在正在摧毁他王国的敌人是不可阻挡的。最迟到8月初，他一定已经找到了埃塞尔斯坦，并重新宣称臣服于他。然而，这位英吉利人的王并不满足于就此搁置此事。当他和他规模庞大的随从队伍驾车向南行进时，这位顺从的苏格兰人的王与他们一起行进。到了9月，他们回到了麦西亚，到了月中，他们已经抵达了白金汉郡的堡垒，在那里埃塞尔斯坦发布了另一份特许状。君士坦丁在见证者中处于第一序列，但他现在被称为"附庸领主"，就像威尔士的小国王一样。想必在他公开宣称为了南部民众的利益效忠埃塞尔斯坦之后，他被允许返回了苏格兰。但第二年，他再次来到麦西亚，这次是在赛伦塞斯特见证了一份特许状的发布。正如起草该文件的抄写员所指出的，赛伦塞斯特

位于赛伦塞斯特的罗马人露天圆形剧场遗址

曾是"罗马人建造的一座城市",这无疑意义重大:该镇的露天圆形剧场本来就是举办大型户外集会的理想场所。除了君士坦丁,与会者还包括威尔士的三位国王,以及斯特拉斯克莱德国王欧温。欧温最近认为每年去麦西亚或威塞克斯旅行一两次,总要好于他的领土被愤怒的英吉利国王烧毁。所有五位统治者自然都被称作附庸领主;只有埃塞尔斯坦本人,"被赋予了非凡的特权",并被授予国王头衔。我们可以想象他坐在赛伦塞斯特的露天圆形剧场当中,戴着他的王冠,周围环绕着屈从于他意志的不列颠统治者,臣服于他父亲的伯爵和领主,以及所有由他的祖父团结起来的英吉利主教、郡长和大乡绅——"整个贵族阶层",用这份特许状的话来说,"在王室慷慨的怀抱中欢欣鼓舞"。[38]

人们一定想知道,在这个规模宏大的会议上,凯尔特的国王们是否真的感到高兴,或者更有可能的情况是,他们在接受埃塞尔斯坦的慷慨时咬牙切齿地微笑着。就威尔士的三位统治者而言,他们的感受可以从九世纪和十世纪威尔士产生的文献中推测出来。当然,布立吞人和撒克逊人的敌对历史可以追溯到五世纪,并且有理由认为,随着时间的推移,他们之间的敌意变得更加根深蒂固。奥法国王建造的大堤,无论它有什么其他用途,都强调了到八世纪末两个种族之间存在的鸿沟。在它建成大约一代人之后,一位威尔士作家通过撰写一本自豪而自信的《布立吞史》来回应持续的麦西亚压力,其中包含第一个有关亚瑟的可确定年代的标志——当时他还不是国王,而是英勇的布立吞战士,正在巴顿山和其他许多地方战胜撒克逊人。[39]诚然,一些威尔士国王曾寻求阿尔弗雷德国王的保护,以免他们的同胞遭到掠夺,但其他人则选择站在他的维京敌人一边。到了阿尔弗雷德的孙子掌权时,他为了惩罚他们要求他们上交贡品并定期前往他的宫廷,那些最初欢迎英吉利国王到来的人可能一直在怀疑他们是否做出了错误的决定。很可能是在埃塞尔斯坦统治时期,另一位威尔士人撰写了

《不列颠大预言》，这是一篇冗长而富有诗意的抨击性文章，热切期待着英吉利势力的彻底毁灭。诗人哀叹布立吞人自亨吉斯特和霍萨时代起就在撒克逊人手中受苦，后来被迫在赛伦塞斯特称赞这位"伟大的国王"和他的管家。但是，他继续说，正如梅林所预言的那样，那些日子即将结束。不久之后，来自威尔士、康沃尔和斯特拉斯克莱德的布立吞人将联合起来，与苏格兰人、爱尔兰人和都柏林的维京人联手，将英吉利人彻底赶出不列颠。那位作者热情洋溢地说道："将有人头被劈开，没有大脑，妇女将丧偶，马也将失去骑手。"他兴奋地想象到，一直到肯特海岸，尸横遍野，最后幸存的撒克逊人将驾船永远离开该岛。[40]

显然，不单单是威尔士人怀有这样的想法。《大预言》的作者设想凯尔特民族会结成如此大的联盟这一事实表明，所有最近被迫屈服于英吉利权势的人都怀有类似的想法。也许更令人感到惊讶的是，这位诗人将都柏林的维京人也包含在这种设想下的伙伴关系中，原因是在过去他们曾多次被视为敌人。但不列颠西部和北部的统治者在埃塞尔斯坦的手下蒙受了非常大的屈辱，任何时候只要他要求，他们就必须乖乖地到南方报到，以至于假如维京人承诺帮助他们摆脱这位折磨人的英吉利统治者的话，他们就准备考虑与维京人结盟。

当埃塞尔斯坦忙于贬低这些布立吞统治者时，一位新国王在爱尔兰上台。正如他的名字奥拉夫·古思弗里思森所暗示的那样，他是维京人古思弗里思的儿子，后者曾在927年试图夺取约克王国，但未能成功。奥拉夫接替他成为都柏林国王，并继续战胜邻国爱尔兰的统治者，所以他很快就有了足够的信心去认领他父亲十年前未能获得的战利品。937年夏天，他率领一支由六百艘船组成的舰队横渡爱尔兰海，加入了《大预言》中预言的那种联盟。威尔士国王决定留在国内，这无疑令诗人感到厌恶。但是奥拉夫遇到了苏格兰国王君士坦丁和斯特拉斯克莱德国王欧温，他们三人一起进行了报复，彻底破坏了压迫他们的暴君的土地。"他们不断地劫掠，毁坏一切，"马姆斯伯里的威廉说，并引用了他那本古卷中的台词，"驱逐人民，放火烧田。"[41]

据同一部史料称，埃塞尔斯坦对这次入侵感到惊讶，但听到消息后迅速做出反应，召集了一支军队向北推进以对抗他的敌人。他们在一个叫布鲁南博尔的地方相遇，关于这个地方的具体位置长期以来一直存在争议，但最有可能是布朗巴勒，一处位于威勒尔半岛的定居点，与后来的利物浦市隔着默西河的河口相望。自阿尔弗雷德国王时代以来，维京人一直试图在威勒尔定居。选择这个地方作为目的地很容易理解，原因是它就在都柏林对面，四面环海，是与从北方过来的军队会合的便利地点。根据一份十二世纪的史料，布朗巴勒本身拼写为布鲁南博尔，并且是唯一可以合理地源自特定古英语拼写的现代地名。最近在周边地区发现的十世纪战争装备的考古发现，进一步证明了这里确实是埃塞尔斯坦的军队和他的敌人发生冲突的地点。[42]

他们之间的这场战斗可谓腥风血雨。一份爱尔兰史料《阿尔斯特编年史》称其为"一场伟大的、可悲的和可怕的战斗"，并说成千上万的维京人以及大量的英吉利人都战死了。令人沮丧的是，《盎格鲁-撒克逊编年史》对埃塞尔斯坦统治的剩余时间记载很少，但它在一首长诗中描述了这场战斗。这位匿名作者说，旗帜碰撞，长矛交错，战士们相遇，"劈开盾墙，用铸打成的剑砍伐椴树木板"。从日出到日落，战斗如火如荼，大地因战死者的鲜血而变得暗淡。在战死者中，马姆斯伯里的威廉说，有埃塞尔斯坦的两个表兄弟，他们的尸体后来被找回并被带到马姆斯伯里安葬。

但是，尽管损失了他的亲属和他的许多其他追随者，这位英吉利人的王最终获得了胜利，这位诗人详细地讲述了他的敌人的死亡和不安。奥拉夫的七个伯爵被杀，还有"五位年轻的国王"，大概是他在爱尔兰招募的小统治者。与此同时，被描述为"白发战士"的君士坦丁为无数苏格兰士兵的牺牲而悲伤，其中包括他自己的一个儿子。当战事明朗，英吉利人将获胜时，战斗变成了溃败，获胜者"用磨好的剑"追赶逃跑的敌人。君士坦丁逃回了苏格兰，而奥拉夫和他幸存的手下则被赶回他们的船，"越过深水"逃到都柏林，除了羞耻之外，他们的努力一无所获。相比之下，埃塞尔斯坦的军队兴高采烈地撤出了战场，为乌鸦和狼留下了一场丰富的尸体宴会。[43]

尽管它的具体位置最终被遗忘了，但布鲁南博尔之战被人们铭记为英吉利人的一场伟大胜利。半个世纪后，编年史家埃塞尔沃德写道，他那个时代的普通民众仍然将其称为"伟大的战斗"，并继续大谈这场战斗带来的愉快后果。"不列颠的土地被合并为一体，到处都是和平，万物丰盈"，他热情洋溢地补充说，从那时起，"没有维京船队留在这里……除非与英吉利人签订了条约才能留在这里"。[44]

但这是无稽之谈，正如埃塞尔沃德从他的主要史料《盎格鲁-撒克逊编年史》的后续条目中肯定知道的那样。他最有可能给布鲁南博尔编了神话，因为在他那个时代，不列颠绝不是团结与和平的，而且再次受到了维京人的持续攻击。事实上，这场"伟大的战斗"的影响极其有限，远非永久。双方的伤亡可能很多，但双方的主要战斗人员都毫发无损地幸存了下来：君士坦丁、奥拉夫，显然还有斯特拉斯克莱德的欧温（诗中没有提到）都逃脱了，并又活了几年。事实上，第一个去世的是埃塞尔斯坦本人。939年10月27日，在他获胜两年后，这位国王在格洛斯特安详地去世，年仅四十五岁。他的遗体被运送到马姆斯伯里修道院，葬礼上举行了盛大仪式，他被安葬在祭坛旁边，靠近他在战斗中阵亡的两个表兄弟。[45]

"他的一生虽然时间不长，但充满了荣耀，"马姆斯伯里的威廉说，"整个欧洲都对他赞不绝口，把他的卓越赞颂到天上。"就他在不列颠诸岛上投射的力量而言，埃塞尔斯坦无疑是了不起的。直到三个半世纪后同样专横的爱德华一世在位时，一位英吉利人的王才会率领军队向北行进至如此之远，或迫使威尔士和苏格兰的统治者参加英格兰南部的集会。[46]同样值得注意的是，埃塞尔斯坦的统治再次确认了威塞克斯人民和麦西亚人民之间的纽带关系。在他即位时，他们已经准备好分道扬镳，但在《编年史》中保存的布鲁南博尔长诗中，西撒克逊人和麦西亚人被描绘成手足兄弟，并肩作战。这首诗的最后几行有力地重申了他们作为英吉利人的共同身份，以及对他们共同历史的信念，这是对《大预言》中所表达情感的尖锐反驳：

> 史籍和我们的古代圣贤都告诉我们，在此之前，这座岛上从未有过剑刃造成的大屠杀。自从盎格鲁人和撒克逊人从东方来到这里，跨越广阔的海洋入侵了不列颠，这群骄傲的袭击者，渴望荣耀的战士，征服了布立吞人，赢得了一个国家。

然而，人们可能会怀疑，这位诗人这样写并不是仅仅为了在布立吞人的伤口上撒盐。显然，他是在那场战斗之后一段时间写的，在埃塞尔斯坦的继任者埃德蒙在位期间，尽管他只有十六岁，但他也被认为同样赢得了那场战斗的胜利。[47]在埃德蒙统治初期，有紧急的原因需要提醒人们他们最近的英雄壮举，以及他们祖先在很久之前获得的胜利。诺森布里亚再次落入维京人手中，约克的异教徒国王统治着南至惠特灵大道的一切地方。在极短的时间内，埃塞尔斯坦的所有胜利果实都烟消云散了。

注 释

1　N. Marafioti, *The King's Body: Burial and Succession in Late Anglo-Saxon England* (Toronto, 2014), 173–174; *Historia de Sancto Cuthberto*, ed. and trans. T. Johnson South (Woodbridge, 2002), 1–2, 84, 96.

2 Ibid., 64–67.这位国王的捐赠被记录在一份特许状中，但严格来说这是一份遗嘱。那本包含有卡思伯特圣徒生平的书籍一定是在这位国王视察之后的某个时间点捐赠的。S. Foot, *Æthelstan* (2011), 122; S. Keynes, 'King Æthelstan's Books', *Learning and Literature in Anglo-Saxon England*, ed. M. Lapidge and H. Gneuss (Cambridge, 1985), 180–185.

3 *The Wiley Blackwell Encyclopedia of Anglo-Saxon England*, 135; Rollason and Dobson, 'Cuthbert', *The Oxford Dictionary of National Biography*; Foot, *Æthelstan*, 122–123.

4 Ibid., 121–122; M. Brown, *The Lindisfarne Gospels: Society, Spirituality and the Scribe* (2003), 122–123, 134–139; C. E. Karkov, *The Ruler Portraits of Anglo-Saxon England* (Woodbridge, 2004), 53–83.

5 Keynes, 'King Æthelstan's Books', 174; Foot, *Æthelstan*, 212–216.

6 Ibid., 243; *Historia de Sancto Cuthberto*, ed. Johnson South, 64–67; *English Historical Documents*, i, 307.

7 Ibid., 305; Foot, *Æthelstan*, 251–258; M. Lapidge, 'Some Latin Poems as Evidence for the Reign of Athelstan', *Anglo-Saxon England*, 9 (1980), 62–71; M. Wood, 'The Lost Life of King Athelstan', idem, *In Search of England* (1999), 149–168.

8 *English Historical Documents*, i, 305; Lapidge, 'Some Latin Poems', 72–83; above, 207.

9 Wulfstan of Winchester, *Life of St Æthelwold*, ed. and trans. M. Lapidge and M. Winterbottom (Oxford, 1991), 2–3; S. Miller, 'Edward [called Edward the Elder]', *The Oxford Dictionary of National Biography*; Asser's *Life of King Alfred* in Keynes and Lapidge, 90–91; William of Malmesbury, *Gesta Regum Anglorum*, I, ed. and trans. R. A. B. Mynors, R. M. Thomson and M. Winterbottom (Oxford, 1998), 196–197; N. J. Higham, 'Edward the Elder's Reputation: An Introduction', *Edward the Elder*, 899–924, ed. N. J. Higham and D. H. Hill (Abingdon, 2001), 2.

10 Keynes and Lapidge, *Alfred the Great: Asser's Life of King Alfred and other Contemporary Sources*, 173–178; Abels, *Alfred the Great*, 178–180.

11 Hadley, *Vikings in England*, 1–9, 92; *The Wiley Blackwell Encyclopedia of Anglo-Saxon England*, 145, 192; J. Kershaw and E. C. Røyrvik, 'The "People of the British Isles" Project and Viking Settlement in England', *Antiquity*, 90 (2016), 1670–1675.

12 Ibid., 1675–1679.

13 L. Abrams, 'Edward the Elder's Danelaw', *Edward the Elder*, ed. Higham and Hill, 128–143; C. Hart, *The Danelaw* (1992), 3–24.

14 Above, 240; G. Molyneaux, *The Formation of the English Kingdom in the Tenth Century* (Oxford, 2015), 45–47.

15 *English Historical Documents*, i, 209.

16 Ibid., 210–211.

17 Keynes, 'King Alfred and the Mercians', 27–28; *Annals of Ireland: Three Fragments*, ed. and trans. J. O'Donovan (Dublin, 1860), 226–237; *English Historical Documents*, i, 211.

18 Ibid., 211–212.

19 Ibid., 212–213.

20 Ibid., 214–216.

21 Ibid., 216–217.

22 Ibid., 217; M. R. Davidson, 'The (Non) Submission of the Northern Kings in 920', *Edward the Elder*, ed. Higham and Hill, 200–211.

23 *English Historical Documents*, i, 218.

24 Foot, *Æthelstan*, xv, 29–44.

25 Ibid., 38–40; *English Historical Documents*, i, 218, 305; Biddle, *Search for Winchester's Anglo-*

Saxon Minsters, 47, 66–67.

26 esawyer.lib.cam.ac.uk 395; Foot, *Æthelstan*, 43, 56–61, 73.

27 Ibid., 73–77, 216–223.

28 *English Historical Documents*, i, 218, 307.

29 Lapidge, 'Some Latin Poems', 83. 作者将 Saxonum 和 Saxonia 翻译成了 "英吉利人" 和 "英格兰"。

30 Foot, *Æthelstan*, 25–28, 154–155, 212–213, 216.

31 *English Historical Documents*, i, 306; Naismith, *Medieval European Coinage*, 168; Maddicott, 'Trade, Industry and the Wealth of King Alfred', 4, 14–17.

32 *English Historical Documents*, i, 307.

33 Above, 52; J. R. Maddicott, *The Origins of the English Parliament*, 924–1327 (Oxford, 2010). For a detailed discussion of Æthelstan's itinerary, see Foot, *Æthelstan*, 77–91.

34 Maddicott, *Origins of the English Parliament*, 1–11.

35 Ibid., 12–32. For a wider discussion, see L. Roach, *Kingship and Consent in Anglo-Saxon England, 871–978* (Cambridge, 2013).

36 B. T. Hudson, 'Ealdred', *The Oxford Dictionary of National Biography*; A. Woolf, *From Pictland to Alba, 789–1070* (Edinburgh, 2007), 161–165, discusses some possible causes of the invasion.

37 esawyer.lib.cam.ac.uk 407, 425; *English Historical Documents*, i, 219, 278, 548–551.《盎格鲁-撒克逊编年史》中934年的条目第一次提及苏格兰。其920年的条目第一次提及苏格兰人的王。苏格兰人为何取代了皮克特人，原因尚不清楚。See Woolf, *From Pictland to Alba*, 320–322.

38 D. Brown, 'Constantine II', *The Oxford Dictionary of National Biography*; Woolf, *From Pictland to Alba*, 166; esawyer.lib.cam.ac.uk 426, 1792.

39 Above, 165–168.《布立吞史》的作者传统上认为是南尼厄斯。For his context and purpose, see Higham, *King Arthur*, 119–166.

40 Abels, *Alfred the Great*, 182–183, 186–187; A. Breeze, 'Armes Prydein, Hywel Dda, and the Reign of Edmund of Wessex', *Études Celtiques*, 33 (1997), 210–215.

41 B. T. Hudson, 'Óláf Guthfrithson', *The Oxford Dictionary of National Biography*; *English Historical Documents*, i, 279, 309.

42 Ibid., 309; Woolf, *From Pictland to Alba*, 169–171; Downham, *Viking Kings*, 104. Cf. M. Wood, 'Searching for Brunanburh: The Yorkshire Context of the "Great War" of 937', *Yorkshire Archaeological Journal*, 85 (2013), 138–159.

43 Woolf, *From Pictland to Alba*, 169; *English Historical Documents*, i, 219–220, 309.

44 *The Chronicle of Æthelweard, ed. A. Campbell (1962)*, 54.

45 *English Historical Documents*, i, 220, 214–215; William of Malmesbury, *Gesta Regum Anglorum*, 228–229.

46 Ibid., 216–217, 228–229; M. Morris, *A Great and Terrible King: Edward I and the Forging of Britain* (2008), *passim*.

47 *English Historical Documents*, i, 220.

第八章
信仰基督教的统一国家：
圣徒邓斯坦和对统一信仰的追求

　　如今，如果有人说他们期待去格拉斯顿伯里，通常可以肯定的是，他们指的是在萨默塞特郡沃西农场举行的世界著名音乐节，而不是位于西部八英里处的那个小集镇。但在中世纪，这座小镇凭借自身的力量成为一个重要目的地，因为镇中心是格拉斯顿伯里修道院，它是英格兰最富有的修道院之一，同样对信徒也具有强大的吸引力。

　　就像现代音乐节的发起人一样，格拉斯顿伯里的修道士们也依靠大人物来吸引付费人群。十二世纪后期——巧合的是，在这座修道院遭受毁灭性火灾后不久——他们"发现"了亚瑟王和他的王后桂妮维亚的尸骨，坚持认为格拉斯顿伯里最初被称为"阿瓦隆"，并编造了同时代亚瑟王的传说。到了十四世纪，他们还声称这是亚利马太的约瑟的最后安息之地，约瑟是埋葬基督的人，也是圣杯的第一个守护者。[1]

　　当然，要使这些后来的中世纪神话成为现实，格拉斯顿伯里的教堂必须特别古老——比七世纪的林迪斯法恩修道院或六世纪的坎特伯雷大教堂还要古老——而且修道士们长期以来一直坚称情况确实如此：马姆斯伯里的威廉在十二世纪初写作时认为，这个修道院是在基督死后不久由十二门徒之一建立的。真实情况更加平淡无奇。该遗址上的第一座教堂可能是由后罗马时期的不列颠统治者建立的——在那里发现了可追溯到五六世纪的文物——但最早的书面证据表明该修道院是在公元700年前后的几十年里，在西撒克逊国王伊尼统治期间建立起来的。[2]

将格拉斯顿伯里从仅具有当地重要性的地方转变为主导整个国家的知识和政治重镇的人是邓斯坦——或者说后来的圣徒邓斯坦。作为十世纪下半叶英格兰最重要的人物之一，邓斯坦既是一位开创性的学者，也是一位有说服力的政治家，他的思想有助于为新王国提供意识形态凝聚力。在教会内部和王家宫廷的家庭关系的帮助下，他的教会级别一路晋升，成为格拉斯顿伯里的修道院长，并最终成为坎特伯雷大主教，他担任该职位近三十年。敏锐的智慧和坚强的个性促进了他的崛起，但真正使他脱颖而出的是，在他一生中，他始终处于席卷教会的那场改革运动的最前沿。邓斯坦和他的追随者认为他们有责任，甚至认为这是他们的天命，即复兴修道主义。在灾难性的九世纪期间，修道主义在欧洲各地都已经衰落，在许多地方甚至到了灭绝的地步。他们着手重建修道院，并将其恢复到他们想象中的原始纯洁状态。大多数世俗精英对他们的理想充满热情，他们给新的修道院提供巨大的庄园，并将强大的权力交给了邓斯坦及其支持者，他们拥护并渴望效仿他们的理想。结果，这次改革不仅包括教会，也包括整个基督教社会。

邓斯坦和他的主教同事比他们所服务的任何国王都重要和有影响力。在939年埃塞尔斯坦去世后的四十年里，他已经建立的联合王国连续由五位君主统治，没有一位超过三十岁，其中两位在十几岁时就去世了。相比之下，主要的改革者都是老人，他们的政治生涯长达数十年。邓斯坦在世时恰逢不少于八位英吉利国王的统治时期。此外，这些改革者的生活比他们的王室主人的生活记录得更清楚。十世纪中叶的任何一位君主都没有传记，《盎格鲁-撒克逊编年史》只保留了有关他们活动的零碎且经常混淆的记录。邓斯坦和他的主教同事们则不同，他们留下了丰富的书面遗产。作为知识分子和学习的赞助人，他们制作了书籍、特许状和其他有助于推动他们职业生涯的文件——邓斯坦自己书写的一些著作得以保存下来。此外，由于他们中的一些人在死后被视为圣徒，因此他们的身后传记也以他们的职业生涯为主题。

到目前为止，有关这些圣徒的生平中最有趣的是邓斯坦的生平。《圣徒邓斯坦生平》由一位匿名作者撰写，他仅以姓名首字母"B"来表明自己的身份。与其他十世纪神父的生平的不同之处在于，《圣徒邓斯坦生平》描述了其主角对世俗政治的参与。"B"曾经是邓斯坦家族的一名成员，他的书为我们提供了有关王室内情的宝贵信息。令人惊讶的是，这本书还以坦率而不总是讨人喜欢的方式描绘了圣徒本人。其他人记得邓斯坦是一位可敬的老人，沉静安详，一头雪白的头发，但"B"在描述邓斯坦的年轻时候，称他是狂热分子，近乎半个疯子——一个容易出现幻觉和夜间游荡的神父，他经常能感知到存在各种伪装的魔鬼，并因此而做出古怪的行为。因此，邓斯坦在一些人中引起了惊奇和钦佩，但在另一些人中则引起了极大的愤怒，并经常以争吵告终，导致他被放逐。史料告诉我们，最先厌倦他古怪行为的人是他自己的亲戚，他们把他从他儿时在格拉斯顿伯里的家中赶了出来。[3]

十世纪初，可能是在最初的十年里，邓斯坦出生在格拉斯顿伯里附近地区。他的父母被命名为希奥斯坦和希内思里思，但不幸的是，他的传记作者几乎没有告诉我们关于他们的信息。尽管可能不像我们想象的那么显赫，但他们显然是当地人脉广泛的地主。后来提到邓斯坦是各种主教和王室成员的亲属，这可能只是因为作者试图夸大其主角的高贵。[4]

邓斯坦的存在从一开始就确立了格拉斯顿伯里的中心地位。这个定居点位于萨默塞特的那个沼泽地，国王阿尔弗雷德曾经在那里隐居。同时代人经常将其描述为一座岛屿，但它实际上并不完全被水包围。当时和现在一样，它的主要地貌特征是格拉斯顿伯里突岩，这是一座高出周围平坦景观五百英尺的圆锥形山丘，在晴朗的日子可以从二十多英里以外的地方看到它（见彩图20）。修道院本身位于西部较低的地方，他的传记作者说，在邓斯坦那个时代，"所有的信徒都聚集在这个地方礼拜"。邓斯坦小时候曾有一次被父亲带到那里过夜祈祷，后来，他一表现出在家学习《圣经》的天赋，他的父母就安排他进入修道院社区继续他的学习。[5]

尽管《圣徒邓斯坦生平》在他到达时就将格拉斯顿伯里描述为一座修道院，但在那时，可能几乎没有什么可以被认为是真正的修道院——当然不能与邓斯坦和他的改革者同伴最终采用的标准相比。当盎格鲁-撒克逊人在七世纪开始皈依基督教时，他们用"大教堂"这个词来形容各种各样的不同宗教社区。有些大教堂，比如圣徒威尔弗里德创立的那些大教堂，自豪地宣称他们遵守本笃会教规，在这些房子里，修道士们过着独身和隐居的生活，让自己接受有限的饮食和例行的祈祷、学习与沉思。但是，尽管这对某些人来说是理想的生活，但这绝不是常态。大多数男修道院长和女修道院长只是发明了自己的规则，但对世俗的享乐往往采取更宽松的态度。即使在遵守高标准禁欲和虔诚的机构中，也很少出现整个社区都奉行修道主义的情况。即使是著名的大教堂，通常也包含独身者和教区神父。早期的英吉利修道主义者一直鱼龙混杂。[6]

对于所有这些修道院而言，无论它们的状况如何，维京人的到来都是一场灾难。这在那些沦为丹麦占领区的地方最为明显。里彭、惠特比和韦尔茅斯-贾罗等著名修道院已被摧毁和废弃；它们的建筑物变成了废墟，杂草丛生，无人问津，它们广阔的庄园被没收并分配给了异教徒定居者。诺森布里亚唯一幸存的社区是林迪斯法恩的修道士们和约克大教堂的修道士们，前者被迫离开了他们的岛屿，而后者已经贫困不堪。在这些地区，被摧毁的不仅仅是大教堂。在同一时期，就像位于赫克瑟姆和惠特霍恩的诺森布里亚主教辖区消失了一样，位于埃尔默姆和邓尼奇的东盎格利亚主教辖区也已经消失。在整个丹麦律法施行地区，整个有组织的基督教已经崩溃了。[7]

在威塞克斯和麦西亚西部这些丹麦人占领区被迅速恢复的地区，破坏并没有那么严重或者全面。在威塞克斯，主教辖区的数量实际上增加了，从两个增加到了五个，在长者爱德华统治期间，韦尔斯、拉姆斯伯里和克雷迪顿都建立了新的主教教区。但即使在这些地区，由于丹麦人数十年的反复袭击，修道院仍然遭受了重创。例如，在肯特，像多佛、萨尼特和福克斯通等地的古老沿海社区已经消失，而在其他地方，幸存下来的修道院的规模已经大为减少。即使在基督教统治者占上风的地区，大教堂的地产也被世俗贵族或者统治者自己侵占，也许他们是以迫切的军事需要为他们的行为辩护的。正是因为阿尔弗雷德剥夺了他们的一些土地，阿宾登的修道士们才将他称为"犹大"。以前因拥有巨额捐赠而富有的地方发现，它们不再能够支持与世隔绝的沉思者的生活了。到了十世纪，还能幸存下来的大教堂通常是教区神父的住所，他们可能已婚并拥有了家庭。[8]

在十世纪初的几十年间，这显然是格拉斯顿伯里的情况。这座"岛屿"距离大海十五英里，通过水路可轻松抵达，因此不太可能逃脱斯堪的纳维亚人的注意，特别是，斯堪的纳维亚人在过去一百年间曾反复袭击萨默塞特海岸。格拉斯顿伯里的古老教堂幸存了下来，仍然是一个礼拜场所，它那里的宗教社区似乎一直存在。然而，住在那里的圣徒不再是修道士——至少，按照改革者的标准他们不是。他们可能结了婚，在当地有家庭，也许因此更好地融入了世俗社会。他们欢迎游客和朝圣者，并承担起了教育像邓斯坦这样聪明的年轻男孩的责任。[9]

但从邓斯坦出生前后起，在欧洲其他地方，改革的想法开始萌芽。909年或910年，阿基坦公爵威廉一世在里昂以南约六十英里的克吕尼建立了一座修道院。与典型的贵族赞助人不同，这位公爵并没有预料到会在新修道院的运营中拥有发言权，或者认为它仍然是他的家庭的财产：建立克吕尼修道院的目的是让它不受世俗控制，并且只对教宗负责。它的修道士被期望遵守本笃会教规，没有私有财产，不吃肉，最重要的是禁性欲。一旦建立起来，克吕尼修道院的影响力便开始蔓延。从925年开始，它的第二任修道院长奥多开始改革法兰克王国西部的其他修道院——最著名的是卢瓦尔河上的弗勒里修道院。与此同时，在加洛林帝国东部，梅斯附近戈尔泽的修道院以及低地国家的布罗涅和根特的修道院也采取了类似的改革举措。[10]

这些想法最终不可避免地会穿越英吉利海峡，但在埃塞尔斯坦统治期间，国际外交加速了它们的传播。这位国王与他的欧洲大陆同僚建立了密切的联系，安排他的众多姐妹中的四个嫁给了法兰克国王和公爵。结果，他的宫廷中的高级官员有理由在欧洲广泛游历，在那里他们能够目睹修道院的复兴。当伍斯特主教科恩瓦尔德在929年护送两名未来的王室新娘到海外，以便未来的萨克森公爵奥托一世可以在她们之间进行选择时，一位同时代的作家指出，这让这位主教有机会参观"全德国的所有修道院"。同样，当拉姆斯伯里的主教奥达在936年被派往法兰克西部执行外交任务时，他可能利用这个机会参观了弗勒里新改革的修道院。奥达的宗教之旅是一段非凡的旅程，因为后来据说他是维京父母的儿子，后者跟随异教徒大军来到了东盎格利亚。他拒绝了他们的异教主义，进入一位英吉利贵族的家庭，并从那里开始为国王服务。正是在他访问弗勒里时，奥达决定成为一名修道士，将他的宗教敬拜提升到一个更高的水平。科恩瓦尔德也一定在他游览德国后的某个时间接受了修道院式的剃发，原因是他作为修道士见证了一些后来的王家特许状。[11]

　　大约在英吉利圈子开始讨论这些改革主义思想的时候，邓斯坦决定离开格拉斯顿伯里——或者可能是被强行赶出的。正如他的传记作者所解释的那样，格拉斯顿伯里是爱尔兰朝圣者的目的地，原因是它声称这是圣帕特里克安葬的地方，而邓斯坦，一个如饥似渴且勤学好问的读者，仔细研究了这些人带来的书籍。但是对于岛上的其他居民来说，这些奇怪的书籍似乎很可疑，于是他们指责这个虔诚的年轻人学习异教徒的咒语。我们被告知，他的一些控告者是他自己的亲戚。在得到国王驱逐他的判决后，这些控告者抓住了邓斯坦，绑住了他的手脚，把他扔进了泥泞的沼泽里。尽管他的传记声称对他的指控已被清除，但这也表明折磨他的人不止一次试图将邓斯坦赶下台，而且他们似乎最终成功了。下一次听说他的时候他在温切斯特，住在其主教埃尔夫赫亚的家里。[12]

　　我们对埃尔夫赫亚的了解不如他的主教同事科恩瓦尔德和奥达多，不过他似乎很可能和他们一样也是一名修道士——他当时的绰号"秃头"可能是由于他采用了修道式的剃发方式，这比所有神职人员为了表明他们的特殊地位而炫耀的适中发型更为严苛。埃尔夫赫亚无疑是修道主义的热心倡导者，正是他说服邓斯坦养成了这种习惯。邓斯坦显然是这位主教的亲戚，但当时尚未住在他的家里。然而，他并不热衷于听从他亲戚的建议，因为此时可能是他二十多岁的时候，他已经订婚了。（"娶一位年轻女子，"他的传记作者嗤之以鼻地说，"他可以每天都在她的花言巧语中尽情享受，而不是像修道士那样穿上羊毛织的破旧衣服。"）埃尔夫赫亚没有被吓倒，他请求上帝的帮助，上帝的回应是让邓斯坦的全身都长满水泡。他担心自己得了麻风病，快要死了，于是叫来主教，示意他已经改变了主意，还是想出家。[13]

　　宣誓独身主义并不意味着避免与女性为伍。在十世纪三十年代末的某个时候，邓斯坦离开了埃尔夫赫亚的家，回到了格拉斯顿伯里，在那里他为一位名叫埃塞尔弗莱德的富有寡妇服务。根据他的传记作者的描述，她也是（他的）一个亲戚，并做出了类似的决定，过着贞洁的生活。在盎格鲁-撒克逊时期的英格兰，寡妇比已婚或未婚妇女享有更大的独立性，并且通过发誓独身，她们可以避免违背自己的意愿再嫁给追求自己财产的男人。对于这些女性来说，修道院改革的理想可能具有特别的吸引力。对于女性群体来说，她们更愿意获得那些宣誓守贞的圣僧的服务，而不是那些没有宣誓守贞的世俗教士的服务。在离开温切斯特之前，邓斯坦已被埃尔夫赫亚主教任命为神父，因此完全有资格满足他的新女主人的宗教需求。他还能够分享他的艺术才华。"他还在写作、竖琴演奏和绘画方面花费了很多精力，"他的传记作者说，"毫不夸张地说，他是所有有用艺术方面的大师。"有一次，另一位贵妇知道了邓斯坦的针线活技艺，委托他为她制作一件绣花披肩，饰以金色和珠宝，供宗教仪式使用。[14]

邓斯坦服务埃塞尔弗莱德不久，她就病倒了。他在她生病期间照顾她，并在她去世时将她安葬。这可能使他处于失业的状态，但与此同时，他引起了另一名寡妇的注意——一名更有权力和影响力的寡妇。埃德吉福是长者爱德华国王的第三任也是最后一任妻子，自从她的丈夫于924年去世以来，她一直在等待时机，并且在她的继子埃塞尔斯坦备受争议的继位之后就从宫廷中消失了。正如上面所暗示的，她在签署协议后可能已经同意退出，协议中称她自己的后代将成为下一个继承人，而这正是后来发生的事情：当埃塞尔斯坦于939年10月去世时，王位传给了埃德吉福的长子，十八岁的埃德蒙。这位四十岁左右的太后胜利归来，似乎在宫廷中扮演了主导角色。几乎相当确定的是，是她做出了将邓斯坦召唤到她身边的决定，打算让他成为她儿子的主要谋士之一。[15]

唉，埃德蒙并没有像他母亲那样高度评价他的这位新修道院顾问，他的贵族同伴也没有。《圣徒邓斯坦生平》说，一些国王的大乡绅钦佩这位圣徒的生活方式，但他们中的许多人很快就开始厌恶他，最终埃德蒙自己也发了脾气。一天，当王室在格拉斯顿伯里以北约十二英里的切德时，这位十几岁的国王勃然大怒，下令流放邓斯坦。这位圣徒对此事态发展感到苦恼，于是寻求一些碰巧在宫廷的外国游客的保护，并准备离开王国。[16]

令人高兴的是，上帝很快介入以纠正这种局势。位于门迪普丘陵边缘的切德是王家狩猎场，在驱逐邓斯坦大约一天后，埃德蒙和他的手下骑马出去在周围的森林中消遣。当他们遇到一群雄鹿时，他们朝不同的方向追赶，国王为追捕一只特定的动物亲自冲锋陷阵，只有他的一群猎犬陪伴着他。在追逐的快感中，他忘记了一个隐藏的危险，这在《圣徒邓斯坦生平》中被描述为山上的一个裂缝，这个裂缝"下降到惊人的深度"。这一定是著名的切德峡谷，那里的地面确实垂直下降了四百多英尺（见彩图21）。这头受惊的雄鹿一头扎进了这条峡谷，坠落而死，紧随其后的兴奋的狗也坠落而亡。埃德蒙突然意识到危险，试图束缚他的马，但它顽固地拒绝放慢速度。在似乎是他人生中最后几秒钟的时间里，这位国王回忆起他对邓斯坦的待遇，并发誓如果他能幸免于难，就会做出弥补。"听到这些话，"这位圣徒的传记作者说，"那匹马就在悬崖的边缘停住了，当时它的前脚差一点就跳进了深渊。"[17]

这是一个很有意思的故事，尤其是因为它让我们早早地看到了一位参与王室最喜欢娱乐的英吉利国王。当然，我们不必相信它在所有方面都是真实的，或者如邓斯坦的传记作者所坚持的那样，它揭示了"上帝的某个秘密计划"。埃德蒙之所以改变主意，一个更可能的解释是，他的母亲或者宫廷内另一位邓斯坦的支持者进行了干预：在这一段历史后不久，我们得知这位圣徒有一个哥哥，名叫伍尔弗里克，他作为国王的大乡绅见证了王室颁发特许状。关键是，无论对他产生了何种影响，宗教的或者其他的，这位年轻的国王都会召回邓斯坦并提出解决他们分歧的新方法。等到这位被放逐的修道士再次出现，埃德蒙就命令他上马，他们一起骑马到了不远的格拉斯顿伯里。他们在教堂里祈祷后，这位国王与他不受欢迎的顾问进行了一场公开和解，然后任命他为格拉斯顿伯里的新修道院长，并承诺提供所有必要的资金，以恢复这座修道院往日的辉煌。[18]

这是一个精明的举动：它一下子将邓斯坦从宫廷中除了名，在那里他的存在显然会引起不和，同时使他成为官方认可的改革倡导者，他的祈祷和圣洁将使王室受益。这位现在大概三十出头的新修道院长兴致勃勃地开始了他的工作。他的目标是按照圣本笃的规则重新引入真正的修道主义，他首先用石头重建了修道院，用墙围住整个场地，用他的传记作者的话来说，这样的话"他可以像耶和华的羊一样把自己关起来"。圣本笃的一条重要规定是修道士们应避免与外界接触，并严格与世隔绝。新人争相加入他的信众，邓斯坦开始向他们传授修

邓斯坦在格拉斯顿伯里重建的新修道院教堂

道主义生活的原则，以及经文、语法和韵律。他的传记作者说："他闪耀着光芒，成为英吉利人民最著名的修道院长。"[19]

大概在邓斯坦被任命为格拉斯顿伯里的修道院长后不久，整个王国就陷入了危机。940年12月，一支来自都柏林的维京军队在诺森布里亚登陆，由奥拉夫"库阿兰"率领——似乎是因为一种独特类型的鞋子，他得到了这样的绰号。这位新奥拉夫是西特里克的儿子，后者在二十年前以类似的方式自立为约克国王，但在他于927年去世后由所向无敌的埃塞尔斯坦继位。西特里克的儿子于940年抵达，决心夺回他父亲的王位，并迅速取得了成功。"诺森布里亚人没有忠于他们的承诺，"《盎格鲁-撒克逊编年史》说，"他们选择了来自爱尔兰的奥拉夫作为他们的国王。"[20]

不仅仅是诺森布里亚人这样。从《编年史》对这些事件的零星记录来看，奥拉夫似乎也获得了五个自治市的臣服——九世纪末丹麦人在麦西亚东部的这片广阔地区定居，后来在十世纪的第二个十年期被长者爱德华和他的姐姐埃塞尔弗莱德费力地重新夺回。奥拉夫入侵后的第二年，一位同时代的英吉利诗人称赞"爱德华之子，埃德蒙国王"将该地区从丹麦统治下解放出来。这反过来引起了奥拉夫的回应，他在943年率领他的军队向南行进，一路穿过五个自治市，并围攻北安普敦。那里的守军设法顽抗，但这位维京首领成功地攻占了塔姆沃思，然后占领了莱斯特。埃德蒙带着一支军队抵达前线，但决定避免直接对抗。结果，双方同意和谈。奥拉夫的首席谈判代表是约克大主教伍尔夫斯坦，他是土生土长的诺森布里亚人。埃德蒙派出的代表是奥达，他是拉姆斯伯里的前主教，尽管他有维京血统，但最近被任命为坎特伯雷大主教。就他们自己而言，这两位大主教表现出了种族身份和政治忠诚度的可变性。对北方的争夺不是异教徒与基督徒之间的简单斗争，而更多地要归因于诺森布里亚决意不受威塞克斯国王的统治。他们缔结的和约对那些声称是所有英吉利人统治者的南方国王来说是毁灭性的。根据和约，埃德蒙和奥拉夫之间的边界应该是惠特灵大道一线，就像在阿尔弗雷德和古思伦那个时代一样。在几个月的时间里，埃塞尔斯坦、爱德华和埃塞尔弗莱德征服的地区就全部失去了。[21]

阿尔弗雷德王朝遭遇的这种可耻的挫败很快就扭转了。相关具体细节极其不完整，但似乎在943年底前，一位名叫拉格纳尔的亲戚已经在约克加入了奥拉夫，后者被迫分享权力。然后，第二年，埃德蒙入侵诺森布里亚并驱逐了这两位新的维京统治者：拉格纳尔似乎已经去世，而奥拉夫则回到了爱尔兰。945年，这位英吉利国王劫掠了斯特拉斯克莱德并将其移交给苏格兰人的新王马尔科姆，恢复了埃塞尔斯坦时代的势力范围。斯特拉斯克莱德的布立吞人和苏格兰人曾在布鲁南博尔结盟对抗埃塞尔斯坦，因此让他们相互对抗是埃德蒙的精明之举。在这些战役中，英吉利国王还趁机获得了几位北方圣徒的遗物，从惠特比挖出修道院长希尔德的遗体，从林迪斯法恩挖出艾丹的尸骨，并将它们送到南方重新安葬在格拉斯顿伯里。[22]

不幸的是，下一个安葬在格拉斯顿伯里的是埃德蒙自己。946年春天，这位国王在布里斯托尔以东约八英里的一处王家庄园帕克尔彻奇被一个名叫利奥法的人刺伤。《盎格鲁-撒克逊编年史》没有提供其他细节，《圣徒邓斯坦生平》更关心的是记录这位修道院长对这次刺杀的预感，而不是其真实原因。后来的史料表明，埃德蒙不是预定目标，而是为了保护他的管家而死。不管有意与否，这次袭击被证明是致命的，这位国王于5月26日去世，年仅二十五岁。他的遗体被运送到格拉斯顿伯里，邓斯坦亲自为他主持了葬礼。[23]

埃德蒙由他二十岁出头的弟弟埃德雷德继位，后者也许更致力于修道院改革事业：他的第一个举措是将邓斯坦召回宫廷，而这位圣徒的传记作者声称，这位国王喜欢他超过几乎所有其他的顾问。邓斯坦当然多次出现在埃德雷德的随行人员中，他经常作为王家特许状的见证人出现——在某些情况下，他甚至可能亲自起草了这些特许状。然而，除了这位有争议的修道院长重新出现外，新国王宫廷的人员组成与他的前任大体相同。他的母亲埃德吉福、奥达大主教和伍斯特改革派主教科恩瓦尔德仍然是重要的王室见证人。与此同时，在世俗贵族中，杰出的人物是埃塞尔斯坦郡长。在与他同名的那位国王统治期间，他被任命为东盎格利亚的统治者，从那时起他的权力得到了增强，以至于他负责管辖英格兰东部的大部分地区。根据后来一位作家的说法，他的外号叫"半王"埃塞尔斯坦，"他是一个如此权威的人，据说在他的建议下维护了王国及其统治"。[24]

这种程度的连续性和稳定性至关重要，原因是埃德雷德在北方面临着新的反对势力。947年，在他的加冕礼几个月后，他前往诺森布里亚的南部边陲，在坦谢尔夫（今庞蒂弗拉克特）会见了伍尔夫斯坦大主教和其他北方领导人，并要求他们宣誓服从他。但不久之后，这些首领违背了他们的誓言，接受了一个名叫埃里克的维京入侵者作为他们的新国王。（也许不是经常声称的挪威国王"血斧王"埃里克。）埃德雷德对此进行了猛烈的回击，他在948年蹂躏了整个诺森布里亚，一直到北方人同意重新接受他。在这场战役中，他的军队烧毁了里彭的圣威尔弗里德大教堂，奥达大主教抓住这次机会为坎特伯雷夺回了威尔弗里德的遗骨，指责北方人疏于照顾他们的圣物，以此为自己的行为辩护。然而，尽管这位国王大肆劫掠，而且强迫他们进贡，但定居点并没有维持多久。次年，奥拉夫·库阿兰从爱尔兰回归，他统治诺森布里亚直到952年，后来他又被埃里克赶下台。这两个敌对维京人之间的较量一直持续到954年，当时北方人驱逐了埃里克并再次向埃德雷德臣服。虽然当时没有人知道，但这是一个决定性的时刻。这位英吉利国王任命班堡的统治者奥斯伍尔夫来统治北方，但他的身份是一位郡长，而不是国王。"此时诺森布里亚的国王们走到了尽头，"

后来的一位北方编年史家写道。[25]

　　大概在埃里克被驱逐的同时，另一个非常重要的人物也离开了格拉斯顿伯里。在邓斯坦设法吸引到他的修道院的所有学生中，没有人比埃塞尔沃尔德更重要。和邓斯坦一样，他将成为改革运动的领军人物之一，成为圣徒的生平记录的主角，并幸免于难。埃塞尔沃尔德最初是埃塞尔斯坦国王宫廷里的一名教士，他在十世纪三十年代中期搬到了温切斯特主教埃尔夫赫亚的家里，就像邓斯坦一样，这两个人可能在那里第一次见面：根据他的传记作者的说法，这两个人在同一天被埃尔夫赫亚任命为神父，这表明他们的年龄大致相当。当邓斯坦被提升为格拉斯顿伯里的修道院长时，埃塞尔沃尔德很快就加入他的行列，并剃发成为修道士。他致力于严格的纪律和学习，成为邓斯坦最有成就的弟子，并被任命为他的主任神父或副院长。[26]

　　但在格拉斯顿伯里工作了大约十年后，埃塞尔沃尔德开始变得不满意。所有人都说他比邓斯坦更热心，并且可能对他们的修道院仍然既有修道士又有世俗教士这一事实感到恼火。最终，他决定不能再忍受这种情况，并决定出国"在修道士的宗教生活中获得更完美的基础知识"。然而，他被太后阻止，埃德吉福再次表明她对改革的执着，并说服她的儿子禁止这位主任神父离开。在母亲的建议下，埃德雷德用他哥哥对付邓斯坦的方式安抚了埃塞尔沃尔德，重建了一座古老的修道院并任命他为修道院长。出现问题的修道院位于阿宾登，这是一个位于牛津以南几英里的前王家修道院，据说由于阿尔弗雷德国王的掠夺，导致它疏于照看且贫困不堪。在邓斯坦的准许下，埃塞尔沃尔德在954年前后离开了格拉斯顿伯里，并带走了一些希望在他更加苦行的规则下成为修道士的教士。埃德雷德和他的母亲给了他们土地、金钱和礼物，使这座新复兴的修道院变得非常富有。我们得知，这位国王亲自拜访，并亲手测量了一些建筑物的地基。埃塞尔沃尔德的传记作者说，他的随行人员中有不少诺森布里亚的大乡绅，他们在晚餐时喝得烂醉如泥。[27]

也许他们喝酒是为了分散自己对埃德雷德令人作呕的餐桌礼仪的注意力。正如《圣徒邓斯坦生平》中描述的那样，这位国王养成了从食物中吸出汁液、咀嚼片刻然后吐出的习惯——"这种做法经常让与他一起用餐的大乡绅们反胃"。他之所以这样做，是因为自他执政以来一直困扰着他的一种神秘疾病。随着岁月的流逝，他的病情不断恶化，到了955年秋天，埃德雷德病入膏肓。他一直努力活到三十岁出头，于11月23日在萨默塞特郡的弗罗姆去世。他的遗体被带到温切斯特并埋葬在老敏斯特大教堂，这是另一个从他的慷慨捐赠中受益的教堂。我们知道，这位国王向教堂赠送了许多珍贵的装饰品，包括一个巨大的金十字架和一个金祭坛，并计划用镀金的瓷砖装饰它的东部门廊。[28]

不管是因为身体不好，还是因为不懂得用餐礼仪，埃德雷德一直没有娶到老婆，也没有生过孩子。因此，在他去世时，继承权由他已故的兄弟埃德蒙家族继承，十多年前，埃德蒙的两个儿子被跳过了，原因是当时他们还是婴儿。两个男孩中年龄较大的在955年11月成为新国王。他的名字叫埃德威格，此时他大约十五岁。根据几十年后一位富有同情心的俗家编年史家的说法，埃德威格是一个英俊的年轻人，被普通民众起了"万人迷"的绰号，并且"值得被爱"。但大多数其他评论家不同意这种说法，并将这位国王描述为一个堕落的人，仅仅四年后就导致了自己的毁灭。正如这些不同的意见所表明的那样，他的统治造成了很多争端，后果几乎是灾难性的。[29]

正如《圣徒邓斯坦生平》中所描述的那样，问题在于埃德威格沉迷酒色。从他的统治期开始，这位十几岁的国王显然被一位名叫埃塞尔吉福的贵妇追求，她希望自己拥有他，或者说服他娶她的女儿。邓斯坦的传记作者粗鲁地声称，埃德威格"轮流临幸她们"。956年1月

25日，在金斯顿举行的加冕典礼当天，这件事情达到了高潮。在仪式后的宴会上，奥达大主教注意到这位国王和那两位女士一起不见了，大主教要求其他用餐者采取行动。没有一个贵族愿意这样做，生怕惹得埃德威格不悦，最后他们决定派邓斯坦去，由利奇菲尔德的主教希内西奇陪同。这两位代表去寻找缺席的国王，发现他正与埃塞尔吉福和她的女儿鬼混在一起。"金银璀璨、珠光宝气"的王冠被漫不经心地扔到一边，本应该戴上它的那个男人却"在两个女人之间丢人现眼，就好像他们在某个令人作呕的猪圈里打滚一样"。邓斯坦责骂了这对母女，但埃德威格仍然拒绝与她们分开。最终，这位修道院长拉着这位少年国王让他站起来，把王冠戴在他的头上，然后将他押送回加冕盛宴。[30]

这是另一个很有意思的故事，精心设计这个故事的目的是为了丑化独身主义修道院的观众，并且可能包含一些真实的元素。邓斯坦的传记作者继续断言，由于上述对抗，埃塞尔吉福说服了埃德威格驱逐这位圣洁的修道院长，而这正是后续发生的事情：在956年2月邓斯坦从王家特许状的见证人名单上消失后，希内西奇主教也消失了，这暗示他也因在加冕礼中的角色而被开除。国王的执行官来到格拉斯顿伯里夺取了邓斯坦的财产，这位修道院长被迫穿越英吉利海峡前往佛兰德斯，并在根特改革后的修道院里避难。[31]

但这个故事只是更大形势的一部分，原因在于这两位神父并不是仅有的被驱逐的人。在埃德威格执政初期，其他主导其前任国王政策的重磅人物也被逐出。也许最引人注目的是他的祖母埃德吉福，她不仅被赶出了宫廷，还被剥夺了所有财产。另一个重要受害者是"半王"埃塞尔斯坦，他是前两个国王统治时期最有权势的贵族，考虑到埃德雷德的无能，或许他是英吉利人重新征服诺森布里亚的真正推动者。（"他好战的美德，"后来的一位赞颂者写道，"引起了这个国家敌人的极大恐惧。"）他现在也被劝告离开，并辞去他的郡长职务。他是邓斯坦的一位好朋友，同时也是一位修道院改革的支持者，他退休到格拉斯顿伯里，在那里度过了余生的修道士时光。他的儿子继承了他的职务，但没有像他父亲那样享有广泛的权力。[32]

所有这些人，以及许多其他人，都被一个崛起的敌对派系所推翻。这个派系最著名的成员是一个名叫埃尔夫希尔的人，尽管几乎没有见证过早期的王家特许状，但他立即被提升为麦西亚郡长。他和他的三个兄弟都与王室有关系，但似乎最近才发现他们之间的关系，也许是女性方面的关系。显然，在某个时候，他们已经控制了年轻的埃德威格：这是有可能的，这位国王在婴儿时期就成了孤儿，是在他们的圈子里养育成人的。很容易看清楚他们打算如何保持自己的影响力，因为在埃德威格统治初期，他娶了埃尔夫吉福，后者是参与所谓的加冕礼三人性爱的那两个女人中的年轻一个。她和她的母亲埃塞尔吉福是埃塞尔沃尔德的后裔，埃塞尔沃尔德是长者爱德华的叛逆堂兄，他于902年在一场战斗中丧生。在埃德威格即位时夺取政权的人们显然已经等待了半个多世纪的时间。[33]

因此，涉及埃尔夫吉福和她母亲的性丑闻很可能是邓斯坦的圈子在很久以后编造的一个故事，以证明他们不赞成埃德威格的婚姻。同样，后来关于这位新国王反对修道院改革的说法似乎是企图抹黑他的名声，而事实上几乎没有依据。埃德威格最初得到了阿宾登修道院长埃塞尔沃尔德的支持，他是邓斯坦从前的学生，也是最热心于改革的人。王家特许状显示，这位国王是阿宾登的捐助者之一，其中一个特许状明确承认埃尔夫吉福是他的妻子。尽管他的传记作者试图掩盖这一事实，在他的叙述中完全省略了埃德威格，但埃塞尔沃尔德显然是新国王的支持者，并且可能是接管他的宫廷的亲属群体中的成员。[34]

尽管埃德威格既不沉湎酒色也不反对改革，但他的政权非常不稳定。从他统治的第一年起，大约有六十份王家特许状保存下来，（特许状）发布率比盎格鲁-撒克逊历史上任何时候都高。这位新国王和他的谋士们显然正通过授予大量土地，拼命争取政治支持。但尽管如此奢侈，这还不够。他们的成功之举打倒了他们的对手，但并没有让他们出局，于是反对派开始聚拢在埃德威格的弟弟埃德加周围，埃德加在"半王"埃塞尔斯坦的家庭中长大。到了957年夏天，在很多人看来，这两个派系之间的争端会导致内战。[35]

他们召集了一次协商会议，避免了战争，这次会议决定分治国家。"以全体人民作为见证，"《圣徒邓斯坦生平》说，"这个王国按照智者划定的界线一分为二，著名的泰晤士河成为两个王国之间的分界线。"埃德威格保留了对威塞克斯的控制权，但埃德加成为麦西亚和诺森布里亚的新国王。埃德威格作为哥哥，可能保留了某种程度的总体主权——两个王国的铸币继续保有他的名字和头像——但这一情况显然严重打击了只有一个"英吉利人的王国"的观念，并预示了威塞克斯、麦西亚和诺森布里亚可能再次分道扬镳的前景。[36]

随着埃德加统治泰晤士河以北地区，他的支持者迅速恢复了权力。太后埃德吉福收回了她被没收的财产，流放的教士也被召回。从根特返回的邓斯坦不仅恢复了格拉斯顿伯里修道院长的职位，而且还被提升为主教，这是他之前拒绝履行的职位。首先，他接替了伍斯特的修道院主教科恩瓦尔德，但不久之后伦敦的主教去世了，邓斯坦也继承了他的职位，于是同时掌管两个主教教区。[37]

一旦职权恢复，这些人便可能会密谋终结对手的政权。在958年夏天之前，他们取得了一次重大胜利，因为奥达大主教以这对夫妇是近亲为由解除了埃德威格和埃尔夫吉福的婚姻。（她是他的隔代表亲。）这很关键，原因是这对年轻的国王和王后还没有生下孩子；假如他们已经生下了孩子，那么将会让957年的两国分治更可能成为永久性的状态。959年10月1日，在埃德威格找到新的妻子并养育子嗣之前，他因不明原因去世。他千方百计地加入了不幸的年轻王室成员的行列，在继承权纠纷中丧生，通过给对手让路方便地化解了局势。

他的遗体被带到温切斯特并埋葬在该市的新敏斯特大教堂，他的弟弟接替他成为威塞克斯的统治者。邓斯坦的传记作者说，"两国人民都选择了他作为合法继承人"，埃德加"将他手下分裂的王国统一在了一根权杖之下"。[38]

对于埃德加，改革者们终于找到了一位合适的国王来推进他们渴望已久的计划。他的父亲在冷漠和敌意之间摇摆不定。他的叔叔因身体不好而受苦；他的哥哥，无论个人是否不道德，但显然得到了错误的人的支持。但"半王"埃塞尔斯坦和他的妻子埃尔夫温将埃德加从小抚养长大，他们都是改革的坚定支持者。现在他十六岁了，显然身体状况很好，他已经准备好给他宫廷里的圣徒提供最充分的王室支持了。[39]

他统治整个王国之后的第一个行动是任命一位新的坎特伯雷大主教。958年6月，由异教徒父母所生的老大主教奥达加入了圣徒的行列，于是当时的国王埃德威格任命了两位继任者，改革者认为这两位继任者都不合适。第一位继任者在前往罗马从教宗那里接受他的大披肩的途中在阿尔卑斯山冻死了。第二位继任者在埃德加即位时仍在任职，但很快被罢免并恢复了他以前担任的韦尔斯主教的职位。新国王任命邓斯坦接替了他的位置。邓斯坦是最重要的改革倡导者，现在可能五十岁出头，曾被自己的亲属驱逐，被前两位国王流放，却从此被提升到了英吉利教会中最有权势的职位。[40]

邓斯坦在确认他的任命方面几乎没有浪费时间。他明智地等到夏天才协商阿尔卑斯山的通行证，于960年9月接受了教宗的任命，并于次月返回坎特伯雷接受圣职。到同年年底，他可能已经挑选出候选人来填补他因担任大主教而空出的两个主教职位。在伦敦，他任命了一个名叫埃尔夫斯坦的默默无闻的人物，后者在这个职位上干了三十多年，显然没有完成任何可圈可点的事情。相比之下，在伍斯特，他提名了奥斯瓦尔德，后者立即宣布自己是改革的极力拥护者。作为已故大主教奥达的侄子，奥斯瓦尔德和他的叔叔一样，在卢瓦尔河上著名的改革修道中心弗勒里自称是一名修道士。在那里学习了几年后，他于958年回到家乡，加入约克大主教的队伍，后者又将他推荐给邓斯坦担任伍斯特主教的职位。和邓斯坦一样，奥斯瓦尔德在他死后被尊为圣徒，他的事迹被写成传记，流传至今。[41]

遗憾的是，就在这个时候，邓斯坦本人突然从人们的视野中消失了。他的传记作者——神秘的"B"——在从罗马回程的路上与这位新任大主教分道扬镳，前往列日（今比利时）大主教的家中。我们可以从其他史料中看到，邓斯坦继续在教会和世俗政治中发挥主导作用——他几乎参与了埃德加发布的每一份特许状，并且都位居见证人名单的首位——但随着"B"的离去，人们再也无法进一步了解他的职业生涯了。[42]

然而，尽管邓斯坦很有权势，但他在宫廷的影响力已经被他以前的学生埃塞尔沃尔德部分掩盖了。这位阿宾登的修道院长显然在埃德加童年的某个时候，也许是在他哥哥统治时期，担任过他的导师。在埃塞尔沃尔德自己写的一篇文章中，他描述了这位国王小时候如何造访了阿宾登，并承诺在他即位后，他将带给修道院荣耀。埃德加现在兑现了这个诺言，给予修道院大量土地和金钱，并指挥建造了一座规模宏大的教堂，这座教堂仅用了三年时间就完工了。埃塞尔沃尔德显然是一位魅力非凡的大师，他一定给他的学生，包括这位青少年国王，施加了很大影响。但他也有很强的威权主义倾向。根据他的传记作者的描述，有一次，他为了惩罚一名自以为在修道院厨房里做了太多工作的修道士，命令他把手伸进一锅开水中。[43]

在阿宾登的新教堂建成之前，埃塞尔沃尔德已经有权实施更大规模的惩罚了。963年11月，埃德加提拔他成为温切斯特主教；邓斯坦以坎特伯雷大主教的身份主持了祝圣仪式。这意味着这个王国最富有的三个主教辖区——坎特伯雷、伍斯特和温切斯特——现在都掌握在热心的改革者手中。然而，埃塞尔沃尔德的热情比邓斯坦或奥斯瓦尔德都要强烈。正如我们所见，邓斯坦在格拉斯顿伯里容忍了世俗教士的存在，这一决定促使埃塞尔沃尔德离开格拉斯顿伯里并在阿宾登建立了自己的纯修道院教堂。因此，一旦被任命为温切斯特的主教，埃塞尔沃尔德就不愿意接受有世俗教士存在的大教堂。根据他的传记作者的说法，老敏斯特大教堂里的教士是邪恶、傲慢和无礼的人，他们过着如此不道德的生活，以至于他们甚至无法正确地庆祝弥撒。"他们违规娶媳妇，离婚，然后再娶媳妇；他们不停地暴饮暴食，嗜酒成性。"埃塞尔沃尔德一上任，就要求邓斯坦获得教宗授权以驱逐他们，到了964年2月，他已获得了必要的许可。他还寻求国王的支持，埃德加不得不派出一些大乡绅来执行教宗的命令。他们向冒犯教规的教士发出最后通牒：要求他们养成习惯，过贞洁的生活，否则立即离开。埃塞尔沃尔德的传记作者说，"他们感到恐惧，并且厌恶修道院的生活"，于是这些教士离开了。这位主教用来自阿宾登的修道士取代了他们。[44]

这只是埃塞尔沃尔德清理门户的开始。同年，他将教士们赶出由长者爱德华创立的温切斯特新敏斯特大教堂，并将本笃会教规引入由阿尔弗雷德的王后埃尔斯威思创立的温切斯特修女大教堂。他不只在温切斯特花费了精力。也是在964年，这位主教为多塞特郡米尔顿阿巴斯的大教堂和萨里郡彻特西的修道院任命了新的院长，这两座修道院进行了类似的改革。第二年春天，埃德加召集了一场盛大的集会以配合复活节的活动。《圣徒奥斯瓦尔德生平》中描述了这位国王如何被来自他所有领土的郡长和大乡绅，他的主教，包括邓斯坦、埃塞尔沃尔德和奥斯瓦尔德，以及大量的男修道院长、女修道院长以及他们的修道士和修女们陪同。在他们的陪同下，埃德加"下令将建立四十多座修道院供修道士使用"。奥斯瓦尔德的传记作者说，这位国王爱修道士就像爱他自己的儿子一样，视他们为兄弟，但蔑视教士。他解释说，这是因为埃德加接受了埃塞尔沃尔德的辅导，埃塞尔沃尔德现在是他最重要的顾问。"埃塞尔沃尔德敦促这位国王首先将教士驱逐出修道院，并将他们交给我们处置。"[45]

据说埃德加下令建立了四十多座修道院，表明这不是一个武断的决定，他心中已经有了一份具体修道院的清单。例如，奥斯瓦尔德在与国王的个人面谈中，国王给了几个地点供他选择，包括伊利和圣奥尔本斯的古代大教堂。他的传记作者将伊利描述为"心爱的女修道院长圣埃塞尔思里思所在的地方"，这指的是三个世纪前创建它的前诺森布里亚王后。由于这些改革者在比德的《教会史》中读到过这些修道院，因此他们知道这些修道院的早期历史。但他们没有意识到，比德所描述的那个时代的修道主义，比他们自己狭隘得多的观念要兼收并蓄得多。在比德的伟大作品中，他们看到了一个黄金时代，在这个黄金时代，每个修道院都曾经是本笃会的模范社区，他们决心将所有修道院都恢复到这种想象中的原始状态。[46]

因此，在随后的几年里，许多修道院都按照国王的命令得以重建。奥斯瓦尔德拒绝了王家提议的伊利和圣奥尔本斯，而是选择在东米德兰兹的拉姆西建立一座新修道院。在他自己的西米德兰兹主教辖区，他的传记作者称赞他重建了七所修道院，他当然对珀肖尔、伊夫舍姆和温什科姆的那些修道院负责。邓斯坦的贡献似乎不那么引人注目：马姆斯伯里的威廉在他十二世纪的著作中声称，这位大主教自己重建了威斯敏斯特和马姆斯伯里，并声称他为此驱逐了现有的世俗教士。但在处理业已成立的教士社区时，邓斯坦和奥斯瓦尔德可能比埃塞尔沃尔德表现出了更大的克制。以奥斯瓦尔德为例，他将伍斯特大教堂的教士留在原地，然后在城里为他的僧侣们修建了一座教堂。[47]

埃塞尔沃尔德是重建修道院背后的重要力量。他除了对这个计划明显保有热情外，幸亏有埃德加早些时候的慷慨捐赠，这位主教还拥有巨大的个人财富优势。最终，是埃塞尔沃尔德承担了伊利修道院的重建，他以相当大的代价从国王那里购买了这块土地。他的传记作者说："他对这个地方进行了应有的翻修，建造了修道院，并慷慨地赋予它土地所有权。"重建伊利修道院一直是奥达大主教的夙愿，但他在958年去世了，使这个计划在早期阶段便告夭折。也许是因为他的维京血统，奥达一直急于将基督教社区重新引入丹麦律法施行地区，而这也是埃塞尔沃尔德的使命。除了伊利之外，他还在东盎格利亚的克罗兰、索尼和圣尼茨重建了修道院。同一地区另一座被毁坏的大教堂——在比德时代被称为梅德沙姆斯泰德——被这位主教买下并重新献给圣彼得。他重建了这座大教堂，规模如此之大，以至于它类似于王家城堡，因此后来被称为彼得伯勒。[48]

随着修道院的数量开始增加，埃塞尔沃尔德决定亲自巡视所有修道院，并制定他所期望的行为标准。（"他用言语鼓励顺从的人，"他的传记作者说，"他用责骂纠正愚蠢的人，使他们远离邪恶。"）当他在全国各地巡回并不停地赞美和责备时，这位主教一定已经意识到了一个根本性问题的存在。尽管所有新的男、女修道院长都宣誓遵守本笃会教规，但在应该如何解读教规方面存在分歧。在埃塞尔沃尔德看来，这是一种危险的事态，可能会使整个事业声名狼藉。他一定向埃德加表达了他的担忧，埃德加命令他王国里的所有教士都会聚到温切斯特，这样的话这个问题就可以在宗教会议上解决。经过深思熟虑，大会就他们应该采纳的习俗达成一致意见，特别是来自弗勒里和根特的修道士就最佳做法提出了建议。所有在场的人都庄严宣誓，未来应该"遵守统一的教规"。埃塞尔沃尔德将他们的结论写在一份名为《教规协议》的文件中，并以一本小书的形式分发给所有修道院。[49]

尽管有来自主要欧洲大陆修道院的僧侣参与，但这份新协议在赋予国王及其家族的核心作用方面与欧洲规范有所不同。温切斯特会议重申了改革的基本原则，即世俗干预修道院事务是一种令人愤慨的罪恶，并禁止男、女修道院长承认平信徒的特权——"这可能导致彻底的损失和毁灭，就像过去一样"。但参与集会的教士们立即补充说修道院应该主动地将自己置于国王和王后的保护之下，对这一声明进行了具体解释。埃德加统治五年后，娶了一位名叫埃尔夫思里思的贵妇，她是埃塞尔沃尔德的密友，后者也许参与安排了他们的婚配。正如《教规协议》的序言所解释的那样，虽然这位国王将成为僧侣的指导者和保护人，但他明智地决定，埃尔夫思里思王后"应该成为修女社区的保护者和无畏的守护者"。[50]

作为对他们保护的回报，每名僧侣和修女将持续不断地为这位国王和王后祈祷。根据《教规协议》的要求，为了这对王室夫妇的幸福，他们要日夜反复诵读赞美诗和诗集，并且"诵读的速度不能过

十一世纪《教规协议》一份副本中的插图，显示埃德加国王两侧分别是圣徒邓斯坦和埃塞尔沃尔德

快"。这些祈祷将很有效，原因在于它们是从性纯洁者的嘴唇里吐露出来的。966年，埃德加向温切斯特新敏斯特教堂的修道士们赠送了一份精心制作的特许状，该特许状原版保留至今。它是以书的形式制作的，开头是国王的照片，两侧分别是玛利亚和圣彼得，照片显示这位国王正在向基督展示特许状（见彩图22）。它的文本完全是用金字写成，毫无疑问是由埃塞尔沃尔德起草的，但据称是埃德加本人的意见。它证明了将世俗教士不仅驱逐出新敏斯特教堂而且驱逐出他王国的其他修道院的决定是正确的，理由是他们一无是处。这位国王说，因为这些人有罪，所以他们的祈祷对他毫无用处。[51]

正如新敏斯特大教堂特许状中埃德加的奢华肖像所暗示的那样，埃塞尔沃尔德赞助了温切斯特的艺术复兴。《圣徒埃塞尔沃尔德的祝祷》是一本供主教自用的祝福书，通常被描述为整个盎格鲁-撒克逊时代最好的插图手稿。正如阿尔弗雷德国王所做的那样，他还鼓励将拉丁语文本翻译成英文，目的是为平信徒带来更多的宗教知识。应埃德加的要求，他亲自翻译了《圣本笃教规》，并在序言中解释说，他认为对于没有学识的平信徒来说，理解其内容是一件非常明智的事情，"这样他们可以更热心地侍奉上帝，并且不会为因无知而犯错找借口"。[52]

在他们所有的努力中，埃塞尔沃尔德和他的改革者同伴的一个关键概念是统一。这在他们制定《教规协议》时最为明显，但在埃塞尔沃尔德和他的同事们在温切斯特努力改善的文本中也很明显。他手稿中的插图成为所谓的温切斯特彩饰风格的基础，其他改革后的修道院中也采用了这种风格。他们使用的笔法受到严格控制。对于拉丁语文本，他们采用了查理曼宫廷内早期改革者开发的纯粹的"加洛林"风格，而对于英文译本，他们使用了不同的、孤立的书写系统。甚至语言本身也被规范化和标准化，因此每个拉丁词只允许有一个英语对应词。更加多样化的词汇将选择权留给了个人译者，只会导致混乱和错误。[53]

改革者对统一性的追求很可能对王家政府的结构产生了深远的影响——这种影响将持续几个世纪。在他翻译《圣本笃教规》的序言中，埃塞尔沃尔德批评这位国王的哥哥在957年瓜分了王国：埃德威格"由于童年的无知，分散了他的王国并分裂了统一性"。可能并非巧合的是，在像埃塞尔沃尔德和邓斯坦这样的人主宰王室政策的时期，人们决心通过将威塞克斯的古老机构输出到最近被征服的地区来规范国王的行政管理。郡，几个世纪以来一直是西撒克逊政府熟悉的区划，几乎可以肯定在这一时期被引入到了中部地区。他的祖先半个世纪前建立的城堡，都被赋予了莱斯特郡、斯塔福德郡、诺丁汉郡和北安普敦郡等名称。正是在埃德加的立法中，我们第一次听到了郡法院，由当地郡长和当地主教掌管。[54]

也正是在这个时候，一种标准化的下级法院形式出现了。自十世纪初以来，英吉利国王越来越热衷于参与地方司法执行，但并未取得多大成功，原因是只要他们的前任已经授予了土地，就失去了开庭和收取罚款的权力。然而，从十世纪中叶开始，我们开始看到当地法院院长直接对国王负责。这些法院所服务的有时是古老的地区，但在其他情况下，它们也服务新成立的地区，这些地区恰好由一百海得的土地组成，因此被称为"百海得"。埃德加规定他们必须每四个星期集会一次。[55]

所有这些规定和统一性一定令国王和他的教会顾问们感到高兴，并且无疑为他的许多次要臣民带来了好处。不过，其他人一定有理由为王室越来越重视监管和宗教纪律而感到失望。当一场瘟疫在962年袭击这个王国时，埃德加和邓斯坦将其解释为上帝不悦的一种表现，原因是人们扣留了对教会的欠款，于是他们一起命令未来所有人，无论贫富，都必须"带着所有的喜悦，完全心甘情愿地"缴纳什一税。埃塞尔沃尔德为了在温切斯特严格隔离僧侣、修女和平信徒，将这座城市划分成了不同的区，用墙或树篱隔开，这一计划涉及改道河流、拆除房屋和强行搬迁一些现有的居民。当这位热心的主教决定在971年将他的九世纪前任圣斯威辛的遗骨转移到大教堂的一座新坟墓中时，他让温切斯特的每一位公民，无论是贵族还是奴隶，都要赤脚走三英里才能见到遗体。随着埃德加统治的继续，本笃会的思想正在超越修道院回廊的墙壁，并扩展到整个世界。[56]

如果知道负责的虔诚的人可以呼吁国王的权威，那么谁会拒绝参与？《盎格鲁-撒克逊编年史》几乎没有提及埃德加统治时期的世俗政治，因此我们对他的军事功绩没有具体的了解。然而，奥斯瓦尔德主教的传记作者将这位国王描述为"武力强大，佩戴权杖和王冠，并用军事权威严肃地保护着王国的法律"。如果不是更早的话，那么从十一世纪初开始，埃德加就被赋予了拉丁语形容词 *pacificus*，传统上被翻译为"爱好和平的"，但他显然没有任何和平主义色彩。964年，温切斯特的市民目睹了那些被王室侍从强行驱逐出大教堂的教士的命运。当萨尼特人民在969年让他感到不悦时（据后来的编年史家记载，他们抢劫了一些来自约克的商人），这位国王的回应是下令劫掠整座岛屿。奥斯瓦尔德的传记作者说，埃德加"把敌人中所有骄傲的脖子都踩在脚下"，《盎格鲁-撒克逊编年史》称他为"把珍宝分配给战士的人"。据另一位在十世纪七十年代写作的同时代作家的说法，这位国王下令，为了惩罚小偷和强盗，将把他们的眼睛剜掉，耳朵削掉，鼻孔挖开，手脚砍掉，然后剥去头皮，晚上丢到旷野被野兽和鸟类吃掉。考虑到所有这些，*pacificus* 可能翻译为"和平缔造者"更好。就像十九世纪的同名枪手一样，埃德加以致命武力作为威胁维持了和平。[57]

尽管他很令人生畏，但国王的权力是有限的，王家法令可以在多大程度上强化统一性也是有限的。本笃会修道主义的重新确立在很大程度上是南方的一种现象。尽管在丹麦律法施行地区重建了几所修道院，但它们集中在彼得伯勒和伊利附近的东米德兰兹郡。在韦兰河以北，进入五个自治市境内，没有任何宗教场所得到重建。当伍斯特的奥斯瓦尔德（他在971年晋升为约克大主教）试图复兴位于里彭的破败的圣威尔弗里德修道院时，该计划以失败告终。[58]就王家政府而言，地理范围也是如此。在麦西亚和东盎格利亚的部分地区被称为"百人会"的地方集会在五个自治市和诺森布里亚被称为"带上武器"（wapentakes），这是一个斯堪的纳维亚语词汇，显然是指与会者挥舞着他们的武器表示赞成的习俗。在治理这些北方地区时，即使是像埃德加这样专横的国王也必须表现出一些谨慎，并在与当地居民打交道时容忍一定程度的不同意见。"我的意愿是，"这位国王在他的最后一项立法中说，"这样好的法令可以以丹麦人最喜欢的方式在丹麦人中间推行。"[59]

"尽管如此"，他在接下来的讲话中补充说，对付小偷的措施"对所有国家都是通用的，无论是英吉利人、丹麦人还是布立吞人"。这种统一性仍然是埃德加渴望实现的，他对货币制度的改革向他周围的人强烈地表明了这一点。在他即位之前，钱币都是以"英吉利人的王"的名义铸造的，但它们的设计、重量和成色因地区而异，取决于个体铸币者的想法、技能或资源。然而，在埃德加统治末期的某个时候，他实施了全面的标准化。从那一刻起，在他的王国内铸造的所有钱币，从英吉利海峡沿岸到蒂斯河，大小和纯度都一样，上面刻着一模一样的国王肖像。《教规协议》曾谈到"一个规则，一个国家"，现在钱币也是这样：一个王国，一种钱币。[60]

在他的钱币上，埃德加总是被称为"盎格鲁王"，但在他的特许状中，他更加雄心勃勃，通常被称为"整个不列颠之王"。距离他最近的前任国王们努力维持对诺森布里亚的控制，似乎在使用如此冠冕的头衔时有些犹豫，但在埃德加统治期间，他的抄写员们给予了他适用于他的全部荣誉。这些荣誉在四十年前曾授予埃塞尔斯坦，包括"奥古斯都大帝"。[61]这并不奇怪，原因是主导他的政策的修道院改革者从加洛林帝国汲取了大部分灵感。他们关于国家强制执行的统一性的许多想法都来自查理曼的儿子和继任者虔诚者路易的协商会议和立法。他们还经常与国王奥托一世宫廷里的教士保持联系，奥托一世自936年以来一直统治着支离破碎的帝国的东部——后来人们所知的德国。当奥托在961年也成为意大利国王时，似乎适宜为他恢复已经几十年不再使用的头衔了，他在次年年初被罗马教宗加冕为皇帝。[62]

也许正是这一点启发了埃德加的顾问们，他们在十多年后为他筹划了一次类似的加冕典礼。这位国王一定是在959年他的统治期开始时由邓斯坦加冕并傅油的。但如果他像奥托一样是皇帝——整个不列颠岛的统治者——为什么不给他举行强调他的帝王地位的第二次仪式呢？这似乎是改革者在973年组织此次活动背后的想法。这次仪式发生在巴斯，可能是因为赋予该镇古英语名称的温泉和罗马浴池使其可以与亚琛相媲美，亚琛不仅是查理曼建造宫殿的地方，而且是虔诚者路易和奥托一世加冕的地方。仪式日期定在五旬节的圣餐这一天，而这一年本身对于宗教也可能具有重要意义。正如《盎格鲁-撒克逊编年史》所指出的那样，到973年，埃德加就三十岁了。三十岁时基督已经开始担任圣职了，而改革者们一直在倡导这样一种观念，即作为国王的埃德加拥有神父一样的甚至准上帝一样的权力。在他颁发给温切斯特新敏斯特教堂的特许状中，他被描述为"基督的代理人"。[63]

因此，在973年春天，让所有人5月11日在巴斯集合的命令发出了。《圣徒奥斯瓦尔德生平》中描述了这次由大主教、主教、男/女修道院长、郡长、城镇长官和法官共同参加的"辉煌而光荣"的聚会——"每个人都可以形容为这个广袤王国的贵族"。作为两位大主教中的年长者，邓斯坦主持了这次仪式，据说当他意识到他们"不配拥有如此谦逊和如此睿智的统治者"时，他哭了起来。奥斯瓦尔德最近被任命为约克大主教，他亲自协助涂油和授职。仪式的顺序是专门为这个场合而调整的，调整者可能是埃塞尔沃尔德主教。尽管以前的加冕典礼上会提到国王统治两三个国家，而这次埃德加则被简称为国王：一个民族的唯一国王。在仪式结束后的宴会上，戴上桂冠的埃德加坐在高高的宝座上，邓斯坦和奥斯瓦尔德端坐于他的两侧。[64]

所有这一切都清楚地表明了一个新的开始——一位站在伟大事业门槛上的国王。巴斯的加冕典礼刚结束，埃德加就立即北上前往另一个充满罗马历史气息的地方——切斯特，带领着被《盎格鲁-撒克逊编年史》所称的"他的整个海军力量"。据说其他六位统治者在那里与他会面，包括苏格兰人的王和斯特拉斯克莱德布立吞人的王，他们宣誓成为他在陆地和海上的盟友。到十二世纪，历史学家们描述了这些下层国王如何向埃德加表示臣服，这些国王划桨载着埃德加游览迪河，而埃德加则亲自掌舵。这在后来可能有改动，但它是基于埃德加实现了统治不列颠的现实。"国王和贵族心甘情愿地服从他，并服从他的意愿，"《编年史》说。《编年史》还补充说，他在没有诉诸战斗的情况下将他们置于他的控制之下。同一位作者断言，在埃德加那个时代，情况有了很大的改善，原因是他称颂上帝的名字，热爱上帝的律法。而如今，他已经正式上升至皇帝的等级，谁知道这位三十岁的国王又会取得怎样的成就？当他们在巴斯为他涂油并为他加冕时，邓斯坦和奥斯瓦尔德走近埃德加并说："国王万岁！"[65]

埃德加于975年7月8日去世，距离他加冕仅两年。"他突然就被从世界上抢走，"《圣徒奥斯瓦尔德生平》说，"当时他身边只有几个大乡绅和近臣。"他的遗体被运往格拉斯顿伯里，葬在他父亲埃德蒙国王旁边。这是埃德加一生结束的合适地点，因为正是在格拉斯顿伯里，早在近三十年前，这次改革开始了，当时恰逢他出生的时候，他的父亲将格拉斯顿伯里破败的修道院授予了邓斯坦，也许是让这个惹人生气的修道士远离宫廷的一种手段。从那时起，这个王国不断扩张、分裂、重新统一，最终重生为一个虔诚的王国，邓斯坦和他的弟子们在其中施加了几乎不受约束的权力和影响。这位格拉斯顿伯里的前修道院长、现在的坎特伯雷大主教，似乎很可能会主持埃德加的葬礼。如果是这样，他将有充分的理由在他的悼词中反思他和他的改革者同僚在一个单一的、被缩短的国王一生中所做的改革。[66]

　　但随着埃德加的离去，改革者们失去了他们的拥护者和保护者——这位"好牧人"，正如他们在《教规协议》中称呼他的那样，他保护他们免受邪恶势力的残暴。"在他去世时，"奥斯瓦尔德的传记作者说，"整个王国都动摇了。主教们感到不安，郡长们愤怒了，僧侣们吓坏了，人们惊恐万分。"甚至正当这位"和平缔造者"在格拉斯顿伯里入土时，这个国家就开始陷入内战。[67]

注　释

1 Higham, *King Arthur*, 230-232; V. M. Lagorio, 'The Evolving Legend of St Joseph of Glastonbury', *Glastonbury Abbey and the Arthurian Tradition*, ed. J. P. Carley (Cambridge, 2001), 55-75.有关耶稣在孩童时期在亚利马太的约瑟（在锡铁贸易吸引下来到不列颠的一位商人）的陪同下来到格拉斯顿伯里的故事，似乎其出现的时间不早于十九世纪最后一个十年期。因此，威廉·布莱克在1808年创作其著名的诗篇《耶路撒冷》时间接提到这个故事的说法不太可能。See A. W. Smith, '"And Did Those Feet … ?": The "Legend" of Christ's Visit to Britain', *Folklore*, 100 (1989), 63-83.

2 William of Malmesbury, *Gesta Regum Anglorum*, 802-805; R. Gilchrist and C. Green, *Glastonbury Abbey: Archaeological Investigations 1904-1979* (2015), 6, 57, 102, 124, 145.

3 *The Early Lives of St Dunstan*, ed. and trans. M. Winterbottom and M. Lapidge (Oxford, 2012), xiii, 14-17, 54-57; M. Lapidge, 'Dunstan', *The Oxford Dictionary of National Biography*.

4 *The Early Lives of St Dunstan*, 10-13; N. Brooks, 'The Career of St Dunstan', *St Dunstan: His Life, Times and Cult*, ed. N. Ramsey, M. Sparks and T. Tatton-Brown (Woodbridge, 1992), 3-7. 'B' clearly errs in placing Dunstan's birth in the reign of Æthelstan. Most scholars prefer a date of c.909. See e.g. M. Gretsch, *The Intellectual Foundations of the English Benedictine Reform* (Cambridge, 1999), 256-257, n. 94.

5 P. Rahtz, *Glastonbury* (1993), 12-18; *The Early Lives of St Dunstan*, 12-19.

6 Ibid., 16-17; Foot, *Monastic Life*, 5-7; above, 96, 98; *The Wiley Blackwell Encyclopedia of Anglo-Saxon England*, 327-328, 363-364.

7 L. Abrams, 'The Conversion of the Danelaw', *Vikings and the Danelaw*, ed. J. Graham-Campbell et al. (2001), 31-44; Stenton, *Anglo-Saxon England*, 434.

8 Ibid., 438-439; Brooks, 'England in the Ninth Century', 12; above, 229; Fleming, *Britain After Rome*, 318-321.

9 *The Early Lives of St Dunstan*, xxiv–xxv.

10 D. Iogna-Prat, 'Cluny, 909–910, ou l'Instrumentalisation de la Mémoire des Origines', *Revue Mabillon*, 11 (2000), 161–185; *Anglo-Saxons*, ed. Campbell, 181, 184; L. Roach, *Æthelred the Unready* (2016), 33–34; Higham and M. J. Ryan, *The Anglo-Saxon World*, 311.

11 Foot, *Æthelstan*, 22, 44–52, 100–102; C. Cubitt and M. Costambeys, 'Oda', *The Oxford Dictionary of National Biography*; *The Wiley Blackwell Encyclopedia of Anglo-Saxon England*, 279.

12 *The Early Lives of St Dunstan*, xviii, 18–29.校订者认为邓斯坦是从埃塞尔斯坦宫廷中被驱逐出来的，这份文本不支持这种说法。Cf. Brooks, 'Career of St Dunstan', 5; Foot, *Æthelstan*, 108.

13 *The Wiley Blackwell Encyclopedia of Anglo-Saxon England*, 6–7; *The Early Lives of St Dunstan*, 26–27.

14 Ibid., 34–43; M. A. Meyer, 'Women and the Tenth-Century English Monastic Reform', *Revue Bénédictine*, 87 (1977), 34–61.

15 *The Early Lives of St Dunstan*, 40–41; P. Stafford, 'Eadgifu', *The Oxford Dictionary of National Biography*.

16 *The Early Lives of St Dunstan*, 42–47.

17 Ibid., 48–49.

18 Ibid., 48–51, 58–59.

19 Ibid., 50–51; Brooks, 'Career of St Dunstan', 11–12; Wulfstan of Winchester, *Life of St Æthelwold*, 14–17.

20 *English Historical Documents*, i, 220; Downham, *Viking Kings*, 43;人们经常把奥拉夫·库阿兰和埃塞尔斯坦在布鲁南博尔的对手奥拉夫·古思弗里思森混淆。人们通常认为，奥拉夫·古思弗里思森在此前一年入侵了不列颠，但当时他可能不是约克国王。See K. Halloran, 'Anlaf Guthfrithson at York: A Non-Existent Kingship?', *Northern History*, 50 (2013), 180–185.

21 *English Historical Documents*, i, 221, 279; K. Halloran, 'The War for Mercia, 942–943', *Midland History*, 41 (2016), 96–105; C. Downham, '"Hiberno-Norwegians" and "Anglo-Danes": Anachronistic Ethnicities in Viking-Age England', *Mediaeval Scandinavia*, 19 (2009), 148, offers a preferable translation of the Chronicle's poem.

22 *English Historical Documents*, i, 221–222; Halloran, 'War for Mercia', 105–106; *The Early Lives of St Dunstan*, xxix; *Malmesbury*, 820–821.

23 *English Historical Documents*, i, 222; *The Early Lives of St Dunstan*, 60–61, 92–97, 124–125; K. Halloran, 'A Murder at Pucklechurch: The Death of King Edmund, 26 May 946', *Midland History*, 40 (2015), 120–129.

24 Ibid., 60–61; A. Williams, 'Eadred', *The Oxford Dictionary of National Biography*; Brooks, 'Career of St Dunstan', 13; Byrhtferth of Ramsey, *The Lives of St Oswald and St Ecgwine*, ed. and trans. M. Lapidge (Oxford, 2009), 84–85.

25 *English Historical Documents*, i, 222–224, 280; Cubitt and Costambeys, 'Oda', *The Oxford Dictionary of National Biography*. For debate on the events of these years, and the identity of Erik, see P. Sawyer, 'The Last Scandinavian Kings of York', *Northern History*, 31 (1995), 39–44; C. Downham, 'The Chronology of the Last Scandinavian Kings of York, AD 937–954', *Northern History*, 40 (2003), 25–51; A. Woolf, 'Erik Bloodaxe Revisited', *Northern History*, 35 (1998), 189–193; C. Downham, 'Eric Bloodaxe–Axed? The Mystery of the Last Scandinavian King of York', *Medieval Scandinavia*, 14 (2004), 51–77.

26 Wulfstan of Winchester, *Life of St Æthelwold*, 10–17.

27 Ibid., 18–25.

28 *The Early Lives of St Dunstan*, 64–65; *English Historical Documents*, i, 224; Wulfstan of

Winchester, *Life of St Æthelwold*, 16–19.

29 S. Keynes, 'Eadwig', *The Oxford Dictionary of National Biography*; *The Chronicle of Æthelweard, ed. A. Campbell (1962)*, 55.

30 *The Early Lives of St Dunstan*, 66–69.

31 Ibid., 68–73; Brooks, 'Career of St Dunstan', 15.

32 *The Early Lives of St Dunstan*, 76n, 92–93; esawyer.lib.cam.ac.uk 1211; C. Hart, 'Æthelstan Half-King', *The Oxford Dictionary of National Biography*; S. Jayakumar, 'Eadwig and Edgar: Politics, Propaganda, Faction', *Edgar, King of the English, 959–975: New Interpretations*, ed. D. Scragg (Woodbridge, 2008), 93–94; B. Yorke, 'Æthelwold and the Politics of the Tenth Century', *Bishop Æthelwold: His Career and Influence*, ed. idem (Woodbridge, 1988), 74–75.

33 Jayakumar, 'Eadwig and Edgar', 84–89.

34 Ibid., 89–91; Yorke, 'Æthelwold and the Politics of the Tenth Century', 79–80.

35 E. John, 'The King and the Monks in the Tenth-Century Reformation', idem, *Orbis Britanniae and other Studies* (Leicester, 1966), 157–158; Maddicott, *Origins of the English Parliament*, 25; A. Williams, 'Edgar', *The Oxford Dictionary of National Biography*; cf. Keynes, 'Eadwig', *The Oxford Dictionary of National Biography*.

36 Ibid.; *The Early Lives of St Dunstan*, 74–75.

37 Ibid., xxxv–xxxvii, 76–79.埃德雷德已经将克雷迪顿主教辖区授予邓斯坦，但他拒绝了：ibid., 62–63。

38 Ibid., 76–77; *English Historical Documents*, i, 225; Jayakumar, 'Eadwig and Edgar', 88; Yorke, 'Æthelwold and the Politics of the Tenth Century', 77–78; Keynes, 'Eadwig', *The Oxford Dictionary of National Biography*.

39 Williams, 'Eadred', *The Oxford Dictionary of National Biography*; idem, 'Edgar', *The Oxford Dictionary of National Biography*.

40 *The Early Lives of St Dunstan*, 78–81; Brooks, *Early History*, 243–244.

41 *The Early Lives of St Dunstan*, xxxviii–xxxix, 82–85; *Handbook of British Chronology*, 220; Byrhtferth of Ramsey, *The Lives of St Oswald and St Ecgwine*, 8–11, 38–39, 50–59.

42 *The Early Lives of St Dunstan*, xxxix–xl.

43 Byrhtferth of Ramsey, *The Lives of St Oswald and St Ecgwine*, 76–79; *English Historical Documents*, i, 921; John, 'The King and the Monks', 160; Wulfstan of Winchester, *Life of St Æthelwold*, 24–29.

44 Ibid., 28–33; Lapidge, 'Dunstan', *The Oxford Dictionary of National Biography*; *English Historical Documents*, i, 226.

45 Byrhtferth of Ramsey, *The Lives of St Oswald and St Ecgwine*, 72–79.

46 Ibid., 78–81; Fleming, *Britain After Rome*, 323.

47 Byrhtferth of Ramsey, *The Lives of St Oswald and St Ecgwine*, 88–95, 100–101, 112–113; Wulfstan of Winchester, *Life of St Æthelwold*, 43n; Lapidge, 'Dunstan', *The Oxford Dictionary of National Biography*; N. P. Brooks, 'Oswald [St Oswald]', *The Oxford Dictionary of National Biography*.

48 Yorke, 'Æthelwold and the Politics of the Tenth Century', 68; Wulfstan of Winchester, *Life of St Æthelwold*, 38–41; Brooks, *Early History*, 224; D. Knowles, *The Monastic Order in England* (2nd edn, Cambridge, 1963), 50–51.

49 Wulfstan of Winchester, *Life of St Æthelwold*, 44–45; *Regularis Concordia*, ed. and trans. T. Symons (1953), 1–4.

50 Ibid., 2, 7; Gretsch, *Intellectual Foundations*, 14–15, 272–273, 335; J. Barrow, 'The Chronology

of the Benedictine "Reform"', *Edgar, King of the English*, ed. Scragg, 212, 218.

51 *Regularis Concordia*, ed. Symons, 5; *Anglo-Saxon Kingdoms: Art, Word, War*, ed. C. Breay and J. Story (2018), 286–287; E. John, 'The Newminster Charter', idem, *Orbis Britanniae*, 271–275; esawyer.lib.cam.ac.uk 745; D. Pratt, 'The Voice of the King in "King Edgar's Establishment of Monasteries"', *Anglo-Saxon England*, 41 (2012), 145–204; Karkov, *Ruler Portraits*, 85–93.

52 *Anglo-Saxon Kingdoms*, ed. Breay and Story, 280, 290–291; *English Historical Documents*, i, 922.

53 Higham and M. J. Ryan, *The Anglo-Saxon World*, 320; C. Cubitt, 'The Tenth-Century Benedictine Reform in England', *Early Medieval Europe*, 6 (1997), 88–90; Gretsch, *Intellectual Foundations*, 2; Atherton, *Making of England*, 262–266.

54 *English Historical Documents*, i, 433, 920; Molyneaux, *The Formation of the English Kingdom in the Tenth Century*, 155–165.

55 Ibid., 141–155; T. Lambert, *Law and Order in Anglo-Saxon England* (Oxford, 2017), 133, 242–250.

56 *English Historical Documents*, i, 226, 434; A. R. Rumble, 'The Laity and the Monastic Reform in the Reign of Edgar', *Edgar, King of the English*, ed. Scragg, 246–247, 251; H. Gittos, *Liturgy, Architecture and Sacred Places in Anglo-Saxon England* (Oxford, 2013), 103.

57 *The Early Lives of St Dunstan*, 120–121; *English Historical Documents*, i, 227–228, 284; Byrhtferth of Ramsey, *The Lives of St Oswald and St Ecgwine*, 74–75; P. Wormald, *The Making of English Law: King Alfred to the Twelfth Century* (Oxford, 1999), 125.

58 Stenton, *Anglo-Saxon England*, 455–456; Brooks, 'Oswald [St Oswald]', *The Oxford Dictionary of National Biography*.

59 *The Wiley Blackwell Encyclopedia of Anglo-Saxon England*, 488; *English Historical Documents*, i, 435; Wormald, *Making of English Law*, 318. For discussion, see L. Abrams, 'King Edgar and the Men of the Danelaw', *Edgar, King of the English*, ed. Scragg, 171–191.

60 *English Historical Documents*, i, 435; Molyneaux, *The Formation of the English Kingdom in the Tenth Century*, 116–141; *Regularis Concordia*, ed. Symons, 3.

61 Keynes, 'Vikings in England', 70–73; idem, 'Edgar, *rex admirabilis*', *Edgar, King of the English*, ed. Scragg, 25; N. Banton, 'Monastic Reform and the Unification of Tenth-Century England', *Studies in Church History*, 18 (1992), 81.

62 Cubitt, 'Tenth-Century Benedictine Reform', 79–80; Molyneaux, *The Formation of the English Kingdom in the Tenth Century*, 190, 257; C. Insley, 'Charters, Ritual and Late Tenth-Century English Kingship', *Gender and History*, ed. S. Reynolds, J. Nelson and S. Johns (2012), 86–87; Davis, *History of Medieval Europe*, 225.

63 Ibid., 152, 215; *English Historical Documents*, i, 227–228; Molyneaux, *The Formation of the English Kingdom in the Tenth Century*, 187–188; C. E. Karkov, 'The Frontispiece to the New Minster Charter and the King's Two Bodies', *Edgar, King of the English*, ed. Scragg, 235; idem, *Ruler Portraits*, 86–87.

64 Byrhtferth of Ramsey, *The Lives of St Oswald and St Ecgwine*, 104–111; Molyneaux, *The Formation of the English Kingdom in the Tenth Century*, 188, 191; Banton, 'Monastic Reform', 81–82.

65 *English Historical Documents*, i, 225, 228, 927; Keynes, 'Edgar, *rex admirabilis*', 50–51; Byrhtferth of Ramsey, *The Lives of St Oswald and St Ecgwine*, 108–109.

66 Keynes, 'Edgar, *rex admirabilis*', 51; Byrhtferth of Ramsey, *The Lives of St Oswald and St Ecgwine*, 120–121.

67 Ibid., 122–123; *Regularis Concordia*, ed. Symons, 2.

北海

约克

盖恩斯伯勒

特伦特河

塞文河

诺里奇

彼得伯勒

塞特福德

伊利

伊普斯威奇

伊夫舍姆

伊夫舍姆

牛津

阿宾登

莫尔登

阿桑顿

桑威奇

马姆斯伯里

泰晤士河

伦敦

格林尼治

金斯顿

罗切斯特

坎特伯雷

福克斯通

巴斯

弗罗姆

安多弗

梅德韦河

沃切特

格拉斯顿伯里

威尔顿

温切斯特

沙夫茨伯里

南安普敦

朴次茅斯

米尔顿阿巴斯

弗罗姆河

韦勒姆

埃克塞特

科夫

怀特岛

里奇威山

波特兰

英吉利海峡

0   25   50   75   100 英里
0   50   100   150 千米

第九章

被蒙蔽的国王：
仓促王埃塞尔雷德和末日恐惧

　　显然，就在他出生几天后的受洗仪式上，"仓促王"埃塞尔雷德便透露出自己是一个性格不好的人。我们不知道这次仪式在何时或何地举行，但马姆斯伯里的威廉告诉我们，它是由邓斯坦大主教在其他主教的陪同下举行的，据说他骄傲的父母埃德加国王和埃尔夫思里思王后也出席了。马姆斯伯里的威廉说，在这位王室家族的最新成员浸没在圣洗池中的那一刻，"他通便了，从而打断了圣礼"，这让邓斯坦非常诧异。"我的上帝，"这位大主教惊呼，"他将是一个懒惰的人！"

　　需要事先声明的是，这个滑稽的场景可能并没有发生。马姆斯伯里的威廉写作的年代是在埃塞尔雷德去世一百多年后，似乎从八世纪拜占庭帝国皇帝君士坦丁·科普罗尼穆斯的故事中借用了统治者在洗礼时失礼的想法，正如科普罗尼穆斯的绰号所暗示的那样，据称他做了完全相同的事情。但是这个故事，尽管有些过分，却表明到了马姆斯伯里的威廉那个时代，人们对埃塞尔雷德的印象是多么差。"懒惰"只是 ignavus 的几种可能翻译之一，据称邓斯坦用这个词来形容这位婴儿国王。这个词还传达出怯懦和无知的含义，在同一段落的前面部分，马姆斯伯里的威廉将这两个缺点都归于埃塞尔雷德。我们知道，这位国王的一生是残酷、卑鄙和不光彩的。他是谋杀者的帮凶，是逃离危险的懦夫，是惨死的败家子。[1]

奇怪的是，在这一长串的批评中，马姆斯伯里的威廉**没有**指责埃塞尔雷德存在的一个缺点是"仓促"。这位国王的著名绰号似乎是稍晚一些才出现的，在十二世纪后期首次以拉丁语记录，直到十三世纪初期才在英语中提及，当时它被写成*unræd*。在这个原始形式中，它表示的不是缺乏准备，而是缺乏良好的建议（OE *rædas*）。这显然是埃塞尔雷德自己名字的双关语，意思是"高贵的建议"，对于某些人来说，这足以表明它可能是更早创造的一个词，甚至可能是在他有生之年便出现了。当然还有其他证据表明，这位国王的一些同时代人认为他没有得到很好的建议。[2]

埃塞尔雷德之所以声名狼藉，是因为他在位期间维京人已经返回了英格兰，而他已经证明自己无法胜任抵抗他们的任务。这个王国遭受了一波又一波的破坏，导致社会动荡和苦难，其规模可与九世纪后期的动荡相媲美。但是，虽然在较早的时期，英勇的阿尔弗雷德已经挽回了局面，但他的曾曾孙未能展现出类似的领导力。在埃塞尔雷德的领导下，人们害怕世界末日近在咫尺，觉得国王自己的行为正让事情变得更糟。人们认为他的政府不仅无能，而且麻烦、令人讨厌，没有公正可言。随着他的统治持续下去，人们开始考虑除掉他，即使这意味着站在他的敌人一边，他的统治因丹麦人的一次彻底征服而告终。

尽管如此，埃塞尔雷德仍然统治了三十八年，是盎格鲁-撒克逊历史上在位时间最长的国王之一，可与埃塞尔博尔德和奥法相媲美。与那些八世纪国王的统治不同，实际上与他的十世纪前辈的统治也不同，埃塞尔雷德的统治期被很好地记录下来，行政性的史料和叙述性的史料都比较丰富。结果，英格兰前所未有地成为焦点，我们可以更清晰地了解它的人民和机构。甚至它的名字也是第一次出现，显然是一个新创造的词语。埃塞尔雷德的一位郡长埃塞尔沃德将《盎格鲁-

撒克逊编年史》翻译成了拉丁文，他向读者解释说，他所生活的这个国家曾经被称为不列颠尼亚，但现在被称为盎格利亚。这位郡长的朋友，恩舍姆的埃尔弗里克，是一位多产的英语作家，他称其为"英格兰"（Engla-Lande）。[3]

如此多的证据也意味着埃塞尔雷德本人得到了很详细的阐述，比除了阿尔弗雷德大王以外的任何一位国王都要阐述得详细。有人认为，通过仔细审查他颁布的特许状，我们可以看出他内在性格中的某些东西。就像近年来阿尔弗雷德的"伟大"受到重新评估一样，埃塞尔雷德的无能程度也受到了质疑。传统上讲，有关他统治的主要史料是《盎格鲁-撒克逊编年史》，它提供了一个非常负面的形象——例如，它是马姆斯伯里的威廉记述的基础。但有关埃塞尔雷德统治的《编年史》部分是在其灾难性的结局之后写的，因此是事后诸葛亮。它的作者经常将英格兰的军事失败归咎于个别指挥官的背叛或怯懦，而现实情况可能更加复杂。因此，历史学家开始对《编年史》的记载持更大的怀疑态度，并努力使用更广泛的资料来创建一个有关国王本人的更微妙、细致和富有同情心的形象。[4]

但无论为埃塞尔雷德提出怎样的解释或道歉，不可否认的是，由于他的兄弟遭到谋杀，他的统治开局并不好。

埃德加国王并不像他虔诚的名声所暗示的那样禁欲——至少在他统治的最初几年不是这样。在他登基五年后，他与埃尔夫思里思王后举行了婚礼，当时他大概二十一岁，她给他生了两个儿子：第二个孩子埃塞尔雷德和他的哥哥埃德蒙。但在此之前，埃德加曾与其他女人发生过恋情，其中两个还给他生了孩子。在其中一段关系中，那位女士的名字叫伍尔夫思里思。这段关系并不是特别成问题，原因是她生了一个女孩。这对母女都被打发到了威尔特郡威尔顿修道院与修女们一起生活，女儿伊迪丝后来成为修道院长。然而，埃德加青少年时期另一个私通的女性是一个名叫埃塞尔弗莱德的女人，这段关系更加棘手，原因是她生了一个儿子。埃塞尔弗莱德是否与埃德加结了婚尚不清楚，她随后的命运也不清楚——她没有出现在他早期特许状的任何见证人名单中。但她的儿子爱德华确实出现在了这些名单中，表明他在十世纪六十年代中期与他的同父异母的兄弟一起出现在了他父亲的宫廷里。[5]

因此，埃德加统治后期的情况让人感到很熟悉：一位国王与不止一个女人生了儿子，这导致人们不确定谁会成为他的继任者。在他于964年与埃尔夫思里思结婚后，某些方面下定决心将她的后代提升为唯一可接受的候选人。埃尔夫思里思是温切斯特主教埃塞尔沃尔德的亲密盟友，后者竭尽全力巩固她的地位。在王室文件中，她一直被尊称为"王后"，而在巴斯举行的埃德加加冕典礼上，她可能是第一位接受祝圣的英格兰王后。更加能说明问题的是，在966年埃塞尔沃尔德为在温切斯特重建新敏斯特大教堂而起草的华丽特许状中，埃尔夫思里思被称为"这位国王的合法妻子"，而她的儿子，婴儿埃德蒙，被称为"上述国王的合法儿子"。相比之下，尽管她的继子爱德华也在场，并且是两个男孩中的年长者，但仅仅被描述为"同一个国王所生的儿子"，在见证人名单上的位置也较低。埃德蒙随后于972年去世，年仅五六岁，这一定让埃尔夫思里思感到很痛苦，但这对她的继位计划几乎没有影响，因为与此同时，在966年至969年之间的某个时间点，她生下了埃塞尔雷德，他将作为他父亲的合法继承人继承大统。[6]

但当埃德加国王在975年夏天突然去世时，人们强烈支持爱德华。一些权贵可能觉得，作为长子，他更有权继承，或者他们可能认为，从政治稳定的角度来看，年龄越大越好。爱德华此时一定是个十几岁的孩子了，或许有十六岁了。相比之下，埃塞尔雷德还是个孩子，可能只有五岁。王室顾问之间显然就如何继位进行了激烈的争论，但经过几天的争吵之后，他们选择了爱德华。打破僵局的决定性声音一定来自邓斯坦大主教，他在不久后为爱德华加冕，以表明他对爱德华的支持。[7]

然而，埃塞尔雷德的支持者并没有准备就此罢休，在接下来的几个月里，这场争端演变成了暴力冲突。在埃德加统治的最后几年，不仅在继承问题上，而且在修道院改革的影响方面，紧张局势日益加剧。这位国王无保留地支持修复数十座修道院，这对改革者们来说是一件值得举行盛大庆祝活动的事，但这导致他的许多其他臣民吃了亏。最明显的受害者是那些被驱逐出某些历史悠久的宗教社区的世俗教士，其中一些人来自有权势的贵族家庭，这些人憎恨对他们亲属的侵犯。但修道主义的扩张也对社会更广泛的阶层产生了不利影响。为了给伊利和彼得伯勒这样的修道院提供大量土地，就有必要说服其他人放弃土地。许多平信徒被迫交出庄园，理由是在久远的过去，这些修道院的土地被他们霸占了。有时他们会收到赔偿，但从他们随后的抱怨声中可以清楚地看出，他们常常觉得赔偿不够。许多讨价还价似乎是被强迫的，有时改革者为了维护他们的主张而伪造特许状。埃德加的眼睛只关注上帝，他的耳朵只关注改革者的建议，他没有看到这有什么不公正。而且，考虑到他以极端偏见维持和解的名声，谁会冒失地反驳他？[8]

但现在埃德加走了，取而代之的是一个刚十几岁的男孩，这些不满情绪爆发了。全国各地的修道院遭到袭击，僧侣和修道院长被赶走。据提供这些年唯一详细记录的《圣徒奥斯瓦尔德生平》的作者称，可以看到他们赤脚在路上徘徊，身无分文。与此同时，同一位作者说，世俗教士很高兴，因为好运现在转到他们这边来了，在某些情况下，他们和他们的妻子一起被带回了他们之前被驱逐出的社区。[9]

虽然这种"反修道主义的行动"很可能是自发的，但它为埃塞尔雷德失望的支持者们提供了一个方便的借口，以攻击那些支持他同父异母的兄弟爱德华即位的人。麦西亚郡长埃尔夫希尔领导并鼓励暴徒袭击西米德兰兹郡的大量修道院，包括温什科姆、伊夫舍姆、珀肖尔和迪尔赫斯特。这些修道院是由圣奥斯瓦尔德本人建造或修复的，大概是因为其大主教拒绝支持埃塞尔雷德而被单独挑出来引起注意。与此同时，盎格利亚的郡长埃塞尔温——爱德华的支持者——召集了一支军队来抵抗反修道主义分子的袭击，以防范这些人向东蔓延到他自己的土地上。通过召集王家协商会议来平息局势的尝试以失败告终。当埃塞尔温为僧侣们辩护时，在场的不那么高贵的人的大声呼喊使他无法继续讲下去。其中一个人口头辱骂了郡长的兄弟，后者的回应是杀死了那个起哄的人。《圣徒奥斯瓦尔德生平》说，到处都是"分歧和麻烦，主教以及教会和世俗事务的领导人都无法缓和"。煽动叛乱的言论（"那个可憎的妓女"）使省与省对立，人民与人民对立，郡长与郡长对立，国王与国王对立。[10]

正是这场派系斗争最终导致了爱德华被谋杀。978年，那时他一定已经十几岁了，这位国王去探望了埃塞尔雷德，当时他正和他的母亲埃尔夫思里思王太后一起住在多塞特郡的科夫。奥斯瓦尔德的传记作者说，他去的时候只带了少量的士兵，他是晚上到达科夫的。《盎格鲁-撒克逊编年史》将日期定为3月18日。当他接近王室府邸时，爱德华遇到了许多我们不知道名字的权贵人物，然后突然被携带武器的人包围。他们抓住了国王，把他从马上拉下来，然后杀了他。他的尸体被抬到附近的韦勒姆，没有举行仪式就埋葬了。[11]

爱德华的殉道，正如它很快被认为的那样，有时被视为一个令人费解的谋杀之谜，但并不需要具备福尔摩斯或波洛的头脑就能想出一份可能的嫌疑人名单。杀死国王的最后一击可能是由一个匿名的武装家臣所为，但几乎可以肯定，策划谋杀国王的是自他即位以来就一直在密谋反对他的人。麦西亚的郡长埃尔夫希尔是策划袭击修道院的人，他肯定参与了此次谋杀。太后也很可能参与了此次谋杀。现代历史学家倾向于假定埃尔夫思里思是无辜的，反对后来将她描绘成邪恶继母的中世纪传说，但很难想象她不知道该计划并且没有批准其执行。我们甚至可能怀疑她的长期合作者圣埃塞尔沃尔德主教，也在其中发挥了作用。可以肯定的是，这三个人是从爱德华的垮台中最直接受益的人。由于他同父异母的兄弟被埋藏在了一个没有标记的坟墓中，年轻的埃塞尔雷德被提升为国王，取代了他，而埃尔夫希尔、埃尔夫思里思和埃塞尔沃尔德作为他的摄政者统治着王国。[12]

与爱德华支持者和解显然需要一些时间。在埃塞尔雷德即位的第一年，他没有加冕，很可能是因为大主教邓斯坦和奥斯瓦尔德都拒绝举行仪式，直到他被谋杀的兄弟的尸体被找到并得到妥善安葬。最后，在979年春天，埃尔夫希尔郡长带着一大群人骑马来到韦勒姆，并下令打开爱德华的坟墓。这位国王的尸体（或至少看起来像是他的尸体）被挖掘出来，令人不可思议的是，尸体并未腐败。恭敬地清洗并给尸体穿上新衣服之后，它被放入棺材中并被带到沙夫茨伯里修道院，在那里它被体面地重新安葬，并很快被尊为圣徒。[13]

这一公众行动可能包含了埃尔夫希尔和其他人的一些忏悔之意，这有助于解决僵局：几周后，即979年5月4日，埃塞尔雷德终于加冕。按照传统，加冕仪式在泰晤士河畔金斯顿举行，但包含了最近的一项创新，强调了新国王对其臣民的义务。在受膏和加冕之前，埃塞尔雷德被要求发三重誓言，承诺保护教会，惩罚盗窃和邪恶，并在他的裁决中保持公正和仁慈。以前，这些誓言只是在加冕典礼上作为他的人民向国王的请愿，但自973年埃德加的皇帝仪式以来，它们已被改写为由国王本人宣誓的王室承诺。在979年埃塞尔雷德的加冕典礼上，邓斯坦大主教用白话讲道进一步强化了这些誓言，指导年轻国王要履行他的职责。[14]

加冕之后，埃塞尔雷德所接受的建议继续由他的母亲、埃尔夫希尔和埃塞尔沃尔德主教主导。尤其是这位主教，作为王位背后的权威，在行政性和叙述性史料中都很突出，目的是确保这位年轻的主宰者奉行他父亲的支持修道主义的政策。在他的传记作者对温切斯特老敏斯特大教堂的再次落成典礼的描述中，这位主教的卓越地位显而易见。这座大教堂自七世纪建立以来曾多次改建，但直到埃塞尔沃尔德那个时代才进行了大幅扩建。在他于971年转移了圣斯威辛的遗体后，这位主教委托进行了一次大规模的扩建，使教堂的规模扩大了一倍，增加了一座在德意志很流行的高耸的"西方作品"。到980年，这个项目完工，埃塞尔沃尔德安排了一场盛大的庆祝活动。其他八位教长出席了庆祝典礼，其中包括邓斯坦，以及许多修道院长、大乡绅和郡长，当然还有年轻的国王埃塞尔雷德。在两天的庆祝活动中，《圣徒埃塞尔沃尔德生平》说："所有以前似乎是他的敌人、阻挡上帝道路的人，突然间变成了羊而不是狼：他们以非凡的感情尊敬他，将他们的脖子放在他的膝盖上，谦卑地亲吻他的手，在所有事情上都将自己交托给这位神人的祈祷。"[15]

除了强调他的权力之外，埃塞尔沃尔德对建筑物的投资也是一个有用的提醒，即埃德加统治时期的和平带来了巨大的繁荣。最能体现这一点的是，改革者自己在重建的修道院中建造了宏伟的新石头教堂，但除此之外，许多其他方面也能明显体现这一点。例如，考虑一下城堡中正在发生的事情。当阿尔弗雷德国王和他的孩子长者爱德华和埃塞尔弗莱德设计它们时，它们原本只是发挥堡垒的作用，并且在十世纪上半叶，它们保留了这一方面的功能，内部分为属于少数不同贵族指挥官的大型军营，其他建筑物广泛分散在其中。但从十世纪中叶开始，随着商人和制造商从农村迁入，城堡的外观开始发生变化。在埃塞尔雷德统治时期制作的温切斯特书面测绘中，我们看到了皮匠街、盾匠街和肉贩（即屠夫）街。在考古学方面，我们也在温切斯特和其他地方看到了实证，那里有分段的大型贵族围场，以及面向街道的规则间隔的地块，这些地块显然是商人和工匠的商店所在地。约克在十世纪中叶之前就有这样的地块；而牛津则在那个世纪末之前才有这些地块。在许多情况下，郊区都位于城墙之外，以容纳更嘈杂和有

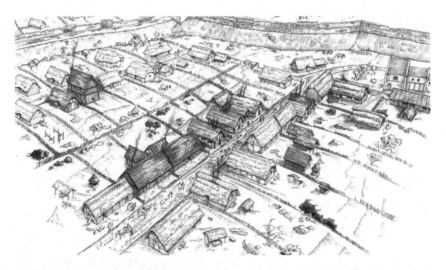

根据对十世纪末的温切斯特的发掘所绘制的复原图，可见城镇中商业用地的划分

害的工业制造，或者促进固定市场的形成。这些城堡和城市在完全城市化之前还有很长的路要走，但十世纪后期是城市起飞的时刻。[16]

农村也正在发生类似的转变。几个世纪以来，农村经济基本保持不变。大的领主——国王、郡长、主教和修道院长——拥有广阔的庄园，绵延数十甚至数百平方英里。在这些广阔的地区，人们居住在分散的定居点——孤立的小村庄，或者由几个相邻的农庄组成的村寨。农民向他们的领主上交农产品，有时甚至是租金，但除此之外，他们基本上是自由和独立的。

但到了埃塞尔雷德的时代，一种新的领主形式正在兴起，随之而来的是一种新型的定居点。大领主们正在瓜分他们庞大的领地，并把小得多的领地分给他们的家属——可能只有两三平方英里土地的小型领主。结果，农民被说服或被迫搬迁，住得更近，形成了一些社区，可以合理地把这些社区视作村庄。这为合作提供了更多的机会——更紧密的社区可以联合起来购买犁和犁地的牲畜，领主可能会怂恿他们使用水力磨这种新技术，这样就不必费力地用手磨谷物了。在许多情况下，这些新村庄是以创建它们的人的名字命名的。例如，伯克郡的伍尔斯通（Woolstone）是"伍尔弗里克的庄园"（Wulfric's Tun）的缩约形式。[17]

这种转变的速度和程度因地区而异。在麦西亚和威塞克斯的中部地区，早在九世纪一些庄园就已经出现了这种情况，而在肯特、东盎格利亚和威塞克斯的西部地区，即使到了十一世纪也没有任何这种迹象。然而，总体而言，在十世纪中叶似乎出现了一段关键的加速时期。在文献中，可以从国王大幅增加向他们的大乡绅授予土地的数量中看出，或者从奥斯瓦尔德主教记录的租约中看出，是谁把伍斯特郡周围乡村的庄园奖励给了他的亲戚和家属的。在考古学中，这种转变可以在国内建筑物的突然再现中看出。公元八九世纪在英格兰乡村建造的民居没有留下任何明显的痕迹，但从十世纪中叶开始，我们开始看到大而坚固的建筑物的遗迹，这些建筑物一定是富裕地主们的住所。这些建筑物通常结构很长，内部被划分成大厅、房间甚至室内厕所。在某些情况下，它们还有二楼，这似乎是新鲜事物。《盎格鲁-撒克逊编年史》中记载了978年这位国王的所有顾问是如何受伤的，有些人甚至因此丧命，那是因为他们所在的建筑物的二楼倒塌了。只有邓斯坦，由于他当时幸运地站在横梁上，才毫发无损地逃过了一劫。[18]

如果说配备卫浴设施的两层楼房子是英格兰新崛起的贵族的一个愿望，那么他们的另一个愿望就是拥有自己的私人教堂了。从十世纪四十年代开始，私人教堂突然出现在书面和考古记录中。在这个时代，私人教堂几乎都是用木头建造的，通常位于领主的住所旁边，但它们也被当地社区的其他成员使用。以前，普通人的精神需求是由最近大教堂里的神父来满足的，这些神父从一个地方到另一个地方提供礼拜服务。现在，这些需求越来越多，就由一位永久居住在村里的神父来满足。当时还出现了一种新的风气，强调埋葬在圣地的重要性，这导致了教堂墓地的同时出现。随着十世纪后期的教堂改革，这些教堂变得更加封闭和与世隔绝，于是奠定了教区制度的基础。[19]

对于这些社会和经济转型，原因是多方面的，因此很难确定。如上所述，社会太平很明显是一个先决条件。在九世纪维京人实施突袭和入侵期间，或者在十世纪前几十年英格兰人和丹麦人之间的长期消耗战期间，建造华丽的修道院和教堂毫无意义。但是从十世纪四十年代起，英格兰南部的情况就稳定下来了，从954年开始，诺森布里亚的情况也是如此。随着威塞克斯国王在全国范围内扩展他们的统治，强大而雄心勃勃的人有更多的机会重新塑造对他们自己有利的态势。

与社会太平恢复有关的另一个因素就是人口的增加。在早期的几个世纪里，英格兰的农业主要是养猪、羊和牛，只有少量的土地用于种植农作物等更艰巨的劳动。但在村庄开始聚集的地方，越来越多的周边公地开始转变为农业用地，这一新进展最终形成了中世纪后期著名的"开阔地"。每当前工业社会的谷物产量增加时，都是因为人口在增加。要养活更多的人，意味着必须更加集约地耕作土地。[20]

在埃德加统治期间，对经济的最后一个更具体的刺激是流通中的钱币的数量急剧增加，可能原因是十世纪六十年代德意志开辟了新的银矿。虽然没有像引起七世纪后期经济繁荣的那次规模那么大，但其影响肯定大致相似，这意味着国际贸易再次繁荣，德意志白银被用于交换出口的英格兰商品。这两个时期都见证了修道主义的迅速扩张，随之而来的是更高效、更智能的地产管理。正是到了十世纪后期，此前意为"强大的"古英语单词 rice 现在有了"富有"这个新含义。在埃塞尔雷德时代的英格兰，变得强大就等于变得**富有**。[21]

当然，即使在繁荣的时代，仍然有很多人贫穷。奴隶从一开始就是盎格鲁-撒克逊社会中不可或缺的一部分，其数量可能多达总人口的30%。与拥有他们的自由民相比，这样的人根本没有任何权利，他们的主人可以用烙印和阉割惩罚他们。恩舍姆的埃尔弗里克不仅提供了"英格兰"一词的最早实例，还为我们提供了对英格兰奴隶生活的第一次描述。通过把自己想象成一个不自由的扶犁者，他写了一段文章，解释了他为什么必须在黎明时起床，由于害怕他的主人而整天劳作，无论天气多么恶劣，都要耕种完一英亩或更多田地。"哦，活太累了，"他感叹道，"是的，活很累，但我不是自由民。"[22]

到了十世纪，还有一个阶级在不断壮大，但他们的自由正逐渐受到侵蚀。众所周知，"佃农"最初是指在大地主的密集耕作庄园里劳作的人。尽管名义上是自由的，但他们每周仍需为他们的主人劳作几天，并为其提供食物。从本质上讲，他们相当于后来的中世纪农奴，对于他们提供的服务，我们仍然倾向于将其描述为"封建"——这一事实可能会让那些习惯于认为农奴和封建主义是诺曼征服引入的坏事的人感到惊讶。事实是，他们出现在了盎格鲁-撒克逊晚期的英格兰，并且随着雄心勃勃的新地主试图增加他们的地产利润，他们的影响范围正在扩大。佃农的数量因地而异，威塞克斯和麦西亚中部地区较多，而东盎格利亚地区则没有，但总体呈上升趋势。对于充满活力的新经济中的每一位赢家来说，很多人正在更加努力地工作，他们的权

十一世纪初英格兰日历上的一名扶犁者

利更少，奖励的东西也更少。[23]

埃塞尔雷德在979年加冕时，还不到十三岁，也许只有九岁——可以相信他一定听命于他年长和聪明的顾问。但随着这位国王长到了十几岁，可以预见的是，他开始反抗摄政者的权威。983年，随着埃尔夫希尔郡长的去世，他们对权力的控制力减弱，然后次年8月，随着温切斯特主教的去世，这种控制力完全崩溃。"我们最亲爱的埃塞尔沃尔德主教，"埃塞尔雷德说，"他的勤劳和教牧关怀不仅符合我的利益，也符合国内每个人的利益。"然而，这句话出现在特许状中已经是九年后的事了，当时这位国王已经经过了更成熟的思考。984年，这位少年国王显然很享受他新获得的自由，他不需要这位主教圈子中的剩余成员了。他的母亲埃尔夫思里思马上就没有在王家特许状中出现了，这表明她已被逐出宫廷。几个月后，即985年初，埃尔夫希尔郡长的姐夫，同时也是他的继任者被流放。可能就在同一年，埃塞尔雷德通过结婚来庆祝他获得个人权力。他的妻子埃尔夫吉福是约克郡长索雷德的女儿。[24]

正如他的婚姻所暗示的那样，埃塞尔雷德不仅抛弃了童年导师的控制，而且接受了新导师的建议。这些人属于憎恨埃塞尔沃尔德主教政权的那个派系，他们几乎没有浪费时间来寻求报复。与殉道者爱德华统治时期的情况一样，这种报复是通过瞄准竞争对手青睐的修道院来实现的。例如，当埃塞尔沃尔德心爱的阿宾登修道院在984年失去了修道院长时，这位国王将继承权卖给了他最杰出的新顾问——汉普郡的埃尔弗里克郡长的兄弟，后者继续用修道院的地产来奖励他的追随者。其他修道院也存在类似的与主教相关的土地征用，包括温切斯特的老敏斯特大教堂，这位国王和他的合伙人都以牺牲僧侣的利益为代价充实了他们自己。当罗切斯特的主教驱逐了一位已经获得一处教堂地产的王室宠儿时，埃塞尔雷德作为回应，派军队摧毁了那个主教辖区。据说这引起了邓斯坦的谴责，但这位大主教已经非常年迈，并在988年去世。从那时起，再也没有人敢违抗这位国王的权威了。[25]

至少，英格兰境内没有人敢这样做。但在王国的海岸附近，人们再次对维京船帆的出现感到震惊。《盎格鲁-撒克逊编年史》引以为豪的是，在埃德加统治期间，被它诗意地称为"塘鹅浴缸"的地方一直很平静，而且在老国王还活着的时候，没有任何敌人的舰队能够欺凌英格兰人。然而，在埃塞尔雷德即位后不久，维京人又重新开始了袭击：《编年史》中记述了从980年起南部海岸周围各个城镇和修道院所遭受的袭击。袭击英格兰西南部和柴郡的维京人最有可能来自爱尔兰，但袭击肯特和汉普郡的维京人很可能直接来自斯堪的纳维亚半岛——这是近一个世纪以来从未听说过的事情。和较早时候一样，这可能是因为斯堪的纳维亚半岛内部的政治竞争日益激烈，但更令人信服的原因可能是英格兰重新繁荣了起来。在容易劫掠的大量财富的吸引下，雄心勃勃的机会主义者再次跨越了北海。[26]

起初，这些袭击显然是小规模的：南安普敦于980年被一支由七艘船组成的舰队洗劫一空，两年后波特兰被仅仅三艘船摧毁。更严重的事情显然发生在988年，也就是邓斯坦去世的那一年，当时大量的维京人登陆萨默塞特郡的沃切特与英格兰人交战。《编年史》列出了一位在战斗中丧生的德文郡大乡绅，并说许多其他人与他一起战死。但根据《圣徒奥斯瓦尔德生平》，这场冲突的结局仍然是主场取得了光荣的胜利。"我们的许多人倒下了，"这位圣徒的传记作者承认，"但他们倒下的人要多得多。"尽管事态升级了，但人们还没有觉察到即将到来的危机。[27]

然后，在991年夏天，一支来自斯堪的纳维亚半岛的规模大得多的军队抵达了王国。《编年史》说有九十三艘船，并将其领导人命名为奥拉夫·特里格瓦松，他是一个喜欢冒险的维京暴君，后来成为挪威国王。他们首先在肯特郡的福克斯通登陆，蹂躏了该镇和周围的乡村，然后绕过东南海岸，给桑威奇和伊普斯威奇的市民制造了类似的恐怖。最终，他们在埃塞克斯的莫尔登停了下来，在黑水河口区的一个岛上扎营。8月11日，他们在那里遭遇了由当地郡长拜尔特诺思率领的军队。尽管他年事已高，但拜尔特诺思拒绝了入侵者进贡的要求，一场激烈的战斗随之而来，战斗发生后不久有人写了一首长诗来纪念它。这位郡长展现出了取胜的信心，但他太过于自信，以至于他仁厚地允许他的敌人穿过连接他们岛屿和大陆的那个堤道并构成了一条战线。唉，他的信心被证明是不合时宜的，英格兰人被彻底击败了。拜尔特诺思自己被砍倒了，周围都是忠诚于他的家臣，他们对倒下的领主的忠诚是这首诗的主题。[28]

莫尔登的失败对英格兰人来说是个毁灭性的打击，无论是从心理上还是物质上讲都是如此。自阿尔弗雷德国王时代起，他们的身份就已经确定为击败丹麦人的军事胜利者。《盎格鲁-撒克逊编年史》对埃塞尔雷德的杰出先辈们在一个多世纪里取得的胜利进行了庆祝，而这位国王最近通过命名他的长子埃塞尔斯坦来让大家记起这些早期的荣耀。教会一直在告诉英格兰人，他们的成功不是源自他们的英勇，而是源自他们的虔诚，尤其是他们在支持修道院改革时所表现出的虔诚。根据《编年史》的记载，在埃德加国王的统治期内，局势有了很大的改善，原因是"他称颂和赞美上帝，并热爱上帝的律法"。莫尔登的屠杀粉碎了这种自信，并提出了一个令人不安的问题：为什么上帝会允许它发生。[29]

这场灾难的直接后果是，它迫使埃塞尔雷德做出了拜尔特诺思拒绝做的事情，并向维京人赔款以让他们停止掠夺。《盎格鲁-撒克逊编年史》称，他马上上交了一万英镑，并补充说，这是在坎特伯雷新任大主教西格里克的建议下进行的。可以感觉得到，《编年史》的匿名作者事后对此表示反对——他含蓄地表示西格里克的建议不好。当然，马姆斯伯里的威廉也这样认为。他断言，赔款让丹麦人离开是"一个可耻的先例，不配称为真正的男人"，几个世纪以来，无数其他评论家都赞同他的诅咒性的意见。但是，当一切努力都失败时，向维京人进贡是一种由来已久的权宜之计。正如埃塞尔雷德的现代支持者长期以来所观察到的那样，即使是阿尔弗雷德，在他的职业生涯开始时，如果他的军事努力失败了，他也会选择贿赂丹麦人。[30]

然而，埃塞尔雷德和阿尔弗雷德之间的一个关键区别在于，阿尔弗雷德是亲自与他的敌人作战的。他的传记作者阿瑟在阿什当战役中将他描述为"像野猪一样"战斗。相比之下，埃塞尔雷德明显缺席了莫尔登战役以及随后的几乎所有军事斗争。例如，当决定次年在伦敦集合所有可用的船只用于对抗维京人的威胁时，这位国王没有参与那次远征，而是将指挥权委托给其他人。结果是一场彻底的惨败，据称是因为埃尔弗里克秘密向敌人报告即将发动攻击，允许他们逃脱，然而他们让英格兰人遭遇了另一次巨大的失败。当然，并不是说假如埃塞尔雷德在场的话结局会有什么不同，但在中世纪社会，人们期望统治者率先垂范。马姆斯伯里的威廉在他对埃塞尔雷德的谴责中说得非常正确："战斗中如果有一位将军在场，将产生巨大的力量，在这种情况下，他目睹战争的勇气也会产生巨大的力量。"亲自参与战斗使中世纪的国王面临巨大的风险，他们中的许多人付出了生命的代价，但不亲自领导军队则面临被贴上懦夫标签的风险。在十世纪九十年代，这些指控似乎很可能是针对埃塞尔雷德的，原因是在那个十年期末，恩舍姆的埃尔弗里克所写的小册子对这些指控进行了反驳。埃尔弗里克认为，国王的生命太宝贵了，不能暴露在战争的危险中，他还引用了《圣经》中的统治者和罗马皇帝的例子，他们成功地将军事指挥权下放给了他人。但是，历史先例对学术的启发不太可能给一位战士精英留下很深的印象，特别是那些钦佩莫尔登长诗中所赞美的那种个人勇气的战士精英。埃尔弗里克小册子的存在表明，许多被征召与维京人作战的英格兰人对他们国王的缺席感到困惑和愤怒。[31]

莫尔登的失败以及他的副手未能为之报仇这两件事，让埃塞尔雷德确信他一直在走错路。在993年的五旬节那天，他在温切斯特召集了一次集会，宣布他犯了一个可怕的错误，原因是他背离了埃塞尔沃尔德主教的明智政策。他向听众解释说，自从这位主教九年前去世后，他的王国一直在遭受灾难，这显然是上帝不悦的迹象。几周后，这位国王在一份有利于埃塞尔沃尔德在阿宾登的修道院的特许状中记下了这一切，他将自己的不良行为归咎于年轻带来的无知以及误导他的人的贪婪。他特别指责了埃尔弗里克郡长，后者从侵吞阿宾登的地产中获利。根据《编年史》的说法，埃尔弗里克对前一年的军事惨败负有责任，而阿宾登特许状预示着他的失宠。他的儿子埃尔夫加在国王的命令下被弄瞎了双眼，许多其他在十世纪八十年代后期地位显赫的大乡绅突然不再见证王室颁发特许状。[32]

事实上，阿宾登特许状揭示出，在993年春天，埃塞尔雷德的宫廷发生了一场大规模的革命。由于他最新的顾问遭遇了失败，那些在近十年前被边缘化的人抓住机会重新得到了国王的青睐。其中最主要的是他的母亲埃尔夫思里思，这是自九年前她被排除在宫廷之外以来第一次见证特许状。除了这位前王后，还有她的兄弟奥杜尔夫。与他们一起的还有埃塞尔沃尔德郡长（后来以他写的编年史而闻名）、他的儿子埃塞尔默和一位名叫埃尔夫赫尔姆的麦西亚大乡绅，后者后来被提升为诺森布里亚的郡长。[33]

这个新派系有个共同点，那就是致力于恢复已故国王埃德加的政策——最重要的是，致力于修道院改革的政策。在阿宾登特许状中，埃塞尔雷德承诺改过自新，恢复他从各个修道院夺取的土地。在接下来的几年里，他就是这样做的，在一份又一份的特许状中反复声明他的歉意，并希望他自己的罪孽得到净化。换句话说，他的语气中充满了忏悔，而这也正是993年之后他的宫廷的氛围。在像恩舍姆的埃尔弗里克这样的知识分子的著作中，以及在特许状和其他文件中，我们发现它们反复提到世界末日临近，以及基督徒们迫切需要赎罪。千禧年的临近加剧了这种焦虑，原因是《启示录》曾预言，撒旦将在基督诞生一千年后摆脱束缚。维京人的劫掠和纵火表明天启确实近在咫尺，因此这位国王和他的臣民都认为必须净化自己，加倍其对信仰的忠诚。这些年来，人们近乎疯狂地热衷于宗教文本的制作、新教堂的建造和圣徒言论的翻译。[34]

他们还见证了对付维京人的新方法。991年在莫尔登取得胜利后，奥拉夫和他的舰队似乎并没有返回斯堪的纳维亚半岛，而是在接下来的三年里留在了英格兰，在东部海岸南北肆虐。994年9月，他们将注意力转向伦敦，却遭遇了出乎意料的顽强抵抗。（《盎格鲁-撒克逊编年史》称："他们损失更大，受伤的人更多，比他们想象的任何城堡居民会给他们带来的损失都要多。"）由于未能占领这座城市，维京人感到沮丧，于是转向了更容易攻取的目标，并采取了不同的策略。《编年史》称，他们不仅劫掠了肯特、埃塞克斯、汉普郡和萨塞克斯的海岸地区，而且还劫掠马匹，"想骑多远就骑多远"，到处抢劫、纵火和杀戮。

然而，政府似乎根本没有进行任何军事抵抗。相反，埃塞尔雷德和他的顾问们试图与入侵者谈判。和以前一样，他们开始承诺向他们支付大量贡品，并为他们提供食物，条件是他们停止劫掠。维京军队接受了这个条件，并在南安普敦建立了一个冬季营地，在那里收集的战利品和补给品可以运送给他们。但这只是英格兰人计划的第一部分。等军队安顿好后，这位国王说服奥拉夫和其他维京领导人前往威尔特郡安多弗的王家庄园拜访他——埃塞尔沃德郡长和温切斯特主教被派去护送，并将人质留给维京舰队作为诚信的保证。当他们到达安多弗时，《编年史》称，这些访客收到了很多礼物并受到王室般的待遇。几年前就已经受洗成为基督徒的奥拉夫通过了坚信礼，由埃塞尔雷德担任他的引领人。[35]

之所以这么善意和慷慨，简单地说，是因为英格兰国王想买下奥拉夫的军队并将其留给自己。与其徒劳地试图抵抗以贪婪为主要动机的久经沙场考验的战士，埃塞尔雷德和他的顾问们决定，最好保留他们中的一些人作为雇佣军，直接支付给他们金钱（否则他们还要通过暴力才能获得），条件是他们将保护这个王国免受其他侵略者的侵害。这种将偷猎者变成猎场看守人的尝试并不完全是新奇的：法兰克国王有时会雇佣一支维京军队与另一支维京军队作战，甚至英格兰以前可能也曾尝试过同样的方法。尽管《盎格鲁-撒克逊编年史》对埃德加国王大加赞扬，但其中包含一个引人注目的批评。"他喜欢邪恶的外国习俗，"它抱怨道，"给这片土地带来了过于顽固的异教风俗，把外国人吸引到了这里，并引诱有害的人来到这个国家。"这个长期困扰历史学家的评论是否表明，埃德加也有招募斯堪的纳维亚人充当雇佣兵的习惯？如果是这样，埃塞尔雷德在994年的策略将是他父亲统治政策恢复的另一个例子。[36]

安多弗的维京首领接受了国王的提议，并起草了一份条约，其文本保存了下来。奥拉夫和他的同伙得到了两万两千英镑的黄金和白银，作为回报，他们使用约斯坦和古思蒙德的教名，并承诺与埃塞尔雷德保持和平，并协助他对抗任何可能攻击他的王国的敌方舰队。《编年史》指出，奥拉夫信守诺言，很快就回到了挪威，在那里他成功地确立了自己的国王地位，这无疑得益于他新获得的财富。然而，他的大部分手下肯定留在了英格兰。根据条约中的条款，埃塞尔雷德承诺，只要他们继续为他服务，就会为他们提供食物，并原谅他们在和平协议达成之前进行的所有屠杀和破坏。这位国王警告他的英格兰臣民，任何人都不得寻求赔偿或者报复。[37]

因此，到995年初，埃塞尔雷德成为一支斯堪的纳维亚舰队的雇主，该舰队可能仍驻扎在南安普敦，大概有数千人。这是一个不寻常的情况：一般来说，中世纪的国王并没有试图维持过常备军，原因是，这样做的代价高得令人望而却步。埃塞尔雷德在条约中承诺为他的新兵提供食物，而且他们无疑对他的财力提出了其他要求。因此，值得考虑的是，这位国王是如何筹集到这么多财政收入和补给品，从而让他的斯堪的纳维亚雇佣兵感到满意的。从本质上讲，他所做的就是将掠夺制度化。通过让奥拉夫的追随者成为雇佣军，他阻止了他们用武力方式夺取他臣民的财产，但他承诺自己将以更和平的手段攫取同样的财富。[38]

为此，这位国王基于其十世纪前任国王已经取得的成就（他们已经创建了一个由城堡、郡和百户村组成的统一网络），引入了新一类的王家官员。古英语中对从事行政工作的人的通用术语是"城镇长官"，但只有在埃塞尔雷德统治时期，我们才第一次开始听说城镇长官负责管理整个郡：郡法官或治安官。在后来的中世纪文学中——例如罗宾汉的故事——治安官是勒索金钱的代名词，这并不奇怪，因为从一开始，他们的主要职责似乎就是代表国王从人民身上榨取金钱。在埃塞尔雷德统治时期，有证据表明他们和地主之间就司法的利益进行了旷日持久的斗争。当早期的国王授予土地时，所有参与其中的人都认为，开庭和收取司法罚款的权利将属于新的所有者。但埃塞尔雷德和他的治安官现在认为不是这样，并坚持认为国王应该保留这些收入。维京雇佣军的要求肯定大大加剧了王家政府的财政压力，这导致埃塞尔雷德的新追随者不择手段地索要金钱和物资。[39]

几年来，和平协议一直有效，一切似乎都很平静。可能在这个时候，一些维京人分散了，并在全国各地的城镇和城堡里安顿下来——994年的条约预见到了雇佣军将与英格兰社区混在一起并与他们一起生活。其他人一定留在了南安普敦的船只上。但是，这些人最终不可避免地变得无聊和沮丧起来：他们无所事事地闲坐着，靠补贴生活，等待着命令，这与他们喜欢冒险的自我形象并不相符。997年，他们中有些人造反了，绕着德文郡和康沃尔郡的海岸航行，开始横冲直撞。次年，他们将注意力转移到多塞特郡，沿弗罗姆河突袭，并于999年继续向东到了肯特，沿着梅德韦河向上游航行，抢劫马匹，在任何他们喜欢的地方四处劫掠。根据《编年史》的记载，英格兰人的反应在很大程度上表现为懦弱和无能，不过国王在肯特集结陆上和海上军队的做法可能比编年史家所承认的更加有效，因为在公元1000年夏天，那支维京舰队从英格兰撤走了，去了诺曼底。但在第二年，他们带着更大的怒火回来了，在汉普郡屠杀了国王的许多城镇长官和大乡绅，然后向西转移到德文郡，在那里他们在战斗中击败了一支英格兰军队。[40]

到这个时候，有一点一定很清楚了，那就是埃塞尔雷德拉拢维京人来保卫他的王国的策略失败了。1001年，维京人抵达德文郡后，一个名叫帕利格的维京人首领加入了袭击者的行列，在此之前这名雇佣兵显然一直忠于国王，并因此获得了丰厚的黄金、白银和土地奖励。但是现在，《盎格鲁-撒克逊编年史》说，帕利格也抛弃了这位国王，"尽管他向国王做出了所有的承诺"，但他尽可能多地召集船只与他的同胞合作。他们一起劫掠了德文郡，然后对怀特岛做了同样的事情。埃塞尔雷德和他的顾问们别无选择，只能以更不利于自己的条件再次寻求达成和平协议，同意向掠夺者提供补给品并再次向他们支付巨额贡金。[41]

随着雇佣军政策的失败，政府又尝试了另一种新策略，并提出了一个双重计划。首先，他们试图与诺曼底打交道。诺曼底实际上是一个横跨英吉利海峡的丹麦律法施行地区——一处位于法兰克王国西北部的广阔地区，自九世纪末以来一直有维京人入侵并在该地区定居。它的名字诺曼尼亚，意思是"北方人的土地"。然而，与丹麦律法施行地区不同的是，它在十世纪没有被别国重新征服过，并继续由斯堪的纳维亚血统的公爵统治。因此，当维京人重新开始在英吉利海峡的袭击时，这个公爵领地不再是他们的目标，而是一个由远亲管理的友好的停靠港——一个可以修理和改装船只的地方，一个可以卸下掠夺物和奴隶以获取利润的地方。埃塞尔雷德早在991年就曾试图通过与诺曼人缔结条约来防止这种情况发生，但这并没有阻止最近毁坏他的王国的舰队在公元1000年夏天在诺曼底受到接待。这位国王最初的反应显然是下令对诺曼海岸进行报复性袭击，但和平协议在1002年达成，埃塞尔雷德同意娶诺曼底公爵理查二世的妹妹为妻，并与后者结盟。这位国王的前妻埃尔夫吉福可能在十世纪九十年代后期的某个时候去世了，让他可以不受束缚地寻求这种外交解决方案。1002年春天，他的诺曼新娘埃玛与他会合，并被祝圣为英格兰的新王后。[42]

政府计划的第二部分完全与外交手段无关。《盎格鲁-撒克逊编年史》说，也是在1002年，"这位国王下令屠杀所有在英格兰的丹麦人"。编年史家继续说，这是在圣布莱斯节（11月13日）当天完成的，因此后来被称为圣布莱斯节大屠杀。后来的历史学家猜测，这次屠杀波及这个王国中所有拥有斯堪的纳维亚血统的人，如果是这样的话，这将相当于在诺森布里亚、东盎格利亚和东米德兰兹实施种族灭绝。更有可能也更符合现实情况的假设是，埃塞尔雷德决定消灭自994年以来一直被他雇用的雇佣军的剩余成员——那些没有离开、仍然住在各种城堡中的维京人。大屠杀两年后，这位国王为牛津的圣佛莱兹维德大教堂颁发了新特许状，恢复了其先前的特权。他解释说，由于他下令屠杀所有居住在他王国的丹麦人，导致这个教堂的原始文献已经丢失。那些住在牛津的人为了逃命来到了圣佛莱兹维德大教堂，镇上的人无法赶走他们，就把那座教堂烧毁了。一千多年后的2008年，在圣约翰学院开阔地作业的考古学家发现了至少三十四名年轻人的遗体，他们被粗暴地倾倒在原本是城镇沟渠的地方。有些人被刺伤，有些人被烧伤，所有人的个人财产都被剥夺一空。这让辨别身份变得困难，但科学分析认为，他们都是埃塞尔雷德统治期间来自斯堪的纳维亚半岛的人。

多塞特郡里奇威山的乱葬岗。值得注意的是，这些遗体都被斩首了

类似的场景一定在全国各地有雇佣兵驻扎的地方上演过。在多塞特郡韦茅斯镇和多切斯特镇之间的里奇威山，2009年发现了另一个乱葬岗，里面有五十具斯堪的纳维亚年轻男性的骨骼，这些人在第一个千年之交时被随意地丢在铁器时代的一个坑里，因此很可能是那次大屠杀中的受害者。然而，埃塞尔雷德显然不会将他们视为受害者。在他为圣佛莱兹维德大教堂制定的特许状中，这位国王没有表现出对下令杀戮的悔意。他宣称，丹麦人"像小麦中的毒草一样"在英格兰涌现——这引用了《马太福音》中的一个寓言，在该寓言中，生长在健康作物中的有毒杂草在收获时被根除、被烧毁。埃塞尔雷德坚持认为，牛津的大屠杀是"最公正的灭绝"。《盎格鲁-撒克逊编年史》指出，这位国王担心丹麦人即将造反杀死他和他的顾问，也许这就是为公众准备的为大规模屠杀政策辩护的台词。但他的英格兰臣民在遭受丹麦人多年的暴行之后，不需要新的理由就可以将他们现有的仇恨激发为杀人的动力。在这位国王试图净化他王国里的小麦田时，他们是

他心甘情愿的合作者。[43]

然而，如果说圣布莱斯节大屠杀是为了解决英格兰的维京人问题，那它就是一个巨大的失败。目前尚不清楚它对在1002年之前一直侵扰南部海岸的敌人舰队有什么影响。也许当年同意和解的一些袭击者受到引诱，选择重新为埃塞尔雷德服务，但随后被杀。但任何没有卷入大屠杀的人肯定会被激怒，并将立即进行报复。此外，这种情绪不仅限于那些在怀特岛扎营的维京人。关于蓄意屠杀的消息迅速传遍了北海，并传到了丹麦国王斯韦恩的耳中，激发了类似的报复念头。[44]

斯韦恩在后来的几个世纪中获得了"八字胡"的绰号，自986年他的父亲"蓝牙"哈拉尔去世以来，他一直是丹麦人的国王。在他大约四十岁的时候，他就已经成功进行过多次劫掠，并在许多战争中获胜，其中一些劫掠和战争似乎是在英格兰沿岸地区进行的。在千禧年之交，他击败并杀死了埃塞尔雷德早期的对手奥拉夫·特里格瓦松，并吞并了挪威王国的一部分，从而增强了他在斯堪的纳维亚半岛的权力。1003年，他将注意力转向英格兰，据说是受到了此前圣布莱斯节事件的刺激。

这位丹麦国王在德文郡开始了他的行动，彻底摧毁了埃克塞特的城堡，然后将他的军队推进到内陆。在威尔特郡，他们遇到了一支聚集起来抵抗他们的英格兰军队，但他们在任何交战之前就逃走了。《编年史》责备了它的指挥官——汉普郡的埃尔弗里克郡长，尽管十年前埃塞尔雷德令他的儿子失明，但他仍然在职。我们被告知，双方一见面，埃尔弗里克就开始干呕，并声称他病了，这让他的军队陷入困境。斯韦恩看到他没有遭到阻挠，便在威尔顿四处劫掠并烧毁了城堡，然后回到了他的船上。次年，他从德文郡航行到东盎格利亚，并在诺里奇和塞特福德造成了类似的破坏。但在那里他遇到了更坚决的抵抗，这要归功于一位名叫乌尔夫基特尔的当地权贵，《编年史》称赞了他的英勇。在他们的这场冲突中，斯韦恩仍然取得了胜利，但我们得知这是一场难分高下的战斗，甚至连维京人后来也承认，这是他们在英格兰经历过的最艰难的一场战斗。

尽管这两位英格兰指挥官的怯懦和英勇形成了鲜明对比，但将这两个故事结合在一起的共同特征是他们的国王均不在场：像往常一样，埃塞尔雷德将战斗任务留给了他的副手。在为这位国王辩护时，人们常说他的王国比阿尔弗雷德大王的大得多，埃克塞特和诺里奇之间三百英里的距离从表面上看有助于强调这一点。但埃塞尔雷德这一次并没有使用打了就撤的袭击者的战术，他们偷偷地从一个河口移动到另一个河口，由于他们的速度而令人难以捉摸。斯韦恩是一个敌对国的国王，率领着一支入侵军队，有目的地在这片土地上前进，显然是按捺不住想开战的。根据《编年史》的记载，从他摧毁诺里奇到随后袭击塞特福德，几乎过去了三周时间。因此，埃塞尔雷德未能亲自率军与他对峙，很难被解读为一位不把精力浪费在无用追击上的指挥官的冷静处理，而最好将其视为英格兰国王缺乏勇气的进一步证实。《编年史》称："俗话说，当首领退让时，整支军队都将受到很大的阻碍。"这位编年史家评论的是埃尔弗里克郡长的懦弱行为，但他的话同样适用于这位不喜欢出门的国王。[45]

最终，经过两年的征伐，斯韦恩于1005年回到丹麦，原因可能是寻找食物的难度越来越大。那一年，英格兰和欧洲许多其他地区遭受了极其严重的饥荒。《盎格鲁-撒克逊编年史》称其为"大饥荒"，并称这是人们记忆中最残酷的一次饥荒，而后来法兰克王国的作家则声称，它导致了同类相食事件。因此，丹麦人的离开并不是一件值得庆祝的事。死亡无处不在，只是现在不是立即死亡，而是苟延残喘。农作物歉收和饥饿只不过是上帝仍在惩罚他的子民的更多证据，他们必须做更多的事情来净化自己才能重新获得他的恩宠。[46]

埃塞尔雷德认为这是他必须对他的宫廷进行另一次清洗的标志。随着时间的推移，自993年上一次宫廷革命以来一直主导着他的政策的政治阴谋集团已经逐渐势微。他的母亲埃尔夫思里思和她的亲戚埃塞尔沃德郡长都已经在世纪之交去世。1005年，这位国王突然开始攻击上述集团的剩余成员。埃塞尔沃德的儿子埃塞尔默被说服离开宫廷并隐退到他在牛津郡恩舍姆新建立的修道院。修道院长是他的朋友，著名的讲道者埃尔弗里克，但在国王颁发的创建特许状中，埃塞尔默采取了极不寻常的做法，承诺他也将在这个修道院度过余生。也正是在这个时候，国王的舅舅奥杜尔夫从宫廷中消失了，或许是为了过同样的隐居生活。他们圈子中的其他主要成员大约在同一时间以更残酷的方式被除名，这进一步强化了这两位顾问是违背自己意愿被下放的印象。埃尔夫赫尔姆于993年被任命为诺森布里亚的郡长，后来遭到谋杀。他的儿子伍尔夫赫亚和乌费吉特是埃塞尔雷德特许状中最重要的见证人之一，据称是因国王的命令而失明的。或许是为了逃避类似的命运，奥杜尔夫和埃塞尔默同意留在与世隔绝的修道院中。[47]

新的顾问崭露头角并取代了旧的顾问，其中有两位特别杰出。第一位是约克大主教伍尔夫斯坦。与恩舍姆的埃尔弗里克一样，伍尔夫斯坦是一位著名的文人，但他的布道和说教更多的是描述世界末日的。埃塞尔雷德于996年任命他为伦敦主教，并于1002年将他提升为北部大主教区的大主教，但只有在1005年的那次清洗之后，他才脱颖而出成为国王的主要顾问之一，见证了当年的恩舍姆特许状，他排在王室之后，甚至领先于坎特伯雷大主教。从1005年起主导埃塞尔雷德政策的第二位新人是埃德里克，他是一个平信徒，他迅速但不道德的崛起为他赢得了同时代人给予的绰号"掠夺者"。1002年，他作为国王的众多大乡绅之一第一次作为见证人出现，但在1005年的革命之后，他突然被推到了团队头目的位置上。第二年，埃塞尔雷德将他提升为郡长。后来的编年史家指责埃德里克谋杀了埃尔夫赫尔姆郡长并导致他的两个儿子失明，考虑到他们在麦西亚北部的领土竞争以及埃德里克无疑参与了随后发生的暗杀行为，这一指控非常合理。[48]

如果说伍尔夫斯坦大主教要对1005年后越来越多的预言厄运将至的王室声明负责，那么可能是"掠夺者"埃德里克开始敦促对维京人采取更强有力的军事应对的。大约在这个时候，埃塞尔雷德的钱币设计被改成他戴着头盔而不是王冠。第二年夏天，当一支大型维京舰队登陆桑威奇时，《编年史》称"威塞克斯和麦西亚的全体国民"都被发动起来对抗他们。唉，组建这支庞大的英格兰军队弊大于利，据称其给百姓造成的压迫几乎与丹麦人一样多，然后这支军队于秋天解散了，这让入侵者在冬天可以随意地对威塞克斯进行掠夺。最后，这位国王和他的谋士们不情愿地得出结论，唯一的解决办法是再次进贡，这些贡品于1007年交给了维京人。[49]

然而，在1008年，他们重新确定了寻求军事解决方案的决心，埃塞尔雷德下令在全国范围内实施重整军备计划。在五旬节那天，伍尔夫斯坦大主教起草了法令，不仅要求整个王国更加敬畏上帝和保持忏悔，还要求认真修复桥梁和堡垒。与此同时，《编年史》记载，国王命令每三百海得土地要支付建造一艘新军舰所需的费用，每八海得土地提供一顶头盔和铁链衣，即为一名全副武装的战士提供所需的装备。如果这些命令在整个英格兰都得到不折不扣的遵守，将获得八千多套装甲和二百多艘舰船。《编年史》表明确实实现了这样的目标，据称当这些新船只于1009年春天在桑威奇集结时，它们构成了一支比以往任何一位英格兰国王都更强大的舰队。[50]

但正是在这一点上，埃塞尔雷德宫廷的激烈派系竞争开始失控。"掠夺者"埃德里克的崛起也导致他的许多兄弟得到晋升，他们很快就与国王的其他顾问发生了冲突。在1009年的春天，《编年史》中记录了他的一个兄弟布里赫特里克在国王面前指控一个名叫伍尔夫诺思的萨塞克斯大乡绅，指控他犯了罪，但没有指明是什么罪行。伍尔夫诺思显然是个有地位的人，他说服了驻扎在桑威奇的二十艘船的船员支持他，并带领他们沿着南部海岸进行了一次袭击，"造成了各种各样的破坏"。而布里赫特里克"打算为自己博得名声"，带领着八十艘船开始追击，他坚信，击败逃兵并且不管死活抓住伍尔夫诺思对他们来说是一件容易的事。然而，追兵们过于急切，驶入了一场可怕的风暴：那些没有被海浪撞成碎片的船只被冲到岸边，随后被伍尔夫诺思烧毁。结果，还没有看到一个维京人，埃塞尔雷德就损失了他新建舰队的一半以上。这位国王和他的顾问离开了桑威奇，剩下的船只返回了伦敦。"整个国家的努力，"《编年史》感叹道，"就这样轻而易举地落空了。"[51]

随着威慑力量的消失，没有什么可以阻止斯堪的纳维亚人再次发动袭击。1009年8月，《编年史》所称的"一支庞大的突袭军队"在桑威奇登陆，由一位名叫"高个子"托鲁克尔的维京首领率领。这支军队立即向坎特伯雷推进，促使肯特东部的人民求和并缴纳了三千英镑的贡金。入侵者随后转移到了怀特岛，从那个熟悉的基地开始袭击萨塞克斯、汉普郡和伯克郡，到处劫掠并烧毁任何他们想烧毁的地方。

埃塞尔雷德最初的反应是在巴斯召开一次集会，那里与受攻击的地区之间保持有安全距离。他在那里颁布了一项法令，显然是由伍尔夫斯坦大主教起草的，要求他的所有臣民参加全国性的忏悔行动。在米迦勒节（9月29日）之前的三天里，每个人都要斋戒，只吃面包和香草，并且只喝水。然后，在米迦勒节当天，他们将赤脚前往教堂，神父们携带圣物、歌唱着弥撒曲伴随着他们。所有人都要恳切地呼求基督，"靠着他的帮助，我们将能够抵挡我们的敌人"。奴隶们为了参与这个节日而被免于工作。任何拒绝的人都将被鞭打，而没有这样做的自由民将面临严厉的罚款。此外，每海得的土地都要支付一便士，以便分发给有需要的人。埃塞尔雷德统治时期发行过一枚罕见的钱

(a)

(b)

仓促王埃塞尔雷德时期的两枚钱币。1005年至1006年间的钱币上，国王戴着一顶头盔（a）；但1009年特制的这枚钱币上，描述有上帝的羔羊与和平鸽（b）

币，一面描绘有上帝的羔羊，一面描绘有和平鸽，这枚钱币似乎极有可能是为这一王家授权的施舍行为而铸造的。[52]

他们也曾试图通过更传统的方法来对抗入侵。与1006年一样，埃塞尔雷德召集了一支国家军队，值得称赞的是，这次他似乎加入了军队。但是，和以前一样，据称军队领导人不愿冒险战斗，当合适的机会出现时拒绝交战，结果维京人继续肆虐而没有受到任何惩罚。11月，他们在伦敦以东几英里处格林尼治的泰晤士河河口建立了一个冬季营地，从那里他们袭击了肯特和埃塞克斯。伦敦本身经受住了他们的进攻，但在新的一年里，他们沿着泰晤士河向上游行进并洗劫了牛津。1010年春天，他们进入了东盎格利亚，将舰队驶往伊普斯威奇，并在剑桥郡击败了一支抵抗他们的军队：《盎格鲁-撒克逊编年史》中悲痛地列出了在这场战斗中丧生的英格兰贵族的名字。在那之后，托鲁克尔的追随者显然没有面临进一步的抵抗。他们没收了马匹，并在接下来的三个月里肆虐整个英格兰东部地区，"甚至进入了荒野和沼泽"。《编年史》的记载让人想起了866年摧毁东盎格利亚的那支强大异教徒军队的到来，给人的印象是维京人现在势不可挡。到了秋天，他们突袭了牛津郡、白金汉郡、贝德福德郡和北安普敦郡，在返回他们的船上之前突袭了威塞克斯郡，给那一年画上了圆满的句号。《编年史》抱怨说，无论他们走到哪里，英格兰军队都在别处，而这位国王和他的顾问们制订的任何计划都持续不了一个月。"到头来，"这位匿名作者感叹道，"没有一个领导人会集结军队，但每个人都尽其所能地逃跑，到最后没有哪个郡会帮助下一个郡。"

因此，到了1011年，埃塞尔雷德和他的顾问们被迫承认过去几年的军事政策已经失败，并提出以报酬换取和平。然而，即使是这个由来已久的权宜之计，也没有结束暴力。《编年史》暗示他们移交了某种形式的贡品，但维京人不顾一切地继续袭击和杀戮，原因可能是埃塞尔雷德受到严重破坏的政府发现无法筹集到他们在和平谈判期间承诺的大量现金。或许正是出于这个原因，1011年9月，托鲁克尔的军队返回了肯特并围攻坎特伯雷。这座城市很快就陷落了，显然是有人背信弃义，获得胜利的维京人夺取了城中所有有价值的东西，包括它最重要的居民。在他们带回格林尼治营地的那群俘虏中，有国王的城镇长官埃尔夫沃德、罗切斯特的戈德温主教和坎特伯雷的埃尔夫赫亚大主教。[53]

如果说从他自己的大教堂所在城市绑架英格兰级别最高的教士是一种加快贡金支付的策略，那么这种策略天衣无缝：在1012年的复活节那天，掠夺者埃德里克和国王的其他顾问来到伦敦监督已经收集齐的赔偿金的移交，《编年史》称赔偿金已达到惊人的四万八千英镑。但是当维京人试图要求额外的钱来保证这位大主教的安全返回时，这个计划产生了适得其反的结果。埃尔夫赫亚拒绝为自己交付赎金，并禁止任何人为他支付任何赎金。劫持者感到愤怒和沮丧，并且据说喝醉了酒，开始向他投掷动物骨头和牛头，直到其中一个人用他的斧头砸在这位大主教的头上，这件事情才以血腥的方式结束。[54]

考虑到他们是异教徒，长期以来都有不敬神的名声，一位高级教士死于维京人之手似乎并不特别令人惊讶。但这种名声是在九世纪形成的，当时，作为真正的异教徒，他们不分青红皂白地屠杀上帝的男人和女人，并将他们的教堂烧毁。到了十一世纪，斯堪的纳维亚人开始接受基督教：第一个皈依基督教的丹麦国王是八字胡斯韦恩的父亲蓝牙哈拉尔，大概是在十世纪六十年代的时候。因此，尽管在埃塞尔雷德统治期间维京人对英格兰的多次入侵造成了巨大的破坏，但大部分基督教场所都幸免于难。因此，埃尔夫赫亚的殉难更加令人震惊，就连维京军队的首领们似乎也很敬佩。谋杀发生后的第二天早上，他们将他的遗体从格林尼治运来，交给了伦敦主教，后者安排将其恭敬地安葬在了圣保罗大教堂。[55]

确实可以想象，对这位大主教之死的某种程度的内疚导致格林尼治的一些维京人重新评估他们的优先事项，可能包括他们的暴力生活方式。期待已久的贡金上交后不久，他们就宣誓达成和平，绝大部分"浩浩荡荡的掠夺军"都启程回国了。然而，他们中的许多人，包括高个子托鲁克尔本人，都留在了英格兰，并同意为埃塞尔雷德而战。由于没有多少选择的余地，这位四面楚歌的国王决定恢复他在将近二十年前首次采用的策略，并保留一支斯堪的纳维亚的雇佣舰队为其服务。四十五艘船的船员——可能有近两千名战士——将由王室负责支付薪酬，他们承诺将保卫这个国家。[56]

没用多久时间，埃塞尔雷德的新追随者就证明了他们值得雇用。次年夏天，另一支维京大军到来了，还是由丹麦国王八字胡斯韦恩率领。历史学家早就认识到，自1003年斯韦恩上一次袭击英格兰以来，他的意图已经改变。早前的那次入侵似乎是一次惩罚性袭击，可能是为了给圣布莱斯节大屠杀报仇。相比之下，这次丹麦国王来到英格兰显然是为了彻底征服它。导致他野心升级的原因值得商榷，但一个促成因素一定是，斯韦恩已经意识到，他可以依靠埃塞尔雷德自己的一些臣民的支持，这些人对他们的国王感到极其厌恶，以至于他们正在积极寻找能取代他的人。[57]

他们的理由不难理解。在过去的二十年里，埃塞尔雷德的政府变得越来越具有压迫性。无论是筹集巨额贡金收买入侵的军队，还是补贴雇佣的常备军，或者建造一支新的舰队，或者为成千上万的战士提供甲胄，这位国王都需要从他的臣民那里攫取巨额资金，并且为了做到这一点，使用了越来越离谱的手段。他的治安官使劲压迫郡内的普通民众，迫使他们交出财产供国王使用。与此同时，这位国王以遗产税为名义要求他的贵族上交更多的钱。当一名盎格鲁-撒克逊战士死后，传统上规定他的领主应该得到他的一些战争装备，但埃塞尔雷德违背了这一习俗，要求最近死者的家属提供更多的马匹、武器和黄金。最后，为了资助他的新雇佣兵军队，这位国王引入了一种全国性的税收，称为"军费"，根据《编年史》后来的描述，这"压迫了所有英格兰人民"。如果它产生了任何实际或持久的结局，那么这种攫取金钱的行为就不会那么重要了。但是，由于这位国王和他的顾问们的懦弱和无能，筹集的巨额资金一再被浪费掉。因此，许多人可能会得出结论，与其花无数的钱让丹麦人离开，还不如直接让他们接管。[58]

人们普遍感到不满。还有一些有权势的人对埃塞尔雷德及其政权的主要成员怀有特定的个人恩怨，因此准备并愿意与丹麦国王合作。斯韦恩的舰队首先出现在桑威奇，但它没有继续攻击坎特伯雷、温切斯特或伦敦等常规目标。相反，他的船沿着东部海岸快速向北航行到亨伯河，然后沿着特伦特河南下，最终在林肯郡的盖恩斯伯勒登陆。对此的通常解释是，丹麦国王希望利用丹麦律法施行地区的文化同情心，这无疑是有一定道理的。但这不太可能只是斯韦恩的一场赌博，而且几乎可以肯定，他是被具体的支持吸引到了盖恩斯伯勒。做出这种假设的最有力的理由是，大约在这个时候，可能在他到达后不久，这位国王十几岁的儿子克努特与北安普敦的一位名叫埃尔夫吉福的英格兰女人结了婚。埃尔夫吉福是埃尔夫赫尔姆郡长的女儿，后者在1006年被掠夺者埃德里克谋杀；同年，她的兄弟伍尔夫赫亚和乌费吉特在埃塞尔雷德的命令下被弄瞎了双眼。因此，这位特殊女性与斯韦恩的儿子的婚姻代表了埃塞尔雷德的国内外敌人之间的联盟，这个联盟很可能是在1013年之前的几个月或几年内结成的，并在丹麦国王到来时正式得到了巩固。[59]

斯韦恩应邀来到英格兰北部的印象由于他受到了和平接待而得到进一步加强。《编年史》称，诺森布里亚人和林肯郡的人民"立刻"臣服于他，五个自治市的所有居民也都向他臣服。这位丹麦国王并不仅仅依靠忠诚的承诺，而是谨慎地从这些重要家族中劫持人质，但在这些地区似乎没有出现任何战斗或骚扰。直到他到达惠特灵大道时，斯韦恩才开始他的军事进攻。他将儿子留在盖恩斯伯勒看管船只和人质，骑上当地人送给他们的马匹，这位国王和他的战士越过了古老的边界线，用《编年史》的话说，"造成了有史以来任何军队都能造成的最大破坏"。

他们几乎没有遇到任何抵抗。牛津立即投降并交出了人质，不久之后温切斯特也是这样做的。只有埃塞尔雷德本人躲藏的伦敦，才勉强算是进行了一场战斗。丹麦军队在接近这座城市时犯了愚蠢的错误，试图在不使用桥梁的情况下越过泰晤士河，结果导致在此过程中损失了许多人，因此当他们发动进攻时，他们被市民击退了。另外，防御方面可能还得到了"高个子"托鲁克尔领导的雇佣兵的帮助，众所周知，他一直待在埃塞尔雷德身边。[60]

然而，对于斯韦恩来说，这只是暂时的挫折。从伦敦撤军后，他向西前往巴斯，并在那里接受了西部各郡大乡绅的臣服。领导这些人的是埃塞尔雷德的前任顾问埃塞尔默，他在1006年被驱逐出宫廷，被迫在恩舍姆修道院做一名修道士。维京人入侵前不久，国王解除了他早先的承诺，将他提升到了从前由他父亲担任的郡长的职位。但如果说这是一个橄榄枝的话，那就抛得太迟了，埃塞尔默现在承诺支持斯韦恩。[61]

威塞克斯古老腹地的丧失意味着埃塞尔雷德政权的终结。《编年史》说，从这一刻起，整个国家都将斯韦恩视为他们无可争议的国王。这位丹麦领导人带着西方人质，回到了他在盖恩斯伯勒的船只，要求为即将到来的冬天提供资金和补给。在南方，托鲁克尔的军队也是这样做的。伦敦市民担心他们会在第二次袭击中被斯韦恩摧毁，因此向他投降了。失去了最坚固的避难所后，埃塞尔雷德搬到了托鲁克尔位于格林尼治的营地，并从那里将他的王后和她的儿子们送到英吉利海峡对岸她的兄弟诺曼底公爵的宫廷。然后这位国王带着他的雇佣兵航行到怀特岛。在岛上度过圣诞节后，他最终认输，逃跑加入了他的流亡家庭。[62]

对于同时代人来说，可以合理地认为埃塞尔雷德的统治终于结束了。他被外国敌人打败，失去了他的王国以及他的臣民对他的忠诚。此时他已经四十五岁左右了，似乎他将在诺曼底的内兄的宫廷中养老度过余生，最终默默无闻地去世。但命运另有安排。在他离开几周后，埃塞尔雷德得知斯韦恩已经去世，这一定让他很惊讶也很高兴。这位丹麦征服者于1014年2月3日咽下最后一口气，《编年史》将他的去世描述为"一件令人开心的事"。他的突然去世可能看起来很可疑，但斯韦恩已经五十多岁了，因此可以合理地假设他死于自然原因。直到十一世纪末才有人称这位国王死于非自然的原因,大约一百五十年前,他被一个名叫圣埃德蒙的持矛的人刺穿,后者以自己死于丹麦人之手为代价报了仇。[63]

斯韦恩的遗体被安葬在约克,那里挤满了英格兰权贵人物,他们前往那里是为了参加新国王的第一次国民大会。但是,他们现在成了斯韦恩葬礼的嘉宾,他们想知道接下来会发生什么。对于仍在六十英里外的盖恩斯伯勒扎营的丹麦军队来说,解决方案很简单,他们立即推选了克努特作为他父亲的接班人。但英格兰贵族并没有明显的理由这样做。他们向斯韦恩宣誓效忠的誓言在他死后就失效了,而他们没有义务向他的儿子宣誓。"人民可以选择任何他们喜欢的人作为国王,"几年前去世的恩舍姆的埃尔弗里克在他一次著名的布道中说道。"但是,"这位说教者继续说,"在他被祝圣为国王之后,他就统治了人民,他们就无法摆脱脖子上的枷锁了。"对于聚集在约克的英格兰人来说,这句格言提出了一个令人担忧的问题,即他们抛弃埃塞尔雷德是不是做错了。[64]

几天后,约克大主教伍尔夫斯坦在向这些权贵人物布道时进一步详述了这一想法。伍尔夫斯坦一定已经接受了斯韦恩的王权,并期望与他合作。他可能一直在计划提醒他的听众:圣保罗坚持认为权力是由上帝指定的,并建议他们都与他们新的丹麦统治者合作。但是这位大主教非常能够与时俱进。面对天翻地覆的变化,没有时间大幅更改,他做了任何明智的作者都会做的事情,并开始重拾旧经典。几年来,他一直在进行一场关于世界末日的长篇演讲,题目为《伍尔夫向英格兰人的布道》——"伍尔夫"是以他自己的名字命名的一部戏剧。它首先提醒听众世界末日即将来临,并详细讲述了维京人对他们做过的邪恶的事。伍尔夫斯坦一次又一次地哀叹,入侵者带来了破坏和流血,强奸了贵族大乡绅的妻子和女儿,围捕成群结队的基督徒并将其卖为奴隶。"但我们经常遭受的所有侮辱,我们却通过尊重那些侮辱我们的人来回报他们，"这位大主教说，"我们不断地付钱给他们，但他们却每天都在羞辱我们。"这显然不是一个准备支持维京候选人的人说出的话。

与此同时，伍尔夫斯坦向他的会众强调这都是他们自己的错。上帝之所以正在惩罚英格兰人，是因为他们自己也深陷罪恶之中。谋杀、抢劫、奸淫和娼妓、杀婴和伪证太多，而祈祷、斋戒和忏悔太少。"而且在这个国家，"他在一段似乎适合这个场合的章节中继续说道，"有很多叛徒。"伍尔夫斯坦说，一个人如果因背叛导致他的主人死亡，"或者在他有生之年把他赶出这片土地"，这是一种巨大的背叛行为。第一个描述的是殉道者爱德华遭谋杀的事件，它开启了埃塞尔雷德的统治，第二个描述的是似乎已经结束了的最近的流放事件。因此，伍尔夫斯坦想要传达的信息很明确：如果英格兰权贵们要避免进一步的灾难并逃避上帝的愤怒，他们需要恢复埃塞尔雷德作为他们的合法统治者。[65]

这个建议一定让在场的许多人，也许是大多数人，感到非常不安。如果埃塞尔雷德重新拥有了不受约束的权力，他肯定会报复那些心甘情愿地站在斯韦恩一边的人。此外，他们当初拒绝埃塞尔雷德的诸多理由依然成立。如果他们给这位被放逐的国王复职，他们认为需要他来确保他们的安全并保证改过自新。于是，他们给诺曼底捎去口信，表明他们愿意请他回去，但有条件。"他们说，如果他们的领主能比以前更公正地治理的话，没有哪个领主比他们的自然领主会更受人尊敬，"《编年史》解释道。[66]

埃塞尔雷德在许多方面与约翰国王非常相似，这就是他的《大宪章》时刻。这位两个世纪后上台的臭名昭著的金雀花王朝国王受到了同时代人的批评，原因是他懦弱和残忍、过分依赖治安官和外国雇佣军以及严厉的经济勒索——包括过高的遗产税、强行没收货物和惩罚性的税收。约翰国王的臣民反叛了他并策划让他下台，但随后被说服给他第二次机会，以换取一个长期而详细的、进行更好统治的承诺，即1215年著名的《大宪章》。[67]有证据表明，埃塞尔雷德的臣民在1014年也做了同样的事情，向他提出了一系列令他们不满的事，希望国王将其解决。这位遭到流放的国王几乎没有回旋余地，于是同意了。通过他自己的信使，埃塞尔雷德"说他会成为他们的仁慈领主，并改革他们所憎恨的一切事物"。与此同时，这位国王宽恕了他的臣民对他犯过的所有罪过，条件是他们应该在不背叛他的情况下将他接回。因此，双方的和解受到了影响，双方都做出了承诺和宣誓。《编年史》说，在四旬期的某个时候，"埃塞尔雷德国王回到了自己人民的身边，并受到了所有人的欢迎"。[68]

这些跨海峡的谈判很可能是秘密进行的，没有让克努特和在盖恩斯伯勒游荡的丹麦军队发现。显然，直到复活节之后，这位年轻的维京首领才意识到自己没有赢的希望，这促使他开始为新的军事进攻做准备。但到那时已经太晚了。在离开诺曼底之前，埃塞尔雷德就已经招募了奥拉夫·哈拉尔松（挪威未来的国王，但当时是一名雇佣兵），并在返回英格兰时与"高个子"托鲁克尔的雇佣军会合。这些联军在克努特的军队还在准备进攻的时候就袭击了它，并尽全力拼杀。克努特本人和他的一些军队设法登上了他们的船只并划向大海，带走了他父亲在前一年的战役中收缴的人质。英格兰贵族打赌他不会杀死他们被俘房的亲属，事实证明确实如此。在返回丹麦的路上，克努特在桑威奇停留，并允许人质下船。然而，他为了表达他的失望，砍掉了他们的手、耳朵和鼻子。[69]

重新上台之后，埃塞尔雷德立即努力安抚他的反对者。令他们失望的是，税收负担并没有减轻，《编年史》对这位国王为托鲁克尔和他的雇佣舰队提供军队维持费的要求感到悲哀。但在埃塞尔雷德回归后的第一次王家会议上，他制定了几项旨在改善他的政府的法令。想必其中一个法令一定与人民对物质不足的抱怨有关，原因是他承诺会在年初解决这个问题。另一个法令是由伍尔夫斯坦起草的，涉及精神和教会事务。它公开宣称其意图是"净化国家"，并在结尾处呼吁团结："让我们都忠诚地支持一位王室领主，让我们的每个朋友都真诚地爱下一位君主。"[70]

但这是一厢情愿的想法，考虑到埃塞尔雷德宫廷内长期存在且尚未解决的紧张局势，在他返回后的一年中发生的三起死亡事件揭示了这一点。第一个人是他的长子埃塞尔斯坦。985年，在这位国王第一次婚姻后不久，埃塞尔斯坦就出生了。当时他年仅二十岁，在继承他父亲王位的次序上处于优先地位，但在1014年仲夏前后，他患了重病，急忙起草了遗嘱。这是一份极有吸引力的文件，它的原件得以幸存下来，展示这位垂死的王子将他的财宝、金钱和土地分配给了他的朋友和家属。例如，他的养母"因为她的伟大功绩"而获得了一座庄园，而他的弟弟埃德蒙则获得了那把"属于奥法国王的剑"。另一个重要的受益者是一个名叫西格弗思的人，他获得了位于贝德福德郡的土地，以及一匹马、一把剑和一面盾牌。他和他的兄弟莫卡（遗嘱中也有他的名字）是这位国王宫廷中的重要成员——《编年史》将他们描述为五个自治市的"首席大乡绅"。这是他们继承的职位，原因是他们与埃尔夫赫尔姆郡长属于同一家族，后者于1005年被埃塞尔雷德臭名昭著的亲信掠夺者埃德里克谋杀。[71]

因此，在埃塞尔斯坦去世的时候，他已经与他父亲的首席顾问的敌人结盟，这表明这种不和现在正在毒害最高层的政治关系。1015年春天，这种紧张局势在牛津的一次王家会议上爆发，当时埃德里克已经暗杀了西格弗思和莫卡。（"他引诱他们进入他的房间，"《盎格鲁-撒克逊编年史》说，"然后卑鄙地将他们杀害了。"）1006年，这一谋杀行为显然是在这位国王的合谋下进行的：《编年史》说，埃塞尔雷德下令没收他所有兄弟的土地，还有西格弗思的遗孀埃德吉斯，她被带到了马姆斯伯里，显然是为了强迫她去做修女。

　　然而，埃塞尔雷德幸存的儿子埃德蒙将她从这种命运中解救了出来。如今二十多岁的奥法国王新的捧剑人也继承了他已故兄长的衣钵，成为反埃德里克联盟的首领。他不顾父亲的反对，奔赴马姆斯伯里，解救了埃尔德吉斯，并且娶了她。然后，8月份，他和她一起骑马回到了五个自治市，并占有了属于被谋杀的兄弟俩的所有财产。《编年史》说，所有那些地区的人都臣服于他。

　　就在此时，克努特选择了这个无可挑剔的时机返回了英格兰。这位年轻的丹麦王子首先来到桑威奇，然后率领他的船队沿着南部海岸前往多塞特郡，在那里他们开始深入威塞克斯劫掠。埃塞尔雷德最远到达了朴次茅斯，后来由于生病将英格兰军队的指挥权委派给了埃德里克。这使得与臣服于埃德蒙的地区齐心协力变得几乎不可能。这两个对手各自组建了各自的军队，这些军队短暂地联合起来，但由于出现了郡长背叛的谣言，他们几乎立即分裂了。事实证明，这些谣言是有根据的：埃德里克感觉到埃塞尔雷德的王朝已经完蛋，于是投降了丹麦人。他带着四十艘船，很可能是由高个子托鲁克尔率领的雇佣舰队。威塞克斯人别无选择，只能投降，并同意为入侵者提供马匹。随着年底的临近，克努特率领他大规模增援的新骑兵穿越泰晤士河，开始使麦西亚人民人心惶惶。[72]

　　埃德蒙试图召集起一支反对派军队，但收效甚微。他在圣诞节前召集了一支军队，但除非国王和伦敦市民加入军队，否则他们拒绝参战。当他在圣诞节后再次尝试时，虽然他已经请求他的父亲和伦敦市民出战，但仍然是一片混乱局面。埃塞尔雷德害怕背叛，于是放弃了军队集结。1016年初，毫无疑问埃德蒙是出于某种绝望而骑马北上，在那里他成功地说服了诺森布里亚的乌特雷德伯爵加入他的行列，他们一起蹂躏了埃德里克在麦西亚西北部的庄园。但是当克努特穿越中部地区并开始威胁约克时，乌特雷德也决定与所有诺森布里亚人一起投降丹麦人一方。对伯爵本人而言，这种背叛对他没有任何好处，在埃德里克的建议下，他立即被处决，取而代之的是一个名叫埃里克的丹麦人。现在几乎整个王国都在克努特的手中，他返回了他位于南部海岸的船队，并在4月初之前到达了那里。没有牌可打的埃德蒙前往伦敦，与他生病的父亲会合了。[73]

正如《盎格鲁-撒克逊编年史》的作者所指出的，埃塞尔雷德于4月23日即圣乔治日去世。对于现代读者来说，一个被证明极不适合作为军队首领的国王竟然在最著名的武圣纪念日的盛宴当天去世，这似乎具有极大的讽刺意味。但在1016年，至少在英格兰，乔治还没有成长为一名侠义的屠龙者，直到中世纪晚期他才获得民族英雄的地位。在十一世纪初，他只是以他早期来自东罗马帝国的基督徒贵族的身份而为人所知——或者，正如恩舍姆的埃尔弗里克在创作一部圣徒受难记时所说的那样，"卡帕多奇亚郡一位富有的郡长"。这个乔治没有军队属性，却是一位死于异教徒之手的殉道者。因此，当这个国家被维京人侵占而遭受痛苦时，或许《编年史》的作者确实觉得埃塞尔雷德在那个特定的日子去世是恰当的。《编年史》对这位国王去世的唯一其他评论是："他一生都在给他的王国带来苦痛和艰难。"[74]

这显然是作者认为他可以通过讣告所能提供的最慈善的评论。他对埃塞尔雷德的总体看法可以从他对整个统治期的描述中推断出来，他的统治期被描绘成一场彻底的灾难。尽管这位国王从来没有被单独挑出来接受批评，但他和他的顾问们却一次又一次地因行为不明智而受到集体谴责。1011年，当高个子托鲁克尔"庞大的突袭军队"肆虐全国一年多时，《编年史》抨击了英格兰领导人，说他们没有与入侵者作战，只有在为时已晚或者一切都已经被摧毁之前才答应提供贡金。"所有这些灾难，"他哀叹道，"都是由于糟糕的建议降临在我们身上的。"[75]

在这种情况下使用"糟糕的建议"一词可能会让人更加相信这是一个适用于国王本人的同时代的绰号，同时人们也可以理解为什么人民会使用它。在他漫长的统治期间，埃塞尔雷德显然受制于他人的建议，并且无法控制宫廷中的各个派系。他决定提拔像掠夺者埃德里克这样的人，表明他的判断力很差。像埃尔弗里克和伍尔夫斯坦这样同时代的作家，经常强调国王需要有好的建议，暗示这正是他们自己的国王所欠缺的。尽管最近有人试图将他从马姆斯伯里的威廉等后来作家的夸张诽谤中解救出来，但埃塞尔雷德落下一个"被糟糕建议蒙蔽的"国王的名声似乎仍然是当之无愧的。

埃塞尔雷德的死非但没有决定其臣民的命运，对他们而言反而是一种解放，让他们可以向他更勇猛的儿子宣誓效忠。刚刚把他们已故的领主送入圣保罗大教堂的坟墓，伦敦市民和在场的其他顾问就选择了埃德蒙作为他们的国王，而埃德蒙则坚定地为他们辩护，以至于他们给他起了"刚勇者"的绰号。1016年的整个春天和夏天，他与克努特的军队进行了四次战斗，每次都击败了他们。威塞克斯向他屈服，丹麦对伦敦的围攻被解除，奸诈的掠夺者埃德里克重新宣布效忠于他。

但在那年10月，埃德蒙遭遇了灾难，当时他在埃塞克斯一个叫作阿桑顿的地方与丹麦人进行了最后一场战斗。"在那里克努特取得了胜利"，《盎格鲁-撒克逊编年史》说，并指出战争结果是由埃德里克决定的，他再次改变了立场。埃德蒙从那次残杀中逃脱，不久后同意瓜分他的领土，将麦西亚割让给克努特，同时保留威塞克斯。但几周后，也就是11月30日，这位英格兰国王去世，或许是死于在阿桑顿那场战斗中受的伤，这让丹麦人取得了彻底的胜利。《编年史》称，克努特"继承了整个英格兰王国"。[76]

注　释

1　Malmesbury, 268–275; William of Malmesbury, *Gesta Regum Anglorum*, II, ed. and trans. R. A. B. Mynors, R. M. Thomson and M. Winterbottom (Oxford, 1999), 146.

2　Roach, *Æthelred*, 6–7.

3　*The Chronicle of Æthelweard, ed. A. Campbell (1962)*, 9; *Aelfric's Lives of Saints*, ed. W. W. Skeat (1881), 414–415, 422–425, 454–455."Engla londe" 此前已经用在比德《教会史》的一个译本中，但广义上指 "英吉利人的领土"。Molyneaux, *The Formation of the English Kingdom in the Tenth Century*, 6.

4　Roach, *Æthelred*, 3–15.

5　Ibid., 43–44; C. Hart, 'Edward the Martyr', *The Oxford Dictionary of National Biography*.

6　Roach, *Æthelred*, 45–55.

7　Ibid., 61–63.

8　D. J. V. Fisher, 'The Anti-Monastic Reaction in the Reign of Edward the Martyr', *The Cambridge Historical Journal*, 10 (1952), 262–265; Roach, *Æthelred*, 102.

9　Byrhtferth of Ramsey, *The Lives of St Oswald and St Ecgwine*, 122–125.

10　Ibid., 122–131, 136–137.

11　Ibid., 138–141; *English Historical Documents*, i, 230.

12　Stafford, 'Ælfthryth', *The Oxford Dictionary of National Biography*; R. Abels, *Æthelred the Unready* (2018), 14–19; Roach, *Æthelred*, 68–80.

13　Abels, *Æthelred*, 21–22; Byrhtferth of Ramsey, *The Lives of St Oswald and St Ecgwine*, 140–143. 由于伍尔夫斯坦后来说爱德华的尸体已经被烧毁，有关尸体身份的疑问就一直存在：*English Historical Documents*, i, 931。

14　*English Historical Documents*, i, 231; Maddicott, *Origins of the English Parliament*, 34–35.

15　Roach, *Æthelred*, 86–88; Biddle, *Search for Winchester's Anglo-Saxon Minsters*, 42–43, 48–51; Wulfstan of Winchester, *Life of St Æthelwold*, 60–63.

16　Holt, 'Urban Transformation', 67, 70, 73–76; Blair, *Building Anglo-Saxon England*, 269–274, 339–350.

17　Fleming, *Britain After Rome*, 276–278; C. Dyer, *Making a Living in the Middle Ages: The People of Britain, 850–1520* (2002), 26–35; Blair, *Building Anglo-Saxon England*, 354–355.

18　Ibid., 311–317, 355–362; C. Insley, 'Southumbria', *A Companion to the Early Middle Ages: Britain and Ireland, c.500–c.1100*, ed. P. Stafford (Oxford, 2009), 332–333; Holt, 'Urban Transformation', 67; *English Historical Documents*, i, 230.

19　Blair, *Building Anglo-Saxon England*, 78, 375–376.

20　Ibid., 282–302, 316.

21　Sawyer, *Wealth of Anglo-Saxon England*, 58, 98–105; Molyneaux, *The Formation of the English Kingdom in the Tenth Century*, 120–121; M. R. Godden, 'Money, Power and Morality in Late Anglo-Saxon England', *Anglo-Saxon England*, 19 (1990), 48–50.

22　D. Wyatt, *Slaves and Warriors in Medieval Britain and Ireland, 800–1200* (Brill, 2009), 31; H. G. Richardson and G. O. Sayles, *Law and Legislation from Æthelberht to Magna Carta* (Edinburgh, 1966), 10, 16, 20–21; D. A. E. Pelteret, *Slavery in Early Mediæval England* (Woodbridge, 1995), 65. Cf. above, n. 3.

23　Blair, *Building Anglo-Saxon England*, 303–305, 314.

24　Roach, *Æthelred*, 91–95, 100–102; S. Keynes, 'Æthelred II', *The Oxford Dictionary of National*

Biography (quoting esawyer.lib.cam.ac.uk 876); *English Historical Documents*, i, 233.

25 Roach, *Æthelred*, 101–103.

26 *English Historical Documents*, i, 228, 232.

27 Ibid., 232–233; Byrhtferth of Ramsey, *The Lives of St Oswald and St Ecgwine*, 154–157.

28 *English Historical Documents*, i, 234, 319–324. 八字胡斯韦恩可能参与了这次袭击：ibid., 579–580。

29 Ibid., 225; Roach, *Æthelred*, 95, 129–131.

30 *English Historical Documents*, i, 234; Malmesbury, 270–271; S. Keynes, 'A Tale of Two Kings: Alfred the Great and Æthelred the Unready', *Transactions of the Royal Historical Society*, 36 (1986), 203–205.

31 Asser's *Life of King Alfred* in Keynes and Lapidge, 79; *English Historical Documents*, i, 234; Malmesbury, 272–275; Abels, *Æthelred*, 45–48; Roach, *Æthelred*, 166.

32 Ibid., 137–140; *English Historical Documents*, i, 234; Abels, *Æthelred*, 63.

33 Roach, *Æthelred*, 138, 159–161.

34 Ibid., 136–167, 241–251; Keynes, 'Æthelred II', *The Oxford Dictionary of National Biography*.

35 Ibid.; *English Historical Documents*, i, 235.

36 Roach, *Æthelred*, 175–177; *English Historical Documents*, i, 225.

37 Ibid., 236, 437–439.

38 Ibid., 438.

39 Molyneaux, *The Formation of the English Kingdom in the Tenth Century*, 179–182; Lambert, *Law and Order*, 251–253, 306–310, 342–348.

40 *English Historical Documents*, i, 236–8; Abels, *Æthelred*, 53, suggests a new fleet attacked England in 997, but cf. *The Chronicle of John of Worcester*, II, ed. R. R. Darlington and P. McGurk, trans. J. Bray and P. McGurk (Oxford, 1995), 446–447.

41 *English Historical Documents*, i, 237–238.

42 Ibid., 238; M. Morris, *The Norman Conquest* (2012), 15–16; Keynes, 'Emma [Ælfgifu]', *The Oxford Dictionary of National Biography*; P. Stafford, *Queen Emma and Queen Edith* (Oxford, 1997), 174–175.

43 *English Historical Documents*, i, 238–239; Roach, *Æthelred*, 187–200.

44 Ibid., 200–201; P. H. Sawyer, 'Swein', *The Oxford Dictionary of National Biography*; above, n. 28.

45 *English Historical Documents*, i, 239–240; Roach, *Æthelred*, 180–182.

46 Ibid., 202–203; *English Historical Documents*, i, 240.

47 P. Wormald, 'Æthelweard', *The Oxford Dictionary of National Biography*; *English Historical Documents*, i, 240; Roach, *Æthelred*, 188, 203–207.

48 Ibid., 210–211; P. Wormald, 'Wulfstan [Lupus]', *The Oxford Dictionary of National Biography*; S. Keynes, 'Eadric Streona', *The Oxford Dictionary of National Biography*; *English Historical Documents*, i, 240n.

49 Roach, *Æthelred*, 201–202; *English Historical Documents*, i, 240–241.

50 Ibid., 241, 442–446; Roach, *Æthelred*, 227–235; Abels, *Æthelred*, 90–91.

51 Keynes, 'Eadric Streona', *The Oxford Dictionary of National Biography*; *English Historical Documents*, i, 242.

52 Ibid., 242, 447–448; Roach, *Æthelred*, 267–279.

53 *English Historical Documents*, i, 242–244, 246.

54 Ibid., 245.

55 Abels, *Æthelred*, 34; Roach, *Æthelred*, 265; *English Historical Documents*, i, 245.

56 Ibid.

57 Ibid.

58 P. Stafford, 'The Laws of Cnut and the History of Anglo-Saxon Royal Promises', *Anglo-Saxon England*, 10 (1982), 176–182; Lambert, *Law and Order*, 252–253, 308–310; Molyneaux, *The Formation of the English Kingdom in the Tenth Century*, 220–221; *English Historical Documents*, ii, 120.

59 *English Historical Documents*, i, 245; Stenton, *Anglo-Saxon England*, 384–385; Higham and M. J. Ryan, *The Anglo-Saxon World*, 351; P. Stafford, 'Ælfgifu of Northampton', *The Oxford Dictionary of National Biography*.

60 *English Historical Documents*, i, 245–246.

61 Ibid., 246; Roach, *Æthelred*, 287, 291.

62 *English Historical Documents*, i, 246.

63 Ibid.; *Chronicle of John of Worcester*, II, ed. Darlington, McGurk and Bray, 476–477.

64 *English Historical Documents*, i, 246–247, 925–926; J. Wilcox, 'Wulfstan's Sermo Lupi ad Anglos as Political Performance: 16 February 1014 and Beyond', *Wulfstan, Archbishop of York: The Proceedings of the Second Alcuin Conference*, ed. M. O. Townend (Turnhout, 2004), 375–396. Cf. Roach, *Æthelred*, 279–383.

65 Ibid.; *English Historical Documents*, i, 929–934.

66 Ibid., 246.

67 M. Morris, *King John: Treachery, Tyranny and the Road to Magna Carta* (2015), 94–96, 127–130, 254–256, 271–275, 290–294.

68 *English Historical Documents*, i, 246–247. Stafford, 'Laws of Cnut', 176–182, argues that the terms put to Æthelred in 1014 were repeated in clauses 69 to 83 of the second law code of King Cnut (for which see *English Historical Documents*, i, 465–467).

69 *English Historical Documents*, i, 247; Roach, *Æthelred*, 294.

70 *English Historical Documents*, i, 247, 451; Roach, *Æthelred*, 297–298.

71 Ibid., 298–300; *English Historical Documents*, i, 247, 593–596.

72 Ibid., 247–248.

73 Ibid., 248–249.

74 Ibid., 249; H. Summerson, 'George [St George]', *The Oxford Dictionary of National Biography*; *An Anglo-Saxon Passion of St George*, ed. and trans. C. Hardwick (1850), 2–3.

75 *English Historical Documents*, i, 244.

76 Ibid., 249–251. 'Ironside' had been coined by 1057: *English Historical Documents*, ii, 135.

第十章
暗夜将去：
戈德温家族的崛起

人们普遍认为，盎格鲁-撒克逊时代于 1066 年 10 月 14 日星期六的下午茶时间结束。就在那一天，由哈罗德·戈德温森国王率领的英格兰军队与诺曼底公爵威廉率领的入侵军队在黑斯廷斯西北约六英里的一处不起眼的山脊上发生了冲突。这场战斗从早上九点左右开始，持续了一整天；根据当时的记载，直到太阳开始落山时，哈罗德被杀的消息才传遍了战场，幸存的英格兰军队逃进了秋天的黑暗之中。著名的贝叶挂毯上描绘了这位国王的死，这是一幅非凡的刺绣画，长七十米，在战后不久缝制而成，至今仍奇迹般地与我们同在。挂毯显示，哈罗德好像握住了射入他眼中的箭杆，这一形象导致后来的编年史家相信这就是这位不幸国王死亡的原因。[1]

如果这听起来在时间顺序上有点太过精确——历史时期很少像历史学家自以为的那样整齐地划分——但仍有充分的理由将 1066 年视为一个重要的转折点。哈罗德在黑斯廷斯失败的事实意味着他的对手在当年那个圣诞节接替他成为国王，后来被人们铭记为征服者威廉。在这位国王统治期间，他见证了令人难以置信的暴力事件和社会动荡。诺曼征服导致英格兰既有的统治阶级几乎完全被清除，取而代之的是来自英吉利海峡对岸的新来者，他们对一个国家的治理方式有着截然不同的观念。结果，巨大的社会变革随之而来，影响了语言、法律、战争、建筑和对人类生活的态度。从某种真实意义上讲，黑斯廷斯之战预示着一个令人叹为观止的新世界的到来。[2]

由于1066年是这样一个分水岭般的时刻，其前几年的历史往往被书写为前奏，给人的印象是当时的人们正在期待这次征服，或者可能以某种方式预见到了其灾难性影响。然而，描述同时代人在风暴来临之前便已预测到风暴的史料没有任何意义。在1066年之前那个五十年期的大部分时间里，英格兰人像几个世纪以来一样全神贯注于斯堪的纳维亚半岛的事务，尤其是1016年丹麦征服的余波，那次经历所带来的创伤比人们普遍认为的更加严重。在这一时期的前半段，英格兰作为横跨北海的更广阔帝国的一部分，由克努特国王和他的儿子们统治。在这一时期的后半段，惊天逆转出现了，古老的威塞克斯家族的势力恢复，仓促王埃塞尔雷德的儿子忏悔者爱德华即位。王朝的这些更替使英格兰统治精英的生活变得极其复杂：古老的忠诚精神受到侵蚀，身份受到质疑，分歧的种子深植，最终带来了致命的后果。

没有人能比1066年初登上王位的哈罗德·戈德温森更能体现这些变化和冲突。正如他的姓氏所暗示的那样，这位难逃一死的国王既不是克努特的后裔也不是埃塞尔雷德的后裔，但他与这两者间接相关。他的父亲戈德温是英格兰人，而他的母亲吉莎是丹麦人——这一事实解释了为什么这对夫妇给他们的儿子取了这个斯堪的纳维亚名字"哈罗德"。他们的婚姻是1016年丹麦征服的直接结果，没有哪个英格兰人比戈德温本人从这次敌方接管中获益更多。在接下来的半个世纪里，他和他的家族迅速崛起，以至于他们可以考虑取代提升他们的敌对王朝。他们跌宕起伏的故事是最后一章的主题。[3]

根据亨廷登的亨利在一个世纪后写作的内容，关于克努特国王有三个特别令人难忘的事实。第一个是他将女儿嫁给了德意志皇帝；第二个是经过谈判，他降低了在欧洲大陆上游历的英格兰商人的通行费。不出所料，这些成就早已从集体记忆中消失，但亨利列举的第三个事实确实令人难忘。编年史家称，当克努特处于权力顶峰时，他下令在潮水来临之际将他的御座放置在海边，并命令海浪不要弄湿他。这让人们觉得这位丹麦国王是在痴人说梦，以至于后来的一些评论员认为这一定是个噱头，旨在向谄媚的朝臣证明王权也会受到限制。然而，亨利没有提到朝臣，也没有就这是否是国王自己的杜撰提出任何意见。[4]

撇开这些传说不谈，历史学家们仍然得出了一个独立的结论，即克努特是一位精明的政治家，也是一位受到臣民尊重的成功统治者。尽管他是通过暴力手段征服了英格兰的，但几乎没有证据表明这会导致任何重大的结构性变化。自然有一些语言上的新奇之处——例如，这位国王和他的丹麦支持者称他们的军队家臣为"宫廷侍卫"，并称郡长为"伯爵"——但除此之外，似乎并没有太大变化。因此，人们传统上认为克努特带来了和平与稳定，这在埃塞尔雷德动荡的统治之后是非常需要的。[5]

此外，这位新国王似乎已经下定决心要弥合他的英格兰和丹麦臣民之间的分歧。例如，在1020年，他将全部王室人员带到了埃塞克斯郡的阿桑顿，这是他四年前击败刚勇者埃德蒙的地方，目的是参加他委托建立在战场遗址上的一座新教堂的落成典礼。在此之前的埃德蒙逝世的周年纪念日当天，克努特曾前往格拉斯顿伯里祭拜了他阵亡对手的坟墓，并展示了一件绣有孔雀图案的斗篷，以表达同样的敬意。这位国王还试图弥补他入侵之前的暴行。1023年，他安排人将圣埃尔夫赫亚的遗体从圣保罗大教堂恭敬地移走，并极为庄严地将其运送到坎特伯雷。这位圣徒于十一年前因一支喝得醉醺醺的维京军队而殉难。这种公开的赎罪行为宣扬了克努特有资格成为一名基督教统治者，这显然是他热衷于培养的一种形象。在克努特寄给沙特尔主教一些装饰华丽的书籍后，这位主教给国王寄了一封信，其中说道："我们对你的知识和信仰感到惊讶，我们听说你是一位异教徒王子，但现在我们知道你不仅是基督徒，还是上帝仆人最慷慨的捐助者。"[6]

克努特促进其人民和解的最重要措施是，他与仓促王埃塞尔雷德的遗孀埃玛结了婚：他们的婚礼在他统治期开始的几个月后，也就是1017年夏天举行。埃玛可能比她的这位新丈夫至少大十岁，她后来坚称对这一事态发展感到非常高兴，并且被国王的承诺和礼物所吸引。

克努特国王和埃玛王后（此处记录的是她的英格兰名字埃尔夫吉福）向温切斯特新敏斯特大教堂授予一个巨大的十字架

几乎可以肯定的是，现实并没有那么浪漫：《盎格鲁-撒克逊编年史》说克努特导致这位王后"被迫成为他的妻子"。不说别的，这位国王当时已经娶妻，就是北安普敦的埃尔夫吉福，他在几年前——可能是在1013年与她结婚，而且没有迹象表明他随后抛弃了她。让埃玛感到慰藉的是，她保留了她的王室头衔，并且显然是克努特的"官方"妻子：在温切斯特新敏斯特大教堂制作的一幅插图手稿中，他们两人并排站立，向教堂内一座高高的圣坛授予了一个巨大的金色十字架。除了强调他与埃玛之间的伙伴关系外，这张图片再次将克努特描绘成一个模范的基督徒国王，他的一只手握着十字架，另一只手握着他的剑，而一位天使则将王冠戴在他的头上。[7]

然而，我们在相信克努特是一位仁慈的统治者的同时，应该保持谨慎。从他的统治期内遗留下来的大部分证据，就像上面的那张插图，基本上都是为了宣传，由基督教教士按照他的要求制作，竭力以最好的方式呈现他的形象。其他证据不那么明显也不太多，描绘了一幅完全不同的这位国王和他所领导的政权的画面——更符合他作为维京军阀的背景。

首先，克努特的征服过程极其野蛮。甚至在他即位之前，也就是1014年，这位国王还下令把前一年交给他父亲的众多英格兰人质弄成残废，从而证明了他的残暴程度。两年后，在他自己实施的入侵行动中，许多人丧命。在最重要的阿桑顿战役中，英格兰阵亡者包括多切斯特主教、拉姆西修道院长、两名郡长和许多其他贵族。《编年史》感叹道："在那里，英格兰所有的贵族都被摧毁了。"在他加冕之后，杀戮仍在继续，克努特开始谋杀那些他不信任的英格兰人。1017年，掠夺者埃德里克与几位郡长的儿子一起被处死。同年，这位国王下令处死埃德威格，他是仓促王埃塞尔雷德第一次婚姻中唯一幸存的儿子。大约在同一时间，克努特将刚勇者埃德蒙的幼子送到瑞典，要求瑞典国王悄悄处决他们。[8]

所有这些杀戮带来的结果是，克努特有很多空缺要填补，不出所料，他首先选择通过提拔丹麦人来填补空缺。在他统治初期，这位新国王根据古代盎格鲁-撒克逊王国的划分方式将这个国家分为四个主要的伯爵领地。在他征服的过程中，诺森布里亚已经交给了他的姐夫埃里克。东盎格利亚随后分给了维京雇佣军领袖高个子托鲁克尔，作为对他支持的奖励。最初给了掠夺者埃德里克的麦西亚也很快落入丹麦人手中，分给了克努特的几个斯堪的纳维亚伯爵。国王则自己保留了威塞克斯。[9]

这条规则的一个例外是戈德温，他是未来国王哈罗德的父亲——这名英格兰人不仅逃脱了1017年的政治清洗，而且获得提升，拥有了无与伦比的权力。关于戈德温自己的背景，我们几乎一无所知：他可能是萨塞克斯大乡绅伍尔夫诺思的儿子，伍尔夫诺思在1008年征用了部分王家舰队，并像海盗一样沿着南部海岸进行劫掠。然而，关于戈德温本人，我们知道很多，这要归功于他的女儿为庆祝她的家族的崛起而委托著作的一本书。如今这本书以《爱德华国王生平》的名字命名，原因是在创作过程中，它被改写为一部关于忏悔者爱德华的历史，但它最初的目的，正如这本书开篇所讲的那样，是为了歌颂戈德温和他的孩子们。根据《爱德华国王生平》的记载，戈德温之所以成功，是因为他兼具政治家和战士的才能，以及他随时准备好了与克努特合作。1019年，他的命运出现了一个明显的转折点，当时克努特在他的兄弟哈罗德去世后返回丹麦继承了丹麦王位。戈德温和他一起去了，据说他展现了他的勇气和智慧，以至于这位国王决定给予他重大的奖励。当他们还在丹麦时，戈德温就娶了克努特的嫂子吉莎。次年他们回到英格兰时，他被提升为威塞克斯伯爵。[10]

这就是克努特对戈德温的信任，我们了解到，这位伯爵成了英格兰最重要的贵族。随着十一世纪二十年代不断前进，他的丹麦同僚逐渐消失。托鲁克尔于1021年被流放，埃里克于1023年去世。等到了这个十年期末，麦西亚的各个伯爵都被重新部署以处理斯堪的纳维亚半岛的事务。在十一世纪二十年代后期的大部分时间里，克努特也曾在英格兰以外度过，以应对他在北海不断扩张的统治所遭受的抵抗，并前往罗马朝圣。所有这些都意味着他越来越依赖戈德温担任他在英格兰的摄政王。《爱德华国王生平》中将伯爵描述为"几乎整个王国的管家"，并向我们保证他在英格兰人中非常受欢迎，英格兰人不把他视为主人，而是将他尊为父亲。[11]

然而，我们有理由认为，一切并不像戈德温的女儿委托写的那本小册子让我们相信的那么美好，或者像历史学家从几乎缄口不提的当代英语史料中所推测的那样稳固不变。（例如，《盎格鲁-撒克逊编年史》几乎没有对克努特统治期间的英格兰事务做任何记录。）相对于这些代表国王起草的、强调征服者与被征服者之间和谐的虔诚政治宣传，我们需要看看为了赞美他而创作的诗集，并且几乎可以肯定这些诗歌曾在他的宫廷里吟诵。黑衣人奥塔尔在他庆祝入侵英格兰的吟唱诗《克努特大王》中高喊："你在那次突袭中击败了埃德加的民族，深沟里的水淹没了诺森布里亚人的尸体……埃德蒙的高贵后代遭受了致命的伤害……当你进攻时，他们无法保卫他们的据点。"[12]

这种歌颂丹麦人和他们所造成的苦难，同时诋毁被他们击败的对手的军事声誉的诗歌，本可以符合克努特随从中斯堪的纳维亚成员的情绪，但至少可以说，这一定会让英格兰听众感到不舒服。许多土生土长的贵族都有在世的亲戚，他们在国王的命令下被严重毁容和致残。很明显，他们中的一些人，比如戈德温和他的丹麦妻子，支持了胜利者的文化：考古发现表明，克努特的丹麦追随者的装饰马具在他统治期间被英格兰广泛模仿。然而，其他人则认为，采用这种外国时尚是对他们国家身份的背叛。"你放弃了你的父辈所遵循的英格兰惯例，这是错误的"，一位匿名的写信者对他的兄弟说，责备他以斯堪的纳维亚方式蓄着头发，剃光了后脑勺，但留着长长的刘海。"在喜爱异教徒的做法时，"他补充说，"你就鄙视了你的种族和你的祖先。"[13]

对这种文化冲突的焦虑程度远非马饰和发型所能及。约克大主教、埃塞尔雷德国王的前顾问伍尔夫斯坦迅速与克努特达成妥协，并努力弥合英格兰与丹麦之间的裂痕。他负责起草新国王的立法，并在1019年或1020年为克努特写了一封信，由丹麦寄给他在英格兰的臣民，向他们承诺他将成为忠实的领主和基督教的捍卫者。但在他于1023年左右去世之前，这位大主教写了一篇有关异教教义危害性的讲道，保存在约克的一本福音书中。"在这片土地上，"他说，"有神的敌人，有藐视上帝律法的人，有谋杀亲属的人，有仇视教会的人，有杀害神父的人，有违犯圣训的人，有通奸的人，有妓女和杀害儿童的人。"从很大程度上讲，这是对他在早期《伍尔夫向英格兰人的布道》中所谴责的罪行的排练，但他这篇讲道写于丹麦胜利之后，原因是他担心异教徒的做法正在增加。[14]

伍尔夫斯坦特别憎恶的一种做法是向海外输出英格兰奴隶：他在他对异教教义的说教以及他著名的讲道文章中都抱怨过这种做法。对于奴隶制本身，教会没有任何抱怨——这是自《圣经》时代以来就存在的一种情况——但至关重要的是，奴隶和主人都应该是基督徒。如果英格兰人被出卖到异教徒手中，那么他们的灵魂肯定会丧生。然而，在十一世纪初，国际奴隶贸易显然是一桩大生意。布里斯托尔的财富建立在英格兰奴隶的出口之上，比该镇更广为人知的参与横跨大西洋的非洲黑奴贸易早了几个世纪。大量奴隶卖给了斯堪的纳维亚。根据马姆斯伯里的威廉的说法，其中一个从他们的痛苦中获利的人是戈德温伯爵的丹麦妻子，她"据说在英格兰购买了一群奴隶并将他们运回丹麦"。

其中一些奴隶可能要从事艰苦的劳动，就像埃尔弗里克独白中的扶犁者所做的那样，但其他人则被围捕并出售用于性目的。根据马姆斯伯里的威廉的说法，在布里斯托尔，你可以看到"两个性别"的年

轻人排成几队,商人在让女仆怀孕后会卖掉她们。伍尔夫斯坦在他的
《伍尔夫向英格兰人的布道》中断言,一个很常见的做法是,几个男
人为了愉悦而结伴买下一个女人,然后将她"出卖到国外,卖给有权
势的陌生人"。据称,戈德温的妻子专门出口年轻女孩,"她们的美丽
和年轻会提高她们的价格"。教士们,尤其是改革派的教士们,可能
会大声谴责这一点,并提倡独身和一夫一妻制的美德,但在克努特时
代的英格兰显然存在一个相互矛盾的观念,即一个人的权力可以通过
他拥有的妾的数量来衡量。这位国王尽管摆出虔诚的姿态,但他娶了
两个老婆,并没有做出什么努力来消除这种观念。[15]

人们怀疑在克努特统治期间英格兰并不像传统上认为的那么稳定
和谐,这种疑虑由于克努特去世后发生的事件得到了进一步强化。这
位国王于1035年秋天病倒,于11月12日去世。(由于诗人在他即位
时评论他处于青年时期,因此他去世时可能不超过四十岁。)在他在
世的最后几年里,他试图将他的一夫多妻变成他的政治优势。他的第
一任妻子埃尔夫吉福与其长子斯韦恩一起被派去统治挪威,而他的第
二任妻子埃玛则生下了一个名叫哈德克努特的儿子,他被派去统治丹
麦。后来的作家们从这些事态发展中推测,克努特打算分裂他的帝
国,并同意了一个继承计划。然而,如果真是这样的话,这个计划在
他去世后的几天内就破产了。[16]

克努特的遗体刚在温切斯特安葬,牛津就立即举行了一场集会。
《盎格鲁-撒克逊编年史》称其为"贤人会议",字面意思是"智者参
加的会议",首次使用了一代人之前由恩舍姆的埃尔弗里克创造的术
语。召集国民议会的传统可以追溯到一个世纪前埃塞尔斯坦统治时
期,但其宪法意义往往会被夸大。例如,如果人们记得在克努特即位
之前,每个候选人都是同一个王室家族的成员,是阿尔弗雷德大王的
直接后裔的话,那么英格兰国王是"由选举产生的"这一普遍说法似

乎就不那么令人印象深刻了。尽管如此，这给人留下的印象是，议会的影响力和他们为整个国家发声的能力一直在增加，"贤人会议"这个词的使用可能反映了这一点。在1035年年尾的数日内，众多伯爵和大乡绅齐聚牛津，他们知道他们此行是为了决定谁应该成为他们的下一任统治者。

局势很快明朗，他们没有达成共识。《编年史》说，"戈德温伯爵和威塞克斯的所有主要人物"都支持埃玛王后的儿子哈德克努特。然而，他们遭到了泰晤士河以北由利奥弗里克伯爵为首的大乡绅们的反对。利奥弗里克是一名前英格兰郡长的儿子，来自一个在克努特统治之初由于遭到怀疑而没落的家族：他的兄弟曾在1017年那次大清洗中被处决。但利奥弗里克努力恢复他们的财富，后来被提升为麦西亚伯爵，取代了去世或返回了丹麦的丹麦人。在克努特最后的特许状中，他在见证人中的排位仅次于戈德温，显然他与戈德温意见不一致。他和他的伯爵领地中的人拒绝了哈德克努特的主张，并宣布支持克努特第一任妻子埃尔夫吉福的小儿子哈罗德。（她的大儿子斯韦恩此时已经去世。）

哈德克努特的支持者面临的最大困难是他们的人还在丹麦，而哈罗德则在英格兰，并且很可能出席了在牛津举行的那次会议。双方同意，等哈德克努特回国后将做出最终决定。与此同时，有人提议让哈罗德以摄政王的身份统治整个王国。《编年史》称，戈德温和他的支持者强烈反对这一建议，但无能为力。这位伯爵能够从他的对手那里得到的唯一让步是，威塞克斯应该继续由哈德克努特的母亲埃玛王后直接控制，埃玛王后将和她已故丈夫的侍卫一起住在温切斯特。[17]

埃玛比任何人都更希望哈德克努特成为国王。她已经当了三十多年的英格兰王后，并决心不能仅因为另一位考虑不周的王室丈夫比她先去世而放弃她的职位。几年后，她委托制作的一本小册子中描述了她为哈德克努特所做的努力，这本小册子如今被称为《埃玛王后赞美诗》。它有一个便于利用但不太可能的主张，就是克努特在他们结婚时曾发誓只有她的孩子可以接替他。它还提出了一个不太严谨的诽谤，称哈罗德实际上根本不是克努特和埃尔夫吉福的儿子，而是他们一名女仆的孩子。然而事实证明，埃尔夫吉福能力非凡，在这场公关战中完全化解了反击带来的挑战。例如，在1036年春天，她开始邀请那些未拿定主意的英格兰权贵参加盛大的聚会并向他们行贿，以此来赢得他们的支持。她的方法显然非常成功，而且哈德克努特仍未现身这一事实极大地帮助了她。哈德克努特在丹麦停留的时间越长，人们对哈罗德的支持就越强烈。[18]

到1036年夏天，埃玛已经非常绝望，她准备考虑彻底改变计划。哈德克努特是她与克努特所生的唯一儿子，但她在早先与仓促王埃塞尔雷德的婚姻中还生下了其他儿子。这些男孩——爱德华和阿尔弗雷德——在1016年底前逃离了英格兰，从而躲过了克努特统治初期的流血事件。从那时起，他们成为他们的亲戚诺曼底公爵的客人，一直在他们母亲的家乡诺曼底流亡。随着他们长大成人，两兄弟显然希望能有一天收回他们失去的遗产。二人中的老大爱德华，早在几年前就已经尝试过，但未能返回英格兰，并作为"国王"见证了特许状的颁发。[19]

由于哈德克努特仍被束缚在丹麦，埃玛转向她二十年前舍弃的儿子们，显然鼓励他们相信他们的回国得到了广泛的支持。1036年秋天，两兄弟分别开始了前往英格兰的旅程。爱德华似乎首先起航，前往了南安普敦，这应当是与他母亲在温切斯特会合的港口。然而，当他抵达后，一支庞大的英格兰军队与他的军队交战并劝说他返回诺曼底，这让他打消了受到广泛支持的错误想法。与此同时，阿尔弗雷德从佛兰德斯起航，在多佛登陆。他也打算去与他的母亲会合，但在他到达后不久，他就被戈德温伯爵截住了。这位伯爵欢迎他，宣誓效忠于他，并护送他的一行人到吉尔福德，在那里他们享受了盛大的返乡宴。[20]

然而，戈德温这样做并非诚心实意。在克努特死后的日子里，他和埃玛一直是坚定的盟友——《盎格鲁-撒克逊编年史》将他描述为她最忠实的支持者。但这位王后随后决定放弃哈德克努特并支持爱德华和阿尔弗雷德，一定让他感到震惊。这位伯爵将他的一切成就归功于他对丹麦征服的热烈支持。如果那次征服期间幸存的主要受害者中的任何一个继承了王位，事情肯定会变得很糟糕。在他看来，新国王必须是克努特的儿子。如果哈德克努特由于反应迟缓而将自己排除在外，那么戈德温将不得不与哈罗德和解。让哈罗德的对手住在吉尔福德他的屋檐下，给这位伯爵提供了绝佳的机会。

在宴会结束后的那个晚上，阿尔弗雷德和他的追随者在喝得酩酊大醉并上床睡觉后遭到戈德温手下的袭击。他们中有的被杀，有的成了残废，还有的被卖为奴隶。《盎格鲁-撒克逊编年史》称，这是自二十年前丹麦征服以来在英格兰发生的最严重的暴行。阿尔弗雷德本人被扣押并送往伦敦与哈罗德面谈，哈罗德下令将他带走并弄瞎双眼。这位不幸的觊觎高位者被船送到东盎格利亚的沼泽地，还在船上时他就丧失了视力，然后由伊利的僧侣们照料。不久之后，他去世了，大概是由于他的外伤造成的。[21]

尽管后来编年史家对阿尔弗雷德的死非常重视，但当时他的辞世解决了英格兰的政治僵局。1037年，《盎格鲁-撒克逊编年史》说："任何地方的人民都选择哈罗德作为国王，但拒绝接受哈德克努特，原因是他在丹麦待得太久了。"戈德温将阿尔弗雷德交到哈罗德手中，证明了他对新政权的承诺，从而保留了他在威塞克斯的权力。相比之下，埃玛试图让她被流放的儿子们反对国王，则被认为表明了她的不忠。《编年史》称，在当时，这位曾两次丧偶的王后"被毫不留情地赶出了这个国家，去面对严冬"。[22]

然而，哈罗德的统治期很短暂：他于1040年3月17日去世，年仅二十五岁，这距离他登基统治整个王国仅仅三年。英格兰在这段时间内发生了什么仍是一个谜。在这位国王去世后著述的《编年史》对此言语谨慎，他发布的特许状都没有幸存下来。甚至他有趣的绰号——"飞毛腿"哈罗德（Harold Harefoot），都没有告诉我们任何有关他的信息。后来的中世纪作家声称这是对他身手敏捷的描述，但由于它在十二世纪的编年史中首次被记录为"Harefah"，因此更合理的解释是它源于为了避免与挪威国王"金发"哈拉尔（Harold Fairhair）混淆。唯一可以确定的是，在哈罗德统治期间，人们越来越害怕斯堪的纳维亚半岛会对其开展新一轮的入侵，原因是哈德克努特并没有放弃统治其父亲全部王国的希望。1040 年春天，在他被流放至佛兰德斯的母亲的怂恿下，这位丹麦国王启程前往英格兰，准备与同父异母的兄弟争夺王位。显然，就在他前往英格兰的途中，哈罗德去世的消息传来，随后英格兰权贵们邀请他以和平的方式登上王位。[23]

《盎格鲁-撒克逊编年史》说，"他们认为自己的行为很明智"，但很快就被证明是错误的。《编年史》继续说，哈德克努特"只要在位，就没有做过一个国王应该做的事情"。部分原因在于，他和他的母亲回到英格兰一心就是为了复仇。他们到达后不久，哈德克努特将哈罗德的遗体从威斯敏斯特的坟墓中移走，并"扔进了一片沼泽地"。戈德温因参与陷害阿尔弗雷德而被公开指控，但他向这位新国王发誓他只是服从命令，从而成功躲过了相互指责的风暴。其他人就没有那么精明了。诺森布里亚伯爵在哈德克努特的吩咐下被谋杀，大概是因为怀疑他不忠。这可能被认为是合法的政治行为，但这位国王以确保其人身安全作为承诺引诱这位伯爵来到南方，促使《编年史》称他为"违背誓言的人"。

然而，真正损害哈德克努特王权的是他的严苛税收。自从 1012 年开始，当仓促王埃塞尔雷德引入这些税收时，英格兰人已经习惯于支付"军费"，这是一种用于补贴永久雇佣军舰队的税款。克努特曾用它来维持一个由十六艘船组成的舰队，哈罗德也是这样做的。然而，哈德克努特带着一支由六十二艘船组成的舰队入侵了英格兰，并要求他们的船员按照既定的标准获得报酬。《编年史》说，其结果是带来了"一项非常严苛的税收，人民难以承担"：小麦价格飞涨，当这位国王的两个侍卫来到伍斯特要求缴纳税款时，他们被愤怒的暴民杀害。作为回应，哈德克努特下令不断攻击这座城市，他的军队在那里进行了四天的抢劫和纵火。《编年史》说："所有以前热烈支持他的人，现在都对他没有任何好感。"[24]

这位新国王的人气直线下降，为接下来发生的事情提供了最好的解释。在他统治期第二年的某个时候，哈德克努特邀请他幸存的同母异父的兄弟爱德华从诺曼底返回并和他一起统治这个王国——《盎格鲁-撒克逊编年史》称爱德华"宣誓成为国王"。根据《埃玛王后赞美诗》，这只不过是兄弟之爱的表达，鉴于几乎可以肯定两人从未见过面，这种解释似乎不太可能。一个更合理的解释是，哈德克努特受到了他的权贵以及建立更广泛政治团体的要求的逼迫。十二世纪一本名为《四论说》的法律文献称，爱德华在戈德温伯爵和温切斯特主教的倡议下被召回英格兰，当他到达汉普郡海岸时，他遇到了"整个英格兰的大乡绅"。这些人在允许爱德华继续前进之前，要求他在一大群人面前发誓，他将维持"克努特的法律"。由于克努特的法律可以明确地追溯到埃德加国王的法律，因此这本质上是要求回到过去的美好时光，也就是过高的王室税收出现之前的生活。呈递给爱德华的协议让人回想起1014年民众与他父亲达成的那个协议，当时埃塞尔雷德的臣民接纳他结束诺曼底流放生活返回祖国，条件是他要施行更好的统治。它甚至超过了1035年牛津的那次"贤人会议"，更能体现出英格兰贵族阶级的集体谈判能力。[25]

因此，这个国家从1041年起就处于一种奇怪的境地，它有两个国王，一个是埃塞尔雷德的儿子，另一个是克努特的儿子，他们有一个共同的母亲。《埃玛王后赞美诗》是埃玛在此时委托人著述的，目的是捍卫这种非同寻常的事态，将他们的三人执政比作基督教的三位一体，并坚称"他们之间没有分歧"。当然，如果真的是这样的话，这样的声明就是多余的。人们一定有这样的疑虑：事实上，这两个同母异父的兄弟——一个是丹麦征服的受害者，另一个则象征着丹麦征服的延续——会发现合作非常困难。[26]

幸运的是，这个难题并没有持续多久。1042年6月8日，也就是爱德华回国后的第二年，哈德克努特在伦敦附近的兰贝斯参加他一个手下的婚礼时突然倒地而亡。鉴于他宫廷里紧张的政治局势，我们有

《埃玛王后赞美诗》的作者将他的作品呈现给埃玛王后。她的两个儿子，哈德克努特和爱德华，正如文献本身已经根据变化的政治事态进行了修订，也被添加进了这张图片

理由怀疑他死于谋杀，而且我们的史料强烈暗示，这场谋杀当时确实正在进行。哈德克努特二十岁出头，据说"身体健康，心地善良"，但根据《盎格鲁-撒克逊编年史》的记载，他死之前正"站着喝酒"，但随后倒在地上"浑身抽搐，令人恐惧"。无论是否有人把什么东西塞进了他的酒杯，他的迅速离世都标志着这个王国将要回归到一种更传统的政府形式。《编年史》称，甚至在他被安葬之前，"整个国家就选择了爱德华作为国王"。[27]

如今，由于爱德华拥有"忏悔者"这样一个令人难忘的绰号，因此大多数人都熟悉他。这个绰号是人们在1161年之后授予他的，当时教宗将他提升为圣徒，并接受了这位国王在他去世前和去世后都创造了奇迹的证据。所谓的《爱德华国王生平》对其中许多奇迹都有描述，虽然我们可能怀疑它们是不是真实的，但毫无疑问，爱德华确实虔诚。《爱德华国王生平》告诉我们，他勤奋地参加弥撒，慷慨地向穷人分发救济品，并且他喜欢与修道院长和僧侣们交谈。从他的统治期开始，他就是伦敦西部一个此前贫困不堪的小型修道院的忠实赞助人，该修道院被称为威斯敏斯特，他对修道院里的教堂进行了重建，重建规模如此之大，以至于到他去世时，这座教堂已经成为不列颠规模最大的教堂。[28]

然而，他死后的圣洁不应使我们误以为他不关心世俗事务，或者说他不具备成为更强大国王的天赋。他可能很虔诚，但这位"忏悔者"既不是和平主义者，也不是容易打败的对手。例如，在他统治期的第二年，对于他的母亲正在密谋反对他的说法，他反应激烈，率领着他的贵族和他们的军队随从前往温切斯特，并剥夺了这位前王后的所有财产。同样，在1044年以及随后的一年，爱德华积极应对挪威即将入侵带来的威胁，在桑威奇集结船只并驶入英吉利海峡，准备好抵御任何攻击。

爱德华缺乏的不是勇气，而是政治盟友。他在国外度过了二十五年的流放生涯，这意味着他没有机会与他的主要贵族建立起那种密切的关系，而这是所有国王实现繁荣所需要的。与克努特不同，他不是以征服者的身份来到英格兰的，无法率领一支侵略性的军队来执行他的意志，无法随时准备取代任何反对或对他不满的人。"忏悔者"是应邀和平抵达这里的，只有少数诺曼底的朋友和追随者迎接他。他在少年时逃离故土，如今年近四十的他回到家乡，发现自己和这个国家都变了，他现在是一个局外人，对法国北部的事务和风俗习惯比对他的出生地还更熟悉。[29]

出于所有这些原因，这位新国王需要戈德温。在同样长的二十五年里，这位伯爵拥有了这位国王所没有的一切——富有、受人欢迎和人脉广泛。作为威塞克斯伯爵，他实质上占据了爱德华王室祖先的权力基础，在一定程度上篡夺了他们作为忠诚核心的地位。考虑到仅仅在几年前这位伯爵就强烈反对阿尔弗雷德回国，他支持爱德华事业的动机更难理解。可能是由于他抛弃了哈德克努特转而支持了哈罗德，因此当哈德克努特意外上台并开始报复那些背叛他的人时，他感到势单力薄。尽管爱德华几乎不可能原谅谋杀他兄弟的人，但戈德温可能已经估计到，与一个可以从他的其他领地寻求军事支持的愤怒的丹麦国王相比，他更能应付一个没有权力的流放者。

因此，爱德华的统治就建立在这个尴尬的联盟之上，这需要他和戈德温进行一场公开和解。就伯爵而言，他发誓他从未打算伤害阿尔弗雷德，并向这位国王赠送了一艘华丽的镀金战舰，船上还有八十名全都穿着黄金战袍的战士。作为回应，爱德华将戈德温的三个亲属封为了伯爵。1043年，他最年长的两个儿子斯韦恩和哈罗德均得到任命，分别掌管西南米德兰兹和东盎格利亚地区，他的侄子伯恩在1045年获得了东南米德兰兹的控制权。[30]

同样是在1045年，这位国王与戈德温的女儿伊迪丝结婚。根据她自己委托编写的《爱德华国王生平》，伊迪丝就像人们想象的那样几乎接近完美：美丽、聪明、口齿伶俐、有爱心、诚实、有艺术天赋、慷慨和（不言而喻的）谦虚。但即使在详细列出她的魅力和成就时，她聘请的这位作家也没有忽视她与爱德华结合背后的政治现实。他说，这位国王"更容易同意缔结这段婚姻，因为他知道，在戈德温的建议和帮助下，他将更坚实地掌握自己在英格兰的世袭权利"。[31]

然而，随着时间的推移，爱德华与他岳父之间的关系开始变得不稳定。部分原因是他们对丹麦征服留下的遗产有着截然不同的态度。结婚后不久，这位国王驱逐了克努特国王的侄女贡希尔达，当时她正和两个孩子居住在英格兰，次年他又赶走了克努特的丹麦追随者之一奥斯戈德·克拉帕。相比之下，戈德温则努力与丹麦保持密切关系。1047年，丹麦新国王斯韦恩·埃斯特里特森向英格兰请求军事援助以对抗挪威时，他的岳父戈德温完全赞成，并建议派遣一支由五十艘船组成的舰队。但爱德华拒绝了，他得到了麦西亚的利奥弗里克和显然更广泛的政治群体中绝大多数人的支持。"这对每个人来说看起来都是一个愚蠢的计划，"《盎格鲁-撒克逊编年史》说。[32]

两人还会因教会任命发生冲突。当坎特伯雷大主教于1044年因健康问题辞职时，他的替代人选是"在这位国王和戈德温伯爵的共同建议下"决定的。但当这位大主教最终于1050年10月去世时，爱德华拒绝了戈德温关于其继任者的建议，并任命了他的朋友瑞米耶日的罗伯特。正如他的名字所暗示的那样，罗伯特是一名诺曼人，曾是塞纳河畔一座修道院——瑞米耶日修道院的院长。他于1041年跟随爱德华来到英格兰，三年后被任命为伦敦主教。用《爱德华国王生平》中的话说，罗伯特是"这位国王最有权势的机要顾问"，这自然使他成为戈德温的劲敌，戈德温曾极力反对将一位"陌生人"提拔为大主教。然而，正如他的外交政策建议一样，这位伯爵被否决了，1051年3月，罗伯特的任命在国王举行的协商会议上得到确认。[33]

事实证明，最后一根稻草是继任问题。戈德温的计划显然是爱德华和伊迪丝会给他生个外孙，他将在适当的时候成为下一任国王。但到了1051年，也就是他们结婚六年后，这对王室夫妇根本没有生育任何孩子。现代评论家倾向于认为这仅仅是生物学上的厄运，但伊迪丝本人坚称这是因为她的丈夫从未和她一起睡过。他的传记作者说，这位国王是一位独身者，"以神圣的贞洁维护了他奉献的尊严"。[34]不管真相如何，没有后代让每个人都深感担忧，原因是不存在其他公认的王位候选人。爱德华是古老的威塞克斯家族的最后一个已知代表：他的同父异母兄弟在丹麦征服过程中被杀，他的兄弟阿尔弗雷德被戈德温背叛而死。如果国王未能产生继承人，该国将重新面临他即位之前多年的危机。

然而，爱德华提出了另一种解决方案。1051年春天，很可能是在批准任命罗伯特担任瑞米耶日修道院长的同一个协商会议上，据说这位国王提议在他死后将王位传给他的堂兄诺曼底的威廉公爵。从国王的角度来看，这非常合乎情理。威廉出生于1027年前后，是一位年轻而成功的战士，尽管面对多次推翻他的企图，但他仍然在法国北部建立了自己的势力范围。在实用的角度上讲，他的上台将恢复英格兰和诺曼底之间的联盟，该联盟在将近半个世纪前由爱德华的父母埃塞尔雷德和埃玛在他们的婚姻中缔结。几乎可以肯定的是，爱德华偏爱威廉也有个人原因。这位国王曾在诺曼底度过了二十五年的流放生活，他显然对抚养他长大并支持他复辟尝试的公爵家庭表示感激。[35]

但让一位诺曼人继位的前景对于戈德温而言一定非常不利，在接下来的几个月里，他与爱德华的关系也迅速恶化。1051年夏天，这位伯爵与国王最亲密的顾问瑞米耶日的罗伯特发生冲突，后者指责他入侵坎特伯雷的部分土地，并显然说服了爱德华相信戈德温正计划袭击他。然后，在8月的最后几天，这位伯爵与国王发生了冲突。触发因素是布洛涅伯爵访问英格兰，他娶了爱德华的妹妹戈德吉福。在他回国的路上，布洛涅伯爵的手下与多佛市民发生了争执，结果导致双方均有人员死亡。布洛涅伯爵向他的国王内兄抱怨，于是爱德华的回应是命令戈德温攻击多佛作为报复。但戈德温拒绝了。肯特是他的伯爵领地的一部分，而且据称他宣布不会伤害自己的人民。[36]

随着他们之间的裂痕终于暴露出来，这位国王和他的岳父准备使用武力解决他们之间的分歧。戈德温和他的儿子们养育了他们领地中的人民，而爱德华召集了麦西亚的利奥弗里克和诺森布里亚伯爵西沃德。但是，当这两支军队于那年9月在格洛斯特郡集结准备战斗时，他们的指挥官犹豫了，担心（《编年史》如是说）内战会使该国遭遇外国入侵，并导致他们集体毁灭。相反，各方同意前往伦敦，戈德温将在那里接受审判。然而，随着他们不断向东进发，这位伯爵的军队逐渐消失，而国王的军队越来越强大。当他们最终到达伦敦时，爱德华感到实力足够强大，他露出了他隐藏已久的手段，并告诉戈德温"当他把他的兄弟活着还给他的时候"，他才可以拥有和平。

这位伯爵迟迟地意识到国王的仇恨是根深蒂固且无法平息的，他开始以逃跑作为回应。他的两个儿子向西乘船前往爱尔兰，而戈德温和他的其他家人则穿越英吉利海峡前往佛兰德斯。只有他的女儿伊迪丝王后无法逃脱，她立即被丈夫放逐到女修道院。《盎格鲁-撒克逊编年史》说："如果任何英格兰人被告知事态会发生这种转变，他都会非常惊讶，因为戈德温已经上升到如此显赫的地位，就好像他统治了国王和整个英格兰一样。"[37]

爱德华成功驱逐了姻亲后，他立即采取措施巩固自己的地位。戈德温家族的伯爵领地被没收并重新分配给其他人：东盎格利亚被授予利奥弗里克伯爵的儿子埃尔夫加，而威塞克斯西部的诸郡则被授予了奥达，奥达可能是这位国王的一个远亲。爱德华还召集了他的近亲诺曼底的威廉公爵，后者在1051年秋天或次年冬天的某个时候穿越英吉利海峡拜访过他。其目的大概是为了重申今年早些时候做出的继任承诺，并使威廉与爱德华的事业更加紧密地联系在一起。《盎格鲁-撒克逊编年史》注意到这位公爵在英格兰的存在，称国王将他视为封臣。爱德华的希望显然是，通过将维护革命的既得利益分给这些本地人和诺曼人，他们会在戈德温复仇的情况下团结起来帮助他。[38]

由于这位国王最近放弃了他父亲维持雇佣军舰队的政策，因此他们的支持将变得更加必要。1049年，他解雇了十四艘船中的九艘，次年又解雇了剩余的五艘。事后看来，他决定这样做是因为他与戈德温之间的不和正在加剧，这似乎有些任性，但有两个因素可能使它成为可取的做法。首先，补贴舰队的税费——"军费"——一直非常不受欢迎，以至于它可能让哈德克努特失去了王位。《盎格鲁-撒克逊编年史》明显松了一口气称，它在1051年被废除。其次，由"军费"资助的船只传统上由斯堪的纳维亚血统的人驾驶，因此这种做法代表了爱德华希望清除丹麦征服的另一个遗产。据推测，这些人可能对戈德温及其对斯堪的纳维亚政治的干预主义态度表示同情。如果是这样，这位国王想要摆脱它们的愿望就更容易理解了。[39]

爱德华计划的可行性在1052年得到检验，当时戈德温家族试图利用军队卷土重来。起初，这位国王的处境似乎前景良好。他命令他新晋升的伯爵组建一支舰队，成功阻止了戈德温登陆，并迫使他返回了佛兰德斯。但由于这些船的船员是志愿者，因此很快就宣布他们的服务已经结束，驶回了伦敦，留下爱德华绝望地四处寻找接替人员。这种延迟给他的敌人提供了他们需要的机会。8月，戈德温再次起航，这次与他派往爱尔兰的儿子们在英吉利海峡形成联军。他们一起绕着东南海岸航行，抢夺物资和船只，并招募越来越多的支持者。或许是由于这位国王计划让诺曼人继位的消息已经传播开来，据判断，当时的公众舆论似乎一边倒支持这位遭流放的伯爵。等到戈德温到达伦敦时，他已经率领着一支庞大的舰队，而爱德华仍在孤独地等待援军。《爱德华国王生平》的作者无法抑制住喜悦地说："大海上漂满了船只，天空在武器的映照下闪闪发光。"

由于寡不敌众，策略上也不如对手，国王别无选择只能投降，不过他的投降自然被视为一种和解。爱德华愤怒地咬牙切齿，公开原谅了他的岳父，并恢复了他和他的儿子们从前的伯爵领地。前一年被打发到女修道院的伊迪丝王后，现在又回到了国王的卧室。这位国王的诺曼朋友们意识到自己处境的危险，开始四处逃窜。《编年史》说，有些人逃往北边，有些人逃往西边，最终到达苏格兰，在那里他们为凶残的国王麦克白服务。爱德华最重要的顾问瑞米耶日的罗伯特向东骑行到埃塞克斯海岸，搭乘一艘不安全的破旧船只返回了诺曼底。从任何现实的评估来看，诺曼人的继位计划都已经泡汤了。[40]

事实证明，戈德温几乎没有时间享受他的胜利。仅仅七个月后，在1053年的复活节，那天是星期一，这位伯爵在温切斯特与国王共进晚餐时出现了某种癫痫发作。"他突然倒在脚凳上，"《盎格鲁-撒克逊编年史》说，"无法说话，浑身无力。"三天后他就去世了，安葬在老敏斯特大教堂。在他的葬礼上，《爱德华国王生平》说，人们表现出极大的悲痛，为失去这位"王国的摄政者"而哭泣。[41]

但他们很快就得到了慰藉，同一史料继续说道，戈德温的"长子也是最聪明的儿子哈罗德"继承为威塞克斯伯爵。严格来说，哈罗德是戈德温幸存的最年长的儿子：他的哥哥斯韦恩在从耶路撒冷朝圣归来之后，于几个月前，也就是1052年9月去世。这对于他的家族而言显然是个解脱，原因是《爱德华国王生平》中没有提及斯韦恩，他屡次让他们难堪，先是绑架了莱姆斯特修道院的院长，后来又谋杀了他的堂兄伯恩伯爵。相比之下，哈罗德没有他已故兄弟的任何缺点，而且在他姐姐雇用文人的笔下，甚至比戈德温本人还要好。"他是他的人民和国家的真正朋友，"《爱德华国王生平》说，"他更加积极地运用他父亲的力量，并以他的耐心和仁慈行事。"哈罗德高大英俊，身心强壮，对善意的人友善，但对罪犯残暴，他的形象接近完美——一位未来的国王。[42]

　　这倒也是好事，因为《爱德华国王生平》同样清楚地表明，在他的姻亲强势回归后，爱德华本人不被允许行使太多权力。显然，作者将此视为国王的自愿决定。我们得知，爱德华很乐意将政府的事务留给别人去做，他宁愿整天携鹰打猎，或者奉行他的宗教信仰。但根据史料对于这位国王活动的描述，我们很难不得出这样一个结论，即在1052年之后他基本上算是戈德温的一个傀儡，顺从地避开或者按照戈德温的吩咐行事。他的妻子伊迪丝已经从屈辱的放逐中归来，显然在维持这种控制力方面发挥了作用，精心安排并操纵他的公开露面活动。只有在特殊的场合，《爱德华国王生平》说，"他才出席盛大典礼，而王后则殷勤地为他穿上华丽的王室盛装"。[43]

　　爱德华在1052年后没有行使任何实权的最有力证明是对新的坎特伯雷大主教的任命。这位国王自己对于宗教的支持主要体现在修道院和支持改革方面。这并不令人惊讶，原因是他在诺曼底流放期间，恰逢诺曼公爵及其领头人物尽管迟到却热情地接受了本笃会修道主义。爱德华自己对于修道主义的热情体现在他与瑞米耶日的罗伯特之间的友谊中，后者的修道院是国内最重要的改革中心之一。罗伯特在启程前往英格兰之前，已经开始以一种时尚的新"罗马式"风格重建那里的教堂，而在爱德华即位之后，他以瑞米耶日为榜样，在威斯敏斯特也做了同样的事情。此外，当改革者在1048年接管了教宗权力时，这两人都做出了积极的回应：爱德华在随后的两年里派遣英格兰代表参加教宗协商会议；当罗伯特在1051年被任命为坎特伯雷大主教时，他尽职尽责地前往罗马接受他的披带。[44]

　　然而，在1052年9月，当戈德温的回国导致罗伯特逃离后，坎特伯雷大主教的职位授予了斯蒂甘德。正如他的斯堪的纳维亚名字所暗示的那样，斯蒂甘德是建立盎格鲁-丹麦之间联系的一个环节。像戈德温一样，他在克努特时代首先声名鹊起，后者任命他为阿桑顿战役遗址的教堂神父。克努特死后，他仍然依附于丧偶的埃玛王后：可能是靠着她的影响力，或者戈德温的影响力，他在1047年获得了温切斯特的主教职位。由于温切斯特曾经是威塞克斯国王的驻地，因此该地与丹麦征服的记忆强烈相关：克努特安葬在那里，哈德克努特也是，埃玛在1052年去世后也埋葬在那里，一年后戈德温也葬在那里。几乎可以肯定的是，爱德华之所以决定重建威斯敏斯特教堂，并在其旁边建立一座新的王宫，正是源于他对温切斯特的厌恶，以及他对崭新开始的渴望。[45]

因此，任命斯蒂甘德为坎特伯雷大主教，标志着晋升了一个代表爱德华所反对的一切的人，并且只能视作戈德温家族在他们胜利时刻授意下的任命。斯蒂甘德不是僧侣，而是教区神父——近一个世纪以来第一位担任坎特伯雷大主教的非僧侣人士。这本身并不一定是个问题，前约克大主教伍尔夫斯坦可能也不是僧侣，但斯蒂甘德极端世俗，他是一个表现出相当蔑视改革理想的世俗神职人员。在晋升到坎特伯雷后，他未能放弃温切斯特主教的职位，并继续掌管这两个主教辖区——这种做法遭到改革者的谴责。根据后来作家的说法，他还犯了买卖圣职罪——买卖教会职务。非常富有和强大的斯蒂甘德几乎没有时间参加新改革的罗马教宗举行的仪式。他没有按照惯例去罗马接受披带，只是使用了瑞米耶日的罗伯特匆忙离开时留下的那个。出于这些原因，一些英格兰教士认为他的任命不是合法的。某个版本的《盎格鲁-撒克逊编年史》在1053年说道："这块国土上没有大主教。"在随后的数年里，几名新选出的主教前往国外接受祝圣，原因是他们希望避免受到斯蒂甘德污点的影响。[46]

斯蒂甘德显然是一个极端的例子，他受到了他一些主教同事的蔑视，但值得强调的是，大多数人（无论是信众还是平信徒）对教区神父本身都没有什么非议。"忏悔者"爱德华本人，据传由于他热爱僧侣，在他的家庭中雇用了世俗的神职人员，并在某些情况下把主教辖区奖励给他们。显然，这位国王不同意他的祖父埃德加的观点，即这些人的祈祷毫无价值。在埃塞尔雷德统治期间，热心的清教徒改革者取得了成功，但这被证明是极具破坏性的。在英格兰精英阶层努力应对新一轮维京人入侵时，他们产生了一种自我鞭笞的心态。在丹麦征服之后，他们对待宗教的态度似乎更理性了。英格兰人以自信的丹麦征服者为榜样，仍然保持虔诚，但不再陷入为追求道德纯洁而开展大清洗的恶性循环中。[47]

哈罗德·戈德温森很好地说明了这种新的盎格鲁-丹麦人对宗教的态度。威塞克斯的这位新伯爵是几座本笃会修道院的慷慨捐助者，他与他们的院长很要好——彼得伯勒的修道院长利奥弗里克曾陪同他前往黑斯廷斯。然而，哈罗德在宗教方面的主要投资是埃塞克斯郡沃尔瑟姆的一座非修道院教堂。众所周知，沃尔瑟姆圣十字教堂是一代人之前由克努特的一位支持者"骄傲者"托维创立的，创立这座教堂之前，他在他的其中一处庄园里奇迹般地发现了一个十字架。哈罗德对这座教堂进行了大规模重建，将其重建为一所世俗教规学院，这是一种在欧洲大陆流行的新型机构。那里的神父虔诚博学，但也很务实，如果有人需要，他们可以在他的家里担任管理者和教士。或许，并非所有人都像利奥夫加一样世俗。利奥夫加是一位神父，1056年，当地伯爵把他从他的家中提拔成为赫里福德的新主教。"他在担任神父期间留着胡须，"《盎格鲁-撒克逊编年史》不以为然地说，"在他被任命为主教后拿起了他的长矛和剑。"几个月后，利奥夫加和支持他的参战神父在与威尔士人的战斗中丧生。[48]

哈罗德在沃尔瑟姆的巨额投资被支持他的伯爵们借鉴。麦西亚的利奥弗里克和他的妻子戈德吉福通过重新资助林肯郡的圣玛丽斯托教堂创建了一所世俗教规学院，并且可能创建了现存最大的盎格鲁-撒克逊教堂之一。诺森布里亚伯爵西沃德在约克做了类似的事情，建立了一座世俗大教堂，用于供奉挪威前国王圣奥拉夫，他早年可能参与了克努特对英格兰的征服。奥达伯爵虽然在1052年的革命中幸存了下来，但获得的伯爵领地要小得多，他在格洛斯特郡的迪尔赫斯特委托建造了一座更简朴的小教堂，于1056年投入使用——小教堂及其奠基石都幸存了下来。这些伯爵领导哪些地方，那些地方的人民就跟随。在爱德华统治期间，全国各地富裕的大乡绅要么在他们的庄园上建立新的教区教堂，要么用石头重建旧的木制教堂。林肯郡亨伯河畔巴顿和北安普敦郡厄尔斯巴顿的塔楼（见彩图23）就是突出的例子。[49]

这种对石头的虔诚投资是英格兰恢复繁荣的一个很好的迹象。经过数十年的战争、入侵和社会动荡，这个国家终于似乎平静下来了。爱德华自己统治的头十年显然并不容易。在整个十一世纪四十年代，《编年史》反复提到严冬和暴风雨、人和动物所遭遇的瘟疫、农作物歉收、通货膨胀和饥荒，而在同一时期，货币的质量同样非常糟糕。但是当我们进入十一世纪五十年代时，情况就好多了。《编年史》不再提及自然灾害了，货币经过改革后也提升到了高标准。《爱德华国王生平》说，戈德温家族回归后，"整个国家都安定和平静下来了"。这位"忏悔者"被比作所罗门王，享受着荣耀和富足的统治。"这是一个黄金时代，"《编年史》的作者说，"照耀着他的英格兰民族。"[50]

但在这种经济成功的背后存在着深刻的政治分歧，这是丹麦征服的持久遗产。尽管爱德华未能生育一个继任者，但该国的一些人致力于维持古老的威塞克斯王室家族，并希望看到它继续下去。这方面最明显的证据是为找到一位国王失散多年的亲属所做的持续努力。戈德温家族回国后不久（如果不是更早的话），爱德华就发现他有一个同名的侄子住在欧洲的另一边。这位爱德华，被历史学家们称为流放者爱德华，是刚勇者埃德蒙的两个儿子之一，他小时候被克努特送到瑞典，当时克努特要求让他们悄悄消失。但瑞典国王显然很同情这些婴儿，并将他们送往了匈牙利。其中一位以他父亲的名字命名为埃德蒙，随后去世，但爱德华幸存下来并长大成人。1054年，伍斯特主教被派往海外，希望能说服他回国。那次特别的任务失败了，但三年后，大概是经过更耐心的长途外交之后，这位遭流放的王子在英格兰登陆，离开四十多年后终得返回。[51]

刚刚抵达故国，他就死了，一些人认为他的死很可疑。"我们不知道为何不允许他拜访他的亲戚爱德华国王"，某个版本的《编年史》说，强烈暗示邪恶势力在起作用。"唉，他的命运很悲惨，回到英格兰之后生命就如此迅速地终结了，这对整个民族来说都是极为悲痛的。"事实上，这位流放者的死并不是《编年史》所暗示的全部灾难，原因是他已经生了一个儿子，名叫埃德加，年龄不超过五岁，作为当然继承人接替了他。对于那些希望看到这个古老王室血脉传承的人来说，这位年轻的王子（候选王子）是他们最后的希望。[52]

然而，这些人的问题在于，还有很多其他人并不像他们一样忠诚。丹麦征服瓦解了长期建立起来的忠诚品格并摧毁了以前达成的政治共识，同时创造了毫不感激爱德华和他的祖先的新王朝。其中，首要的当然是戈德温家族，其势力在同一时期迅速扩大。1055年，当诺森布里亚的老伯爵西沃德去世时，他的继任者和人们所期待的不一样，不是他的儿子，而是哈罗德的弟弟托斯蒂格。《爱德华国王生平》说，"国王没有提出反对"，暗示有些人并不这么想。其中一位显然是东盎格利亚的埃尔夫加伯爵，他是麦西亚的利奥弗里克之子，这些年来利奥弗里克两次遭流放，几乎可以肯定是源于抗议戈德温家族对王室赞助的压制。但埃尔夫加的反对是徒劳的。1057年，当他从父亲那里继承了麦西亚时，东盎格利亚被授予给戈德温第三个兄弟格思，次年一个新的位于东南部的伯爵领地得以创建并分给了戈德温第四个兄弟利奥夫温。[53]

除了英格兰的一个主要伯爵领地之外，其他所有领地都在戈德温森的控制之下，戈德温森家族似乎是坚不可摧的。当约克大主教于1060年去世时，他被伍斯特的埃尔德雷德主教取代，后者是哈罗德的朋友和支持者，这意味着两个大主教辖区都掌握在对戈德温友好的人手中。在1062年或不久之后，麦西亚的埃尔夫加去世，哈罗德和托斯蒂格对他的前盟友威尔士国王格鲁夫德发动了毁灭性的攻击，用一位附庸统治者取代了他，并耀武扬威地将其头颅砍下送回了英格兰。威尔士各地都竖起了纪念石来庆贺他们的胜利，宣布哈罗德是这个国家的征服者。尽管有年轻的埃德加·埃塞尔林存在，但威塞克斯伯爵似乎一定是一个可以取代现年约六十岁、白发苍苍的忏悔者爱德华的强有力竞争者。直到哈罗德决定拜访诺曼底的威廉公爵时，他显然势不可挡的成功才被阻止。[54]

哈罗德的诺曼底之旅可能发生在1064年，这一点众所周知，原因是贝叶挂毯上详细描述了这次旅行。（哈罗德确实可以说是挂毯的真正主角——挂毯上的叙述始于他的诺曼冒险经历，终于他的去世。）开篇场景显示这位伯爵正与忏悔者爱德华交谈，与他的随从骑马前往博舍姆，然后——吃了最后一餐并谨慎地祈祷之后——开始出海。

但哈罗德为什么要踏上这段旅程呢？这幅挂毯，说明文字就像电报一样很简短，并不屑于告诉我们，而同时代的英格兰作家根本就没有提到它。根据诺曼底的编年史家的记载，这位伯爵在忏悔者爱德华的坚持下，重申了国王早先做出的将英格兰王位传给威廉公爵的承诺。然而，这种解释已经超出了可信的范围。令人难以置信的是，在1052年之后显然处于戈德温家族控制之下的年迈的忏悔者，竟然会命令哈罗德承担一项对他自己的利益和野心都非常不利的任务。[55]

最令人信服的解释是由一位名叫坎特伯雷的埃德默的英格兰编年史家提供的，他创作于十二世纪初，他说哈罗德前往诺曼底是为了找回他的两个被扣押为人质的亲戚。这些人质毫无疑问是存在的——即使是诺曼编年史家也无法避免提及他们。在1051年爱德华与戈德温家族紧张对峙期间，他们被移交给了爱德华，并可能在不久之后（诺曼底）公爵访问英格兰时转移到了威廉的监护下。埃德默对细节记述地非常详细，将他们命名为伍尔夫诺思和哈康，伍尔夫诺思是哈罗德的另一个弟弟，而哈康则是他的哥哥已故斯韦恩伯爵的儿子。

哈罗德主动争取释放这两个近亲的建议更符合我们目前对他的立场的认识。到十一世纪六十年代中期，他变得强大、成功，受人欢迎，并且代表爱德华有效地统治着这个王国。对他和他的支持者来说，他的两名家庭成员在投降十多年后仍然被威廉扣留，这一定是一件可耻的事情。伍尔夫诺思和哈康大概是为了保证忏悔者爱德华对英格兰王位继承的承诺而送给公爵的。如果哈罗德已经在考虑自己争取王位的话（这似乎很可能），那么他必须确保他们获释并使他们免受伤害。他的希望一定是他能以某种方式说服威廉并购买人质的自由。根据埃德默的说法，这位伯爵"带着他最富有、最尊贵的手下，并且携带了大量的黄金、白银和昂贵的服饰"，启程前往了诺曼底。[56]

但是，唉，这次旅行并没有按计划进行。首先，哈罗德和他的手下驶入了风暴并被吹离航线，最终抵达了诺曼底东北部邻国蓬蒂厄，并被其伯爵俘虏。在威廉的干预之后，他们最终获释，被带到诺曼底并受到了很高的礼遇。贝叶挂毯展示了这位公爵为哈罗德提供盔甲，并带他参加了布列塔尼的一次军事行动——这位伯爵通过从危险境地中救出一些诺曼士兵来展示他的英雄气概。然而，在人质问题上，哈罗德只取得了部分成功，他的侄子哈康获释，但他的兄弟伍尔夫诺思没有获释。威廉明确表示，他无意放弃对英格兰王位的主张，显然想保留至少一名人质作为担保。在哈罗德看来，更糟糕的是，这位公爵让他对着圣物发誓：他会支持他的主张，并且在时机成熟时，他将努力确保诺曼人顺利继位。埃德默说，哈罗德看不到任何其他逃跑的方式，于是同意了威廉希望的一切。[57]

如果说哈罗德造访诺曼底令人失望，那么接下来发生的事情几乎是一场灾难。在他返回英格兰后不久，诺森布里亚发生了反对他兄弟托斯蒂格统治的大规模起义。强行让戈德温森作为他们的总督从一开始就让诺森布里亚人不悦，而托斯蒂格在随后的十年里几乎没有采取任何措施来改善局势。根据冷漠的编年史家的记载，这位伯爵增加了税赋、抢劫了教堂、杀死敌人并夺取了他们的土地。即使是为歌颂戈德温森家族而创作的《爱德华国王生平》也承认，托斯蒂格"在打击邪恶势力方面有时过于狂热"，并称他的批评者指责他过于残忍。1064年，这位伯爵邀请了他的两个北方对手参加在约克举行的和谈，结果他们遭到背叛，惨遭杀戮。当他们的领主南下想在忏悔者爱德华的圣诞宫廷上抱怨一番时，他又被人按照托斯蒂格的姐姐伊迪丝王后的命令谋杀了。[58]

1065年秋天，这些累积起来的愤恨情绪爆发了。10月初，一群两百名武装人员袭击了约克，杀死了托斯蒂格的侍卫，砸开他的金库，

哈罗德发誓将支持威廉的主张

没收了他所有的武器、黄金和白银。这次叛乱迅速蔓延到整个地区，林肯街头以及周边乡村发生了更多的杀戮。任何可以被确定为与伯爵有密切关系的人，《爱德华国王生平》说，还没有经过审判就被拖死了。助推这种暴力背后的因素是一个明确的政治议程。叛军的目标是用已故的麦西亚伯爵埃尔夫加的儿子莫卡取代托斯蒂格。他和已经继承了父亲伯爵爵位的哥哥埃德温，显然从一开始就参与了这个阴谋。他们培养了米德兰兹地区的人，很快威尔士人也加入了他们的行列。这不仅仅是一场北方的起义，而是所有因戈德温森家族崛起而遭受苦难的人的广泛联盟。[59]

这场风波袭来时，托斯蒂格不在诺森布里亚，而是在威尔特郡，当时他正参加威尔顿修道院的重新落成典礼。威尔顿是他姐姐伊迪丝王后童年时的家，她出资用石头重建了这座古老的木制教堂。自然，王后也出席了这次典礼，还包括国王和一大群贵族。几乎可以肯定的是，哈罗德·戈德温森也在其中，原因是当北方起义的消息传来时，他被派去谈判。他在北安普敦会见了叛军，并传达了国王的信息，那就是他们应该退回去，他们的不满会得到解决。不出所料，叛军拒绝了这个建议，并表示只有当托斯蒂格被驱逐出王国时他们才会满意。[60]

当哈罗德带着这个答复返回爱德华的宫廷时，气氛已经很激烈了，其他的权贵们都在指责他的兄弟把危机带到了自己的头上。一旦明白和平的代价就是将他驱逐出境，不仅是驱逐出诺森布里亚，而且是驱逐出整个英格兰，托斯蒂格做出了激烈的反应，并公开指责哈罗德与叛军密谋剥夺他的伯爵爵位。对哈罗德参与阴谋的指控似乎很牵强，托斯蒂格愤怒的真正原因很可能是他的兄弟拒绝为他提供军事支持。当国王命令起兵对抗叛军时，叛军已经劫掠了北安普敦郡，并一直推进到牛津，而他却找借口说冬天马上来了，筹集军队很困难，而且人民普遍不想打内战。面对这种不服从指挥的现状，爱德华只好顺从叛军的要求，将托斯蒂格流放。[61]

《爱德华国王生平》说，这位王后对她兄弟的离开伤心不已，整个宫廷都陷入了悲痛之中。但似乎没有人比爱德华本人更心急如焚，他被贵族们的不服从指挥激怒了，以至于他生病了。在接下来的几周里，他的病情恶化，到了圣诞节那天，他身体特别不适，以至于无法在节日宴会上吃任何摆在他面前的东西。由于他的病情迅速恶化，考虑到万一国王身体太过虚弱无法出席，尚未完工的威斯敏斯特教堂的奠基仪式日期已经提前至12月28日。奠基仪式结束八天后，忏悔者爱德华在他最亲密的同伴的包围下去世，次日——1066年1月6日——他的遗体被带到修道院安葬。那天晚些时候，可能在同一个圣地，哈罗德取代他获得加冕。[62]

对于哈罗德加冕为英格兰新国王，很少人会感到意外。对许多人来说，这似乎是半个世纪前开始的一个故事的必然结局，当时他的

哈罗德·戈德温森的加冕典礼

父亲已经被克努特从默默无闻中解救出来，并被提升为该国的名门望族。戈德温本人一直对女儿与忏悔者爱德华的婚姻感到满意，并期望通过他们的联姻，最终会产生一个新的王室血统。当爱德华挫败了这个计划并试图驱逐他的姻亲时，这只是白费力气，他们的回应是把他变成一个无足轻重的人，并接管他的王国。他们似乎不太可能仅仅因为在此期间发现了一位因血统具有更强主张的继承人，就冒着失去这种权力的风险。不管哪些人可能还对古老的威塞克斯家族抱有什么依恋之情，但1066年没有一个人实力足够强大到能够支持年轻的埃德加·埃塞尔林的优越世袭权利。埃塞尔林只是一个刚满十几岁的男孩，很多人愿意采取务实的观点，认为王位应该传给一个在战争和治理方面有良好记录的成年人。

在这种背景下，哈罗德和他的许多支持者影响这场政变的机制并不重要。根据亲戈德温森的史料记载，这位伯爵在他临终时受到了忏悔者爱德华的任命，贝叶挂毯上对这一场景也进行了描绘。其他史料则对此持怀疑态度，称这位老国王只是将王国"托付给"哈罗德，或者这位伯爵"以狡猾的力量"夺取了它。马姆斯伯里的威廉在半个世纪后写道，在他那个时代，许多英格兰人声称忏悔者爱德华将王位传给了哈罗德，但马姆斯伯里的威廉本人并不相信。"我认为这一主张更多地是基于善意而不是判断，"他说，"原因是这使他将自己的遗产传给了一个他一直怀疑其影响力的人。"[63]

获得这个王国大多数权贵的支持比垂死的忏悔者爱德华在最后一刻改变主意更加重要，而且毫无疑问，哈罗德获得了必要的支持。他已经得到了两位大主教的祝福，以及英格兰南部和东部一大批追随者的巨大好感。他还需要得到的就是麦西亚和诺森布里亚的新伯爵埃德温和莫卡的支持，他们领导了最近的叛乱。1065年秋天的某个时候，哈罗德一定与这两兄弟达成了协议，并说服他们在时机成熟时同意他晋级。那年圣诞节，他们俩都在宫廷上，大概几天后同意了他的加冕礼。哈罗德大约在这个时候与他们的妹妹埃尔德吉斯结婚，表明他们之间存在这样的契约。唯一可能对这种安排不满意的人就是这位伯爵现有的妻子——传说中的"天鹅颈"伊迪丝。[64]

哈罗德排挤一个无能为力的少年，或者让他孩子的母亲失望，并不会冒真正的风险。他更大的赌注是威廉公爵在听到他背叛的消息时不会处决他的兄弟伍尔夫诺思。但其实伍尔夫诺思保住了性命，威廉在第一时间做出回应，派信使前去拜会哈罗德，敦促他遵守最近的誓言。不出所料，这些对哈罗德没有任何影响，他的策略显然是要让对手摊牌。他亲眼见过威廉，看到他对布列塔尼人进行了谨慎的军事行动，他一定希望这位公爵不愿意走极端，发动危险的跨海峡入侵。诺曼人尽管有维京血统，但并不以航海而闻名。然而，几周之内，这位国王就会发现威廉正为此做准备，并组建了一支强大的舰队。[65]

因此，1066年整个春天，英格兰的紧张局势开始加剧。哈雷彗星的出现并没有减轻人们的恐惧，它在4月的最后一周在夜空中闪耀，促使许多人说它预示着王国将发生某些巨大而可怕的变化。果然，不久之后这个王国确实受到了攻击——但不是来自诺曼底公爵。这次袭击由哈罗德心怀怨恨的兄弟托斯蒂格领导，他掠夺了怀特岛，然后沿着南部海岸劫掠，最远到桑威奇。他希望达到的目标尚不清楚，但由于他的策略与他父亲在1052年所采用的策略几乎相同，他的计划可能是通过类似的方式迫使国王同意重新接纳他。哈罗德当时已经在为诺曼人的入侵做准备，于是他迅速移动到肯特海岸，促使他的兄弟向北航行直到亨伯河。在那里这位叛徒伯爵遇到了他的对手埃德温和莫卡，他们同样成功地驱逐了他。托斯蒂格最初的舰队中有六十艘舰船，现在仅剩下十二艘，他带着这十二艘船艰难逃脱，投靠了苏格兰人的王。[66]

与此同时，哈罗德仍然待在桑威奇，正在集结一支军队和一支舰队，以应对预料中的来自诺曼底的袭击。这显然需要一些时间，但最终结果令人印象深刻。《盎格鲁-撒克逊编年史》说："他集结的海陆征兵比这个国家以前任何国王集结的都要多。"让成千上万的人在同一个地方连续待几个星期是不切实际的，所以在夏天开始时，哈罗德决定将他们分开，并将他们驻扎在南部海岸沿线的不同地点。然后他航行到怀特岛，等待诺曼人船帆的出现。[67]

整个夏天，这位英格兰国王和他庞大的军队一直在等待，但没有任何敌人出现。威廉似乎已经准备好在8月登船，但因英吉利海峡的恶劣天气和错误的风向而受阻。随着时间的流逝，秋天临近，双方的指挥官肯定越来越焦虑，原因是他们知道不能指望将他们庞大的军队保持在一起很长时间。最后，9月8日，哈罗德不情愿地解散了他的军队，等待比赛结束。"这些人的补给品已经用完了，"《编年史》说，"没有人能再把他们留在那里了。"从全国各地筹集的军队被遣送回国，这位国王回到了伦敦。事实证明，他这样做的时机很糟糕。他刚一抵达城里，就有消息传来，敌军已经登陆。但他们登陆的地点不是英格兰南部，这也不是他预料中的敌人。这是他的令人头疼的兄弟托斯蒂格，他带着一大群维京人回到了诺森布里亚。[68]

在流放期间的某个阶段，托斯蒂格曾前往挪威并结识了挪威国王哈拉尔·西居尔松。即使在他有生之年，这位国王哈拉尔也被视为传奇。不来梅的亚当创作于十一世纪七十年代，称他为"北方的霹雳"，另一位编年史家将他描述为"阳光下最强壮的生者"。他出生于1015年前后，年轻时曾为俄罗斯帝国和君士坦丁堡的统治者而战，赚取了财富，留下了可怕的名声，然后于1045年返回挪威并自立为国王。到了十三世纪（如果不是更早的话），斯堪的纳维亚人仍将他视为"无情者"或者"哈德拉达"。

尽管许多现代历史学家声称，没有迹象表明哈德拉达在1066年之前对英格兰有任何企图。在《盎格鲁-撒克逊编年史》中，唯一一次较早提到他的事情发生在1047年，当时他与忏悔者爱德华缔结了和约，并且从那时起，他就全神贯注与斯堪的纳维亚半岛的邻国作战。只有在托斯蒂格·戈德温森出现时，才让这位现年五十岁上下、头发花白的国王相信英格兰已经成熟，适于采摘了。这位被流放的伯爵向他的新朋友保证，诺森布里亚会欢迎维京人统治的回归，征服南方对于如此英勇的战士来说没有任何问题。事实证明，这种诱惑是不可抗拒的，8月，哈德拉达带着一支由三百艘船组成的舰队起航。在与托斯蒂格和他在泰恩河上的小型舰队联合后，这位挪威国王向南进入亨伯河，于9月初在里卡尔登陆。《编年史》将他的到来描述为"出乎意料"。[69]

这一发展让哈罗德·戈德温森完全出乎意料。几个月来，由于担心从诺曼底方向的入侵，他一直将所有军队集中在英吉利海峡沿岸，然而刚刚将他们遣散几天后，就得知了挪威人登陆的消息。现在，他意识到了自己错误的严重性，于是抓紧时间想重组一支军队，他以最快的速度向北骑行，希望将最近解散的战士召回到他身边。到了9月24日，也就是他返回伦敦大约两周后，他到达了约克郡的塔德卡斯特镇。那个时候，还没有好消息传来。四天前，麦西亚和诺森布里亚的伯爵埃德温和莫卡在约克以南几英里的一个叫富尔福德的地方与入侵者交战。双方都损失惨重，但挪威人守住了阵地，英格兰人四散奔逃。在那之后哈德拉达和托斯蒂格就进入了约克，并与其市民结了盟，后者承诺将帮助征服该国其他地区。

然而，就在第二天早上，这位英格兰国王收到了更多令人鼓舞的情报。挪威人没有意识到他正在快速前进并且距离他们很近——塔德卡斯特距离约克只有十英里——挪威人已经离开了这座城市，前往了东边八英里一个叫作斯坦福桥的地方。他们与约克市民达成的协议要求相互交出人质，而这个暴露的地点将成为人质交换地点。更妙的是，虽然维京人随身携带了武器，但由于天气温暖，他们决定不穿铁链衣。[70]

这是一个不容错过的机会。哈罗德立刻出发，带领他的军队急行军十八英里，横穿约克抵达斯坦福桥，在那里他们向毫无防备的敌人发起了进攻。一场残酷的战斗接踵而至，它如此血腥，如此具有决定性意义，以至于在后来的斯堪的纳维亚传奇中被铭记，其中充满了令人兴奋但虚构的细节。同时代可靠的史料只告诉我们，那场战斗很激烈，一直持续到当天晚些时候。《盎格鲁-撒克逊编年史》称，双方都有无数人丧命，但结果是哈罗德·戈德温森无可争议地获得了胜利。他的兄弟托斯蒂格和他的同名对手、强大的哈德拉达也在阵亡者当中。当挪威人意识到他们的首领被杀时，他们试图逃回他们在里卡尔的船只，但在他们逃跑时英格兰人不停地追杀他们。《爱德华国王生平》说，乌斯河中塞满了尸体，维京人的血染红了亨伯河。只有少数挪威人幸免于难，其中包括哈德拉达的儿子奥拉夫，他被允许离开，但交换条件是他承诺永远不再回来。根据《编年史》的说法，这些人回家只用了三百艘船中的二十四艘。[71]

对于戈德温家族传奇《爱德华国王生平》的作者来说，这是一场可怕的悲剧。哈罗德和托斯蒂格都是他的光辉英雄，但他们已经闹翻并互相争斗至死。"唉，那些兄弟的心太冷酷了！"他感叹道。"这段杀气腾腾的历史篇章很难取悦他们的妹妹——那位女王。"但对于包括哈罗德本人在内的许多其他人来说，这场战斗的结果一定是值得庆祝而不是哀悼。他在年初被选为国王，是因为他拥有所谓的美德，而且人们认为美德比血统更重要。从那时起，这个国家一直处于高度紧张的状态，这促使《编年史》评论说，在他统治期间，"几乎没有平静可言"。如今哈罗德的美德得到了证实。上帝在战斗中眷顾了他。他以果断和大胆的行动，击败并杀死了一个强大的对手，被誉为那个时代最伟大的战士。虽然有些人为托斯蒂格的离世而哭泣，但其他人一定是在创作歌曲以纪念他们英勇的国王，并期待着未来的岁月会光辉灿烂。

三天后，诺曼底公爵在萨塞克斯登陆，将他的军队推进到了黑斯廷斯。[72]

注　释

1 M. Morris, *The Norman Conquest* (2012), 176–188.

2 Ibid., 198–199, 327–353.

3 R. Fleming, 'Harold II', *The Oxford Dictionary of National Biography*.

4 Henry, Archdeacon of Huntingdon, *Historia Anglorum*, ed. Greenway, 366–369; D. Hume, *The History of England*, vol. 1 (1763), 163–164.

5 Morris, *Norman Conquest*, 24, 28; E. Treharne, *Living Through Conquest: The Politics of Early English, 1020–1220* (Oxford, 2012), 9–14.

6 *English Historical Documents*, i, 252–254, 896; M. K. Lawson, *Cnut: England's Viking King, 1016–1035* (new edn, 2011), 129, 146.

7 Keynes, 'Emma [Ælfgifu]', *The Oxford Dictionary of National Biography*; *English Historical Documents*, i, 251; *Encomium Emmae Reginae*, ed. A. Campbell and S. Keynes (Cambridge, 1998), [xxii–xxiv], 32–35; Treharne, *Living Through Conquest*, 14–15.

8 *English Historical Documents*, i, 247, 250–251; *The Chronicle of John of Worcester*, ii, 502–503.

9 *English Historical Documents*, i, 250; S. Baxter, *The Earls of Mercia: Lordship and Power in Late Anglo-Saxon England* (Oxford, 2007), 26–28.

10 A. Williams, 'Godwine', *The Oxford Dictionary of National Biography*; *The Life of King Edward Who Rests at Westminster*, ed. F. Barlow (2nd edn, Oxford, 1992), 9–11.

11 Ibid., 11; Morris, *Norman Conquest*, 29; M. K. Lawson, 'Cnut [Canute]', *The Oxford Dictionary of National Biography*.

12 *English Historical Documents*, i, 335–336; M. Townend, 'Contextualizing the Knútsdrápur: Skaldic Praise-Poetry at the Court of Cnut', *Anglo-Saxon England*, 30 (2001), 145–179.

13 J. F. Kershaw, *Viking Identities: Scandinavian Jewellery in England* (Oxford, 2013), 177; Wormald, 'Engla Lond: the Making of an Allegiance', *Journal of Historical Sociology*, 7 (1994), 18; *English Historical Documents*, i, 895–896.

14 Ibid., 452–454; Treharne, *Living Through Conquest*, 16–21, 26, 61–64.

15 Ibid., 64; *English Historical Documents*, i, 931; William of Malmesbury, *Saints' Lives*, ed. M. Winterbottom and R. M. Thomson (Oxford, 2002), 100–103; Malmesbury, 362–363; D. Wyatt, 'The Significance of Slavery: Alternative Approaches to Anglo-Saxon Slavery', *Anglo-Norman Studies*, 23 (2001), 327–347.

16 Morris, *Norman Conquest*, 23, 30–31.

17 *English Historical Documents*, i, 256–257; Maddicott, *Origins of the English Parliament*, 49–56; Baxter, *Earls of Mercia*, 33–35.

18 *Encomium Emmae Reginae*, [xxxii–xxxiii], 32–35, 38–41.

19 Morris, *Norman Conquest*, 19–22.

20 Ibid., 34–37.

21 *English Historical Documents*, i, 257–258; *Encomium Emmae Reginae*, [xxx], 42–47.

22 *English Historical Documents*, i, 258.

23 Morris, *Norman Conquest*, 37–38.

24 Ibid., 39–40; *English Historical Documents*, i, 259–260.

25 Ibid., 260; *Encomium Emmae Reginae*, 52–53; J. R. Maddicott, 'Edward the Confessor's Return to England in 1041', *English Historical Review*, 119 (2004), 650–666; above, 352–353.

26 *Encomium Emmae Reginae*, 52–53.

27 *English Historical Documents*, i, 260; *The Chronicle of John of Worcester*, 532–533.

28 E. Bozoky, 'The Sanctity and Canonisation of Edward the Confessor', *Edward the Confessor: The Man and the Legend*, ed. R. Mortimer (Woodbridge, 2009), 173–186; *The Life of King Edward Who Rests at Westminster*, 62–71, 92–127; E. Fernie, 'Edward the Confessor's Westminster Abbey', *Edward the Confessor*, ed. Mortimer, 139–150.

29 Morris, *Norman Conquest*, 59–61, 63.

30 Ibid., 39, 62–63; *The Life of King Edward Who Rests at Westminster*, 20–21. For the full text of the poem, see H. Summerson, 'Tudor Antiquaries and the Vita Ædwardi regis', *Anglo-Saxon England*, 38 (2009), 170–172. For comment, see S. Keynes and R. Love, 'Earl Godwine's Ship', *Anglo-Saxon England*, 38 (2009), 185–223.

31 *The Life of King Edward Who Rests at Westminster*, 22–25.

32 *English Historical Documents*, ii, 112, 114–115; *The Chronicle of John of Worcester*, 544–545.

33 *English Historical Documents*, ii, 112, 119–120; *The Life of King Edward Who Rests at Westminster*, 28–31; H. E. J. Cowdrey, 'Robert of Jumièges', *The Oxford Dictionary of National Biography*.

34 *The Life of King Edward Who Rests at Westminster*, lxxiii–lxxviii, 14–15, 92–93. For discussion, see Morris, *Norman Conquest*, 64, 365.

35 Ibid., 19–22, 34, 43–44, 51–58, 69–70.

36 *The Life of King Edward Who Rests at Westminster*, 30–33; *English Historical Documents*, ii, 120–122.

37 Ibid., 121–125; *The Life of King Edward Who Rests at Westminster*, 34–37.

38 Morris, *Norman Conquest*, 72–75.

39 *English Historical Documents*, ii, 118–120.

40 Ibid., 125–130; *The Life of King Edward Who Rests at Westminster*, 42–45; *The Chronicle of John of Worcester*, 572–575.

41 *English Historical Documents*, ii, 130–131; *The Life of King Edward Who Rests at Westminster*, 46–47.

42 Ibid., 46–49; *English Historical Documents*, ii, 114, 118, 127.

43 *The Life of King Edward Who Rests at Westminster*, 60–65.

44 Morris, *Norman Conquest*, 86–90, 96–98.

45 Ibid., 96–97; H. E. J. Cowdrey, 'Stigand', *The Oxford Dictionary of National Biography*.

46 Morris, *Norman Conquest*, 99–100, 107–108.

47 F. Barlow, *Edward the Confessor* (new edn, 1997), 180; Roach, *Æthelred*, 209–210.

48 Fleming, 'Harold II', *The Oxford Dictionary of National Biography*; idem, *Britain After Rome*, 333; *English Historical Documents*, ii, 134–135, 143.

49 Baxter, *Earls of Mercia*, 182–188; J. Barrow, 'Wulfwig', *The Oxford Dictionary of National Biography*; W. M. Aird, 'Siward, Earl of Northumbria', *The Oxford Dictionary of National Biography*;

A. Williams, 'Odda', *The Oxford Dictionary of National Biography*; *The Wiley Blackwell Encyclopedia of Anglo-Saxon England*, 138–139; Blair, *Building Anglo-Saxon England*, 402–405.

50 Barlow, *Edward the Confessor*, 139; R. Fleming, *Kings and Lords in Conquest England* (Cambridge, 1991), 53; *The Life of King Edward Who Rests at Westminster*, 6–7, 18–19, 46–47.

51 Morris, *Norman Conquest*, 102–103, 105.

52 Ibid., 105–106; *English Historical Documents*, ii, 135–136.

53 Fleming, *Kings and Lords*, 48–52; *The Life of King Edward Who Rests at Westminster*, 48–49; Morris, *Norman Conquest*, 103–107.

54 Ibid., 107–109.

55 *English Historical Documents*, ii, 239–241; Morris, *Norman Conquest*, 115, 117.

56 Ibid., 115–116; *Eadmer's History of Recent Events in England*, ed. G. Bosanquet (1964), 6.

57 Ibid., 6–8; *English Historical Documents*, ii, 248–251; Morris, *Norman Conquest*, 113–114, 116–118.

58 Ibid., 122–127; *The Life of King Edward Who Rests at Westminster*, 48–49, 78–79.

59 Ibid., 76–77; Morris, *Norman Conquest*, 128.

60 Ibid., 129; *The Life of King Edward Who Rests at Westminster*, 70–77.

61 Ibid., 78–81; *English Historical Documents*, ii, 140.

62 Ibid., 140–141; *The Life of King Edward Who Rests at Westminster*, 80–83, 110–113; Summerson, 'Tudor Antiquaries', 8–9, 21–22.

63 *English Historical Documents*, ii, 141–142, 254; Malmesbury, 420–423; Morris, *Norman Conquest*, 132–141.

64 Ibid., 107–108, 136–137.

65 Ibid., 142–146.

66 Ibid., 146–148.

67 *English Historical Documents*, ii, 142–143.

68 Ibid., 143–144; Morris, *Norman Conquest*, 152–154.

69 Ibid., 155–161.

70 Ibid., 161–164.

71 Ibid., 164–165; *English Historical Documents*, ii, 143–145; *The Life of King Edward Who Rests at Westminster*, 88–89.

72 Ibid., 84–85, 88–89; *English Historical Documents*, ii, 141, 144.

尾　声

　　战斗结束后的那天早晨，太阳升起，显示出一幅大屠杀的场面，令人作呕。"远方，"征服者威廉的神父普瓦捷的威廉写道，"大地布满了英格兰贵族和青年人中的精英，鲜血淋漓。"伤亡名单中最引人注目的是哈罗德国王，他被一群诺曼骑士砍死，尸体已经毁损严重，几乎无法辨认。[1]

　　唉，这仅仅是个开始。当幸存的英格兰人拒绝屈服于威廉并选择推选年轻的埃德加·埃塞尔林作为他们的新统治者时，这位公爵率领他的军队向伦敦进发，使周围的郡都经历了一场恐怖的战争。最终，顽固分子们宣布投降，这位征服者得以在圣诞节加冕。但由于他的手下烧毁了威斯敏斯特教堂周围的房屋，加冕礼遭到破坏。但在接下来的几个月里，他的英格兰新臣民一再试图推翻黑斯廷斯的结论，而威廉则不断平息他们的叛乱，对他们的偏见也越来越大。1069年，当诺森布里亚人在一支丹麦入侵军队的支持下第三次反抗他时，这位国王进行了恐怖的报复行动，在他的命令下，亨伯河另一边的所有土地都被彻底毁坏。一位作家描述了每个定居点的牲畜和精心收割的庄稼是如何被集中起来并付之一炬的，并且称这导致超过十万人死于饥荒。《末日审判书》中的数据表明，真正的死亡人数可能更高。[2]

正如现代将其戏称为"北方劫掠"一样，那次报复行动完全可以说是臭名昭著，被同时代人视为威廉必须在上帝面前忏悔的滔天罪行。但就破坏程度而言，这次征服对贵族的破坏性甚至比对无辜农民的破坏性更大。戈德温森家族，哈罗德、托斯蒂格、利奥夫温和格思——在1066年的战斗中丧生，他们悲痛的母亲吉莎在国外流放期间生命走向了终点。埃德温和莫卡，麦西亚和诺森布里亚的伯爵两兄弟，在1071年参加了最后一次绝望的英格兰反叛，最终失败——埃德温被自己的手下背叛并杀害，莫卡被俘并被囚禁了余生。在此期间，大主教斯蒂甘德于1070年被罢免，两年后在囚禁中去世，同时许多其他主教和修道院长也被撤职。根据《末日审判书》中的记述，原来的英格兰精英们几乎全部失势。1086年，在直接从国王手中拥有土地的约一千人中，只有十三人是英格兰人。其余均为外国新来者。[3]

这种英格兰统治阶级的更替产生了深远的影响，原因是诺曼人对社会的监管方式有不同的看法。他们一项重大的创新是城堡，这是一种新的、极其有效的防御工事形式，自千年之交以来一直在法兰克王国不断发展。1067年，《盎格鲁-撒克逊编年史》称："他们在这片土地上到处建造城堡，压迫不幸的人们。"在每个主要城镇和城市，大片土地被清理干净，数十座房屋被摧毁，为这些由泥土和木材建成的高耸的庞大怪物让路。利用这些巨大而丑陋之物，占领者可以监视心怀怨恨的市民。在全国其他地方，只要有一位新的诺曼领主掌权，一座城堡就会拔地而起，以保护他的资产。在1066年之后的一两代人期间，诺曼人在英格兰和威尔士共建造了约五百座城堡，作为控制人口的一种手段。[4]

然而，并非每一个新想法都会导致更大的压迫。虽然诺曼人对以前被认为是自由的人施加了更大的负担，但他们同时也在解放那些被视为奴隶的人。征服者威廉禁止从布里斯托尔出口奴隶，并解放他在威尔士遇到的那些努力。《末日审判书》表明，在他统治期间，非自由民的人口减少了四分之一，到了十二世纪中叶几乎减少到零。"在这方面，"一位编年史家在十二世纪三十年代写道，"英格兰人发现外国人比他们对待自己更好。"此外，诺曼人以类似的方式终结了征服之前在英格兰盛行的政治杀戮文化。尽管威廉和他的支持者在战斗中表现得很野蛮，但他们对待战败的敌人却是侠义的，宁愿囚禁他们，有时还会释放他们以换取赎金。1066年之后，在埃塞尔雷德和克努特宫廷中进行的那种血腥清洗再也没有发生过，直到十四世纪才再次听说。[5]

正如此次征服中这些更良性的方面所表明的那样，诺曼人在很大程度上超越了他们的维京祖先。当他们的远祖在更早的几个世纪里袭击并入侵英格兰时，他们什么也不放过，焚烧教堂，围捕奴隶，进行血腥掠夺。诺曼人同样贪婪，也有同样的暴力倾向，但他们破坏的欲望没有那么强烈，也不那么肆无忌惮。遇到教堂时，他们将之摧毁是为了重建，拆除了几个世纪以来越来越破旧的古老大教堂，并用风格统一且尺寸庞大的原始新罗马式结构取而代之。在北方，那些修道院已经被维京人全部摧毁的地方，他们重建了著名的修道院，包括惠特比的圣希尔德修道院和比德心爱的韦尔茅斯-贾罗修道院。同时代的编年史家公正地将其视作宗教和建筑领域的复兴。[6]

诺曼人对英格兰教会的态度至关重要，原因是它决定了有多少书面证据会在其接管后幸存下来。一方面，诺曼人是冷漠的改革者，几乎不会使用古英语写成特许状和编年史。许多资料在1066年之后一定是由于缓慢的磨损过程而遗失了，就像无法再被理解的古代文本被随意丢弃一样。另一方面，征服者是尽职尽责的基督徒这一事实意味着图书馆不会被随意摧毁。事实上，维京人完全清除了诺森布里亚和东盎格利亚的书面历史。相比之下，诺曼人至少保留了他们发现的一些东西。贝奥武夫和比德，阿瑟和《盎格鲁-撒克逊编年史》，威尔弗里德、邓斯坦、奥斯瓦尔德和埃塞尔沃尔德——都在1066年的文化革新中幸存下来。

此外，通过委托开展"末日调查"，征服者威廉创建了一部史料，比其他任何人都保存了更多的关于盎格鲁-撒克逊时代英格兰的信息。

诚然，如果没有十世纪英格兰国王引入的政府机构，就不可能进行这次大规模的调查。在这方面，诺曼人也是建立在坚实的盎格鲁-撒克逊基础之上的。但从同时代人敬畏的口气来看，这次调查的规模有别于从前。它的主要成果《末日审判书》是对十九世纪之前人类社会所做的最全面的调查（见彩图24）。整部书洋洋洒洒近二百万字，保存了盎格鲁-撒克逊时代英格兰衰落时的复合画面——它的城市和堡垒、它的郡和百户村、它的伯爵、自由民、神父、僧侣和扶犁者。[7]

那时英格兰的大部分景象现在已经一去不复返了。盎格鲁-撒克逊人从未像罗马人那样真正相信他们建造的东西可以永恒存在。正如他们的主人所预料的那样，他们的木制大厅和狩猎小屋很久以前就被烧毁了。他们的教堂也大多被后来的改革者重建，这些人既有来自诺曼时代的也有来自维多利亚时代的。威尔弗里德位于赫克瑟姆的教堂地下室可能会激发我们的想象力，但它永远不会像附近的哈德良长城那样引起同样程度的惊奇。除了一两个值得注意的例外——奥法堤坝，或者他在布里克斯沃思建造的教堂——盎格鲁-撒克逊人的物质遗产很少，他们幸存的纪念碑几乎没有。

那时英格兰的一些景象从一开始就从未真正存在过。许多经常被吹捧为盎格鲁-撒克逊人不朽遗产的东西在仔细观察后证明是神话般的存在。由于他们的国王举行了大型集会，于是他们声称发明了代议制政府，但这种说法忽略了同时代欧洲的其他统治者也这样做的事实。如果我们相信他们是最先倡导热爱自由的民族，那么我们需要忘记他们最近的欧洲大陆邻居称自己为法兰克人，即自由人。他们大部分的法律和法律概念在十二世纪都消失了，取而代之的是诺曼人新起草的法律和法律概念。他们认为自己独一无二地受到上帝青睐的观念最近受到了质疑，原因是没有任何幸存的文件真正代表他们声称存在这种区别。[8]

然而，尽管他们的建筑大多已不复存在，有关他们的神话已被消除，但仍有大量盎格鲁-撒克逊人的遗产幸存下来。英格兰教会领袖仍然在坎特伯雷，原因是一千四百多年前，当埃塞尔伯特国王欢迎圣奥古斯丁时，这里是他那个时代最重要的城市。威斯敏斯特是这个王国的政治中心，原因是忏悔者爱德华在重建其古老的大教堂时新建了一座王宫。英格兰诸郡，虽然在二十世纪后期进行了小修小补，但与一千多年前创建它们时的情况基本相同。大多数英格兰村庄可以吹嘘它们在《末日审判书》中首次被提及，而且它们的名字通常表明其历史始于几个世纪前。肯特郡的伍德恩斯伯勒靠近五世纪的芬格尔舍姆墓地，保留了对异教神沃坦的记忆，因此这个传说一直可以追溯到基督教前的历史。这么多事物能够保持不变，真是不同寻常。尽管罗马不列颠尼亚的废墟很宏伟，但只持续了四百年，到五世纪中叶就消失了。而英格兰却仍是一件正在成形的作品。

诺曼征服使这些基础完好无损的事实不应该让我们对其所造成的人类悲剧视而不见。"你有祸了，英格兰"，《爱德华国王生平》的作者写道，他的作品因戈德温家族的毁灭受到扰乱。"在与外国人的战争中，你本国的国王丧失了生命，遭受了失败，你的许多手下流血牺牲。"他不想讨论1066年那些痛苦的事件，他的大多数同时代人也不想讨论。"威廉成为国王，"坎特伯雷的埃德默在十一世纪末写道，"他是如何责罚那些在大屠杀中幸存下来的人的，我忍住不说。"[9]

因此，当新一代试图弄清十二世纪的历史时，他们发现还有很多工作要做。十二世纪二十年代，马姆斯伯里的威廉开始撰写他的《英格兰国王事迹》。十二世纪三十年代，亨廷登的亨利开始撰写他的《英格兰人民史》。这两个人都是盎格鲁-诺曼人混血儿，但都认为自己是英格兰人，两人写作的部分目的是希望能治愈那次征服造成的裂痕——正如马姆斯伯里的威廉所说，"修补我们历史中断裂的链条"。在这两种情况下，他们的鸿篇巨制都始于五世纪英格兰人的到来，并

《末日审判书》

一直延续到他们自己所处的时代。对他们而言，诺曼人的到来只不过是一个新的篇章。这不是故事的结局。[10]

注　释

1 *The Gesta Guillelmi of William of Poitiers*, ed. R. H. C. Davis and M. Chibnall (Oxford, 1998), 139–141; Morris, *Norman Conquest*, 186.

2 Ibid., 189–231, 313–314.

3 Ibid., 189, 225, 238–240, 247–250, 320.

4 *English Historical Documents*, ii, 146; Morris, *Norman Conquest*, 333–334.

5 Ibid., 294–296, 338–339.

6 Ibid., 339–340.

7 Ibid., 307.

8 Molyneaux, *The Formation of the English Kingdom in the Tenth Century*, 233–245; Wickham, *Inheritance of Rome*, 100–101; Lambert, *Law and Order*, 349–363; G. Molyneaux, 'Did the English Really Think They Were God's Elect in the Anglo-Saxon Period?', *Journal of Ecclesiastical History*, 65 (2014), 721–737; idem, 'The Old English Bede: English Ideology or Christian Instruction?', *English Historical Review*, 124, (2009), 1289–1323.

9 *The Life of King Edward Who Rests at Westminster*, 108–111; *Eadmer's History*, ed. Bosanquet, 9.

10 A. Gransden, *Historical Writing in England, c.550 to c.1307* (1974), 172, 194; Malmesbury, 14–15.

参考文献

（如无特别说明，以下作品出版地点皆为伦敦）

原始文献

Abbots of Wearmouth and Jarrow, ed. C. Grocock and I. N. Wood (Oxford, 2013).

Aelfric's Lives of Saints, ed. W. W. Skeat (1881).

Alfred the Great: Asser's Life of King Alfred and other Contemporary Sources, ed. and trans. S. Keynes and M. Lapidge (1983).

An Anglo-Saxon Passion of St George, ed. and trans. C. Hardwick (1850).

Annals of Ireland: Three Fragments, ed. and trans. J. O'Donovan (Dublin, 1860).

Annals of St Bertin, ed. J. L. Nelson (Manchester, 1991).

Bedae, *Opera de Temporibus*, ed. C. W. Jones (Cambridge, Mass., 1943).

Bede, *Ecclesiastical History of the English People*, ed. B. Colgrave and R. A. B. Mynors (Oxford, 1969).

Bede, 'Life of Cuthbert', and 'Lives of the Abbots of Wearmouth and Jarrow', *The Age of Bede*, trans. J. F. Webb, ed. D. H. Farmer (revised edn, 1983).

Beowulf, trans. S. Heaney (1999).

Byrhtferth of Ramsey, *The Lives of St Oswald and St Ecgwine*, ed. and trans. M. Lapidge (Oxford, 2009).

A Choice of Anglo-Saxon Verse, ed. and trans. R. Harmer (1970).

The Chronicle of Æthelweard, ed. A. Campbell (1962).

The Chronicle of John of Worcester, II, ed. R. R. Darlington and P. McGurk, trans. J. Bray and P. McGurk (Oxford, 1995).

Eadmer's History of Recent Events in England, ed. G. Bosanquet (1964).

The Early Lives of St Dunstan, ed. and trans. M. Winterbottom and M. Lapidge (Oxford, 2012).

Eddius Stephanus, 'The Life of Wilfrid', *The Age of Bede*, trans. J. F. Webb, ed. D. H. Farmer (revised edn, 1983).

Encomium Emmae Reginae, ed. A. Campbell and S. Keynes (Cambridge, 1998).

English Historical Documents, c.500–1042, ed. D. Whitelock (2nd edn, 1979).

English Historical Documents, 1042–1189, ed. D. C. Douglas and G. W. Greenaway (1953).

The Gesta Guillelmi of William of Poitiers, ed. R. H. C. Davis and M. Chibnall (Oxford, 1998).

Gildas, The Ruin of Britain and Other Works, ed. and trans. M. Winterbottom (1978).

Henry, Archdeacon of Huntingdon, Historia Anglorum: The History of the English People, ed. D. Greenway (Oxford, 1996).

Historia de Sancto Cuthberto, ed. and trans. T. Johnson South (Woodbridge, 2002).

The Life of King Edward Who Rests at Westminster, ed. F. Barlow (2nd edn, Oxford, 1992).

'The Life of St Germanus of Auxerre', Soldiers of Christ: Saints and Saints' Lives from Late Antiquity and the Early Middle Ages, ed. T. F. X. Noble and T. Head (Pennsylvania University Press, 1995).

Regularis Concordia, ed. and trans. T. Symons (1953).

S. Bonifatii et S. Lullii Epistolae, ed. M. Tangl (Monumenta Germaniae Historica: Epistolae Selectae, i, Berlin, 1916).

Sidonius, Poems and Letters, trans. W. B. Anderson, vol. 1 (1963).

Sidonius Apollinaris, Letters, trans. O. M. Dalton, vol. 2 (1915).

Two Lives of St Cuthbert, ed. B. Colgrave (1940).

William of Malmesbury, Gesta Regum Anglorum, ed. and trans. R. A. B. Mynors, R. M. Thomson and M. Winterbottom (2 vols., Oxford, 1998–1999).

— Saints' Lives, ed. M. Winterbottom and R. M. Thomson (Oxford, 2002).

Wulfstan of Winchester, Life of St Æthelwold, ed. and trans. M. Lapidge and M. Winterbottom (Oxford, 1991).

Zosimus, New History, ed. R. T. Ridley (Canberra, 1982).

次级文献（有引用）

Abels, R., Alfred the Great: War, Kingship and Culture in Anglo-Saxon England (1998).

— 'Alfred and his Biographers: Images and Imagination', Writing Medieval Biography, 750–1250: Essays in Honour of Frank Barlow, ed. D. Bates, J. Crick and S. Hamilton (Woodbridge, 2006).

— Æthelred the Unready (2018).

Abrams, L., 'Edward the Elder's Danelaw', Edward the Elder, 899–924, ed. N. J. Higham and D. H. Hill (Abingdon, 2001).

— 'The Conversion of the Danelaw', Vikings and the Danelaw, ed. J. Graham-Campbell et al. (2001).

— 'King Edgar and the Men of the Danelaw', Edgar, King of the English, 959–975: New Interpretations, ed. D. Scragg (Woodbridge, 2008).

Aird, W. M., 'Siward, Earl of Northumbria', The Oxford Dictionary of National Biography.

Aldrete, G. S., Daily Life in the Roman City: Rome, Pompei, and Ostia (2004).

Allott, S., Alcuin of York: His Life and Letters (York, 1974).

Anglo-Saxon Kingdoms: Art, Word, War, ed. C. Breay and J. Story (2018).

The Anglo-Saxons, ed. J. Campbell (2nd edn, 1991).

Arnold, M., The Vikings: Culture and Conquest (2006).

Atherton, M., The Making of England: A New History of the Anglo-Saxon World (2017).

Banton, N., 'Monastic Reform and the Unification of Tenth-Century England', Studies in Church History, 18 (1992).

Barlow, F., Edward the Confessor (new edn, 1997).

Barrow, J., 'The Chronology of the Benedictine "Reform"', *Edgar, King of the English, 959–975: New Interpretations*, ed. D. Scragg (Woodbridge, 2008).

— 'Wulfwig', *The Oxford Dictionary of National Biography*.

Bassett, S., 'In Search of the Origins of Anglo-Saxon Kingdoms', *The Origins of Anglo-Saxon Kingdoms*, ed. S. Bassett (Leicester, 1989).

Bately, J., 'Did King Alfred Actually Translate Anything? The Integrity of the Alfredian Canon Revisited', *Medium Ævum*, 78 (2009).

— 'Alfred as Author and Translator', *Companion to Alfred the Great*, ed. N. Guenther Discenza and P. E. Szarmach (Leiden, 2015).

Baxter, S., *The Earls of Mercia: Lordship and Power in Late Anglo-Saxon England* (Oxford, 2007).

Behr, C., 'The Origins of Kingship in Early Medieval Kent', *Early Medieval Europe*, 9 (2000).

— 'New Bracteate Finds from Early Anglo-Saxon England', *Medieval Archaeology*, 54 (2010).

Biddle, M., *Winchester in the Early Middle Ages: An Edition and Discussion of the Winton Domesday* (Oxford, 1976).

— *The Search for Winchester's Anglo-Saxon Minsters* (Oxford, 2018).

Biddle, M., and Hill, D., 'Late Saxon Planned Towns', *Antiquaries Journal*, 51 (1971).

Bidwell, P. T., 'A Survey of the Anglo-Saxon Crypt at Hexham and Its Reused Roman Stonework', *Archaeologia Aeliana*, 5th ser., 39 (2010).

Birley, A. R., *The Roman Government of Britain* (Oxford, 2005).

Blackmore, L., Blair, I., Hirst, S., and Scull, C., *The Prittlewell Princely Burial: Excavations at Priory Crescent, Southend-on-Sea, Essex, 2003* (2019).

Blair, J., *The Church in Anglo-Saxon Society* (Oxford, 2005).

— *Building Anglo-Saxon England* (Princeton and Oxford, 2018).

Bland, R., 'Hoarding in the Iron Age and Roman Britain: The Puzzle of the Late Roman Period', *British Numismatic Journal*, 84 (2014).

Bland, R., *Coin Hoards and Hoarding in Roman Britain AD 43–c.498* (2018).

Bozoky, E., 'The Sanctity and Canonisation of Edward the Confessor', *Edward the Confessor: The Man and the Legend*, ed. R. Mortimer (Woodbridge, 2009).

Breeze, A., '*Armes Prydein*, Hywel Dda, and the Reign of Edmund of Wessex', *Études Celtiques*, 33 (1997).

Breeze, D. J., and Dobson, B., *Hadrian's Wall* (4th edn, 2000).

Brooks, N., 'The Development of Military Obligations in Eighth-and Ninth-Century England', *England Before the Conquest: Studies in primary sources presented to Dorothy Whitelock*, ed. P. Clemoes and K. Hughes (Cambridge, 1971).

— 'England in the Ninth Century: The Crucible of Defeat', *Transactions of the Royal Historical Society*, 5th ser., 29 (1979).

— *The Early History of the Church of Canterbury* (Leicester, 1984).

— 'The Formation of the Mercian Kingdom', *The Origins of Anglo-Saxon Kingdoms*, ed. S. Bassett (Leicester, 1989).

— 'The Career of St Dunstan', *St Dunstan: His Life, Times and Cult*, ed. N. Ramsey, M. Sparks and T. Tatton-Brown (Woodbridge, 1992).

— 'Oswald [St Oswald]', *The Oxford Dictionary of National Biography*.

Brown, D., 'Constantine II', *The Oxford Dictionary of National Biography*.

Brown, M., *The Lindisfarne Gospels: Society, Spirituality and the Scribe* (2003).

— *Painted Labyrinth: The World of the Lindisfarne Gospels* (revised edn, 2004).

Bruce-Mitford, R. L. S., 'The Art of the Codex Amiatinus', *Journal of the British Archaeological Association*, 3rd ser., 32 (1969).

Campbell, J., 'Bede I', idem, *Essays in Anglo-Saxon History* (1986).

Carver, M., *The Sutton Hoo Story: Encounters with Early England* (Woodbridge, 2017).

Casey, P. J., 'The Fourth Century and Beyond', *The Roman Era*, ed. P. Salway (Oxford, 2002).

Charles-Edwards, T. M., 'Kinship, Status and the Origins of the Hide', *Past & Present*, 56 (1972).

— 'The Making of Nations in Britain and Ireland in the Early Middle Ages', *Lordship and Learning: Studies in Memory of Trevor Aston* (Woodbridge, 2004).

— *Wales and the Britons, 350–1064* (Oxford, 2013).

Coates, S. J, 'Benedict Biscop', *The Oxford Dictionary of National Biography*.

— 'Ceolfrith', *The Oxford Dictionary of National Biography*.

Cocherell, C. R., *Iconography of the West Front of Wells Cathedral* (1851).

Corning, C., *The Celtic and Roman Traditions: Conflict and Consensus in the Early Medieval Church* (2006).

Coupland, S., 'Dorestad in the Ninth Century: The Numismatic Evidence', *Jaarboek voor Munt en Penningkunde*, 75 (1988).

— 'The Fortified Bridges of Charles the Bald', *Journal of Medieval History*, 17 (1991).

Cowdrey, H. E. J., 'Robert of Jumièges', *The Oxford Dictionary of National Biography*.

— 'Stigand', *The Oxford Dictionary of National Biography*.

Cowie, R., 'Mercian London', *Mercia: An Anglo-Saxon Kingdom in Europe*, ed. M. P. Brown and C. A. Farr (Leicester, 2001).

Cox, O. J. W., 'Frederick, Prince of Wales, and the First Performance of "Rule Britannia!"', *Historical Journal*, 56 (2013).

Craig, D. J., 'Oswald, king of Northumbria', *The Oxford Dictionary of National Biography*.

Cramp, R., 'Alchfrith', *The Oxford Dictionary of National Biography*.

— 'Aldfrith, king of Northumbria', *The Oxford Dictionary of National Biography*.

Crawford, B. E., 'The Making of a Frontier: The Firthlands from the Ninth to the Twelfth Centuries', *Firthlands of Ross and Sutherland*, ed. J. R. Baldwin (Scottish Soc. for Northern Studies, 1986).

Cubitt, C., 'The Tenth-Century Benedictine Reform in England', *Early Medieval Europe*, 6 (1997).

Cubitt, C., and Costambeys, M., 'Oda', *The Oxford Dictionary of National Biography*. *The Dating of Beowulf: A Reassessment*, ed. L. Neidorf (Cambridge, 2014).

Davidson, M. R., 'The (Non) Submission of the Northern Kings in 920', *Edward the Elder, 899–924*, ed. N. J. Higham and D. H. Hill (Abingdon, 2001).

Davis, R. H. C., *A History of Medieval Europe* (revised edn, 1970).

Davies, R. R., *The Age of Conquest: Wales 1063–1415* (Oxford, 2000).

Dobat, A. S., 'The King and his Cult: The Axe-Hammer from Sutton Hoo and its Implications for the Concept of Sacral Leadership in Early Medieval Europe', *Antiquity*, 80 (2006).

Dodgson, J. M., 'The Significance of the Distribution of the English Place-Name in-*ingas*, -*inga*–, in South-East England', *Medieval Archaeology*, 10 (1966).

Downham, C., 'The Chronology of the Last Scandinavian Kings of York, AD 937–954', *Northern History*, 40 (2003).

— 'Eric Bloodaxe-Axed? The Mystery of the Last Scandinavian King of York', *Medieval*

Scandinavia, 14 (2004).

— *Viking Kings of Britain and Ireland: The Dynasty of Ívarr to AD 1014* (Edinburgh, 2008).

— '"Hiberno-Norwegians" and "Anglo-Danes": Anachronistic Ethnicities in Viking-Age England', *Mediaeval Scandinavia*, 19 (2009).

— 'The Earliest Viking Activity in England?', *English Historical Review*, 132 (2017), 5–10.

Dyer, C., *Making a Living in the Middle Ages: The People of Britain, 850–1520* (2002).

Edwards, H., 'Beorhtric', *The Oxford Dictionary of National Biography*.

— 'Cynewulf', *The Oxford Dictionary of National Biography*.

— 'Ecgberht', *The Oxford Dictionary of National Biography*.

Esmonde-Cleary, S., 'The Ending(s) of Roman Britain', *The Oxford Handbook to Anglo-Saxon Archaeology*, ed. H. Hamerow, D. A. Hinton and S. Crawford (Oxford, 2011).

— 'Introduction: The Roman Society and the Study of AD 410', *ad 410: The History and Archaeology of Late and Post-Roman Britain*, ed. F. K. Haarer et al. (Soc. for the Promotion of Roman Studies, 2014).

Faulkner, N., and Reece, R., 'The Debate About the End: A Review of Evidence and Methods', *Archaeological Journal*, 159 (2002).

Fernie, E., 'Edward the Confessor's Westminster Abbey', *Edward the Confessor: The Man and the Legend*, ed. R. Mortimer (Woodbridge, 2009).

Fisher, D. J. V., 'The Anti-Monastic Reaction in the Reign of Edward the Martyr', *The Cambridge Historical Journal*, 10 (1952).

Fleming, R., *Kings and Lords in Conquest England* (Cambridge, 1991).

— *Britain After Rome: The Fall and Rise, 400 to 1070* (2010).

— 'Harold II', *The Oxford Dictionary of National Biography*.

Foot, S., 'The Making of *Angelcynn*: English Identity Before the Norman Conquest', *Transactions of the Royal Historical Society*, 6th ser., 6 (1996).

— *Monastic Life in Anglo-Saxon England, c.600–900* (Cambridge, 2006).

— *Æthelstan* (2011).

Ford, B. M., and Teague, S., *Winchester: A City in the Making* (Oxford, 2011).

Freeman, C., *Egypt, Greece and Rome: Civilizations of the Ancient Mediterranean* (3rd edn, Oxford, 2014).

Gibbons, A., 'Why 536 was "the Worst Year to Be Alive"', *Science*, 362 (Nov. 2018).

Gilchrist, R., and Green, C., *Glastonbury Abbey: Archaeological Investigations 1904–1979* (2015).

Gittos, H., *Liturgy, Architecture and Sacred Places in Anglo-Saxon England* (Oxford, 2013).

Godden, M. R., 'Money, Power and Morality in Late Anglo-Saxon England', *Anglo-Saxon England*, 19 (1990).

— 'Did King Alfred Write Anything?', *Medium Ævum*, 76 (2007).

Gransden, A., *Historical Writing in England, c 550 to c.1307* (1974).

— 'Edmund [St Edmund]', *The Oxford Dictionary of National Biography*.

Gretsch, M., *The Intellectual Foundations of the English Benedictine Reform* (Cambridge, 1999).

Guest, P., 'The Hoarding of Roman Metal Objects in Fifth-Century Britain', *AD 410: The History and Archaeology of Late and Post-Roman Britain*, ed. F. K. Haarer et al. (Soc. for the Promotion of Roman Studies, 2014).

Hadley, D. M., *The Vikings in England: Settlement, Society and Culture* (Manchester, 2007).

Hadley, D. M., Richards, J. D., et al., 'The Winter Camp of the Viking Great Army, AD 872–873, Torksey, Lincolnshire', *Antiquaries Journal*, 96 (2016).

Halloran, K., 'Anlaf Guthfrithson at York: A Non-Existent Kingship?', *Northern History*, 50 (2013).

— 'A Murder at Pucklechurch: The Death of King Edmund, 26 May 946', *Midland History*, 40 (2015).

— 'The War for Mercia, 942–943', *Midland History*, 41 (2016).

Halsall, G., 'Playing By Whose Rules? A Further Look at Viking Atrocity in the Ninth Century', *Medieval History*, 2 (1992).

— *Warfare and Society in the Barbarian West, 450–900* (2003).

— *Barbarian Migrations and the Roman West, 376–568* (Cambridge, 2007).

— *Worlds of Arthur: Facts and Fictions of the Dark Ages* (Oxford, 2013).

Hanaghan, M. P., *Reading Sidonius' Epistles* (Cambridge, 2019).

Handbook of British Chronology, ed. E. B. Fryde, D. E. Greenway, S. Porter and I. Roy (3rd edn, Cambridge, 1986).

Härke, H., 'Anglo-Saxon Immigration and Ethnogenesis', *Medieval Archaeology*, 55 (2011).

Hart, C., *The Danelaw* (1992).

— 'Æthelstan Half-King', *The Oxford Dictionary of National Biography*.

— 'Edward the Martyr', *The Oxford Dictionary of National Biography*.

Haslam, J., 'The Burghal Hidage and the West Saxon Burhs: A Reappraisal', *Anglo-Saxon England*, 45 (2016).

Hayes, L., and Malim, T., 'The Date and Nature of Wat's Dyke: A Reassessment in the Light of Recent Investigations at Gobowen, Shropshire', *Anglo-Saxon Studies in Archaeology and History*, 15 (2008).

Heather, P., 'The Huns and the End of the Roman Empire in Western Europe', *English Historical Review*, 110 (1995).

— *Empires and Barbarians* (2009).

Herbert, M., 'Columba', *The Oxford Dictionary of National Biography*.

Hetherington, P., *Medieval Rome: A Portrait of the City and its Life* (1994).

Higham, N. J., 'Edward the Elder's Reputation: An Introduction', *Edward the Elder, 899–924*, ed. N. J. Higham and D. H. Hill (Abingdon, 2001).

— *King Arthur: Myth-Making and History* (2002).

Higham, N. J., and Ryan, M. J., *The Anglo-Saxon World* (2013).

Hill, D., 'Offa's Dyke: Pattern and Purpose', *The Antiquaries Journal*, 80 (2000).

Hines, J., 'The Becoming of the English: Identity, Material Culture and Language in Early Anglo-Saxon England', *Anglo-Saxon Studies in Archaeology and History*, 7 (1994).

— 'A New Chronology and New Agenda: The Problematic Sixth Century', *Transformation in Anglo-Saxon Culture: Toller Lectures on Art, Archaeology and Text*, ed. C. Insley and G. R. Owen-Crocker (Oxford, 2017).

Historia Ecclesie Abbendonensis: The History of the Church of Abingdon, ed. J. Hudson (2 vols., Oxford, 2002, 2007).

A History of the County of Berkshire, iv, ed. W. Page and P. H. Ditchfield (1924).

Holt, R., 'The Urban Transformation in England, 900–1100', *Anglo-Norman Studies*, 32 (2010).

Hope-Taylor, B., *Yeavering: An Anglo-British Centre of Early Northumbria* (revised edn, 2009).

Hudson, B. T., 'Ealdred', *The Oxford Dictionary of National Biography*.

— 'Óláf Guthfrithson', *The Oxford Dictionary of National Biography*.

Hume, D., *The History of England*, vol. 1 (1763).

Insley, C., 'Southumbria', *A Companion to the Early Middle Ages: Britain and Ireland, c.500–c.1100*, ed. P. Stafford (Oxford, 2009).

— 'Charters, Ritual and Late Tenth-Century English Kingship', *Gender and History*, ed. S. Reynolds, J. Nelson and S. Johns (2012).

Iogna-Prat, D., 'Cluny, 909–910, ou l'Instrumentalisation de la Mémoire des Origines', *Revue Mabillon*, 11 (2000).

Jarman, C. L., Biddle, M., Higham, T., and Bronk Ramsey, C., 'The Viking Great Army in England: New Dates from the Repton Charnel', *Antiquity*, 92 (2018).

Jayakumar, S., 'Eadwig and Edgar: Politics, Propaganda, Faction', *Edgar, King of the English, 959–975: New Interpretations*, ed. D. Scragg (Woodbridge, 2008).

John, E., 'The King and the Monks in the Tenth-Century Reformation', idem, *Orbis Britanniae and other Studies* (Leicester, 1966).

— 'The Newminster Charter', idem, *Orbis Britanniae and other Studies* (Leicester, 1966).

Johns, C., and Bland, R., 'The Hoxne Late Roman Treasure', *Britannia*, 25 (1994).

Jones, M. E., *The End of Roman Britain* (Cornell, 1996).

Karkov, C. E., *The Ruler Portraits of Anglo-Saxon England* (Woodbridge, 2004).

— 'The Frontispiece to the New Minster Charter and the King's Two Bodies', *Edgar, King of the English, 959–975: New Interpretations*, ed. D. Scragg (Woodbridge, 2008).

Kelly, S. E., 'Æthelbald'.

— 'Offa', *The Oxford Dictionary of National Biography*.

— 'Penda', *The Oxford Dictionary of National Biography*.

Kershaw, J. F., *Viking Identities: Scandinavian Jewellery in England* (Oxford, 2013).

Kershaw, J. F., and Røyrvik, E. C., 'The "People of the British Isles" Project and Viking Settlement in England', *Antiquity*, 90 (2016).

Keynes, S., 'King Æthelstan's Books', *Learning and Literature in Anglo-Saxon England*, ed. M. Lapidge and H. Gneuss (Cambridge, 1985).

— 'A Tale of Two Kings: Alfred the Great and Æthelred the Unready', *Transactions of the Royal Historical Society*, 36 (1986).

— 'The West Saxon Charters of King Æthelwulf and His Sons', *English Historical Review*, 109 (1994).

— 'The Vikings in England', *The Oxford Illustrated History of the Vikings*, ed. P. Sawyer (Oxford, 1997).

— 'The Reconstruction of a Burnt Cottonian Manuscript: The Case of MS. Otho A. I', *British Library Journal*, 22 (1996).

— 'King Alfred and the Mercians', *Kings, Currency and Alliances*, ed. M. A. S. Blackburn and D. N. Dumville (Woodbridge, 1998).

— 'The Cult of King Alfred the Great', *Anglo-Saxon England*, 28 (1999).

— 'Mercia and Wessex in the Ninth Century', *Mercia: An Anglo-Saxon Kingdom in Europe*, ed. M. P. Brown and C. A. Farr (Leicester, 2001).

— 'The Kingdom of the Mercians in the Eighth Century', *Æthelbald and Offa: Two Eighth-Century Kings of Mercia* (BAR British Series, 383, 2005).

— 'Edgar, *rex admirabilis*', *Edgar, King of the English, 959–975: New Interpretations*, ed. D. Scragg (Woodbridge, 2008).

— 'Alfred the Great and the Kingdom of the Anglo-Saxons', *A Companion to Alfred the Great*, ed. N. Guenther Discenza and P. E. Szarmach (Leiden, 2015).

— 'Æthelred II', *The Oxford Dictionary of National Biography*.

— 'Eadric Streona', *The Oxford Dictionary of National Biography*.

— 'Eadwig', *The Oxford Dictionary of National Biography*.

Keynes, S., and Love, R., 'Earl Godwine's Ship', *Anglo-Saxon England*, 38 (2009).

Kirby, D. P., *The Earliest English Kings* (revised edn, 2000).

Kleinschmidt, H., 'The Old English Annal for 757 and West Saxon Dynastic Strife', *Journal of Medieval History*, 22 (1996).

Knowles, D., *The Monastic Order in England* (2nd edn, Cambridge, 1963).

Konshuh, C., 'Fighting with a *Lytlewerode*: Alfred's Retinue in the *Anglo-Saxon Chronicle*', *The Medieval Chronicle X* (Leiden, 2016).

Krautheimer, R., *Rome: Profile of a City, 312–1308* (Princeton, 2000).

Lagorio, V. M., 'The Evolving Legend of St Joseph of Glastonbury', *Glastonbury Abbey and the Arthurian Tradition*, ed. J. P. Carley (Cambridge, 2001).

Lambert, T., *Law and Order in Anglo-Saxon England* (Oxford, 2017).

Lapidge, M., 'Some Latin Poems as Evidence for the Reign of Athelstan', *Anglo-Saxon England*, 9 (1980).

— 'Dunstan', *The Oxford Dictionary of National Biography*.

Lawson, M. K., *Cnut: England's Viking King, 1016–1035* (new edn, 2011).

— 'Cenwulf', *The Oxford Dictionary of National Biography*.

— 'Cnut [Canute]', *The Oxford Dictionary of National Biography*.

Leahy, K., *The Anglo-Saxon Kingdom of Lindsey* (Stroud, 2007).

Maddicott, J. R., 'Trade, Industry and the Wealth of King Alfred', *Past & Present*, 123 (1989).

— 'Plague in Seventh-Century England', *Past & Present*, 156 (1997).

— 'Two Frontier States: Northumbria and Wessex, *c*.650–750', *The Medieval State*, ed. J. R. Maddicott and D. M. Palliser (2000).

— 'Prosperity and Power in the Age of Bede and Beowulf', *Proceedings of the British Academy*, 117 (2003).

— 'Edward the Confessor's Return to England in 1041', *English Historical Review*, 119 (2004).

— 'London and Droitwich, *c*.650–750: Trade, Industry and the Rise of Mercia', *Anglo-Saxon England*, 34 (2005).

— *The Origins of the English Parliament, 924–1327* (Oxford, 2010).

— 'Ecgfrith', *The Oxford Dictionary of National Biography*.

Malim, T., 'Grim's Ditch, Wansdyke and the Ancient Highways of England: Linear Monuments and Political Control', *Proceedings of the Clifton Antiquarian Club*, 9 (2010).

Malone, C. M., *Façade as Spectacle: Ritual and Ideology at Wells Cathedral* (Leiden, 2004).

Mann, J. C., 'The Creation of Four Provinces in Britain by Diocletian', *Britannia*, 29 (1998).

Marafioti, N., *The King's Body: Burial and Succession in Late Anglo-Saxon England* (Toronto, 2014).

Mattingly, D., *An Imperial Possession: Britain in the Roman Empire, 54 BC–ad 409* (2006).

Mayr-Harting, H., *The Coming of Christianity to Anglo-Saxon England* (2nd edn, 1977).

McEvoy, M. A., *Child Emperor Rule in the Late Roman West, AD 367–455* (Oxford, 2013).

McGrail, S., *Ancient Boats in North-West Europe: The Archaeology of Water Transport to ad 1500* (new edn, 1998).

Metcalf, D. M., 'Betwixt Sceattas and Offa's Pence: Mint-Attributions and the Chronology of a Recession', *British Numismatic Journal*, 79 (2009).

Meyer, M. A., 'Women and the Tenth-Century English Monastic Reform', *Revue Bénédictine*, 87 (1977).

Miller, S., 'Edward [called Edward the Elder]', *The Oxford Dictionary of National Biography*.

Molyneaux, G., 'The Old English Bede: English Ideology or Christian Instruction?', *English Historical Review*, 124, (2009).

— 'Did the English Really Think They Were God's Elect in the Anglo-Saxon Period?', *Journal of Ecclesiastical History*, 65 (2014).

— *The Formation of the English Kingdom in the Tenth Century* (Oxford, 2015).

Morris, J., *The Age of Arthur* (1973).

Morris, M., *A Great and Terrible King: Edward I and the Forging of Britain* (2008).

— *The Norman Conquest* (2012).

— *King John: Treachery, Tyranny and the Road to Magna Carta* (2015).

Naismith, R., 'The Coinage of Offa Revisited', *British Numismatic Journal*, 80 (2010).

— 'The Origins of the Line of Egbert, King of the West Saxons, 802–839, *English Historical Review*, 126 (2011).

— *Money and Power in Anglo-Saxon England: The Southern English Kingdoms, 757–865* (Cambridge, 2012).

— *Medieval European Coinage 8: Britain and Ireland c.400–1066* (Cambridge, 2017).

— *Citadel of the Saxons: The Rise of Early London* (2019).

Nelson, J. L., 'The Frankish Empire', *The Oxford Illustrated History of the Vikings*, ed. P. Sawyer (Oxford, 1997).

— 'Carolingian Contacts', *Mercia: An Anglo-Saxon Kingdom in Europe*, ed. M. P. Brown and C. A. Farr (Leicester, 2001).

— *King and Emperor: A New Life of Charlemagne* (2019).

— 'Æthelwulf', *The Oxford Dictionary of National Biography*.

Newfield, T. P., 'The Climate Downturn of 536–50', *The Palgrave Handbook of Climate History*, ed. S. White, C. Pfister, and F. Mauelshagen (2018).

Newton, S., *The Origins of Beowulf and the Pre-Viking Kingdom of East Anglia* (Woodbridge, 1993).

Ó Corráin, D., 'Ireland, Wales, Man, and the Hebrides', *The Oxford Illustrated History of the Vikings*, ed. P. Sawyer (Oxford, 1997).

    The Oxford Dictionary of National Biography, ed. H. C. G. Matthews and B. Harrison (60 vols., Oxford, 2004).

    The Oxford Encyclopedia of Medieval Warfare and Military Technology, vol. 1, ed. C. J. Rogers, (Oxford, 2010).

Parsons, D., and Sutherland, D., *The Anglo-Saxon Church of All Saints, Brixworth, Northamptonshire: Survey, Excavation and Analysis, 1972–2010* (Oxford, 2013).

Peacock, D. P. S., 'Charlemagne's Black Stones: The Re-Use of Roman Columns in Early Medieval Europe', *Antiquity*, 71 (1997).

Pearson, A., *The Roman Shore Forts: Coastal Defences of Southern Britain* (Stroud, 2002).

Pelteret, D. A. E., *Slavery in Early Mediæval England* (Woodbridge, 1995).

Pratt, D., 'The Illnesses of King Alfred the Great', *Anglo-Saxon England*, 30 (2001).

— 'The Voice of the King in "King Edgar's Establishment of Monasteries"', *Anglo-Saxon England*, 41 (2012).

Prien, R., 'The Copy of an Empire? Charlemagne, the Carolingian Renaissance and Early

Medieval Perception of Late Antiquity', *The Transformative Power of the Copy*, ed. C. Forberg and P. Stockhammer (Heidelberg, 2017).

Rahtz, P., *Glastonbury* (1993).

Ray, K., and Bapty, I., *Offa's Dyke: Landscape and Hegemony in Eighth-Century Britain* (Oxford, 2016).

Reuter, T., 'Plunder and Tribute in the Carolingian Empire', *Transactions of the Royal Historical Society*, 35 (1985).

Richards, J. D., *The Vikings: A Very Short Introduction* (Oxford, 2005).

Richardson, H. G., and Sayles, G. O., *Law and Legislation from Æthelberht to Magna Carta* (Edinburgh, 1966).

Rippon, S., Smart, C., and Pears, B., *The Fields of Britannia* (Oxford, 2015).

Roach, L., *Kingship and Consent in Anglo-Saxon England, 871–978* (Cambridge, 2013).

— *Æthelred the Unready* (2016).

Rollason, D., and Dobson, R., 'Cuthbert', *The Oxford Dictionary of National Biography*.

Royal Commission on the Historical Monuments of England, 'Wareham West Walls', *Medieval Archaeology*, 3 (1959).

Rumble, A. R., 'Hamtun *alias* Hamwic (Saxon Southampton): The Place-Name Traditions and their Significance', *Excavations at Melbourne Street Southampton, 1971–1976*, ed. P. Holdsworth (Council for British Archaeology, 1980).

— 'The Laity and the Monastic Reform in the Reign of Edgar', *Edgar, King of the English, 959—975: New Interpretations*, ed. D. Scragg (Woodbridge, 2008).

Salway, P., and Blair, J., *Roman and Anglo-Saxon Britain* (new edn, Oxford, 1992).

— *The Oxford Illustrated History of Roman Britain* (Oxford, 1993).

— 'Conclusion', *The Roman Era*, ed. P. Salway (2002).

Sawyer, P., 'The Last Scandinavian Kings of York', *Northern History*, 31 (1995).

— 'The Age of the Vikings and Before', *The Oxford Illustrated History of the Vikings*, ed. P. Sawyer (Oxford, 1997).

— *The Wealth of Anglo-Saxon England* (Oxford, 2013).

— 'Swein', *The Oxford Dictionary of National Biography*.

Scull, C., Minter, F., and Plouviez, J., 'Social and Economic Complexity in Early Medieval England: A Central Place Complex of the East Anglian Kingdom at Rendlesham, Suffolk', *Antiquity*, 90 (2016).

Smith, A. W., '"And Did Those Feet … ?": The "Legend" of Christ's Visit to Britain', *Folklore*, 100 (1989).

Smyth, A., *King Alfred the Great* (Oxford, 1995).

Squatriti, P., 'Digging Ditches in Early Medieval Europe', *Past & Present*, 176 (2002).

Stafford, P., 'The Laws of Cnut and the History of Anglo-Saxon Royal Promises', *Anglo-Saxon England*, 10 (1982).

— 'Women and the Norman Conquest', *Transactions of the Royal Historical Society*, 6th ser., 4 (1994).

— *Queen Emma and Queen Edith* (Oxford, 1997).

— 'Ælfgifu of Northampton', *The Oxford Dictionary of National Biography*.

— 'Eadgifu', *The Oxford Dictionary of National Biography*.

The Staffordshire Hoard: An Anglo-Saxon Treasure, ed. C. Fern, T. Dickinson and L. Webster (2019).

Stenton, D. M., *The English Woman in History* (1956).

Stenton, F. M., *Anglo-Saxon England* (3rd edn, Oxford, 1971).

Summerson, H., 'Tudor Antiquaries and the *Vita Ædwardi regis*', *Anglo-Saxon England*, 38 (2009).

— 'George [St George]', *The Oxford Dictionary of National Biography*.

Thacker, A., 'England in the Seventh Century', *The New Cambridge Medieval History, I: c.500– c.700*, ed. P. Fouracre (Cambridge, 2005).

— 'Ælfflæd', *The Oxford Dictionary of National Biography*.

— 'Wilfrid', *The Oxford Dictionary of National Biography*.

Tolkien, J. R. R., *Beowulf: A Translation and Commentary*, ed. C. Tolkien (2015).

Tolley, C., 'Old English Influence on *The Lord of the Rings*', *Beowulf and Other Stories: A New Introduction to Old English, Old Icelandic and Anglo-Norman Literatures*, ed. R. North and J. Allard (2nd edn, 2012).

Townend, M., 'Contextualizing the *Knútsdrápur*: Skaldic Praise-Poetry at the Court of Cnut', *Anglo-Saxon England*, 30 (2001).

Treharne, E., *Living Through Conquest: The Politics of Early English, 1020–1220* (Oxford, 2012).

Tyler, D. J., 'Offa's Dyke: A Historiographical Reappraisal', *Journal of Medieval History*, 37 (2011).

Ulmschneider, K., 'Settlement, Economy, and the "Productive" Site: Middle Anglo-Saxon Lincolnshire AD 650–780', *Medieval Archaeology*, 44 (2000).

Wallace-Hadrill, J. M., Bede's *Ecclesiastical History of the English People: A Historical Commentary* (Oxford, 1988).

Ward-Perkins, B., 'Why Did the Anglo-Saxons Not Become More British?', *English Historical Review*, 115 (2000).

— *The Fall of Rome and the End of Civilization* (Oxford, 2005).

Webster, L., *Anglo-Saxon Art* (2012).

Welch, M., *Anglo-Saxon England* (1993).

— 'Anglo-Saxon Kent to AD 800', *The Archaeology of Kent to ad 800* (Woodbridge, 2007).

Wilcox, J., 'Wulfstan's *Sermo Lupi ad Anglos* as Political Performance: 16 February 1014 and Beyond', *Wulfstan, Archbishop of York: The Proceedings of the Second Alcuin Conference*, ed. M. O. Townend (Turnhout, 2004).

The Wiley Blackwell Encyclopedia of Anglo-Saxon England, ed. M. Lapidge, J. Blair, S. Keynes, and D. Scragg (2nd edn, Oxford, 2014).

Williams, A., 'Eadred', *The Oxford Dictionary of National Biography*.

— 'Edgar', *The Oxford Dictionary of National Biography*.

— 'Godwine', *The Oxford Dictionary of National Biography*.

— 'Odda', *The Oxford Dictionary of National Biography*.

Williams, G., 'Mercian Coinage and Authority', *Mercia: An Anglo-Saxon Kingdom in Europe*, ed. M. P. Brown and C. A. Farr (Leicester, 2001).

— 'Military Institutions and Royal Power', *Mercia: An Anglo-Saxon Kingdom in Europe*, ed. M. P. Brown and C. A. Farr (Leicester, 2001).

Williams, H., 'Cemeteries as Central Places–Place and Identity in Migration Period Eastern England', *Central Places in the Migration and Merovingian Periods*, ed. L. Larsson and B. Hårdh (Stockholm, 2002).

Williams, T., *Viking Britain: An Exploration* (2017).

Wilmott, T., *Richborough and Reculver* (2012).

Wiseman, H., 'The Derivation of the Date of the Badon Entry in the *Annales Cambriae* from Bede and Gildas', *Parergon*, 17 (2000).

Wood, I. N., 'Boniface', *The Oxford Dictionary of National Biography*.

Wood, M., 'The Lost Life of King Athelstan', idem, *In Search of England* (1999).

— *In Search of the Dark Ages* (new edn, 2006).

— 'Searching for Brunanburh: The Yorkshire Context of the "Great War" of 937', *Yorkshire Archaeological Journal*, 85 (2013).

Woolf, A., 'Erik Bloodaxe Revisited', *Northern History*, 35 (1998).

— *From Pictland to Alba, 789–1070* (Edinburgh, 2007).

Wormald, P., 'Bede, the Bretwaldas and the Origin of the *Gens Anglorum*', *Ideal and Reality in Frankish and Anglo-Saxon Society*, ed. P. Wormald et al. (Oxford, 1983).

— '*Engla Londe*: The Making of an Allegiance', *Journal of Historical Sociology* ,7 (1994).

— *The Making of English Law: King Alfred to the Twelfth Century* (Oxford, 1999).

— 'Æthelweard', *The Oxford Dictionary of National Biography*.

— 'Wulfstan [Lupus]', *The Oxford Dictionary of National Biography*.

Worthington, M., 'Offa's Dyke', *Æthelbald and Offa: Two Eighth-Century Kings of Mercia* (BAR British Series, 383, 2005).

Wyatt, D., 'The Significance of Slavery: Alternative Approaches to Anglo-Saxon Slavery', *Anglo-Norman Studies*, 23 (2001).

— *Slaves and Warriors in Medieval Britain and Ireland, 800–1200* (Brill, 2009).

Yeavering: People, Power & Place, ed. P. Frodsham and C. O'Brien (2005).

Yorke, B., 'Æthelwold and the Politics of the Tenth Century', *Bishop Æthelwold: His Career and Influence*, ed. idem (Woodbridge, 1988).

— 'The Jutes of Hampshire and Wight and the Origins of Wessex', *The Origins of Anglo-Saxon Kingdoms*, ed. S. Bassett (Leicester, 1989).

— *Kings and Kingdoms of Early Anglo-Saxon England* (1990).

— *Wessex in the Early Middle Ages* (Leicester, 1995).

— 'Anglo-Saxon *Gentes* and *Regna*', *Regna and Gentes*, ed. H.–W. Goetz, J. Jarnut and W. Pohl (Leiden, 2003).

— 'Anglo-Saxon Origin Legends', *Myth, Rulership, Church and Charters: Essays in Honour of Nicholas Brooks*, ed. J. Barrow and A. Wareham (Aldershot, 2008).

— 'The Bretwaldas and the Origins of Overlordship in Anglo-Saxon England', *Early Medieval Studies in Memory of Patrick Wormald*, ed. S. Baxter, C. Karkov, J. L. Nelson and D. Pelteret (Farnham, 2009).

— 'The Representation of Early West Saxon History in the *Anglo-Saxon Chronicle*', *Reading the Anglo-Saxon Chronicle: Language, Literature, History*, ed. A. Jorgensen (Turnhout, 2010).

— 'Cædwalla', *The Oxford Dictionary of National Biography*.

— 'Ceawlin', *The Oxford Dictionary of National Biography*.

次级文献（有参考）

Backhouse, J., *The Lindisfarne Gospels: A Masterpiece of Book Painting* (1995).

Baker, J., and Brookes, S., 'Fulham 878–79: A New Consideration of Viking Manoeuvres', *Viking and Medieval Scandinavia*, 8 (2012).

— *Beyond the Burghal Hidage: Anglo-Saxon Civil Defence in the Viking Age* (Leiden, 2013).

The Battle of Maldon ad 991, ed. D. Scragg (Oxford, 1991).

Beech, G. T., 'How England Got Its Name (1014–1030)', *Nouvelle revue d'onomastique*, 51 (2009).

Blair, J., 'Introduction: From Minster to Parish Church', *Minsters and Parish Churches: The Local Church in Transition, 950–1200*, ed. idem (Oxford, 1988).

Breeze, A., 'Gildas: Renewed Approaches', *Northern History*, 47 (2010).

Brooks, N., 'English Identity from Bede to the Millennium', *Haskins Society Journal*, 14 (2003).

Brugmann, B., 'Migration and Endogenous Change', *Oxford Handbook of Anglo-Saxon Archaeology* (Oxford, 2011).

Campbell, J., 'Bede's *Reges* and *Principes*', idem, *Essays in Anglo-Saxon History* (1986).

— 'Bede II', idem, *Essays in Anglo-Saxon History* (1986).

— 'The First Century of Christianity in England', idem, *Essays in Anglo-Saxon History* (1986).

— 'Observations on the Conversion of England', idem, *Essays in Anglo-Saxon History* (1986).

— 'England, *c*.991', idem, *The Anglo-Saxon State* (2000).

— 'The Late Anglo-Saxon State: A Maximum View', idem, *The Anglo-Saxon State* (2000).

— 'Was it Infancy in England?', idem, *The Anglo-Saxon State* (2000).

— 'Some Agents and Agencies of the Late Anglo-Saxon State', idem, *The Anglo-Saxon State* (2000).

Charles-Edwards, T., 'Early Medieval Kingships in the British Isles', *The Origins of Anglo-Saxon Kingdoms*. ed. S. Bassett (Leicester, 1989).

— 'Wales and Mercia, 613–918', *Mercia: An Anglo-Saxon Kingdom in Europe*, ed. M. P. Brown and C. A. Farr (Leicester, 2001).

Chick, D., 'The Coinage of Offa in Light of Recent Discoveries', *Æthelbald and Offa: Two Eighth-Century Kings of Mercia* (BAR British Series, 383, 2005).

Collins, R., *Early Medieval Europe, 300–1000* (3rd edn, 2010).

Costen, M., 'Dunstan, Glastonbury and the Economy of Somerset in the Tenth Century', *St Dunstan: His Life, Times and Cult*, ed. N. Ramsey, M. Sparks and T. Tatton-Brown (Woodbridge, 1992).

Crawford, B. E., 'The Vikings', *From the Vikings to the Normans*, ed. W. Davies (Oxford, 2003).

Cubitt, C., 'Wilfrid's "Usurping Bishops": Episcopal Elections in Anglo-Saxon England, *c*.600–*c*.800, *Northern History*, 25 (1989).

Dales, D., *Dunstan: Saint and Statesman* (2nd edn, Cambridge, 2013).

Downham, C., '"Hiberno-Norwegians" and "Anglo-Danes": Anachronistic Ethnicities in Viking Age England', *Mediaeval Scandinavia*, 19 (2009).

Dumville, D. M., 'Between Alfred the Great and Edgar the Peaceable: Athelstan, the First King of England', idem, *Wessex and England from Alfred to Edgar* (Woodbridge, 1992).

— 'Gildas and Maelgwn: Problems of Dating', *Gildas: New Approaches*, ed. M. Lapidge and D. Dumville (Woodbridge, 1984).

— 'The Chronology of *De Excidio Britanniae*, Book 1', *Gildas: New Approaches*, ed. M. Lapidge and D. Dumville (Woodbridge, 1984).

— 'King Alfred and the Tenth-Century Reform of the English Church', idem, *Wessex and England from Alfred to Edgar* (Woodbridge, 1992).

Edwards, N., 'Rethinking the Pillar of Eliseg', *Antiquaries Journal*, 89 (2009).

Fleming, R., 'The New Wealth, the New Rich and the New Political Style in Late Anglo-Saxon

England', *Anglo-Norman Studies*, 23 (2001).

— 'Lords and Labour', *From the Vikings to the Normans*, ed. W. Davies (Oxford, 2003).

Fraser, J. E., 'Bede, the Firth of Forth, and the Location of *Urbs Iudeu*', *Scottish Historical Review*, Volume 87 (2008).

Gelling, M., *The Landscape of Place-Names* (Stamford, 2000).

— *Signposts to the Past: Place-Names and the History of England* (3rd edn, Chichester, 1997).

Gerrard, J., *The Ruin of Roman Britain: An Archaeological Perspective* (Cambridge, 2013).

Gibbs, M., 'The Decrees of Agatho and the Gregorian Plan for York', *Speculum*, 48 (1973).

Godden, M., 'Ælfric of Eynsham', *The Oxford Dictionary of National Biography*.

Griffiths, D., 'Exchange, Trade and Urbanization', *From the Vikings to the Normans*, ed. W. Davies (Oxford, 2003).

Hall, A., 'The Instability of Place-Names in Anglo-Saxon England and Early Medieval Wales, and the Loss of Roman Toponymy', *Sense of Place in Anglo-Saxon England*, ed. R. Jones and S. Semple (Donington, 2012).

Halsall, G., 'The Barbarian Invasions', *The New Cambridge Medieval History, I: c.500–c.700*, ed. P. Fouracre (Cambridge, 2005).

Hamerow, H., 'The Earliest Anglo-Saxon Kingdoms', *The New Cambridge Medieval History, I: c.500–c.700*, ed. P. Fouracre (Cambridge, 2005).

— *Rural Settlements and Society in Anglo-Saxon England* (Oxford, 2012).

Harrington, S., and Welch, M., *The Early Anglo-Saxon Kingdoms of Southern Britain, ad 450–650* (Oxford, 2014).

Haslam, J., 'Market and Fortress in England in the Reign of Offa', *World Archaeology*, 19 (1987).

— 'King Alfred, Mercia and London, 874–886: A Reassessment', *Anglo-Saxon Studies in Archaeology and History*, 17 (2011).

Hedeager, L., 'Cosmological Endurance: Pagan Identities in Early Christian Europe', *European Journal of Archaeology*, 1 (1998).

Higham, N., *The Kingdom of Northumbria: ad 350–1100* (Stroud, 1993).

— *The English Conquest: Gildas and Britain in the Fifth Century* (Manchester, 1994).

Hill, D., *An Atlas of Anglo-Saxon England* (revised edn, Oxford, 1984).

— 'Mercians: Dwellers on the Boundary', *Mercia: An Anglo-Saxon Kingdom in Europe*, ed. M. P. Brown and C. A. Farr (Leicester, 2001).

— 'The Eighth-Century Urban Landscape', *Æthelbald and Offa: Two-Eighth Century Kings of Mercia* (BAR British Series, 383, 2005).

Hines, J., 'Cultural change and social organisation in early Anglo-Saxon England', *After Empire: Towards an Ethnology of Europe's Barbarians*, ed. G. Ausenda (Woodbridge, 1995).

Holland, T., *Athelstan: The Making of England* (2016).

Howe, N., *Writing the Map of Anglo-Saxon England* (Yale, 2008).

Hudson, J., *The Formation of the English Common Law: Law and Society in England from King Alfred to Magna Carta* (2nd edn, 2018).

Hunt, J., *Warriors, Warlords and Saints: The Anglo-Saxon Kingdom of Mercia* (Alcester, 2016).

Inker, P., 'Technology as Active Material Culture: The Quoit-Brooch Style', *Medieval Archaeology*, 44 (2000).

Jayakumar, S., 'Reform and Retribution: The "Anti-Monastic Reaction" in the Reign of Edward the Martyr', *Early Medieval Studies in Memory of Patrick Wormald* (2009).

John, E., *Reassessing Anglo-Saxon England* (Manchester, 1996).

Jones, M. A., 'A Chosen Missionary People? Willibrord, Boniface, and the Election of the *Angli*', *Medieval Worlds*, 3 (2016).

Keynes, S., 'England, 900–1016', *The New Cambridge Medieval History, III: c.900–c.1024*, ed. T. Reuter (Cambridge, 1999).

— 'Mercia and Wessex in the Ninth Century', *Mercia: An Anglo-Saxon Kingdom in Europe*, ed. M. P. Brown and C. A. Farr (Leicester UP, 2001).

— 'Edward, King of the Anglo-Saxons', *Edward the Elder, 899–924*, ed. N. J. Higham and D. H. Hill (Abingdon, 2001).

Kirby, D. P., 'Bede, Eddius Stephanus, and the "Life of Wilfrid"', *English Historical Review*, 98 (1983).

Kock, J. T., 'The Place of *Y Gododdin* in the History of Scotland', *Celtic Connections*, vol. 1, ed. R. Black, W. Gillies and R. Ó Maolalaigh (East Linton, 1999).

Lavelle, R., *Alfred's Wars: Sources and Interpretations of Anglo-Saxon Warfare in the Viking Age* (Woodbridge, 2010).

— *Cnut: The North Sea King* (2017).

Leahy, K., Bland, R., Hooke, D., Jones, A., and Okasha, E., 'The Staffordshire (Ogley Hay) Hoard: Recovery of a Treasure', *Antiquity*, 85 (2011).

Leyser, H., *Beda: A Journey Through the Seven Kingdoms in the Age of Bede* (2015).

— *A Short History of the Anglo-Saxons* (2017).

Manco, J., *The Origins of the Anglo-Saxons* (2018).

Miller, M., 'Bede's use of Gildas', *English Historical Review*, 90 (1975).

Moisl, H., 'The Bernician Royal Dynasty and the Irish in the Seventh Century', *Peritia* 2 (1983).

Murray, A., 'Bede and the Unchosen Race', *Power and Identity in the Middle Ages*, ed. H. Pryce and J. Watts (Oxford, 2007).

Nelson, J. L., '"A King Across the Sea": Alfred in Continental Perspective', *Transactions of the Royal Historical Society*, 36 (1986).

— 'The Political Ideas of Alfred of Wessex', *Kings and Kingship in Medieval Europe*, ed. A. J. Duggan (1993).

— 'England and the Continent in the Ninth Century: II, The Vikings and Others', *Transactions of the Royal Historical Society*, 13 (2003).

Noble, T. F. X., 'Rome in the Seventh Century', *Archbishop Theodore: Commemorative Studies on His Life and Influence*, ed. M. Lapidge (Cambridge, 1995).

Parsons, D., 'The Mercian Church: Archaeology and Topography', *Mercia: An Anglo-Saxon Kingdom in Europe*, ed. M. P. Brown and C. A. Farr (Leicester, 2001).

Pelteret, D., 'Saint Wilfrid: Tribal Bishop, Civic Bishop or Germanic Lord', *The Community, the Family and the Saint*, ed. J. Hill and M. Swan (Turnhout, 1998).

Pollington, S., *Anglo-Saxon Burial Mounds: Princely Burials in the 6th and 7th centuries* (Swaffham, 2008).

Pratt, D., 'Persuasion and Invention at the Court of Alfred the Great', *Court Culture in the Early Middle Ages: The Proceedings of the First Alcuin Conference*, ed. C. E. Cubitt (Turnhout, 2003).

Reynolds, S., 'What Do We Mean by "Anglo-Saxon" and "Anglo-Saxons"?', *Journal of British Studies*, 24 (1985).

Richards, J. D., *Viking Age England* (new edn, Stroud, 2004).

Rollason, *Northumbria, 500–1100: Creation and Destruction of a Kingdom* (Cambridge, 2003).

Smyth, A. P., 'The Emergence of English Identity, 700–1000', *Medieval Europeans: Studies in Ethnic Identity and National Perspectives in Medieval Europe*, ed. idem (Basingstoke, 1998).

Snyder, C. A., *An Age of Tyrants: Britain and the Britons, ad 400–600* (Stroud, 1998).

Squatriti, P., 'Offa's Dyke Between Nature and Culture', *Environmental History*, 9 (2004).

Stafford, P., *Unification and Conquest: A Political and Social History of England in the Tenth and Eleventh Centuries* (1989).

Thompson, E. A., 'Gildas and the History of Britain', *Britannia*, 10 (1979).

Tolkien, J. R. R., *Beowulf: The Monsters and the Critics and Other Essays* (1983).

Tyler, D. J., 'Orchestrated Violence and the "Supremacy of the Mercian Kings"', *Æthelbald and Offa: Two Eighth-Century Kings of Mercia* (BAR British Series, 383, 2005).

Underwood, R., *Anglo-Saxon Weapons and Warfare* (Stroud, 1999).

Vince, A., 'Market Centres and Towns in the Mercian Hegemony', *Mercia: An Anglo-Saxon Kingdom in Europe*, ed. M. P. Brown and C. A. Farr (Leicester, 2001).

Webster, L., 'Anglo-Saxon Art: Tradition and Transformation', *Transformation in Anglo-Saxon Culture: Toller Lectures on Art, Archaeology and Text*, ed. C. Insley and G. R. Owen-Crocker (Oxford, 2017).

Webster, L., Sparey-Green, C., Périn, P., and Hills, C., 'The Staffordshire (Ogley Hay) Hoard: Problems of Interpretation', *Antiquity*, 85 (2011).

White, R. H., 'A Brave New World? The Archaeology of Western Britain in the Fifth and Sixth Centuries', *ad 410: The History and Archaeology of Late and Post-Roman Britain*, ed. F. K. Haarer et al. (Soc. for the Promotion of Roman Studies, 2014).

Wickham, C., *The Inheritance of Rome: A History of Europe from 400 to 1000* (2009).

Williams, G., 'Military Institutions and Royal Power', *Mercia: An Anglo-Saxon Kingdom in Europe*, ed. M. P. Brown and C. A. Farr (Leicester, 2001).

— 'Military Obligations and Mercian Supremacy in the Eighth Century', *Æthelbald and Offa: Two Eighth-Century Kings of Mercia* (BAR British Series, 383, 2005).

Wood, I., 'The End of Roman Britain: Continental Evidence and Parallels', *Gildas: New Approaches*, ed. M. Lapidge and D. Dumville (Woodbridge, 1984).

— 'Northumbrians and Franks in the Age of Wilfrid', *Northern History*, 31 (1995).

Wood, M., 'Glastonbury, the Grail and the Isle of Avalon', idem, *In Search of England* (1999).

Woods, D., 'Gildas and the Mystery Cloud of 536–7', *Journal of Theological Studies*, NS, 61 (2010).

Wormald, P., 'Bede, *Beowulf*, and the Conversion of the Anglo-Saxon Aristocracy', *Bede and Anglo-Saxon England*, ed. R. T. Farrell (Oxford, 1978).

Worthington, M., 'Wat's Dyke: An Archaeological and Historical Enigma', *Bulletin of the John Rylands Library*, 79 (1997).

Yorke, B., *The Conversion of Britain: Religion, Politics and Society in Britain, c.600–800* (Harlow, 2006).

— 'The Origins of Anglo-Saxon Kingdoms: The Contribution of Written Sources', *Anglo-Saxon Studies in Archaeology and History*, 10 (1999).

— *Nunneries and the Anglo-Saxon Royal Houses* (2003).

Zaluckyj, S., *Mercia: The Anglo-Saxon Kingdom of Central England* (Almeley, 2001).

译名对照表

Aachen 亚琛

Abercorn 阿伯康

Abingdon (Oxfords.) 阿宾登（牛津郡）

Acha, queen of Northumbria 阿查，诺森布里亚王后

Adam of Bremen 不来梅的亚当

Adrianople (Edirne, Turkey) 哈德良堡（今土耳其埃迪尔内）

Agatho, pope 阿加托，教宗（678—681在位）

Agilbert, bishop of Dorchester 阿吉尔伯特，多切斯特主教（死于约680年）

Aidan, St, bishop of Northumbria 圣艾丹，诺森布里亚主教（死于651年）

Alans 阿兰人

Alchfrith, king of Deira 埃尔科弗里思，德伊勒国王（死于约664年）

Alcuin of York 约克的阿尔昆

Aldfrith, king of Northumbria 奥尔德弗里思，诺森布里亚国王（死于704或705年）

Aldwych, London 奥德维奇，伦敦

Alexandria 亚历山大港

Alfred, ealdorman 阿尔弗雷德，郡长

Alfred, son of Æthelred the Unready 阿尔弗雷德，"仓促王"埃塞尔雷德之子（死于1037年）

Alfred the Great, king of Wessex 阿尔弗雷德大王，威塞克斯国王（871—899在位）

Alfred Jewel 阿尔弗雷德宝石

Alfred's Hall 阿尔弗雷德庄园

Alfred's Head, pub 阿尔弗雷德头像，酒吧

Aller (Somerset) 阿勒尔（萨默塞特郡）

Ambrosius Aurelianus 安布罗修斯·奥勒利安努斯

Amiens (Somme) 亚眠（索姆省）

Andelle, river 昂代勒河

Andover(Hants.) 安多弗（汉普郡）

Angeln 安格尔恩

Angles, Anglian 盎格鲁人

Anglesey 安格尔西岛

Anglo-Saxon Chronicle《盎格鲁-撒克逊编年史》

Annals of Ulster《阿尔斯特编年史》

Annemund, archbishop of Lyon 安尼蒙德，里昂大主教（死于约657年）

Antioch 安条克

Anwend, viking leader 安文德，维京人首领

Appledore (Kent) 阿普尔多尔（肯特郡）

Aquitaine 阿基坦

Aragorn 阿拉贡

Arcadius, Roman emperor 阿卡狄乌斯，罗马皇帝（395—408在位）

Armagh, abbey of 阿马修道院

Arthur, legendary British king 亚瑟，传说中的不列颠国王

Arwald, king of Wight 阿尔瓦尔德，怀特岛国王（死于685年）

Ashdown (Æscedun), battle of 阿什当（阿什顿）战役

Assandun (Essex) 阿桑顿（埃塞克斯郡）

Asser, bishop of Sherborne, biographer of Alfred the Great 阿瑟，舍伯恩主教，阿尔弗雷德大王的传记作者

Athelney (Somerset) 阿瑟尔尼（萨默塞特郡）

Attacots 阿塔科蒂人

Augustine, St, archbishop of Canterbury 圣奥古斯丁，坎特伯雷大主教

Augustine, St, author of *Soliloquies* 圣奥古斯丁，《独白》作者

Aurelius Ursicinus 奥勒里乌斯·乌尔西奇努斯

Austerfield (Yorks.) 奥斯特菲尔德（约克郡）

Ædan, king of Dal Riata 埃丹，达尔里亚达国王

Ælfflæd, abbess of Whitby 埃尔弗莱德，惠特比女修道院长（死于714年）

Ælfflæd, queen, wife of Edward the Elder 埃尔弗莱德，王后，长者爱德华之妻

Ælfgar, earl of Mercia 埃尔夫加，麦西亚伯爵（死于约1062年）

Ælfgar, son of Ælfric 埃尔夫加，埃尔弗里克之子

Ælfgifu of Northampton, wife of Cnut 北安普敦的埃尔夫吉福，克努特之妻

Ælfgifu, queen, wife of Æthelred the Unready 埃尔夫吉福，"仓促王"埃塞尔雷德之妻

Ælfgifu, queen, wife of Eadwig 埃尔夫吉福，王后，埃德威格之妻

Ælfheah, St, archbishop of Canterbury 圣埃尔夫赫亚，坎特伯雷大主教（死于1012年）

Ælfheah the Bald, bishop of Winchester "秃头"埃尔夫赫亚，温切斯特主教（死于951年）

Ælfhelm, ealdorman of Northumbria 埃尔夫赫尔姆，诺森布里亚郡长（死于1005年）

Ælfhere, ealdorman of Mercia 埃尔夫希尔，麦西亚郡长（死于983年）

Ælfric, ealdorman of Hampshire 埃尔弗里克，汉普郡郡长（死于1016年）

Ælfric of Eynsham, abbot and scholar 恩舍姆的埃尔弗里克，修道院长与学者

Ælfstan, bishop of London 埃尔夫斯坦，伦敦主教（死于995或996年）

Ælfthryth, queen, wife of Edgar 埃尔夫思里思，王后，埃德加之妻

Ælfweard, son of Edward the Elder 埃尔夫沃德，长者爱德华之子（死于924年）

Ælfwynn, daughter of Æthelflæd 埃尔夫温，埃塞尔弗莱德之女

Ælfwynn, wife of Æthelstan Half-King 埃尔夫温，"半王"埃塞尔斯坦之妻

Ælle, king of Deira 埃尔，德伊勒国王

Ælle, king of Northumbria 埃尔，诺森布里亚国王（死于867年）

Ælle, king of Sussex 埃尔，萨塞克斯国王

Æthelbald, king of Mercia 埃塞尔博尔德，麦西亚国王（716—757在位）

Æthelbald, king of Wessex 埃尔埃尔博尔德，威塞克斯国王（858—860在位）

Æthelberht, king of East Anglia 埃塞尔伯特，东盎格利亚国王（死于794年）

Æthelberht, king of Kent 埃塞尔伯特，肯特国王（死于616年）

Æthelberht, king of Wessex 埃塞尔伯特，威塞克斯国王（860—865在位）

Æthelburh, queen of Northumbria 埃塞尔伯，诺森布里亚王后

Æthelflæd, Lady of the Mercians 埃塞尔弗莱德，麦西亚王女（死于918年）

Æthelflæd, partner of King Edgar 埃塞尔弗莱德，埃德加国王的伴侣

Æthelflæd, patroness of St Dunstan 埃塞尔弗莱德，圣邓斯坦的保护人

Æthelfrith, king of Northumbria 埃塞尔弗里思，诺桑布里亚国王（死于616年）

Æthelgifu, daughter of Alfred the Great 埃塞尔吉福，阿尔弗雷德大王之女

Æthelgifu, mothern-in-law of King Eadwig 埃塞尔吉福，埃德威格国王的岳母

Æthelhelm, ealdorman of Dorset 埃塞尔赫尔姆，多塞特郡长（死于840年）

Æthelhelm, son of King Æthelred 埃塞尔赫尔姆，埃塞尔雷德国王之子

Æthelmær, ealdorman 埃塞尔默，郡长（死于1015年）

Æthelnoth, ealdorman of Somerset 埃塞尔诺思，萨默塞特郡长

Æthelred, earl of Mercia 埃塞尔雷德，麦西亚伯爵（死于911年）

Æthelred, king of Mercia 埃塞尔雷德，麦西亚国王（死于约796年）

Æthelred, king of Northumbria 埃塞尔雷德，诺森布里亚国王（死于796年）

Æthelred, king of Wessex 埃塞尔雷德，威塞克斯国王（死于871年）

Æthelred the Unready, king of the English "仓促王"埃塞尔雷德，英吉利人的王（978—1016在位）

Æthelric, king of Deira 埃塞尔里克，德伊勒国王

Æthelstan, chaplain to King Alfred 埃塞尔斯坦，阿尔弗雷德国王的神父

Æthelstan 'Half-King', ealdorman of East Anglia "半王"埃塞尔斯坦，东盎格利亚郡长

Æthelstan, king of the English 埃塞尔斯坦，英吉利人的王

Æthelstan, son of Æthelred the Unready 埃塞尔斯坦，"仓促王"埃塞尔雷德之子

（死于1014年）

Æthelstan, son of Æthelwulf of Wessex 埃塞尔斯坦，威塞克斯的埃塞尔伍夫之子

Æthelswith, queen of Mercia 埃塞尔斯威思，麦西亚王后

Æthelthryth, St, queen of Northumbria, abbess of Ely 圣埃塞尔思里思，诺森布里亚王后，伊利女修道院长（死于680年）

Æthelwealh, king of Sussex 埃塞尔沃尔奇，萨塞克斯国王（死于685年）

Æthelweard, ealdorman, chronicler 埃塞尔沃德，郡长，编年史家

Æthelweard, son of King Alfred 埃塞尔沃德，阿尔弗雷德国王之子

Æthelwine, ealdorman of East Anglia 埃塞尔温，东盎格利亚郡长（死于992年）

Æthelwold, king of Northumbria 埃塞尔沃尔德，诺森布里亚国王（死于902年）

Æthelwold, St, bishop of Winchester 圣埃塞尔沃尔德，温切斯特主教（死于984年）

Æthelwulf, king of Wessex 埃塞尔伍尔夫，威塞克斯国王（839—858在位）

Bacgsecg, viking leader 巴克塞克，维京人首领（死于871年）

Badbury Rings (Dorset) 巴德伯里环形堡（多塞特郡）

Badon Hill (Mons Badonicus) 巴顿山

Baggins, Bilbo 比尔博·巴金斯

Bakewell (Derbys.) 贝克韦尔（德比郡）

Balkans 巴尔干

Baltic Sea 波罗的海

Bamburgh (Northumb.) 班堡（诺森伯兰郡）

Bardney, abbey of 巴德尼修道院

Barking (Essex) 巴金（埃塞克斯郡）

Barton-on-the-Humber (Lincs.) 亨伯河畔巴顿（林肯郡）

Basing (Hants.) 贝辛（汉普郡）

Bath (Somerset) 巴斯（萨默塞特郡）

Bathilde, Frankish queen 巴蒂尔德，法兰克王后（死于680年）

Baths of Caracalla, Rome 卡拉卡拉浴场，罗马

Bathurst, Allen 艾伦·巴瑟斯特（死于1775年）

Bayeux (Calvados) 巴约（卡尔瓦多斯省）

Bebba, queen of Bernicia 贝巴，伯尼西亚王后

Becket, Thomas, St, archbishop of Canterbury 圣托马斯·贝克特，坎特伯雷大主教（死于1170年）

Bede, historian 比德，历史学家（死于735年）

Bedford (Beds.) 贝德福德（贝德福德郡）

Bedfordshire 贝德福德郡

Belgium 比利时

Benedict Biscop, aka Biscop Baducing 本尼迪克特·比斯科普，又名比斯科普·巴都星（死于689年）

Benedict of Nursia, St 努西亚的圣本笃（死于547年）

Benedictine Rule《圣本笃教规》

Benfleet (Essex) 本弗利特（埃塞克斯郡）

Beorhtric, king of Wessex 贝奥赫特里克，威塞克斯国王（786—802在位）

Beorn, earl of the SE Midlands 伯恩，东南米德兰兹伯爵（死于1049年）

Beornred, king of Mercia 伯恩雷德，麦西亚国王

Beornwine, nephew of St Wilfrid 伯恩温，圣威尔弗里德的侄子

Beornwulf, king of Mercia 伯恩伍尔夫，麦西亚国王（823—826在位）

Beowulf《贝奥武夫》

Berhtwald, archbishop of Canterbury 伯特瓦尔德，坎特伯雷大主教

Berhtwulf, king of Mercia 伯特伍尔夫，麦西亚国王（840—852在位）

Berkshire 伯克郡

Bernicia 伯尼西亚

Bertha, queen of Kent 伯莎，肯特王后

Bewcastle (Cumbria) 比尤卡斯尔（坎布里亚郡）

Birinus, bishop of Dorchester 比里努斯，多切斯特主教（死于约650年）

Blodmonath 祭祀月

Boethius, author of Consolation of Philosophy 波爱修斯，《哲学的慰藉》作者

Boniface, Roman archdeacon 卜尼法斯，罗马执事长

Boniface, St, aka Winfrith, archbishop Mainz 圣卜尼法斯，又名温弗里思，美因茨大主教（死于754年）

Boniface V, pope 卜尼法斯五世，教宗（619—625在位）

Bordeaux (Gironde) 波尔多（吉伦特省）

Bosa, bishop of York 博萨，约克主教（死于约705年）

Bosham (Sussex) 博舍姆（萨塞克斯郡）

Boudicca 布狄卡（死于约公元前61年）

Boulogne (Pas-de-Calais) 布洛涅（加来海峡省）

Bradwell-on-Sea (Essex) 滨海布拉德韦尔（埃塞克斯郡）

Bridgnorth (Shrops.) 布里奇诺斯（什罗普郡）

Brihtric, brother of Eadric the Grabber 布里赫特里克，"掠夺者" 埃德里克的兄弟

Bristol 布里斯托尔

British Library 大英图书馆

British Museum 大英博物馆

Britons 布立吞人

Brittany, Bretons 布列塔尼，布列塔尼人

Brixworth (Northants.) 布里克斯沃思（北安普敦郡）

Brogne, abbey of 布罗涅修道院

Brunanburh (Bromborough?), battle of 布鲁南博尔（布朗巴勒？）战役

Buckingham (Bucks.) 白金汉（白金汉郡）

Buckinghamshire 白金汉郡

Bulgaria 保加利亚

Burghal Hidage 堡垒土地税

Burghred, king of Mercia 伯格雷德，麦西亚国王（852—874 在位）

Buttington (Powys) 巴廷顿（波伊斯郡）

Byrhtnoth, ealdorman of Essex 拜尔特诺思，埃塞克斯郡长（死于 991 年）

Byzantium 拜占庭

Cadbury Castle (Somerset) 卡德伯里堡（萨默塞特郡）

Congresbury (Somerset) 康斯伯里（萨默塞特郡）

Cadwallon, king of Gwynedd 卡德瓦龙，格温内斯国王（死于 634 年）

Cædwalla, king of Wessex 卡德瓦拉，威塞克斯国王（死于 690 年）

Caerleon (Gwent) 卡利恩（格温特郡）

Caernarfon 卡那封

Caister-on-Sea (Norfolk) 滨海凯斯特（诺福克郡）

Caithness 凯思内斯

Cambridge (Cambs.) 剑桥（剑桥郡）

Cambridgeshire 剑桥郡

Canterbury (Kent), formerly Durovernum 坎特伯雷（肯特），前杜罗韦纳姆

Carhampton (Somerset) 卡汉普顿（萨默塞特郡）

Carlisle (Cumbria) 卡莱尔（坎布里亚郡）

Carolingian Empire 加洛林帝国

Ceawlin, king of Wessex 查乌林，威塞克斯国王（死于 593 年）

Cedd, St, bishop of Essex/London 圣塞德，埃塞克斯/伦敦主教（死于 664 年）

Centwine, king of Wessex 琴特温，威塞克斯国王（死于 685 年之后）

Cenwalh, king of Wessex 琴瓦尔，威塞克斯国王（死于 672 年）

Ceolfrith, archbishop of Wearmouth-Jarrow 切奥尔弗里思，韦尔茅斯-贾罗大主教（死于 716 年）

Ceolred, king of Mercia 切奥尔雷德，麦西亚国王（709—716 在位）

Ceolwulf, king of Mercia 切奥尔伍尔夫，麦西亚国王（821—823 在位）

Ceolwulf, king of Mercia 切奥尔伍尔夫，麦西亚国王（874—879 在位）

Cerdic, legendary king of Wessex 彻迪克，传说中的威塞克斯国王

Cerdicesora 彻迪克索拉

Chad, bishop of York, bishop of Mercia 查德，约克主教，麦西亚主教（死于 672 年）

Charlemagne, king of the Franks, emperor (d. 814) 查理曼，法兰克人的王，皇帝（死于 814 年）

Charles II, king of England 查理二世，英格兰国王（1660—1685 在位）

Charles Martel 查理·马特尔（死于 741 年）

Charles the Bald, king of West Francia 秃头查理，西法兰克国王（843—877 在位）

Chartres (Eure-et-Loir) 沙特尔（厄尔-卢瓦尔省）

Cheddar (Somerset) 切德（萨默塞特郡）

Chelsea 切尔西

Cherstey, abbey of 彻特西修道院

Chester (Cheshire) 切斯特（柴郡）

Chester-le-Street (Durham) 切斯特勒斯特里特（达勒姆郡）

Cheviots 切维厄特山

Chichester (Sussex) 奇切斯特（萨塞克斯郡）

Childeric, king of the Franks 希尔德里克，法兰克人的王

Chippenham (Wilts.) 奇彭纳姆（威尔特郡）

Chlothar III, Frankish king 克洛泰尔三世，法兰克国王（死于 673 年）

Christianity 基督教

Cirencester (Glos.) 赛伦塞斯特（格洛斯特郡）

Claudius, Roman emperor 克劳狄，罗马皇帝（41—54 在位）

Clermont-Ferrand (Puy-de-Dôme) 克莱蒙费朗（多姆山省）

Cliveden (Bucks.) 克利夫登（白金汉郡）

Clovis II, Frankish king 克洛维二世，法兰克国王（639—657 在位）

Cluny, abbey of 克鲁尼修道院

Cnut, king of Denmark, king of the English 克努特，丹麦国王，英吉利人的王（1016—1035 在位）

Codex Aureus《福音书》

Coenwald, bishop of Worcester 科恩瓦尔德，伍斯特主教（死于 958 或 959 年）

Coenwulf, king of Mercia 科恩伍尔夫，麦西亚国王（796—821在位）

Colman, bishop of Northumbria 科尔曼，诺森布里亚主教（死于675年）

Colne, river 科恩河

Colosseum, Rome 罗马斗兽场

Columba, St 圣高隆巴（死于597年）

Compiègne (Oise) 贡比涅（瓦兹省）

Constans, Roman emperor 君士坦斯，罗马皇帝（337—350在位）

Constantine, king of Scots 君士坦丁，苏格兰人的王（死于952年）

Constantine I (the Great), Roman emperor 君士坦丁一世（大帝），罗马皇帝（306—337在位）

Constantine III, Roman emperor 君士坦丁三世，罗马皇帝（407—409在位）

Constantine Copronymus, Byzantine emperor 君士坦丁·科普罗尼穆斯，拜占庭皇帝（741—775在位）

Constantinople 君士坦丁堡

Corfe (Dorset) 科夫（多塞特郡）

Cornwall 康沃尔

Cottonian Library 科顿图书馆

Countisbury, *Cynuit* 康蒂斯伯里，基努伊特（德文郡）

Cowdery's Down (Hants.) 考德利镇（汉普郡）

Crediton (Devon) 克雷迪顿（德文郡）

Cricklade (Wilts.) 克里克莱德（威尔特郡）

Cromwell Lock (Notts.) 克伦威尔船闸（诺丁汉郡）

Crowland, abbey of 克罗兰修道院

Cudda 库达

Cumbria 坎布里亚

Cuthbert, St 圣卡思伯特（死于687年）

Cuthred, king of Wessex 卡思雷德，威塞克斯国王（死于756年）

Cymen, son of Ælle 希门，埃尔之子

Cymensora 基门索拉

Cyneheard, brother of Sigeberht 希内赫德，西吉伯特的兄弟

Cynesige, bishop of Lichfield 希内西奇，利奇菲尔德主教（死于约963年）

Cynethryth, mother of Dunstan 希内思里思，邓斯坦的母亲

Cynethryth, queen of Mercia 希内思里思，麦西亚王后

Cynewulf, king of Wessex 希内伍尔夫，威塞克斯国王（757—786在位）

Cyngen ap Cadell, king of Powys 希恩根·艾普·卡德尔，波伊斯国王

Cynric, legendary king of Wessex 金里克，传说中的威塞克斯国王

Dagobert II, Frankish king 达戈贝尔特二世，法兰克国王（死于679年）

Dal Riata 达尔里亚达

Danelaw 丹麦律法施行地区

Danube, river 多瑙河

Deben, river 德本河

Dee, river 迪河

Deerhurst (Gloucs.) 德尔赫斯特（格洛斯特郡）

Degsastan 德萨斯坦

Deira 德伊勒

Deniseburn 德尼斯伯恩

Denmark 丹麦

Derby, formerly Northworthig (Derbys.) 德比，前诺思维西格（德比郡）

Derwent, river 德文特河

Devil's Dyke (Cambs.) 魔鬼堤坝（剑桥郡）

Devon 德文郡

Domesday Book《末日审判书》

Doon Hill (East Lothian) 杜恩山（东洛锡安郡）

Dorchester (Dorset) 多切斯特（多塞特郡）

Dorestad (Netherlands) 多雷斯塔德（荷兰）

Dorset 多塞特

Dover (Kent) 多佛（肯特郡）

Dublin 都柏林

Dunnottar (Aberdeens.) 邓诺特（阿伯丁郡）

Dunstan, St, archbishop of Canterbury 圣邓斯坦，坎特伯雷大主教（960—988在位）

Dunwich (Suffolk) 邓尼奇（萨福克郡）

Durham 达勒姆

Eadbald, king of Kent 埃德博尔德，肯特国王（死于640年）

Eadberht Præn 埃德伯特·普兰

Eadburh, queen of Wessex 埃德布赫，威塞克斯王后

Eadgifu, wife of Edward the Elder 埃德吉福，长着爱德华之妻

Eadmer of Canterbury 坎特伯雷的埃德默

Eadred, king of the English 埃德雷德，英吉利人的王（946—955在位）

Eadric the Grabber (*streona*) "掠夺者"埃德里克（死于1017年）

Eadwald, king of East Anglia 埃德瓦尔德，东盎格利亚国王

Eadwig, king of the English 埃德威格，英吉利人的王（955—959在位）

Eadwig, son of Æthelred the Unready 埃德威格，"仓促王"埃塞尔雷德之子（死于1017年）

Eadwine, earl of Mercia 埃德温，麦西亚伯爵（死于1071年）

Eadwine, king of Northumbria 埃德温，诺森布里亚国王（死于633年）

Eadwulf, king of Northumbria 埃德伍尔夫，诺森布里亚国王

Eafe, queen of Sussex 埃菲，萨塞克斯王后

Ealdgyth, queen, wife of Edmund Ironside 埃尔德吉斯，王后，"刚勇者"埃德蒙之妻

Ealdgyth, queen, wife of Harold Godwineson 埃尔德吉斯，王后，哈罗德·戈德温森之妻

Ealdred of Bamburgh 班堡的埃尔德雷德（死于933年）

Ealdred, bishop of Worcester, archbishop of York 埃尔德雷德，伍斯特主教，约克大主教（死于1069年）

Ealhswith, queen of Wessex 埃尔斯威思，威塞克斯王后（死于902年）

Eamont (Cumbria) 伊蒙特（坎布里亚郡）

Eanflæd, queen of Northumbria 恩弗莱德，诺森布里亚王后

Eanfrith, king of Bernicia 恩弗里思，伯尼西亚国王（死于634年）

Earls Barton (Northants.) 厄尔斯巴顿（北安普敦郡）

East Anglia, East Angles 东盎格利亚

Eata, bishop of Hexham 伊塔，赫克瑟姆主教（死于686年）

Ecclesiastical History of the English People《英吉利教会史》

Ecgfrith, king of Mercia 埃格弗里思，麦西亚国王（死于796年）

Ecgfrith, king of Northumbria 埃格弗里思，诺森布里亚国王（670—685在位）

Ecgwynn, wife of Edward the Elder 埃格温，长者爱德华之妻

Edgar Ætheling 埃德加·埃塞尔林

Edgar, king of the English 埃德加，英吉利人的王（959—975在位）

Edinburgh 爱丁堡

Edington (Wilts.) 埃丁顿（威尔特郡）

Edith, daughter of King Edgar, abbess of Wilton 伊迪丝，埃德加国王之女，威尔顿女修道院长

Edith, queen of the English 伊迪丝，英吉利王后（死于1075年）

Edith Swan-Neck, wife of Harold Godwineson "天鹅颈"伊迪丝，哈罗德·戈德温森之妻

Edmund Ironside, king of the English "刚勇者"埃德蒙，英吉利人的王（死于1016

年）

Edmund, king of the English 埃德蒙，英吉利人的王（939—946在位）

Edmund, son of Edmund Ironside 埃德蒙，"刚勇者"埃德蒙之子

Edmund, son of King Edgar 埃德蒙，埃德加国王之子（死于972年）

Edmund, St, king of East Anglia 圣埃德蒙，东盎格利亚国王（死于869年）

Edward I, king of England 爱德华一世，英格兰国王（1272—1307在位）

Edward the Confessor, king of the English "忏悔者"爱德华，英吉利人的王（1042—1066在位）

Edward the Elder, king of the Anglo-Saxons 长者爱德华，盎格鲁-撒克逊人的王（死于924年）

Edward the Exile "流放者"爱德华（死于1057年）

Edward the Martyr, king of the English "殉道者"爱德华，英吉利人的王（死于978年）

Egbert, king of Kent 埃格伯特，肯特国王

Egbert, king of Northumbria 埃格伯特，诺森布里亚国王

Egbert, king of Wessex 埃格伯特，威塞克斯国王（802—839在位）

Egbert's Stone 埃格伯特之石

Egypt 埃及

Elbe, river 易北河

Eliseg, king of Powys 埃利西格，波伊斯国王

Elmham (Norfolk) 埃尔门（诺福克郡）

Ely (Cambs.) 伊利（剑桥郡）

Emma, queen 埃玛，王后（死于1052年）

Encomium of Queen Emma《埃玛王后的赞美诗》

England, *Engla-Lande* 英格兰

Englefield (Berks.) 恩格尔菲尔德（伯克郡）

Eoforwic, *wic* of York 艾福威克，约克的非正式定居点

Eohric, king of East Anglia 埃奥里克，东盎格利亚国王（死于902年）

Eorcenberht, king of Kent 厄康伯特，肯特国王（死于664年）

Eormenric, king of Kent 厄门里克，肯特国王

Eostre, goddess 厄俄斯特，女神

Eowa, brother of Penda 埃奥瓦，彭达的兄弟

Erik (Bloodaxe?), king of York 埃里克（"血斧王"？），肯特国王（死于954年）

Erik, earl of Northumbria 埃里克，诺森布里亚国王（死于1023年）

Esk, river 埃斯克河

Essex 埃塞克斯

Eure, river 厄尔河

Evesham, abbey of 伊夫舍姆修道院

Exeter (Devon) 埃克塞特（德文郡）

Eye (Suffolk) 艾伊（萨福克郡）

Eynsham (Oxfords.) 恩舍姆（牛津郡）

Farndon (Cheshire) 法恩登（柴郡）

Farne (Northumb.), island of 法尔恩岛（诺森伯兰郡）

Farnham (Surrey) 法纳姆（萨里郡）

Finan, bishop of Northumbria 菲南，诺森布里亚主教（死于661年）

Finglesham (Kent) 芬格尔舍姆（肯特郡）

Flanders 佛兰德斯

Flavius Stilicho 弗拉维乌斯·斯提里科（死于408年）

Fleury, abbey of 弗勒里修道院

Folkestone (Kent) 福克斯通（肯特郡）

Forth, river 福斯河

Francia 法兰克王国

Franks 法兰克人

Frederick, prince of Wales 弗雷德里克，威尔士亲王（死于1751年）

Frig, goddess 弗丽格，女神

Frisia 弗里西亚

Frome, river 弗罗姆河

Frome (Somerset) 弗罗姆（萨默塞特郡）

Fulford (Yorks.) 富尔福德（约克郡）

Fulham (London) 富勒姆（伦敦）

Gainsborough (Lincs.) 盖恩斯伯勒（林肯郡）

Gallic Chronicle of 452《公元452年高卢编年史》

Garonne, river 加龙河

Gaul 高卢

Geats 盖特人

Geoffrey of Monmouth 蒙茅斯的杰弗里

Germanus of Auxerre 欧塞尔的日耳曼努斯

Germania 日耳曼尼亚

Gewisse 格威斯人

Ghent 根特

Gildas 吉尔达斯

Glastonbury (Somerset) 格拉斯顿伯里（萨默塞特）

Glen, river 格伦河

Gloucester (Gloucs.) 格洛斯特（格洛斯特郡）

Gloucestershire 格洛斯特郡

Godgifu, sister of Edward the Confessor 戈德吉福，"忏悔者"爱德华的妹妹

Godgifu, wife of Leofric of Mercia 戈德吉福，麦西亚的利奥弗里克之妻

Gododdin 高多汀人

Godwine, bishop of Rochester 戈德温，罗切斯特主教

Godwine, earl of Wessex 戈德温，威塞克斯伯爵（死于1053年）

Gorze, abbey of 戈尔泽修道院

Goths 哥特人

Gratian, British pretender 格拉提安，不列颠争位者（死于407年）

Gratian, Roman emperor 格拉提安，罗马皇帝（367—383在位）

Great Prophecy of Britain《不列颠的大预言》

Greece 希腊

Greenwich (London) 格林尼治（伦敦）

Gregory the Great, pope 伟大的格雷戈里，教宗（590—604在位）

Grendel 格伦德尔

Grimbald of St Bertin 圣伯丁的格里姆博尔德

Gruffudd, king of Wales 格鲁夫德，威尔士国王（死于1063年）

Guildford (Surrey) 吉尔福德（萨里郡）

Gumley (Leics.) 格姆利（莱斯特郡）

Gunhilda, niece of King Cnut 贡希尔达，克努特国王的侄女

Guthfrith, king of Dublin 古思弗里思，都柏林国王

Guthlac, St 圣古思拉克（死于714年）

Guthmund, viking leader 古思蒙德，维京人首领

Guthrum, viking leader 古思伦，维京人首领（死于890年）

Gwynedd 格温内斯

Gyrth Godwineson, earl of East Anglia 格思·戈德温森，东盎格利亚伯爵（死于1066年）

Gytha, wife of Godwine 吉莎，戈德温之妻

Hadrian I, pope 哈德良一世，教宗（772—795在位）

Hadrian, Roman emperor 哈德良，罗马皇帝（117—138在位）

Hadrian's Wall 哈德良长城

Hakon, son of Swein Godwineson 哈康，斯韦恩·戈德温森之子

Halfdan, viking leader 哈夫丹，维京人首领

Halley's Comet 哈雷彗星

Hammerwich (Staffs.) 哈莫维奇（斯塔福德郡）

Hampshire 汉普郡

Hamwic (Hants.) 哈姆威克（汉普郡）

Harold Bluetooth, king of Denmark "蓝牙"哈拉尔，丹麦国王（死于986年）

Harold Godwineson, king of the English 哈罗德·戈德温森，英吉利人的王（死于1066年）

Harold Hardrada (Sigurdson), king of Norway "无情者" 哈拉尔·哈德拉达（西居尔松），挪威国王（死于1066年）

Harold Harefoot, king of the English "飞毛腿" 哈罗德，英吉利人的王（1035—1040在位）

Harold Fairhair, king of Norway "金发" 哈拉尔，挪威国王

Harold, king of Denmark 哈拉尔，丹麦国王（死于约1018年）

Harthacnut, king of the English 哈德克努特，英吉利人的王（1040—1042在位）

Hastein, viking leader 哈斯坦，维京人首领

Hastingas 黑斯廷加人

Hastings, battle of 黑斯廷斯战役（1066）

Hatfield Chase, *Hæthfelth* (Yorks.) 哈特菲尔德切斯，哈斯菲尔斯（约克郡）

Heahbert, king of Kent 赫伯特，肯特国王

Hengist, legendary Saxon ruler 亨吉斯特，传说中的撒克逊人统治者

Henry VIII, king of England 亨利八世，英格兰国王（1509—1547在位）

Henry of Huntingdon 亨廷登的亨利

Heorot 鹿宫

Heorstan, father of St Dunstan 希奥斯坦，圣邓斯坦之父

heptarchy 七国联盟

Herbert, Terry 特里·赫伯特

Hereberht, ealdorman of Kent 赫里伯特，肯特郡长（死于841年）

Hereford (Herefords.) 赫里福德（赫里福德郡）

heregeld 军队维持费

Hertford (Herts.) 赫特福德（赫特福德郡）

Hexham, abbey 赫克瑟姆修道院

Hild, St 圣希尔德（死于680年）

History of the Britons《布立吞史》

History of the English, work by Henry of Huntingdon《英吉利人民史》，亨廷登的亨利作品

The Hobbit《霍比特人》

Holme, battle of 霍姆战役

Honorius, archbishop of Canterbury 霍诺里乌斯，坎特伯雷大主教（死于653年）

Honorius, Roman emperor 霍诺里乌斯，罗马皇帝（395—423在位）

Horsa, legendary Saxon ruler 霍萨，传说中的撒克逊人统治者

Hoxne (Suffolk) 霍克森（萨福克郡）

Hrothgar, legendary Danish king 赫罗斯加，传说中的丹麦人的王

Humber, river 亨伯河

Hungary 匈牙利

Huns 匈人

Hwicce, Hwinca 赫威赛

Hygeberht, bishop of Lichfield 希格伯特，利奇菲尔德主教

Hygelac, king 海格拉克，国王

Icel, king of Mercia 伊切尔，麦西亚国王

Iceland 冰岛

Ida, king of Bernicia 伊达，伯尼西亚国王

Idle, river, battle of 艾德尔河战役

Ine, king of Wessex 伊尼，威塞克斯国王（688—726在位）

Iona 艾奥纳岛

Ipswich (Suffolk) 伊普斯威奇（萨福克郡）

Ireland 爱尔兰

Irish Sea 爱尔兰海

Irminsul 伊尔明苏尔

Islam 伊斯兰教

Isles-lès-Villenoy (Seine-et-Marne) 伊勒莱维勒努瓦（塞纳-马恩）

Italy 意大利

Itchen, river 伊钦河

Iurminburh, queen of Northumbria 伊乌明布赫，诺森布里亚王后

Ivar 'the Boneless', viking leader "无骨" 伊瓦尔，维京人首领

Jackson, Peter 彼得·杰克逊

James I, king of England 詹姆斯一世，英格兰国王（1603—1625在位）

Jarrow 贾罗

Jænberht, archbishop of Canterbury 詹伯特，坎特伯雷大主教（死于792年）

Jerusalem 耶路撒冷

John, king of England 约翰，英格兰国王（1199—1216在位）

John of Beverley, bp of Hexham 贝弗利的约翰（死于721年）

John the Old Saxon 老撒克逊人约翰

Joseph of Arimathea 亚利马太的约瑟

Jostein, viking leader 约斯坦，维京人首领

Judith, queen of Wessex 朱迪思，威塞克斯王后

Julius Caesar 尤利乌斯·恺撒（死于公元前44年）

Jumièges (Seine-Maritime) 瑞米耶日（滨海塞纳省）

Jutes 朱特人

Jutland 日德兰

Kells, abbey 凯尔斯修道院

Kennet, river 肯尼特河

Kent 肯特

Kingston Down (Kent) 金斯顿（肯特郡）

Kingston-upon-Thames (Surrey) 泰晤士河畔金斯顿（萨里郡）

Knighton, Tref-y-Clawdd (Powys) 奈顿（波伊斯郡）

Knútsdrápa《克努特大帝》

Lambeth (London) 兰贝斯（伦敦）

Lancashire 兰开夏郡

Lateran palace, Rome 拉特朗宫，罗马

Latin 拉丁文

Laurence, archbishop of Canterbury 劳伦斯，坎特伯雷大主教

Lawes, Eric 埃里克·劳斯

Lea, river 利河

Leeds (Yorks.) 利兹（约克郡）

Leicester (Leics.) 莱斯特（莱斯特郡）

Leicestershire 莱斯特郡

Leo IV, pope 利奥四世，教宗（847—855在位）

Leofa, killer of King Edmund 利奥法，刺杀埃德蒙国王的人

Leofgar, bishop of Hereford 利奥夫加，赫里福德主教（死于1056年）

Leofric, abbot of Peterborough 利奥弗里克，彼得伯勒修道院长

Leofric, earl of Mercia 利奥弗里克，麦西亚伯爵（死于1057年）

Leofwine, earl of SE England 利奥夫温，东南英格兰伯爵（死于1066年）

Leominster (Herefords.) 莱姆斯特（赫里福德郡）

Lichfield (Staffs.) 利奇菲尔德（斯塔福德郡）

Liège 列日

Life of King Alfred《阿尔弗雷德国王生平》

Life of St Neot《圣尼奥特生平》

Liffey, river 利菲河

Lincoln 林肯

Lincolnshire 林肯郡

Lindesfarona 林德斯法罗纳

Lindisfarne (Northumb.) 林迪斯法恩（诺森伯兰）

Lindisfarne Gospels 林迪斯法恩福音书

Lindsey 林齐

Llanfair Hill (Powys) 兰费尔山（波伊斯郡）

Llangollen (Denbighs.) 兰戈伦（登比郡）

Loire, river 卢瓦尔河

London 伦敦

The Lord of the Rings《魔戒》

Lothar I, Frankish king, emperor 洛塔尔一世，法兰克国王，皇帝（死于855年）

Louis the Pious, king of the Franks, emperor 虔诚者路易，法兰克人的王，皇帝（813—840在位）

Lundenwic 伦敦威克

Lyminge (Kent) 利明奇（肯特郡）

Lyon (Rhône) 里昂（罗讷省）

Macbeth, king of Scots 麦克白，苏格兰人的王（死于1057年）

Maddicott, John 约翰·麦迪科特

Magna Carta《大宪章》

Magnus Maximus, Roman emperor 马格努斯·马克西姆斯，罗马皇帝（383—388在位）

Main, river 美因河

Mainz 美因茨

Malcolm, king of Scots 马尔科姆，苏格兰人的王（死于954年）

Maldon (Essex) 莫尔登（埃塞克斯郡）

Malmesbury (Wilts.) 马姆斯伯里（威尔特郡）

Man, Isle of 马恩岛

Manchester 曼彻斯特

Marcian, Roman emperor 马尔西安，罗马皇帝（450—457在位）

Marcus, British pretender 马库斯，不列颠争位者（死于406年）

Marne, river 马恩河

Martin I, pope 马丁一世，教宗（649—653在位）

Maserfelth, battle of 马瑟费尔思战役

Mattingly, David 大卫·马丁利

Mæredun, battle of 麦瑞登战役

Medehamstede 梅德沙姆斯泰德

Medway, river 梅德韦河

Mellitus, bishop of Essex/London 梅利图斯，埃塞克斯/伦敦主教（死于624年）

Melrose (Borders) 梅尔罗斯（边区）

Mendip Hills 门迪普丘陵

Mercia, kingdom of 麦西亚王国

Mersea Island (Essex) 默西岛（埃塞克斯郡）

Mersey, river 默西河

Metz 梅斯

Milan 米兰

Mildenhall (Suffolk) 米尔登霍尔（萨福克郡）

Millfield (Northumb.) 米尔菲尔德（诺森伯兰郡）

Milton (Kent) 米尔顿（肯特郡）

Milton Abbas 米尔顿阿巴斯

Morcar, earl of Northumbria 莫卡，诺森布里亚伯爵

Trent, river 特伦特河

Treuddyn (Flints.) 特鲁丁（弗林特郡）

Tribal Hidage《部落土地税》

Trier 特里尔

Tuda, bishop of Northumbria 图达，诺森布里亚主教（死于664年）

Tweed, river 特威德河

Tyne, river 泰恩河

Ufegeat, son of Ælfhelm 乌费吉特，埃尔夫赫尔姆之子

Uhtred, earl of Northumbria 乌特雷德，诺森布里亚伯爵（死于1016年）

Ulfketel, East Anglian thegn 乌尔夫基特尔，东盎格利亚乡绅

Uscrea, son of Eadwine 乌斯克里亚，埃德温之子

Valens, Roman emperor 瓦伦斯，罗马皇帝（364—378在位）

Valle Crucis, abbey (Denbighs.) 瓦尔克鲁西斯修道院（登比郡）

Vandals 汪达尔人

vikings 维京人

Vistula river 维斯瓦河

Vitalian, pope 威塔利安，教宗（657—672在位）

Vortigern, legendary British ruler 沃蒂格恩，传说中的不列颠统治者

Wales 威尔士

Wallingford (Oxfords.) 沃灵福德（牛津郡）

Waltham (Essex) 沃尔瑟姆（埃塞克斯郡）

Wansdyke 万斯沟

Wantage (Oxfords.) 旺蒂奇（牛津郡）

wapentakes 百户村

Wareham (Dorset) 韦勒姆（多塞特郡）

Wash, the 沃什湾

Watchet (Somerset) 沃切特（萨默塞特郡）

Watling Street 惠特灵大道

Wat's Dyke 沃茨堤坝

Wærwulf, chaplain to King Alfred 瓦尔伍尔夫，阿尔弗雷德国王的神父

Weald, forest of 威尔德森林

Wear, river 威尔河

Wearmouth-Jarrow, abbey of 韦尔茅斯-贾罗修道院

Wednesfield (Staffs.) 温斯菲尔德（斯塔福德郡）

Welland, river 韦兰河

Wells (Somerset), 韦尔斯（萨默塞特郡）

Werferth, bishop of Worcester 韦费尔思，伍斯特主教

Weser, river 威悉河

Wessex, kingdom of 威塞克斯王国

Westerna 韦斯特纳

Westminster, abbey 威斯敏斯特修道院

West Stow (Suffolk) 西斯托（萨福克郡）

Weymouth (Dorset) 韦茅斯（多塞特郡）

Whatling, Peter 彼得·沃特林

Whitby, abbey 惠特比修道院

Whithorn (Dumfries) 惠特霍恩（邓弗里斯郡）

Wigheard, archbishop of Canterbury 威格赫德，坎特伯雷大主教（死于约667年）

Wight, Isle of 怀特岛

Wiglaf, king of Mercia 维格拉夫，麦西亚国王（827—839在位）

Wihtgar, kinsman of Cerdic 威特加，彻迪克的亲属

Wilfrid, St, bishop of Northumbria 圣威尔弗里德，诺森布里亚主教（死于710年）

William I, duke of Aquitaine 威廉一世，阿基坦公爵（死于918年）

William of Malmesbury 马姆斯伯里的威廉

William of Poitiers 普瓦捷的威廉

William the Conqueror, duke of Normandy, king of the English 征服者威廉，诺曼底公爵，英吉利人的王（1066—1087在位）

Wilton (Wilts.) 威尔顿（威尔特郡）

Wiltshire 威尔特郡

Wimborne (Dorset) 温伯恩（多塞特郡）

Winchcombe, abbey of 温什科姆修道院

Winchester, aka Venta Belgarum (Hants.) 温切斯特，又名文塔贝尔加鲁姆（汉普郡）

Winfrid, bishop of Mercia 温弗里德，麦西亚主教

Winfrith 温弗里思

Winwæd, river, battle of 温韦德之战

Wirral 威勒尔

Witham (Essex) 威特姆（埃塞克斯郡）

Woden/Odin, god 沃登/奥丁，神祇

Wokingham (Berks.) 沃金厄姆（伯克郡）

Wolverhampton (Staffs.) 伍尔弗汉普顿（斯塔福德郡）

Woodnesborough (Kent) 伍德恩斯伯勒（肯特郡）

Woolstone (Berks.) 伍尔斯通（伯克郡）

Worcester (Worcs.) 伍斯特（伍斯特郡）

Wrekin 雷金

Wrocensætna 罗森塞特纳

Wuffa, king of East Anglia 乌法，东昂格利亚国王（死于578年）

Wuffings 乌法王朝

Wulfheah, son of Ælfhelm 伍尔夫赫亚，埃尔夫赫尔姆之子

Wulfheard, ealdorman of Hampshire 伍尔夫赫

德，汉普郡郡长

Wulfnoth Godwineson 伍尔夫诺思·戈德温森

Wulfnoth, Sussex thegn 伍尔夫诺思，萨塞克斯乡绅

Wulfric, brother of St Dunstan 伍尔弗里克，圣邓斯坦的兄长

Wulfstan, archbishop of York 伍尔夫斯坦，约克大主教（931—956在位）

Wulfstan, archbishop of York 伍尔夫斯坦，约克大主教（1002—1023在位）

Wulfthryth, partner of King Edgar 伍尔夫思里思，埃德加国王的伴侣

Yeavering (Northumb.) 伊夫林（诺森伯兰郡）

Yffi, grandson of Eadwine 伊费，埃德温的孙子

York 约克

Yorkshire 约克郡

Zosimus 佐西姆斯

"方尖碑"书系

第三帝国的兴亡：纳粹德国史
　　［美国］威廉·夏伊勒

柏林日记：二战驻德记者见闻，1934—1941
　　［美国］威廉·夏伊勒

第三共和国的崩溃：一九四〇年法国沦陷之研究
　　［美国］威廉·夏伊勒

新月与蔷薇：波斯五千年
　　［伊朗］霍马·卡图赞

海德里希传：从音乐家之子到希特勒的刽子手
　　［德国］罗伯特·格瓦特

威尼斯史：向海而生的城市共和国
　　［英国］约翰·朱利叶斯·诺里奇

巴黎传：法兰西的缩影
　　［英国］科林·琼斯

末代沙皇：尼古拉二世的最后 503 天
　　［英国］罗伯特·瑟维斯

巴巴罗萨行动：1941，绝对战争
　　［法国］让·洛佩　　［格鲁吉亚］拉沙·奥特赫梅祖里

帝国的铸就：1861—1871：改革三巨人与他们塑造的世界
　　［美国］迈克尔·贝兰

罗马：一座城市的兴衰史
　　［英国］克里斯托弗·希伯特

1914：世界终结之年
　　［澳大利亚］保罗·哈姆

（更多资讯请关注新浪微博@译林方尖碑，
　　微信公众号"方尖碑书系"）

方尖碑微博　　　　　方尖碑微信